U0541432

国家社会科学基金项目
"我国有组织犯罪的企业化趋势与刑事治理对策研究"
（批准号：14BFX045）资助

中国有组织犯罪企业化的刑事治理对策研究

Research on the Criminal Governance Countermeasures of Enterprise-model Organized Crime in China

蔡 军 著

中国社会科学出版社

图书在版编目（CIP）数据

中国有组织犯罪企业化的刑事治理对策研究／蔡军著 .—北京：中国社会科学出版社，2021.4
ISBN 978-7-5203-7690-7

Ⅰ.①中… Ⅱ.①蔡… Ⅲ.①犯罪集团—刑事犯罪—研究—中国 Ⅳ.①D924.114

中国版本图书馆 CIP 数据核字（2020）第 264350 号

出 版 人	赵剑英	
责任编辑	田　文	
责任校对	张爱华	
责任印制	王　超	

出　　版	中国社会科学出版社	
社　　址	北京鼓楼西大街甲 158 号	
邮　　编	100720	
网　　址	http://www.csspw.cn	
发 行 部	010-84083685	
门 市 部	010-84029450	
经　　销	新华书店及其他书店	
印　　刷	北京君升印刷有限公司	
装　　订	廊坊市广阳区广增装订厂	
版　　次	2021 年 4 月第 1 版	
印　　次	2021 年 4 月第 1 次印刷	
开　　本	710×1000　1/16	
印　　张	24.5	
插　　页	2	
字　　数	398 千字	
定　　价	139.00 元	

凡购买中国社会科学出版社图书，如有质量问题请与本社营销中心联系调换
电话：010-84083683
版权所有　侵权必究

前　　言

　　一般来说，"有组织犯罪的企业化，主要是指有组织犯罪集团成立公司作为犯罪平台，向社会经济生活渗透，实施违法犯罪行为，或者为了谋求利益最大化，公司、企业逐渐向有组织犯罪集团转化或与其勾结从事非法经营或垄断经营"[①]。同时，有组织犯罪的企业化应该还包含另外一层含义，即犯罪组织在内部组织架构与管理以及外部行为模式与手段方面模仿和借鉴企业的运作模式，从而形成了一个持续存在的"犯罪企业"，通过从事违法犯罪活动，满足社会需求，通过使用暴力、威胁、垄断或者贿赂等方式不断地获取非法利益。[②]

　　既然"有组织犯罪是以追求经济利益为基本目标"[③]的犯罪形态，那么，企业化就成为有组织犯罪发展演变的一种必然结果。因为，犯罪的企业化运作一方面能够进一步增强犯罪行为的掩饰性；另一方面还能够借助企业化的管理模式去牟取更大的非法利益。其实从世界范围内考察，有组织犯罪的企业化发展趋势早在20世纪中后期即已呈现出来，如美国在20世纪六七十年代、日本在20世纪八九十年代、我国台湾地区在20世纪末21世纪初就已经出现有组织犯罪企业化的明显势头。在我国大陆地区，由于近些年来有组织犯罪的企业化趋势也较为明显，所

[①] 蔡军：《我国有组织犯罪企业化的现状、特点及原因初探》，《河南大学学报》2015年第6期。

[②] Petter Gottschalk, *Entrepreneurship and Organised Crime: Entrepreneurs in Illegal Business*, Edward Elgar Publishing Limited, 2009, p. 4.

[③] 莫洪宪：《有组织犯罪研究》，湖北人民出版社1998年版，第34页。

以在 2018 年 1 月中共中央、国务院下发的《关于开展扫黑除恶专项斗争的通知》(中发〔2018〕3 号) 中明确指出：当前涉黑涉恶违法犯罪问题仍然比较突出，并出现新动向，一些黑恶势力以公司、合作社等表面上的合法形式掩盖其违法犯罪行为，以恐吓、滋扰、聚众造势以及所谓"谈判""协商"等软暴力牟取非法利益。①

  然而，在面对有组织犯罪出现企业化趋势的新动向时，无论是我国理论界还是实务界，均存在认识不足的问题，进而导致在治理有组织犯罪的理论研究和实际工作中存在不少薄弱环节。鉴于当前我国理论上对有组织犯罪企业化趋势研究分析不够深入的现状，本课题在实证研究的基础上，试图围绕我国有组织犯罪的企业化趋势与刑事治理对策问题展开深入探讨，以期对相关领域的理论研究有所创新，对实践的需求有所回应。

---

① 中共中央、国务院下发的《关于开展扫黑除恶专项斗争的通知》较为明确地指出了当前我国涉黑恶犯罪问题的新动向：其一，一些黑恶势力把持基层组织、侵蚀基层政权，寻求"保护伞"；其二，一些黑恶势力以公司、合作社等表面上的合法形式掩盖其违法犯罪行为，以恐吓、滋扰、聚众造势以及所谓"谈判""协商"等软暴力牟取非法利益；其三，一些"村霸"和家族、宗族势力横行乡里、欺压百姓，扰乱治安秩序，严重影响群众安全感。

目　　录

第一章　研究概述 …………………………………………………（1）
　第一节　有组织犯罪的概念厘定 ……………………………（1）
　　一　国内外有关有组织犯罪的不同界定 …………………（1）
　　二　本课题对有组织犯罪的概念及范围界定 ……………（4）
　第二节　研究现状与研究意义 ………………………………（6）
　　一　关于有组织犯罪的研究现状及述评 …………………（6）
　　二　关于有组织犯罪企业化趋势与刑事治理对策方面的
　　　　研究现状及不足 …………………………………………（20）
　　三　研究的意义与价值 ………………………………………（25）
　第三节　研究方法、研究设计、研究创新和研究的
　　　　　不足之处 ………………………………………………（27）
　　一　研究方法 …………………………………………………（28）
　　二　研究设计 …………………………………………………（29）
　　三　研究的创新之处 …………………………………………（32）
　　四　研究的困难与不足 ………………………………………（32）

第二章　我国有组织犯罪企业化趋势的样本梳理与分析 …………（35）
　第一节　我国有组织犯罪企业化趋势的总体状况梳理与
　　　　　分析 ………………………………………………………（35）
　　一　样本的总体情况与分析 …………………………………（35）
　　二　样本中犯罪组织的整体情况与分析 ……………………（42）

三　主要省份样本的时间段分布情况 …………………………（49）
　　四　有组织犯罪企业化的整体分布情况与分析 ………………（53）
　　五　企业化犯罪组织的整体情况与分析 ………………………（58）
　　六　企业化有组织犯罪行为方式的分布情况与分析 …………（64）
第二节　我国东部地区有组织犯罪企业化趋势的总体状况
　　　　梳理与分析 ……………………………………………（67）
　　一　东部地区有组织犯罪企业化的整体情况与分析 …………（68）
　　二　东部地区企业化犯罪组织的整体情况与分析 ……………（73）
　　三　东部地区企业化有组织犯罪行为方式的分布情况与
　　　　分析 ……………………………………………………（77）
第三节　我国中部地区有组织犯罪企业化趋势的总体状况
　　　　梳理与分析 ……………………………………………（81）
　　一　中部地区有组织犯罪企业化的整体情况与分析 …………（81）
　　二　中部地区企业化犯罪组织的整体情况与分析 ……………（86）
　　三　中部地区企业化有组织犯罪行为方式的分布情况与
　　　　分析 ……………………………………………………（90）
第四节　我国西部地区有组织犯罪企业化趋势的总体状况
　　　　梳理与分析 ……………………………………………（93）
　　一　西部地区有组织犯罪企业化的整体情况与分析 …………（93）
　　二　西部地区企业化犯罪组织的整体情况与分析 ……………（98）
　　三　西部地区企业化有组织犯罪行为方式的分布情况与
　　　　分析 ……………………………………………………（102）
第五节　我国东部、中部和西部地区有组织犯罪企业化
　　　　趋势的比较分析 ………………………………………（106）
　　一　东部、中部和西部地区有组织犯罪企业化的整体
　　　　情况与分析 ……………………………………………（106）
　　二　东部、中部和西部地区企业化犯罪组织的整体情况与
　　　　分析 ……………………………………………………（114）

三　东部、中部和西部地区企业化有组织犯罪行为方式的
　　　　比较分析 ··· (121)
　　四　我国东部、中部和西部地区有组织犯罪企业化趋势的
　　　　简单归纳 ··· (124)

第三章　我国有组织犯罪企业化趋势的现状、特点、原因及
　　　　　危害分析 ··· (127)
　第一节　我国有组织犯罪企业化的整体状况 ························· (127)
　　一　20世纪70年代末至80年代末有组织犯罪形成期的
　　　　企业化表现 ·· (128)
　　二　20世纪90年代有组织犯罪快速发展期的企业化
　　　　表现 ··· (131)
　　三　进入21世纪至今有组织犯罪活跃期的企业化表现 ······ (138)
　第二节　我国有组织犯罪企业化的特点 ································ (144)
　　一　起步晚但发展快，规模小但数量多 ····························· (144)
　　二　低级与高级、简单与复杂同时并存，呈现多样化
　　　　特征 ··· (148)
　　三　涉足领域广泛，非法经济和合法经济交织进行 ············ (152)
　　四　暴力性色彩浓厚，升级转型快、再生能力强 ··············· (155)
　　五　集多种犯罪于一身，社会危害性大 ····························· (159)
　第三节　我国有组织犯罪企业化趋势的原因 ························· (162)
　　一　有组织犯罪的经济属性决定了企业化是有组织犯罪的
　　　　最终结局 ··· (163)
　　二　企业化发展是有组织犯罪集团满足自我生存发展
　　　　需要的结果 ·· (166)
　　三　企业化发展是犯罪市场化以及由此必然导致的犯罪
　　　　组织化的产物 ··· (167)
　　四　企业化发展是我国转型期的时代背景、社会环境及
　　　　制度弊端的副产品 ··· (169)

五　有组织犯罪与企业、非法市场有着天然的联系，
　　　　其"高度联合性"特征与公司企业制度很相似 ………（171）
第四节　我国有组织犯罪企业化趋势的危害……………………（172）
　　一　企业化发展使得有组织犯罪外部控制能力更强，社会
　　　　危害性和破坏力更大 ……………………………………（173）
　　二　企业化发展使得有组织犯罪的组织形式更加严密，
　　　　活动的隐蔽性更强，查处难度加大 ……………………（175）
　　三　企业化发展使得有组织犯罪黑商融合日益突出，
　　　　行业垄断日益普遍 ………………………………………（177）
　　四　企业化发展破坏了社会主义市场经济秩序，阻碍了
　　　　现代企业制度的发展 ……………………………………（180）
　　五　企业化发展使得犯罪组织政治投资日益明显，贿赂
　　　　腐蚀性更加严重 …………………………………………（181）

第四章　我国有组织犯罪企业化的路径及表现分析……………（184）
　第一节　我国有组织犯罪企业化的路径分析……………………（184）
　　一　路径之一：有组织犯罪的企业化……………………………（184）
　　二　路径之二：企业的有组织犯罪化……………………………（189）
　第二节　我国有组织犯罪组织管理的企业化……………………（196）
　　一　企业的概念、组织结构要素与组织结构……………………（196）
　　二　有组织犯罪的组织结构要素…………………………………（201）
　　三　我国有组织犯罪组织管理结构的企业化表现 ……………（205）
　第三节　我国有组织犯罪行为方式的企业化……………………（217）
　　一　企业经营与企业经营机制……………………………………（217）
　　二　有组织犯罪的传统行为模式…………………………………（219）
　　三　我国有组织犯罪行为方式的企业化表现……………………（220）
　第四节　我国有组织犯罪组织文化的企业化……………………（226）
　　一　企业文化的概念、特点、功能及其表现形态 ……………（226）
　　二　我国有组织犯罪的传统文化表征……………………………（230）

三　我国有组织犯罪文化认同的企业化表现形态 …………（231）

第五章　企业化发展趋势对当前我国有组织犯罪刑事治理的挑战 …………………………………………………（236）

第一节　当前我国有组织犯罪的刑事治理机制考察 ………（236）
一　当前我国有组织犯罪刑事治理模式的考察…………（236）
二　当前我国有组织犯罪刑事治理政策的考察…………（239）
三　当前我国有组织犯罪刑事治理法律体系的考察 ………（243）
四　当前我国有组织犯罪刑事防控机制的考察…………（245）

第二节　应对有组织犯罪企业化之刑事治理观念存在的问题 ……………………………………………………（248）
一　有组织犯罪的企业化发展反映出我国刑事治理模式存在问题 ……………………………………………（248）
二　有组织犯罪的企业化发展反映出我国刑事治理政策的贯彻落实存在不到位之处 ………………………（251）

第三节　有组织犯罪企业化对我国有组织犯罪刑事立法体系的挑战 …………………………………………（253）
一　企业化发展反映出我国反有组织犯罪的立法模式存在缺陷 ……………………………………………（253）
二　企业化发展暴露出我国有组织犯罪立法在法制化方面的弊端 …………………………………………（255）
三　企业化发展凸显了我国防治有组织犯罪配套法律制度的不协调、不健全 ………………………………（258）
四　企业化发展暴露了刑事立法相关规定应对有组织犯罪的乏力 …………………………………………（261）

第四节　有组织犯罪企业化导致我国惩治有组织犯罪的刑事司法疑难问题 …………………………………（266）
一　企业化的有组织犯罪与公司企业犯罪的界分问题 ……（267）
二　企业化有组织犯罪涉案财产的范围界定问题 …………（268）

三　企业化的犯罪组织中参加者和企业员工的区分问题 … (271)
　　四　企业化的有组织犯罪涉案财产处置中存在的问题 …… (272)
第五节　有组织犯罪企业化对我国有组织犯罪防控机制的
　　　　挑战 ………………………………………………………… (274)
　　一　有组织犯罪的企业化发展暴露出我国监管制度漏洞 … (274)
　　二　有组织犯罪企业化发展显示出我国犯罪治理机制
　　　　协调联动不足 ………………………………………… (276)
　　三　有组织犯罪企业化发展表明了我国市场经济制度存在
　　　　不完善之处 …………………………………………… (276)
　　四　有组织犯罪企业化发展暴露出我国在基层政权建设
　　　　方面存在不足 ………………………………………… (278)
　　五　有组织犯罪企业化发展也预示着我国需进一步加强
　　　　国际合作 ……………………………………………… (280)

第六章　我国应对有组织犯罪企业化趋势的刑事治理对策
　　　　完善 ……………………………………………………… (282)
　第一节　域外应对有组织犯罪企业化趋势的刑事治理对策
　　　　考察 ……………………………………………………… (282)
　　一　全球有组织犯罪企业化发展的状况及联合国的刑事
　　　　治理对策考察 ………………………………………… (282)
　　二　美国有组织犯罪企业化的现状及其刑事治理对策
　　　　考察 …………………………………………………… (287)
　　三　意大利有组织犯罪企业化的现状及其刑事治理对策
　　　　考察 …………………………………………………… (291)
　　四　日本有组织犯罪企业化的现状及其刑事治理对策
　　　　考察 …………………………………………………… (293)
　　五　俄罗斯有组织犯罪企业化的现状及其刑事治理对策
　　　　考察 …………………………………………………… (298)

六　德国有组织犯罪企业化的现状及其刑事治理对策
　　　　考察 ………………………………………………………（302）
　　七　我国台港澳地区有组织犯罪企业化的现状及其刑事
　　　　治理对策考察 ……………………………………………（304）
　　八　域外有组织犯罪企业化发展及其刑事治理经验的
　　　　概括总结 …………………………………………………（311）
第二节　我国应对有组织犯罪企业化趋势的观念重塑与政策
　　　　调适 ………………………………………………………（316）
　　一　我国应对有组织犯罪企业化趋势的犯罪观念重塑 ……（316）
　　二　我国应对有组织犯罪企业化趋势的政策观念调适 ……（321）
　　三　我国应对有组织犯罪企业化趋势的刑事治理观念
　　　　调整 ………………………………………………………（326）
第三节　构建精致应对有组织犯罪企业化趋势的刑事立法
　　　　体系 ………………………………………………………（328）
　　一　制定反有组织犯罪的专门法律，加强反有组织犯罪的
　　　　法制化、体系化建设 ……………………………………（329）
　　二　完善治理有组织犯罪的刑事实体法体系 ………………（331）
　　三　完善治理有组织犯罪的刑事程序法体系 ………………（338）
　　四　完善治理有组织犯罪的关联法体系 ……………………（341）
第四节　调适契合有组织犯罪企业化发展规律的刑事司法
　　　　机制 ………………………………………………………（342）
　　一　深刻把握有组织犯罪的发展规律，贯彻科学
　　　　司法 ………………………………………………………（342）
　　二　规范反有组织犯罪的司法活动，坚持依法
　　　　司法 ………………………………………………………（345）
　　三　科学预测有组织犯罪的发展趋势，加强国际
　　　　司法合作 …………………………………………………（348）
第五节　健全协同应对有组织犯罪企业化趋势的综合治理
　　　　机制 ………………………………………………………（349）

一　有效应对有组织犯罪企业化趋势的公权治理 ………… (350)
　　二　精准应对有组织犯罪企业化趋势的市场治理 ………… (352)
　　三　综合应对有组织犯罪企业化趋势的社会治理 ………… (358)

结　语 ………………………………………………………… (363)

参考文献 ……………………………………………………… (364)

后　记 ………………………………………………………… (378)

第一章 研究概述

第一节 有组织犯罪的概念厘定

但凡对有组织犯罪问题展开研究，往往都脱离不了对"有组织犯罪"概念的探讨和争论，这是确立课题研究对象、圈定课题研究范围的基础和前提。

一 国内外有关有组织犯罪的不同界定

关于有组织犯罪，目前在世界范围内尚没有一个通行的概念界定，基于不同的视角和目的，在国内外的理论界和实务界有着不同的含义表述，"各国专家学者与立法者、司法者在给'有组织犯罪'下定义的问题上，众说纷纭，各抒己见，具有明显的不统一"[①]。

美国犯罪学家 D. 斯坦利·艾兹恩和杜格·A. 蒂默认为："从最一般的意义上讲，我们将有组织犯罪规定为'旨在通过非法活动获得经济利益而组织起来的商业企业'。"[②] 美国司法部认为："所谓有组织犯罪，是指由划分为两级以上的犯罪组织或由若干不同的犯罪组织，采用阴谋手段，以分工合作的方式所从事的刑事犯罪活动。"[③] 德国犯罪学家汉斯·施奈德认为，有组织犯罪是指具有合法目的的组织（经济企业）犯了经济和破坏环境罪，为了更好地逃避打击，犯罪者狼狈为奸，拼凑

[①] 康树华、魏新文主编：《有组织犯罪透视》，北京大学出版社2001年版，第3页。

[②] ［美］D. 斯坦利·艾兹恩、杜格·A. 蒂默：《犯罪学》，谢正权、邬明安、刘春译，群众出版社1988年版，第263页。

[③] 转引自赵可《有组织犯罪概念探讨》，《公安大学学报》1993年第2期。

成具有犯罪目的的组织。① 德国议会对有组织犯罪达成以下意见，认为有组织犯罪是指由数个犯罪人或者组织有计划地实施的旨在获利的犯罪行为，各犯罪人或者组织在较长时间或不确定期间内，利用企业或者商业组织，使用暴力或其他恐怖措施致力于对政策、传媒、司法、经济等施加影响。② 日本犯罪学家菊田幸一认为："所谓有组织犯罪，通常都具有以下特点：（1）多数犯罪人在持续从事犯罪活动时，都有一个永久性或半永久性的组织，其指挥系统是按阶层组成的；（2）该组织成员不仅本身从事犯罪活动，而且还秘密掩护商人、艺人及其他特定职业者的犯罪活动；（3）如果组织内部的领导发生变动时，不存在移交领导权问题，有越代掌握组织权力的；（4）由该组织操纵一定地区的所有犯罪活动，或至少控制其中特定的犯罪活动，而且这种控制权总是掌握在某个首领一人手中；（5）犯罪手段和犯罪行为，几乎都以组织的每个成员的权限为标准而采取的；（6）为顺利实现犯罪目的，对各种犯罪活动都有周密的计划。"③ 日本《犯罪学辞典》将有组织犯罪集团称为"暴力团"，在日本于1991年颁布的《暴力团对策法》第2条第2款中规定了暴力团的定义，即暴力团是指有可能助长其团队的成员（包括这个团队的构成团体的成员）集团性、长期性地进行暴力型不法行为的团队。④ 在意大利，学者与立法者主要关注的是黑手党型的有组织犯罪，黑手党又被称为"马菲亚"（Mafia）。意大利学者狄厄高·甘贝特认为："马菲亚的确切含义是什么？这里的假设是：它是一个特殊的经济企业，一个生产、推销和出售私人保护的企业。"⑤ 意大利在反黑手党的刑事立法方面，并没有对有组织犯罪进行抽象规定，而是强调其犯罪表现形式、手段及其所从事的犯罪活动。苏联给有组织犯罪下的定义是："犯罪组织是稳定的、具有等级制度的组织，它有两人以上，至少有两层组织管理机构，其创立的目的在于有计划地实施谋利性犯罪并通

---

① [德]汉斯·约阿希姆·施奈德：《犯罪学》，吴鑫涛、马君玉译，中国人民公安大学出版社1990年版，第44—46页。
② 许久生编：《德国犯罪学研究探要》，中国人民大学出版社1995年版，第118页。
③ [日]菊田幸一：《犯罪学》，海沫、刘铎等译，群众出版社1989年版，第90—91页。
④ 何秉松：《有组织犯罪研究——中国大陆黑社会（性质）犯罪研究》，中国法制出版社2002年版，第235页。
⑤ [意]狄厄高·甘贝特：《西西里黑手党——私人保护的商行》，转引自何秉松《黑社会组织（有组织犯罪集团）的概念与特征》，《中国社会科学》2001年第4期。

过贿赂腐蚀的手段拥有或试图拥有一个自我保护系统。"① 苏联解体后，俄罗斯联邦没有关于有组织犯罪的专门法律，1997年颁布的《俄罗斯联邦刑法典》第35条只规定了共同犯罪的4种形式，并没有给有组织犯罪规定一个统一与完整的概念，刑法学者们一般认为，在俄罗斯，有组织犯罪就是指有组织的集团犯罪和犯罪团体（犯罪组织）犯罪。根据该法典第35条规定，有组织的集团犯罪是指，"犯罪是由为实施一个或几个犯罪而组织起来的固定集团实施的"；犯罪团体（犯罪组织）犯罪是指，"犯罪是为实施严重犯罪或特别严重的犯罪而成立起来的有严密组织的集团（组织）实施的，或者是由为此目的而成立的有组织的集团的联合组织实施的"。法国的刑事法典第450—1条虽然对参与犯罪团伙罪作出了规定，但是对于有组织犯罪的概念没有作出实质性定义。在理论上，有法国学者认为，有组织犯罪组织具有明显的等级结构，其成员为追逐各种利益而集结成一体，他们各自分工明确，主要依靠暴力或贿赂实施犯罪。②

在我国大陆地区，由于有组织犯罪仅为犯罪学上的概念，因此在理论上对其含义的表述更是不一。对此，有学者总结了七种有关有组织犯罪的概念学说，即共同犯罪说、有组织的共同犯罪说、集团犯罪说、犯罪组织犯罪说、黑社会犯罪说、有经济目的的集团犯罪说、多种含义的有组织犯罪说（认为有组织犯罪有广义、狭义、最广义三个概念）。③

综上所述可以看出，有组织犯罪的定义是多种多样的，而这一多样化现象至少反映出两个方面的问题：一方面，有组织犯罪在各个国家甚至在同一国家的不同历史时期，其表现形态存在着很大的差异，因此，不同国家只能结合本国的实际情况着重反映本国最具现实威胁的有组织犯罪形式，从而在立法和理论上出现不同的有组织犯罪概念是十分自然的；另一方面，在含义表述存在差异化的背后，还隐藏着一个共同的基点，即要想科学界定有组织犯罪，为立法或者理论研究的开展确立一个合理的逻辑起点，就必须尊重并体现本国有组织犯罪的现状及其变化趋势，这是立法和理论研究具有针对性、有效性的前提与基础。尽管时任

---

① 张彩凤主编：《有组织犯罪的经济学研究》，哈尔滨出版社2004年版，第16页。
② M. Massé, "Notes Brèves Sur la Rencontre de Deux Expressions: Crime Organisé et Espace Judiciaire Européen", *Revue Science Criminelle*, 2000, p. 470.
③ 高一飞：《有组织犯罪问题专论》，中国政法大学出版社2000年版，第11—14页。

联合国秘书长在1993年4月13日至23日联合国预防犯罪刑事司法委员会第二届会议上所提交的《有组织犯罪对整个社会的影响》的报告中指出，为有组织犯罪确定一个明确而又能够普遍接受的定义的一切努力已经失败，但我们也应当看到，无论有组织犯罪的概念如何表述，各种概念学说在主要内容方面仍存在着"最大公约数"，而这一"最大公约数"被努力寻求全球合力打击有组织犯罪的国际公约通过界定有组织犯罪集团的概念的形式明确规定下来。根据2000年11月15日联合国大会第55届会议通过的《联合国打击跨国有组织犯罪公约》第2条规定，"有组织犯罪集团是指由3人或多人所组成的，在一定时期内存在的、为了实施一项或多项严重犯罪或根据本公约确立的犯罪以直接或间接获得金钱或其他物质利益而一致行动的有组织结构的集团"[①]。依《联合国打击跨国有组织犯罪公约》的相关规定来推理，有组织犯罪包括参加有组织犯罪集团犯罪和有组织犯罪集团所实施的犯罪。

二 本课题对有组织犯罪的概念及范围界定

《联合国打击跨国有组织犯罪公约》对有组织犯罪集团的概念界定包含了以下关键要素：其一，由3人或者多人组成；其二，须连续存在一定时间；其三，为了实施一项或多项严重犯罪；其四，以直接或间接获得金钱或物质性利益为目的；其五，有一定的组织结构。鉴于各个国家和地区社会政治经济情况以及文化传统存在明显差异，《联合国打击跨国有组织犯罪公约》的这一概念反映了世界各国和地区有组织犯罪集团的最一般性特征，目前已经成为国际上对有组织犯罪认知的"最大公约数"[②]。为了科学确立本课题研究的逻辑起点，本文也基本认同这一概念界定，认为有组织犯罪是指3人或3人以上，以获取经济利益为目的，以暴力、威胁或利诱为基本手段，为了共同实施犯罪而结成有一定组织结构的，且在一定时期内连续存在的犯罪组织所实施的犯罪，以及因组织、领导、参加这一犯罪组织而构成的犯罪。这一概念界定反映了有组织犯罪的共同特征，包括犯罪形式的组织性、犯罪目的的经济性、犯罪行为的常习性、犯罪手段的暴力性、犯罪组织及其活动的非法性。

---

① 参见《联合国打击跨国有组织犯罪公约》第2条规定。
② 卢建平主编：《有组织犯罪比较研究》，法律出版社2004年版，第37—38页。

相对于个人犯罪而言，有组织犯罪作为一种渐进发展的团体犯罪形式，其本身又有不同的表现形态或发展阶段。有关有组织犯罪的形态，在学理上有不同的认识。有学者认为有组织犯罪可以划分为结伙犯罪、团伙犯罪、集团犯罪和带有黑社会性质的犯罪（或者团伙犯罪、集团犯罪、黑社会性质犯罪和黑社会犯罪）四个阶段；[①] 有学者认为有组织犯罪呈现前后相继的三种形式，即三个阶段：初级形式是团伙犯罪，中级形式是集团犯罪，高级形式是黑社会犯罪（或者团伙犯罪、集团犯罪和黑社会性质的犯罪团伙犯罪）；[②] 还有学者认为有组织犯罪可以分为前后两个阶段，即团伙犯罪阶段和黑社会犯罪阶段，其中，在团伙犯罪阶段有组织犯罪以团伙犯罪和集团犯罪两种形态最为典型，在黑社会犯罪阶段有组织犯罪有黑社会性质的组织犯罪和黑社会犯罪两种形态。[③]

根据前文有组织犯罪的概念界定，并结合我国刑法立法的规定和刑事司法实践，课题组基本认可上述第三种观点，但又不赞成我国当前存在黑社会犯罪这一形态的观点，认为目前我国所存在的有组织犯罪包括团伙犯罪、集团犯罪和黑社会性质组织犯罪三种有组织犯罪形态。其中，在我国反有组织犯罪的司法实践中，团伙犯罪一般被称为恶势力犯罪，集团犯罪一般被称为恶势力犯罪集团犯罪。在此值得特别指出的是：在我国，恶势力不是一个法律概念，它一般是指"以暴力或以暴力相威胁为主要手段，以犯罪团伙（集团）为主体，以流氓犯罪为主要表现形式，并同时实施多种违法犯罪活动，在局部区域形成一股与基层政权组织、执法机关、社会公德相对抗的犯罪群体"[④]。恶势力犯罪是有组织犯罪发展的初级阶段，恶势力以及恶势力犯罪集团是黑社会性质组织的雏形和低级形态，在其随后的发展中，会有一部分恶势力和恶势力犯罪集团将发展演变为黑社会性质的组织。也就是说，并非所有的恶势力、恶势力犯罪集团都会最终演变

[①] 康树华主编：《当代有组织犯罪与防治对策》，中国方正出版社1998年版，第12—15页。

[②] 李玫瑾：《论有组织犯罪的概念、形态与形成规律》，《青少年犯罪研究》1997年第8—9期；冯树梁：《中国有组织犯罪的状况和趋势》，《犯罪与改造研究》1996年第4期。

[③] 谢勇、王燕飞主编：《有组织犯罪研究》，中国检察出版社2004年版，第54—56页。

[④] 张普华、邹孝泉：《流氓恶势力的概念及主要特征》，《法学评论》1995年第1期。根据2019年4月9日最高人民法院、最高人民检察院、公安部、司法部颁布的《关于办理恶势力刑事案件若干问题的意见》指出："恶势力，是指经常纠集在一起，以暴力、威胁或者其他手段，在一定区域或者行业内多次实施违法犯罪活动，为非作恶，欺压百姓，扰乱经济、社会生活秩序，造成较为恶劣的社会影响，但尚未形成黑社会性质组织的违法犯罪组织。"

为黑社会性质组织。另外，虽然恐怖组织犯罪、邪教组织犯罪在广义上也属于有组织犯罪，但因其基本目的与前述有组织犯罪的概念界定并不一致，因此在本课题的研究中被排除在有组织犯罪范畴之外。

总之，作为本课题研究对象的有组织犯罪，是指3人或3人以上，以获取经济利益为目的，以暴力、威胁或利诱为基本手段，为了共同实施犯罪而结成有一定组织结构的，且在一定时期内连续存在的犯罪组织所实施的犯罪，以及因组织、领导、参加这一犯罪组织而构成的犯罪。犯罪的具体形态包括团伙型有组织犯罪、集团型有组织犯罪和黑社会性质的组织犯罪。

第二节 研究现状与研究意义

在对本课题所涉及研究领域的文献进行广泛阅读和理解的基础上，对该研究领域的研究现状进行综合分析、归纳整理和评论，有利于提炼课题研究的基本观点，明确课题的研究方法和思路，进而彰显课题研究的价值和意义。

一 关于有组织犯罪的研究现状及述评

（一）国内研究现状

我国有关有组织犯罪的学术研究起步于20世纪90年代[1]，时至今日，研究的层次逐渐深入，研究的范围日益扩大，研究的方法更趋多元，研究的视角更加立体，产出了大量高质量的学术成果。综观既有成果，我国学界对有组织犯罪的研究主要集中在犯罪学、刑法学和刑事司法三个领域。

1. 自20世纪八九十年代开始，我国学者就开始从犯罪学的角度对有组织犯罪的概念、现象和对策等问题展开研究，为有组织犯罪基础理论问题的厘清作出了贡献。

首先，学者们对有组织犯罪概念的讨论持续而且热烈。早在1993年，《公安大学学报》刊发了赵可的《有组织犯罪概念探讨》一文，介绍了外国学者对有组织犯罪的概念界定，同时提出了"广义说"概念

---

[1] 贾凌、杨超编：《黑社会性质犯罪专题整理》，中国人民公安大学出版社2011年版，第4页。

的观点。① 随后，邓又天、李永升②，郭自力③，莫洪宪④，何秉松⑤，张远煌⑥，卢建平⑦等学者纷纷撰文专题讨论有组织犯罪的概念问题。由于在我国有组织犯罪不是一个法定概念，因而学者们基于不同的目的，从不同角度对这一概念进行界定，形成了蔚为大观的学说聚讼。卢建平根据定义的内容将有组织犯罪概念的争议观点概括为九种⑧，而莫洪宪则将我国学者对有组织犯罪概念所做的解释总结归纳为三种代表性观点。⑨ 从目前学界的研讨情况来看，对有组织犯罪概念的界定仍未达成完全一致的意见，争论还将会在一定范围内持续下去。

其次，学者们对有组织犯罪现象与防治对策进行深入的探索与分析。20世纪70年代末80年代初，随着我们党和国家工作重心的转移和价值观念的变化，社会生活中出现了许多新情况、新问题，社会中的犯罪现象趋重，引起了社会各方面对犯罪问题的重视，学者们开始用犯罪学的研究范式来观察、研究、分析各种不同的犯罪现象。其中，自20世纪90年代开始，有组织犯罪问题逐渐受到关注，康树华⑩，陈敏、储槐植⑪，王南玲⑫，王楠高⑬，赵国玲、李强⑭，靳高风⑮，张远煌⑯等学

---

① 赵可：《有组织犯罪概念探讨》，《公安大学学报》1993年第2期。
② 邓又天、李永升：《试论有组织犯罪的概念及其类型》，《法学研究》1997年第6期。
③ 郭自力：《论有组织犯罪的概念和特征》，《中外法学》1998年第2期。
④ 莫洪宪：《有组织犯罪概念研究》，《法学评论》1998年第3期。
⑤ 何秉松：《黑社会性质组织（有组织犯罪集团）的概念与特征》，《中国社会科学》2001年第4期。
⑥ 张远煌：《关于我国有组织犯罪的概念及发展形态的再思考》，《人大法律评论》2009年卷。
⑦ 卢建平：《中国有组织犯罪相关概念特征的重新审视》，《国家检察官学院学报》2009年第6期。
⑧ 卢建平主编：《有组织犯罪比较研究》，法律出版社2004年版，第11—14页。
⑨ 莫洪宪：《有组织犯罪研究》，湖北人民出版社1998年版，第8—13页。
⑩ 康树华：《中国大陆带黑社会性质犯罪现状及其发展趋势》，《法学探索》1997年第1期。
⑪ 陈敏、储槐植：《有组织犯罪及其在我国的现状》，《法学杂志》1997年第6期。
⑫ 王南玲：《天津市黑社会性质组织犯罪的现状、原因及侦查对策思考》，《公安大学学报》1997年第6期。
⑬ 王楠高：《有组织犯罪的动向现状及相应对策》，《中国刑警学院学报》2001年第2期。
⑭ 赵国玲、李强：《香港有组织犯罪现状分析》，《中国刑事法杂志》2010年第4期。
⑮ 靳高风：《当前中国有组织犯罪的现状、特点、类型和发展趋势》，《中国人民公安大学学报》2011年第5期。
⑯ 张远煌：《中国有组织犯罪的发展现状及立法完善对策》，《法治研究》2012年第2期。

者先后撰文，刘尚煜①，莫洪宪②，康树华③，何秉松④，谢勇、王燕飞⑤，陈明华⑥，冯殿美等⑦，阮方民、王晓⑧，郭子贤⑨，张国琦⑩，靳高风⑪等学者出版专著，对我国有组织犯罪的现状、原因等问题进行了深入梳理、分析，进而提出了防治有组织犯罪的对策建议，推动了我国有组织犯罪理论研究体系的形成与完善。

最后，近年来，部分学者开始尝试将实证研究方法运用于有组织犯罪的研究，发表出版了一系列高质量、具有突破性的研究成果。例如，"中日（日中）有组织犯罪合作研究"项目课题组组织众多专家学者，广泛运用数据统计、计量分析等实证方法对我国有组织犯罪的基本状况进行了全方位统计分析，项目研究形成的最终成果《中国有组织犯罪实证研究》通过梳理出的第一手数据资料，对我国当前有组织犯罪的现状与规律进行了深入分析和系统总结⑫；严励通过对东南沿海地区（江西省、浙江省、广东省、福建省、安徽省）展开调研，梳理归纳有组织犯罪现象在中国东南沿海5省的特点，概括了有组织犯罪新的发展趋向，指出有组织犯罪者低龄化的特点非常突出，且犯罪组织假借公司企业的合法外衣掩护来实施犯罪的现象已经出现⑬；陈世伟通过对西南地区三省一市黑社会性质组织犯罪数据梳理和生成个性、共性分析，总结概括了西南地区黑社会性质组织犯罪的新型特点、新情势、新态势和总体特

---

① 刘尚煜主编：《黑社会犯罪与对策》，群众出版社1997年版。
② 莫洪宪：《有组织犯罪研究》，湖北人民出版社1998年版。
③ 康树华主编：《当代有组织犯罪与防治对策》，中国方正出版社1998年版；康树华、魏新文主编：《有组织犯罪透视》，北京大学出版社2001年版。
④ 何秉松：《有组织犯罪研究——中国大陆黑社会（性质）犯罪研究》，中国法制出版社2002年版；何秉松主编：《黑社会犯罪解读》，中国检察出版社2003年版；何秉松：《中国有组织犯罪研究》（两卷本），群众出版社2009年版。
⑤ 谢勇、王燕飞主编：《有组织犯罪研究》，中国检察出版社2004年版。
⑥ 陈明华：《有组织犯罪问题对策研究》，中国政法大学出版社2004年版。
⑦ 冯殿美、周长军、于改之、周静：《全球化语境中的有组织犯罪》，中国检察出版社2004年版。
⑧ 阮方民、王晓：《有组织犯罪新论》，浙江大学出版社2004年版。
⑨ 郭子贤：《黑社会（性质）组织形成研究》，知识产权出版社2006年版。
⑩ 张国琦：《黑社会性质犯罪研究》，中原农民出版社2007年版。
⑪ 靳高风：《当前中国有组织犯罪现状与对策》，中国人民公安大学出版社2012年版。
⑫ 王牧、张凌、赵国玲：《中国有组织犯罪实证研究》，中国检察出版社2011年版。
⑬ 严励：《中国东南沿海地区有组织犯罪实证研究》，中国法制出版社2012年版。

征，进而提出有针对性的法律对策建议[1]；罗高鹏在其博士学位论文中对中国东北三省黑社会性质组织犯罪进行了实证研究[2]；贾宇、舒洪水[3]、唐斌[4]、张凌、孟永恒[5]、莫洪宪、曾彦[6]、张旭等[7]、顾肖荣、涂龙科[8]、严励、金碧华[9]等学者分别撰文，对我国不同地区的有组织犯罪问题进行实证调研、分析。

2. 1997年修订刑法时，在第294条增加设置了三个有组织犯罪罪名，即组织、领导、参加黑社会性质组织罪、入境发展黑社会组织罪和包庇、纵容黑社会性质组织罪，自此，学界开始展开对上述犯罪（特别是组织、领导、参加黑社会性质组织罪）的刑法学研究。综观20余年来的研究成果，从规范法学角度对有组织犯罪的研究主要集中于下列领域：

其一，对黑社会性质组织犯罪的犯罪构成及其刑事责任问题展开研究。梳理既有研究成果，发现仅从法规范的角度对有组织犯罪展开论述的专著并不多见。其中，国内第一部关于有组织犯罪的刑法学专著是高一飞所著《有组织犯罪问题专论》，该书"填补了刑法分则研究的一项空白，也是新刑法颁布以后，一部重要的刑法学理论专著"[10]。在该书中，作者界定了有组织犯罪的刑法学概念，并在借鉴国外立法与刑事政策的基础上，结合我国立法的情况和现行刑事政策，对我国刑法规定的相关有组织犯罪提出了立法完善建议与刑事司法建议。徐跃飞的学术专著《黑社会性质组织犯罪研究》虽然并非仅从单一视角论述黑社会性质组织犯罪的刑法规定，但花费大量笔墨细致地区分了黑社会组织与黑社会性质组织，并深入分析了黑社会性质组织的特征以及刑法第294条

---

[1] 陈世伟：《黑社会性质组织犯罪的新型生成及法律对策研究》，法律出版社2013年版。
[2] 罗高鹏：《中国东北三省黑社会性质组织犯罪实证研究》，吉林大学，博士学位论文，2011年。
[3] 贾宇、舒洪水：《西北地区有组织犯罪实证分析》，《山东警察学院学报》2012年第1期。
[4] 唐斌：《江西有组织犯罪实证研究》，《山东警察学院学报》2012年第1期。
[5] 张凌、孟永恒：《北京地区有组织犯罪实证分析报告》，《山东警察学院学报》2011年第5期。
[6] 莫洪宪、曾彦：《中部地区有组织犯罪实证研究——对湘、豫、鄂犯罪组织特征的调查分析》，《社会科学家》2010年第1期。
[7] 张旭、顾阳、罗高鹏：《东北地区有组织犯罪特点、成因及预防》，《山东警察学院学报》2011年第5期。
[8] 顾肖荣、涂龙科：《上海地区有组织犯罪调查报告》，《中国刑事法杂志》2009年第10期。
[9] 严励、金碧华：《浙江省黑社会性质组织犯罪实证调查分析》，《山东警察学院学报》2011年第6期。
[10] 高一飞：《有组织犯罪问题专论》，中国政法大学出版社2000年版，序言第1页。

所规定三个罪名的犯罪构成。① 汪力等在其专著《有组织犯罪专题研究》中主要运用了刑法学的理论和方法，对黑恶势力的概念、构成特征、犯罪形态及其与相近犯罪的联系和区别以及刑罚适用等，进行了全面的分析和研究。② 靳高风在其学术专著《中国反有组织犯罪法律制度研究》中，比较系统地梳理了中国反有组织犯罪的法律制度，同时在借鉴一些国家和地区反有组织犯罪法律制度的基础上，对我国反有组织犯罪法律制度的完善提出对策建议。③ 虽然从法规范视角对有组织犯罪进行研究的学术专著不多，但是在学术论文方面，分别于 2002 年和 2010 年前后形成了两个研讨高峰期，相关论文高达数百篇之多。④ 例如，孙国祥⑤，赵秉志、于志刚⑥，王秀梅⑦，黄祖毅⑧，陈明华、王政勋⑨，李文燕、田宏杰⑩，黄京平、石磊⑪，刘宪权、吴允锋⑫，赵长青⑬，江礼华⑭，刘志伟⑮，李永升⑯，于改之⑰，姜涛⑱，彭文华⑲，于志刚⑳，

---

① 徐跃飞：《黑社会性质组织犯罪研究》，中国人民公安大学出版社 2007 年版。
② 汪力等编：《有组织犯罪专题研究》，人民出版社 2007 年版。
③ 靳高风：《中国反有组织犯罪法律制度研究》，中国人民公安大学出版社 2016 年版。
④ 根据知网显示，在 2001—2004 年和 2010—2013 年两个时间区间里，相关论文都分别高达 200 余篇。
⑤ 孙国祥：《黑社会性质组织犯罪研究》，《南京大学法律评论》1997 年秋季号。
⑥ 赵秉志、于志刚：《论我国新刑法典对有组织犯罪的惩治》，《法商研究》1999 年第 1 期。
⑦ 王秀梅：《黑社会性质的有组织犯罪刍议》，《山东法学》1999 年第 2 期。
⑧ 黄祖毅：《试论组织、领导、参加黑社会性质组织罪的犯罪构成与认定》，《公安大学学报》1999 年第 6 期。
⑨ 陈明华、王政勋：《组织、领导、参加黑社会性质组织罪研究》，《中国刑事法杂志》2000 年第 4 期。
⑩ 李文燕、田宏杰：《黑社会性质组织特征辨析》，《公安大学学报》2001 年第 3 期。
⑪ 黄京平、石磊：《论黑社会性质组织的法律性质和特征》，《法学家》2001 年第 6 期。
⑫ 刘宪权、吴允锋：《黑社会性质组织犯罪司法认定中若干疑难问题探讨》，《犯罪研究》2002 年第 1 期。
⑬ 赵长青：《论黑社会性质组织犯罪的认定》，《云南大学学报》（法学版）2002 年第 1 期。
⑭ 江礼华：《黑社会性质组织犯罪认定中的几个问题》，《国家检察官学院学报》2002 年第 1 期。
⑮ 刘志伟：《包庇、纵容黑社会性质组织罪主体与主观方面疑难问题研析》，《国家检察官学院学报》2002 年第 1 期。
⑯ 李永升：《黑社会性质组织犯罪的特征和认定》，《江苏警官学院学报》2003 年第 1 期。
⑰ 于改之：《我国关于有组织犯罪的立法与司法完善》，《法学论坛》2004 年第 5 期。
⑱ 姜涛：《当前我国黑社会性质组织犯罪若干问题研究》，《中国人民公安大学学报》2010 年第 4 期。
⑲ 彭文华：《黑社会性质组织犯罪若干问题研究》，《法商研究》2010 年第 4 期。
⑳ 于志刚：《我国刑法中有组织犯罪的制裁体系及其完善》，《中州学刊》2010 年第 5 期。

曾粤兴、贾凌[①]，陈世伟[②]，石经海、李佳[③]等对黑社会性质组织犯罪的犯罪构成、犯罪认定、罪数以及刑事责任等问题进行多角度的探讨。除了学术论文和学术专著以外，还有郑士立[④]等大量的硕士、博士学位论文探讨了有组织犯罪的立法模式、犯罪构成、罪刑设置、司法认定及刑事责任等问题。

其二，对域内外有组织犯罪立法进行比较研究。在对我国刑法所规定的有组织犯罪进行法规范研究的同时，一些学者从比较法的视野观察、分析域内外有组织犯罪的刑法立法模式及其制度体系，在借鉴域外先进经验的基础上对我国刑法立法的完善提出对策建议。例如，卢建平在其主编的《有组织犯罪比较研究》一书中，从有组织犯罪的概念、特征、立法、刑事责任与刑罚以及具体的有组织犯罪等方面全方位地进行了比较研究[⑤]；冯殿美、周长军、于改之、周静等站在全球化的语境对域内外主要国家和地区有组织犯罪的概念、特征、成因等进行比较分析，对我国防范有组织犯罪的立法和司法进行考察和检讨，进而提出完善防范有组织犯罪体系的对策建议[⑥]；莫洪宪在其主编的《澳门有组织犯罪研究》一书中，对我国澳门地区有组织犯罪的类型、特征、法律体系与司法合作等作出了深入细致地介绍[⑦]；赵颖系统介绍了美国、意大利、俄罗斯、日本等国打击有组织犯罪的立法规定、专门机构以及执法制度，同时也指出了其中一些可资我国参考借鉴的经验做法[⑧]；何秉松在其主编的《全球化时代有组织犯罪与对策》一书中，对日本、美国、德国、荷兰以及我国台湾地区有组织犯罪的刑法规制进行比较分析，并在刑事政策、刑法的目的和犯罪理论体系等方面予以反思与探讨[⑨]；赵

[①] 曾粤兴、贾凌：《罪刑法定视野中的黑社会性质组织》，《中国刑事法杂志》2011年第7期。
[②] 陈世伟：《黑社会性质组织基本特征的实践展开》，《河南大学学报》2012年第1期。
[③] 石经海、李佳：《黑社会性质组织本质特征之系统性理解与认定》，《法律适用》2016年第9期。
[④] 郑士立：《有组织犯罪立法完善研究》，西南政法大学，博士学位论文，2014年。
[⑤] 卢建平主编：《有组织犯罪比较研究》，法律出版社2003年版。
[⑥] 冯殿美、周长军、于改之、周静：《全球化语境中的有组织犯罪》，中国检察出版社2004年版。
[⑦] 莫洪宪主编：《澳门有组织犯罪研究》，武汉大学出版社2005年版。
[⑧] 赵颖：《当代中国黑社会性质组织犯罪分析》，辽宁人民出版社2009年版。
[⑨] 何秉松主编：《全球化时代有组织犯罪与对策》，中国民主法制出版社2010年版。

赤在其最新力作《中外惩治有组织犯罪比较研究》一书中，对国际社会惩治有组织犯罪的政策立法、执法实践等进行深入比较研究，进而在借鉴域外经验的基础上提出推进我国有组织犯罪法治建设的主要依据和路径要领。[1] 另外，除了谢小青、成良文[2]，余磊、邓小俊[3]、卢建平、郭理蓉[4]等学者撰写论文对域内外相关国家、地区有组织犯罪立法进行全方位地比较研究外，更有黄少泽[5]、崔熳[6]、李仲民[7]等在其博士学位论文中对我国大陆和港澳台地区以及中俄两国的有组织犯罪立法、定罪、刑罚裁量等问题进行比较分析。

其三，随着跨国有组织犯罪的快速发展和应对打击跨国有组织犯罪的需要，2000年11月15日第55届联合国大会正式通过了《联合国打击跨国有组织犯罪公约》。基于我国实际情况和需要，2003年召开的第十届全国人民代表大会常务委员会第四次会议批准了《联合国打击跨国有组织犯罪公约》，意味着该公约对中国生效。正是有了这个大背景，2000年以后我国学者对有组织犯罪问题的研究体现出了较为明显的国际化特征，开始对《联合国打击跨国有组织犯罪公约》的规定及其在中国的实施问题进行研究，或者对域外主要国家有组织犯罪的法律制度进行介绍。例如，莫洪宪在其主编的《加入〈联合国打击跨国有组织犯罪公约〉对我国的影响》一书中，对加入《联合国打击跨国有组织犯罪公约》对我国刑事政策、刑事实体法、刑事程序法和刑事司法等方面的影响进行深入分析[8]；陈光中在其主编的《联合国打击跨国有组织犯罪公约和反腐败公约程序问题研究》一书中，探讨了以上两个公约中的刑事程序法问题，就管辖权、特殊侦查手段、证人制度、证明、犯罪

---

[1] 赵赤：《中外惩治有组织犯罪比较研究》，中国政法大学出版社2017年版。
[2] 谢小青、成良文：《港澳两地有组织犯罪之立法比较》，《现代法学》1998年第6期。
[3] 余磊、邓小俊：《中日打击有组织犯罪的法律对策之比较》，《法学评论》2010年第2期。
[4] 卢建平、郭理蓉：《有组织犯罪刑罚之比较研究》，《政治与法律》2004年第2期。
[5] 黄少泽：《中国四地理区域有组织犯罪及立法对策比较研究》，北京大学，博士学位论文，2006年。
[6] 崔熳：《俄罗斯有组织犯罪研究》，中国政法大学，博士学位论文，2009年。
[7] 李仲民：《两岸四地黑社会（性质）组织犯罪比较研究》，西南政法大学，博士学位论文，2015年。
[8] 莫洪宪主编：《加入〈联合国打击跨国有组织犯罪公约〉对我国的影响》，中国人民公安大学出版社2005年版。

资产的追回、国际刑事司法协助等进行了细致入微地分析①；赵秉志、杨诚等学者在详细介绍《联合国打击跨国有组织犯罪公约》拟定的背景、经过和主要内容的基础上，对《联合国打击跨国有组织犯罪公约》体现的刑事政策、刑事法律框架进行分析，并就贯彻该公约的国内刑法、刑事诉讼法、国际刑法等问题进行深入探讨②；于学敏在其著作中主要就《联合国打击跨国有组织犯罪公约》、美国、意大利、德国、日本等国以及我国香港地区、澳门地区打击有组织犯罪的立法模式、刑事实体法及程序法的内容特点进行评介。③ 另外，还有赵秉志、张伟珂④，蔡军⑤，彭凤莲⑥，李蓉⑦等学者发表学术论文就中国法与《联合国打击跨国有组织犯罪公约》的协调、刑事政策观念、刑事司法协助体系等问题进行探析，极大地深化和扩展了有组织犯罪法律问题的研究。

3. 对有组织犯罪的刑事司法研究。随着1997年修订刑法的实施以及随后多次开展的"打黑除恶"专项斗争的进行，理论界和实务界就有组织犯罪的刑法规定在司法实践中如何理解和具体应用，开始出现较大分歧和争论，对有组织犯罪刑事司法问题的理论探讨逐渐活跃起来。例如，曾祥生、陈放⑧，于化有等⑨，梁华仁、王洪林⑩，刘宪权、吴允锋⑪，

---

① 陈光中主编：《联合国打击跨国有组织犯罪公约和反腐败公约程序问题研究》，中国政法大学出版社2007年版。
② 赵秉志、杨诚主编：《〈联合国打击跨国有组织犯罪公约〉与中国的贯彻研究》，北京师范大学出版社2009年版。
③ 于学敏：《黑社会性质组织犯罪理论与实务问题》，中国检察出版社2010年版。
④ 赵秉志、张伟珂：《中国惩治有组织犯罪的立法演进及其前瞻——兼及与〈联合国打击跨国有组织犯罪公约〉的协调》，《学海》2012年第1期。
⑤ 蔡军：《我国反有组织犯罪刑事政策观念的检讨与重塑——基于对〈联合国打击跨国有组织犯罪公约〉立法精神的解读》，《刑法论丛》2012年第3卷。
⑥ 彭凤莲：《从〈联合国打击跨国有组织犯罪公约〉看我国单位犯罪的立法趋势》，《法学杂志》2008年第5期。
⑦ 李蓉：《反腐败的国际刑事司法协助——〈联合国打击跨国有组织犯罪公约〉的刑事司法协助体系》，《政法论坛》2005年第2期。
⑧ 曾祥生、陈放：《黑社会性质组织犯罪的司法认定》，《人民检察》2001年第5期。
⑨ 于化有、刘冬梅、赵宏权：《黑社会性质组织犯罪的特征及司法认定》，《检察实践》2001年第6期。
⑩ 梁华仁、王洪林：《黑社会性质犯罪司法疑难问题研究》，《政法论坛》2002年第5期。
⑪ 刘宪权、吴允锋：《黑社会性质组织犯罪司法认定中若干疑难问题探讨》（上），《犯罪研究》2002年第1期；刘宪权、吴允锋：《黑社会性质组织犯罪司法认定中若干疑难问题探讨》（下），《犯罪研究》2002年第2期。

方明[①]，朱本欣、梁健[②]，李林[③]等对黑社会性质组织的具体界定、法律特征的司法认定以及组织者、领导者和参加者的认定及其刑事责任划分等问题展开论述。特别是2018年在全国范围内开展"扫黑除恶"专项斗争以来，有关有组织犯罪的司法探讨尤为热烈，不论学界还是司法实务界，均对黑社会性质组织犯罪、恶势力犯罪、恶势力集团犯罪的司法认定疑难问题产生了极大兴趣。例如，周光权撰文指出，非法控制是黑社会性质组织的本质特征，其将组织、领导、参加黑社会性质组织罪与集团犯罪、恶势力团伙犯罪、单位犯罪区分开来，准确认定黑社会性质组织的非法控制特征对于准确定性、贯彻罪刑法定原则意义重大[④]；黄京平指出，组织特征、行为特征和非法影响特征是恶势力的基本特征，而包含行为目的特征和组织阶段特征的发展特征才是恶势力的本质特征，是标志恶势力与普通共同犯罪相区别的决定性要素[⑤]；卢建平对有组织犯罪中的软暴力犯罪的现象、特征进行深入分析，并提出惩治对策。[⑥] 近两年来，此类著述较多，不再一一赘述。

（二）国外研究现状

作为世界"三大犯罪灾难"之一，有组织犯罪的危害是全球性的，因此，世界各国均对有组织犯罪问题进行了持续、深入的探索和研究。虽然近年来我国国内对国外有关有组织犯罪研究的译著并不多见，但是通过课题组所收集到相关资料仍可以窥见主要国家对有组织犯罪问题研究的基本状况。

从研究内容上看，国外有关有组织犯罪问题的研究主要集中于以下领域：

其一，运用实证或者文献梳理的研究方法，对某一国家或者全球有组织犯罪的现状、发展趋势及其原因进行分析探讨。例如，有学者在对荷兰、德国、法国、西班牙、英国、捷克斯洛伐克、波兰、瑞士、阿尔巴尼亚、俄罗斯、土耳其等欧洲主要国家有组织犯罪现状进行实证分析

[①] 方明：《黑社会性质组织犯罪及司法认定的若干问题》，《现代法学》2003年第6期。
[②] 朱本欣、梁健：《论黑社会性质组织的司法认定》，《法学评论》2008年第1期。
[③] 李林：《黑社会性质组织经济特征司法认定实证研究》，《中国刑事法杂志》2013年第4期。
[④] 周光权：《黑社会性质组织非法控制特征的认定——兼及黑社会性质组织与恶势力团伙的区分》，《中国刑事法杂志》2018年第3期。
[⑤] 黄京平：《恶势力及其软暴力犯罪探微》，《中国刑事法杂志》2018年第3期。
[⑥] 卢建平：《软暴力犯罪的现象、特征与惩治对策》，《中国刑事法杂志》2018年第3期。

和文献梳理的基础上,从全球视角对各国有组织犯罪的历史发展、当代形态和控制政策进行了比较研究[1];有学者针对美国对有组织犯罪的打击措施,分析了美国黑手党在其成员受到抓捕和起诉后的新变化[2];有学者将有组织犯罪现象置于社会发展的历史长河中考察,视角独特地梳理和分析了美国与全球有组织犯罪的崛起、表现及其原因[3];有学者对"我们的事业""卡莫拉"和"光荣会"三大意大利黑社会组织的发展现状进行分类研究[4];有学者通过对意大利黑社会组织的主要行为方式、活动领域以及管制政策的观察,指出有组织犯罪的性质和数量及其控制取决于有组织犯罪发展与显现的社会、经济和文化背景,有组织犯罪与它赖以生存的合法环境之间存在着很强的共生关系[5];有学者在梳理苏联以及俄罗斯有组织犯罪发展历史的基础上,对该国有组织犯罪在犯罪传统、仪式和活动方面的主要变化进行分析,探讨了犯罪组织在历史上的角色转换以及新发展、新变化[6];有学者对日本"山口组"进行分析,认为"山口组"正处于"转型时期","它将改变日本整个有组织犯罪的面貌"[7];有学者通过文献分析的研究方法,分别对北美洲地区、意大利、拉丁美洲地区、俄罗斯、东欧地区、中国、日本、朝鲜等国家和地区的有组织犯罪现状进行比较,分析有组织犯罪是如何变化的,试图归纳概括出全球有组织犯罪发展变化的基本面貌和新挑战。[8]

---

[1] Cyrille Fijnaut and Letizia Paoli, *Organised Crime in Europe*: *Concepts*, *Patterns and Control Policies in the European Union and Beyond*, Springer, 2006.

[2] Jay S. Albanese, The Cosa Nostra in the U. S. Adapting to Changes in the Social, Economic, and Political Environment After a 25 – Year Prosecution Effort, Dina Siege, Henk van de Bunt, *Tradition Organized Crime in the Modern World-Responses to Socioeconomic Change*, Springer, 2012, p. 9.

[3] Michael Woodiwiss, *Gangster Capitalism*: *The United States and the Global Rise of Organized Crime*, Carroll & Graf Publishers, 2005.

[4] Ernesto U. Savona, Italian Mafias' Asymmetrie, Dina Siegel, Henk van de Bunt, *Traditional Organized Crime in the Modern World*: *Responses to Socioeconomic Change*, Springer, 2012, p. 3.

[5] Dina Siegel and Hans Nelen, *Organized Crime*: *Culture*, *Markets and Policies*, Springer, 2008.

[6] Dina Siegel, vory v zakone, Russian Organized Crime, Dina Siegel, Henk van de Bunt, *Traditional Organized Crime in the Modern World*: *Response to Socioeconomic Change*, Springer, 2012, p. 27.

[7] Kaplan, David E., Dubro, Alec, *Yakuza*: *Japan's criminal underworld* (25th *Anniversary*), University of California Press, 2012, pp. 325 – 326.

[8] Mark Galeotti, *Global Crime Today*: *The Changing Face of Organised Crime*, Routledge Taylor & France Group, 2006.

其二，运用刑法学、犯罪学、政治学、经济学、历史学、社会学、民族学等综合性、跨学科的研究方法，对有组织犯罪进行专题性研究，从某一侧面深入挖掘有组织犯罪生成、发展的原因及特性，分析其行为模式与各种社会关系的内在联系，探讨预防和治理有组织犯罪的对策。例如，俄罗斯学者伊尔杜丝·萨伊多维奇·纳菲科夫在收集部分城市实证统计材料和社会学文献的基础上，运用法学、经济学和社会学的分析方法，对俄罗斯影子经济与有组织犯罪活动问题进行深入研究，提出了在大城市经济领域打击有组织犯罪活动的经济、法律及思想措施[1]；有学者分别对美国、日本、俄罗斯、南美洲地区、法国、意大利和欧盟地区的有组织犯罪进行考察，审视有组织犯罪与国家、公民社会和政治之间的关系，并评估有组织犯罪对民主的后果和影响，指出了有组织犯罪对现代国家社会与政治结构所带来的威胁与挑战[2]；英国基尔大学教授艾伦·莱特围绕有组织犯罪的性质和核心概念、与之相关的具体活动、在全国、地区和全球的起源与发展以及国际社会和执法机构为控制其风险所作出的应对措施等主题，分别考察了近年来有组织犯罪的多元化程度、帮派的兴起、经济犯罪的历史发展、毒品以及人口贩运者的类型和他们所依靠的供应链、新一波组织犯罪集团的发展态势、一个司法辖区有组织犯罪集团的特征与犯罪动态、相关国家和国际社会寻求解决有组织犯罪问题的方式、方法等问题，并从比较分析的角度研究了诸如黑手党、中国黑恶犯罪和日本黑帮等所谓"传统"的有组织犯罪集团，指出21世纪初有组织犯罪集团的面貌变得更加分散和多样化，其不断演变是对国家和社会发展新的威胁和挑战，成为公共政策面临的关键问题之一[3]；有学者选择美国的意大利裔有组织犯罪集团——本格拉家族作为研究对象，基于美国联邦执法机构所提供的数据，对该有组织犯罪集团以及他们的非法市场客户和合法商业利益进行个案分析，运用社会学、政治学和经济学领域的概念解释本格拉家族活动的某些方面及其成员行为，并通过比较有组织犯罪在不同时间和地点所获取的利益程度，

---

[1] ［俄］伊尔杜丝·萨伊多维奇·纳菲科夫：《大城市中的影子经济与有组织犯罪》，胡明译，中国法制出版社2017年版。

[2] Felia Allum and Renate Siebert, *Organized Crime and the Challenge to Democracy*, Routledge Taylor & France Group, 2008.

[3] Alan Wright, *Organised Crime*, Willan Publishing, 2006.

评估公共政策对于打击有组织犯罪活动的效果,从而探讨公共政策是否应该扩大、减少或重新分配,以及可能采取何种具体的执法战略[①];挪威管理学院佩特·戈特沙尔克教授将有组织犯罪看作企业,从组织、社会、管理、历史、理论和现实的角度对有组织犯罪的发展阶段和模式、犯罪企业的领导和管理、非法企业和非法企业的价值分配模式、犯罪企业的结构和文化、犯罪组织的组织计划策略、知识管理等进行分析介绍,揭示了有组织犯罪活动存在的问题和非法企业中企业家所扮演的角色。[②]

除了上述重点研究领域以外,还有大量著述对各国有组织犯罪的立法、司法和执法问题,跨国有组织犯罪问题以及各种特殊有组织犯罪类型的防控策略问题,进行了系统梳理和分析。例如,美国尼亚加拉大学阿尔巴内塞教授对有组织犯罪的定义、法律特征、原因、模式以及总统调查、非传统有组织犯罪等问题进行了介绍和剖析,并着重对美国对有组织犯罪诸如调查措施、起诉方略、辩护理由、定罪量刑等刑事司法回应及其发展方向进行了全面讨论。[③] 由于篇幅所限,其他相关论文和著作在此不再一一介绍。

(三) 国内外研究述评

比较国内外有关有组织犯罪问题的研究状况,可以发现二者之间最大的不同体现在研究视角和研究内容方面。

总体而言,我国理论上往往通过"宏大述事"的方式侧重于对有组织犯罪的宏观问题进行全景式地探讨,主要涉及有组织犯罪的概念辨析、历史发展梳理、现状及原因分析、防控对策论证、国际合作等全局性、基础性的大问题。例如,被誉为中国有组织犯罪研究代表性人物的何秉松教授在其代表作《中国有组织犯罪研究(两卷本)》中,就以大量丰富的理论和实际资料为基础,对我国大陆地区和港、澳、台地区黑社会组织与黑社会犯罪的产生、发展、变化的全过程进行全面、深入的研究,分析其特点、规律和原因,研究预防和控制黑社会犯罪的方针、

---

① Annelise Graebner Anderson, *The Business of Organized Crime: A Cosa Nostra Family*, Hoover Institution Press, 1979.

② Petter Gottschalk, *Entrepreneurship and Organised Crime: Entrepreneurs in Illegal Business*, Edward Elgar Publishing Limited, 2009.

③ Jay S. Albanese, *Organized Crime in America*, Anderson Publishing Co., 1996.

政策、法律和经验，并研究了全球化时代加强国际合作打击跨国有组织犯罪的战略和措施。[1] 在前述有关我国有组织犯罪研究的大量著作中，这一研究方式和研究视角被广泛采用。

通过梳理有组织犯罪的发展演变过程以及理论研究变迁可以看出，这种研究现状与特点的形成应该与我国对有组织犯罪研究起步较晚和打击有组织犯罪的紧迫现实需要密切相关。新中国成立初期，通过军事扫荡和清匪反霸、镇压反革命、肃毒禁娼等运动，中国大陆地区的黑社会势力已彻底肃清，从而出现25年的历史空白期。然而，自20世纪70年代末始，有组织犯罪在我国大陆地区滋生并发展起来。[2] 面对改革开放后出现的这一新的犯罪现象，无论是在理论界还是司法实务界，最开始对此均未形成科学的认知，导致在整个20世纪80年代有关有组织犯罪的理论研究处于空白期，相关成果罕见。伴随着深圳、广州、珠海等部分地区司法机关对该种新型犯罪现象科学认知程度的增强，相关的理论研讨遂开始出现并逐渐活跃起来。特别是在1997年我国刑法典增设黑社会性质组织犯罪的相关罪名以后，出于适用刑法规定的需要，有组织犯罪的理论研究成果开始逐年增加。然而，面对这样一个新生现象，其到底为何物，就必然成为理论上首先予以关注和解决的问题。因此，在20世纪90年代开始展开的研究中，学者们除了对域外相关国家打击和惩治有组织犯罪立法、司法经验进行介绍以外，主要就有组织犯罪的概念这一基本问题进行了深入探讨，涉及有组织犯罪的定义、特征以及与相关概念的关系等。由于有组织犯罪在我国还只是一个犯罪学上的概念，对其概念的界定在学界仍未达成共识，所以其与团伙犯罪、集团犯罪以及黑社会性质组织犯罪之间如何界定界限以及它们之间是一种什么样的关系，20余年来一直是我国有组织犯罪理论研究的难点和重点问题。同时，出于科学认知和防控有组织犯罪的现实需要，但又受制于我国犯罪学研究刚刚起步的现实状况，对我国有组织犯罪的总体状况分析、原因探索和对策建议等成为我国学者一直不肯丢弃的研究热点，从20世纪90年代开始的大多数研究均未脱离这一研究视角和研究领域。另外，因应自2000年以来开展一系列"打黑除恶"（现在称为"扫黑

---

[1] 何秉松：《中国有组织犯罪研究》（两卷本），群众出版社2009年版。
[2] 何秉松：《中国有组织犯罪研究》（两卷本），群众出版社2009年版，第88页。

除恶")专项斗争的实践需求,理论上兴起了对我国有组织犯罪相关立法和司法的刑法学研究,直到今日仍长盛不衰,始终是我国有组织犯罪理论研究的主要议题之一。

从前文可知,从20世纪90年代有组织犯罪研究开始起步至今近30年的时间里,我国有组织犯罪的理论研究可谓成果丰硕,这对推动和深化相关领域的理论探索作出了巨大贡献,也为我国惩治和防控有组织犯罪的司法实践提供了相应的理论支撑和对策建议。但正如有学者所言,我国现有的研究成果比较偏重于纯粹的理论思辨性研究,且多以有组织犯罪或者全国黑社会性质组织犯罪整体作为研究对象,研究手段相对滞后,研究主题过于宏大,从内容上看过于"全面",从而导致研究成果难免空洞化,所提对策建议极难产生现实的社会效益。① 该学者的这一评价虽然过于绝对,但也反映出当前我国有组织犯罪研究所存在的些许问题或者弊端。针对这一研究缺陷,自2010年以后,一些学者开始推动有组织犯罪的实证研究,并取得了一系列成果,代表性的成果有:王牧、张凌、赵国玲著《中国有组织犯罪实证研究》(中国检察出版社2011年版)、严励著《中国东南沿海地区有组织犯罪实证研究》(中国法制出版社2012年版)和陈世伟著《黑社会性质组织犯罪的新型生成及法律对策研究》(法律出版社2013年版)。但是这些运用实证方法所开展的研究,仍然是对我国有组织犯罪整体状况的全面性调查、梳理和分析,涉及有组织犯罪构成特征要素的方方面面。

综合比较起来,国外的学者比较注重有组织犯罪发展趋势的研究,往往通过描述典型犯罪组织犯罪过程的方式,在犯罪的表现形式、发展趋势以及原因等方面对不同国家的有组织犯罪状况展开比较分析。从此方面看,"国外也存在一些'理论的演绎'或者'大而全'的研究成果"②。但是,国外研究也有和我国差异明显的地方:大量研究关注有组织犯罪的某一侧面,在多元研究视角上运用多元的研究方法围绕一个较小的议题进行深入挖掘和分析。例如,有欧美学者对犯罪组织实施的

---

① 陈世伟:《黑社会性质组织犯罪的新型生成及法律对策研究》,法律出版社2013年版,第2—7页。

② 陈世伟:《黑社会性质组织犯罪的新型生成及法律对策研究》,法律出版社2013年版,第11—12页。

毒品、人口贩卖、走私等犯罪活动进行比较分析，并形成研究热点①；有学者专门对黑社会组织中的女性成员进行了实证研究，探讨女性在有组织犯罪中所扮演的角色和起到的作用。② 这种从微观层面对有组织犯罪所进行的研究，与宏观研究一样具有重要的理论和实用价值：宏观研究对于有组织犯罪整体状况的把握、发展趋势的预测以及犯罪对策体系的构建具有重要指导价值；微观研究通过对有组织犯罪某一构成特征（要素）或者发展面向进行"庖丁解牛"般细致入微地解析，更能深刻地把握有组织犯罪发展过程中的特殊性或者个性问题，这对于国家制定针对性强的治理政策大有裨益，有利于研究成果向政策及时转化。

二 关于有组织犯罪企业化趋势与刑事治理对策方面的研究现状及不足

（一）国外研究现状与不足

随着社会的变迁，有组织犯罪的形态也在发生着改变。"为在各国政府的高压政策下求得生存与发展的空间，黑社会组织也在'与时俱进'，悄无声息地进行着脱胎换骨的'改革'，不断以新的面目示人。其中一个明显趋向，就是黑社会组织日益迈向'公司化'，即借助于公司的形式与架构积累能量、聚敛财富、伪装自己、对抗侦查。"③ 从世界各国有组织犯罪的发展情况看，企业化已然成为有组织犯罪的国际趋势。④

在美国、德国、意大利等主要经济发达国家，由于有组织犯罪在较早时间就呈现出企业化趋势，犯罪组织与企业结合并向商业领域全面渗

---

① Damian Zaitch, Recent Trends In Cocaine Trafficking In The Netherlands And Spain, Dina Siegel, Henk van de Bun, Damián Zaitc, *Global Organized Crime*: *Trends and Development*, Springer Science + Business Media, LLC, 2003, pp. 7 – 18. AlexisAronowitz, Trafficking Human beings: An International perspective, Dina Siegel, Henk van de Bun, Damián Zaitc, *Global Organized Crime*: *Trends and Development*, Springer Science + Business Media, LLC, 2003, pp. 85 – 93. Richard Staring, Smuggling Aliens Toward The Netherlands: The Role Of Human Smugglers and Transnational Networks. Dina Siegel, Henk van de Bun, Damián Zaitc, *Global Organized Crime*, *Trends and Development*, Springer Science + Business Media, LLC, 2003, pp. 106 – 115.

② Giovanni Fiandaca, *Women and the Mafia*, Springer Science + Business Media, LLC, 2003, p. 1.

③ 贾宇：《黑社会如何"漂白"自己》，《人民论坛》2010 年第 8 期（下）。

④ 贾宇：《黑社会如何"漂白"自己》，《人民论坛》2010 年第 8 期（下）。

透的发展状况早已引起学界甚至立法、司法上的关注，进而影响了人们对有组织犯罪的重新认识。例如，有学者注意到有组织犯罪的企业化表现，利用经济分析的手段对有组织犯罪进行分析，认为有组织犯罪实际上是按照与合法企业相同的市场规则运行，有组织犯罪的活动有合法的一面，也有犯罪的一面，应将其纳入"企业"的范畴，这种企业既有经营又有某些犯罪活动[①]；美国犯罪学家 D. 斯坦利·艾兹恩和杜格·A. 蒂默直接将有组织犯罪定义为"旨在通过非法活动获得经济利益而组织起来的商业企业"[②]；美国犯罪学家塞林认为，"有组织犯罪是以从事不法活动为目的而组织起来的。例如，虽是合法企业，却用非法手段从事经济活动，这种活动和有组织犯罪具有同等的意义"[③]；德国犯罪学家汉斯·施奈德认为，所谓有组织犯罪，是指"具有合法目的的组织（经济企业）犯了经济和破坏环境罪，为了更好地逃避打击力量，犯罪者狼狈为奸，拼凑成具有犯罪目的的组织"[④]；德国议会于1992年以实际工作为主，对有组织犯罪达成了一致意见，认为"有组织犯罪是指由数个犯罪人或组织有计划地实施的旨在获利的犯罪行为，各犯罪人和组织在较长时间或不特定期间内，利用企业或者商业组织，使用暴力或其他恐怖措施致力于对政策、传媒、司法、经济等施加影响"[⑤]。

在理论研究上，有学者关注有组织犯罪的"企业表现"和非法市场，对有组织犯罪集团的商业行为和诸如黑市、毒品交易、非法服务、洗钱等非法市场作出实证性调查梳理，概括有组织犯罪企业的犯罪形式、行为特征及活动领域[⑥]，分析其对政治、经济的影响。[⑦] 有学者讨论了有组织犯罪企业化的原因和非传统有组织犯罪的应对策略，认为企

[①] 李中信主编：《国外有组织犯罪》，群众出版社1997年版，第24页。

[②] ［美］D. 斯坦利·艾兹恩、杜格·A. 蒂默：《犯罪学》，谢正权、邬明安、刘春译，群众出版社1989年版，第263页。

[③] ［美］塞林：《商业企业和有组织犯罪》，《美国科学会刊》1965年第5期。转引自康树华主编：《当代有组织犯罪与防治对策》，中国方正出版社1998年版，第3页。

[④] ［德］汉斯·约阿希姆·施奈德：《犯罪学》，吴鑫涛、马君玉译，中国人民公安大学出版社1990年版，第44页。

[⑤] 许久生编著：《德国犯罪学研究探要》，中国人民公安大学出版社1995年版，第118页。

[⑥] Dina Siegel and Hans Nelen, *Organized Crime: Culture, Markets and Policies*, Springer, 2008.

[⑦] Alan Wright, *Organised Crime*, Willan Publishing, 2006.

业化是有组织犯罪发展的需求，应更多地从经济的视角观察有组织犯罪。[1] 有学者通过对犯罪企业的个案调查，指出有组织犯罪企业与合法企业有着太多的一致性而难以界分，因而站在企业的中立视角，将犯罪企业与合法企业进行对比性研究，探讨了有组织犯罪企业的阶段特征、领导与管理、部门结构与协同能力、价值配置、结构和文化、犯罪企业家在非法商业活动中的作用以及在非法商业领域中犯罪企业的商业表现等，意图勾勒出有组织犯罪企业的发展过程、行为模式、特征以及与合法商业行为的区别。[2]

从课题组对所收集国外相关资料的分析来看，尽管国外学者对有组织犯罪企业化的趋势有较多关注，在相关著述中也有多视角地论及，但是总体而言研究层次尚不深入，研究内容也不全面，体系性的专题研究尚付诸阙如。

（二）国内研究现状与不足

我国在20世纪90年代就已经出现有组织犯罪企业化的趋势，一些学者对此新动向有所关注。例如，莫洪宪教授在1998年所著《有组织犯罪研究》一书中指出，"一些黑社会性质的犯罪组织，为了达到长期犯罪而不被发现的目的，往往以一定经济实体作依托，表面上合法经营，暗地里干着犯罪的勾当；有的甚至直接利用经济机会从事犯罪，积蓄经济实力"[3]。然而，尽管20余年来我国有组织犯罪的企业化趋势有增无减，但是理论上对此现象的关注和回应显然不够，专门的系统性研究尚属空白，只有零星数文捎带提及。例如，卢建平、刘鑫以民营企业犯罪为例探讨了涉黑犯罪企业触黑、染黑和纯黑化的阶梯形态[4]；刘南男简要分析了我国黑社会组织企业化的原因及对策[5]；姜杰、李宝玲对公司化黑社会性质组织的特点、其与一般的犯罪集团的界限、涉黑组织

---

[1] Jay S. Albanese, *Organized Crime in America*, Anderson Publishing Co., 1996.

[2] Petter Gottschalk, *Entrepreneurship and Organised Crime: Entrepreneurs in Illegal Business*, Edward Elgar Publishing Limited, 2009.

[3] 莫洪宪：《有组织犯罪研究》，湖北人民出版社1998年版，第84页。

[4] 卢建平、刘鑫：《犯罪与企业的结合——有组织犯罪的发展趋势之一》，载《第四届当代刑法国际论坛——全球化时代有组织犯罪的惩治与防范国际学术研讨会会议论文集》，北京师范大学刑事法律科学研究院2011年，第34—50页。

[5] 刘南男：《论我国黑社会组织的企业化趋势及对策》，《辽宁警专学报》2006年第5期。

开设的公司中专业技术人员、服务人员性质的认定等问题作出探讨①；袁林、佘杰新以 20 个民营企业家涉黑案例为样本，对民营企业家涉黑犯罪状况进行考察，对民营企业家涉黑犯罪原因进行分析，对民营企业家涉黑犯罪风险防范对策进行探究②；周建军、蔡鑫韵以"制度洼地"现象为视角，分析了民营企业涉黑犯罪行为的根本原因和性质，诠释了民营企业涉黑犯罪问题的系统抗制，认为相关制度的完善也需要充分考虑到民营企业以黑护商、以犯罪组织的反应替代国家反应不足的行为的规制③；赵东巍认为有组织犯罪在经济模式和行为模式上与企业有着某些相似性，遂以企业模式对有组织犯罪的产生和发展的过程进行分析，尝试建立一个多元、多层次的有组织犯罪防控体系。④

有学者尽管不是专门针对有组织犯罪的企业化趋势进行研究，但是其从经济学或者产业经济的视角对我国有组织犯罪的观察、分析，提升了我们对有组织犯罪企业化现象的认知水平，对于深化相关研究助益不小。例如，张彩凤等主要基于经济学理论且多学科协同运用经济学框架和分析工具，如微观经济学的成本理论、价格理论、行为理论、市场理论、产权理论、福利经济学、公共选择、制度经济学以及宏观经济学的乘数理论及其他有关的实证和规范方法，将有组织犯罪的产生、形成、内部因素（理性人、内部组织结构及运作）、外部因素（与社会、国家、市场及世界的关系）、市场行为、社会危害以及遏制政策等都纳入这一研究视野范围，从不同侧面考察了有组织犯罪的成因、结构、环境及其运作过程，帮助我们进一步或重新认识有组织犯罪这一特殊犯罪现象的生成、结构、属性、行为表现、发展规模及危害性⑤；李其平运用经济学的分析方法，系统地分析黑社会性质组织犯罪的犯罪成本和犯罪收益，认为黑社会性质组织通过加大行为性成本和物质性成本的投入，

---

① 姜杰、李宝玲：《公司化黑社会性质组织犯罪的特征及认定》，《中国检察官》2014 年第 5 期。

② 袁林、佘杰新：《民营企业家涉黑犯罪风险防范研究——以 20 个民营企业家涉黑案例为样本》，《江海学刊》2016 年第 4 期。

③ 周建军、蔡鑫韵：《民营企业涉黑犯罪治理的政策问题——以"制度洼地"现象为视角》，《法治研究》2014 年第 12 期。

④ 赵东巍：《有组织犯罪的企业模式分析与法律防控》，吉林大学，硕士学位论文，2011 年。

⑤ 张彩凤主编：《有组织犯罪的经济学研究》，哈尔滨出版社 2004 年版。

可以大幅削减心理惩处成本和惩罚成本，从广度和深度上大规模拓展和垄断犯罪市场，从而有可能达到犯罪效益的最大化[①]；邵栋豪以重庆王素东涉黑案为例，从产业经济学的角度分析了产业垄断中黑社会组织的主要特点、成因，进而提出产业垄断中的黑社会组织防控对策[②]；徐兴俊从产业经济的视角，分析了有组织犯罪黑社会化的动因、经济进程，提出了对有组织犯罪黑社会化经济进程控制的对策建议。[③]

除了上述研究之外，还有学者以比较法的视角，对域外国家的有组织犯罪企业化的状况及其法律规制进行了介绍。例如，庞冬梅对俄罗斯有组织犯罪的企业化路径及对策进行研究，指出俄罗斯呈现"有组织犯罪——腐败——影子经济""三位一体"的企业化路径，俄罗斯联邦打击有组织犯罪的刑事法律政策主要体现为犯罪化和非犯罪化、刑罚化和非刑罚化手段，此外，还通过审前合作协议制度的立法化路径敦促有组织犯罪活动的侦破与犯罪分子刑事责任的追究[④]；龚义年对域外有组织犯罪企业化趋势进行了简单梳理，并对域外有组织犯罪企业化的防控模式进行介绍，进而指出对我国防控有组织犯罪企业化的对策启示。[⑤]

从上述对研究现状的梳理来看，我国对有组织犯罪企业化趋势及其对策的研究还很薄弱，概括起来体现在四个方面：其一，对我国有组织犯罪企业化趋势所带来挑战的关注不够，对诸如企业化对有组织犯罪的组织结构、行为模式、活动特点与领域、社会危害等有何种程度的影响，如何防范有组织犯罪的企业化转型，如何认定有组织犯罪与公司企业犯罪的界限，如何认定和处置有组织犯罪的涉案财产，犯罪观念、刑事政策、刑事治理对策如何作本土针对性的调整等重大问题，均缺乏深入细致地分析和研究；其二，犯罪认识观念上的落后造成研究视域狭

[①] 李其平：《从经济学视角考察黑社会性质组织犯罪》，《中南林业科技大学学报》（社会科学版）2008年第3期。

[②] 邵栋豪：《产业垄断中的黑社会组织及其防控——以重庆王素东涉黑案为例》，《理论探索》2011年第2期。

[③] 徐兴俊：《论产业经济视野下有组织犯罪的黑社会化》，华东政法学院，硕士学位论文，2007年。

[④] 庞冬梅：《俄罗斯有组织犯罪的企业化路径及对策研究》，《上海政法学院学报》2018年第5期。

[⑤] 龚义年：《域外有组织犯罪企业化防控模式及其对我国的启示》，《行政与法》2018年第4期。

窄，多维度的综合性研究分析尤其是经济、社会、管理等方面的分析不深入，多数研究的视角和结论趋同，创新性、时效性和本土针对性不强，已有研究成果不能有效地发挥对有组织犯罪防控实践的指导作用；其三，对于我国有组织犯罪企业化的发展路径缺乏深入剖析，对我国有组织犯罪企业化的具体表现形式也欠缺全面、细致地观察和挖掘，对企业化的有组织犯罪与公司、企业实施的单位犯罪少有对比分析；其四，有关我国当前有组织犯罪企业化现状、特点及原因的实证分析极度欠缺，对域外主要国家和地区有组织犯罪企业化发展状况鲜有介绍与梳理，对域外主要国家和地区应对有组织犯罪企业化问题的刑事治理对策没能适时评介与借鉴，不利于对先进理论和经验的学习与吸收。总之，到目前为止，我国国内尚缺乏对有组织犯罪企业化趋势及其对策的专题性、系统性研究，这一研究现状与当下我国有组织犯罪快速地企业化发展趋势状况不相符合，亟待理论上对相关问题进行梳理与回应。

三 研究的意义与价值

（一）研究的意义

企业化模式是有组织犯罪发展的高级形态，其社会危害性更大。一方面，企业化发展使得犯罪组织能够根据现代企业制度来组建、管理、运作犯罪组织及犯罪活动，有组织犯罪集团的犯罪能力也会显著增强；另一方面，企业化发展也使得有组织犯罪行为的掩饰性进一步提升，增加了打击惩处的难度。从表面上看，犯罪组织以举办合法企业为名，进行正常的生产经营活动，而在这些"合法活动"的下面，却隐藏着大量的非法活动；在这类犯罪组织中，合法活动与非法活动相互交织，大大增加了犯罪活动的隐蔽性。而且，这些组织利用其合法的身份，更容易消除人们的反感和戒备心理，因而更容易实施非法活动，更容易达成犯罪目的。

另外，由于"企业化"是犯罪租金和非法活动的资本化，企业化加剧了"权力"寻租等腐败行为的滋生与蔓延，可以轻易腐蚀现存的制度和商业及投资环境，严重扰乱和阻碍了社会主义市场经济秩序及国际国内的经贸规则与现代企业制度的运行。因此，开展对有组织犯罪企业化趋势的研究意义重大。

（二）研究的价值

鉴于我国理论界对于有组织犯罪企业化趋势及其治理对策领域研究

薄弱的现状，本课题将系统归纳梳理我国有组织犯罪企业化趋势的基本状况、特点，秉持全新的犯罪观念对我国有组织犯罪的传统见解进行反思与重构，并在借鉴域外经验的基础上提出能科学、系统、协调应对有组织犯罪企业化趋势的刑事治理对策，尝试填补国内相关研究的空白。就此而言，本课题研究应该具有以下理论和实践价值。

其一，理论价值。首先，本课题研究将推动有组织犯罪的研究视角从宏观向微观的转化，深化并细化有组织犯罪理论研究的内容和体系。正如前文所述，目前我国对有组织犯罪的研究偏向于宏观层面、规范层面或者司法操作层面，尽管近年来一些学者对有组织犯罪的文化[1]、侦查[2]以及刑事政策[3]等相对微观侧面进行深入挖掘探讨，但是这种对有组织犯罪细致入微地剖析尚未形成气候，从而导致理论上对有组织犯罪研究的进一步深化贡献不足。本课题研究聚焦于当下有组织犯罪的发展趋势特别是企业化趋势问题，试图通过专题式的系统性研究推动我国有组织犯罪理论研究视角的转变，进一步完善与丰富相关理论的体系结构和内容。其次，通过实证研究，归纳出我国有组织犯罪企业化的现状和特点，初步描绘出我国有组织犯罪企业化发展的路径和发展模型。只有认识了犯罪现象的现状、特征，才能揭示犯罪的发展规律，并把握某一犯罪现象的"事理"。尽管近年来我国有学者已经开始进行有组织犯罪的实证研究，并产出了数部高质量的学术成果，但是有关我国有组织犯罪企业化趋势的实证研究仍付诸阙如，这一研究现状不利于科学认知有组织犯罪的最新发展趋势，最终不利于刑事治理对策的科学有效实施。本课题对我国有组织犯罪企业化趋势进行实证研究，梳理、归纳出有组织犯罪企业化的现状和特点，将有助于对有组织犯罪现象科学的、全面的认识。最后，转变传统的犯罪观念，关注转型时期犯罪现象的新变化，进一步拓展有组织犯罪乃至公司企业犯罪研究的理论空间。企业化的有组织犯罪集团披着公司、企业的合法外衣进行违法犯罪活动，不仅大大增加其财富积累和犯罪能力，更使得犯罪行为的隐蔽性大大提高。同时，有组织犯罪的企业化发展也带来一些理论与实践难题，如合法经

---

[1] 张爽：《有组织犯罪文化研究》，中国人民大学出版社2012年版。
[2] 刘莹：《有组织犯罪侦查研究》，中国检察出版社2011年版。
[3] 蔡军：《中国反有组织犯罪的刑事政策研究》，中国大百科全书出版社2013年版。

营与违法犯罪、有组织犯罪与公司企业犯罪如何甄别,有组织犯罪的界限如何准确认定,等等。本课题将通过明确有组织犯罪集团和公司、企业以及有组织犯罪与公司企业犯罪的界限,进一步拓展对相关领域的理论研究。

其二,实践价值。首先,剖析我国有组织犯罪企业化的路径、现状、特点及原因,为我国转型期严重犯罪刑事治理对策的调整提供科学依据。对犯罪现象的全面、科学的认知,有利于对犯罪的防治采取更科学、有效的对策措施。在我国,有组织犯罪企业化的路径究竟为何、其表现出何种样态及特点、当下我国有组织犯罪企业化发展的根源何在等等重要问题,均需要认真地调研、分析和探讨,也只有如此,才能使我国根据有组织犯罪发展的新态势作出有针对性的对策调整。其次,有利于甄别合法经营与违法犯罪、有组织犯罪与公司企业犯罪,明确有组织犯罪的认定界限,准确分配刑事责任并适用刑罚。有组织犯罪的企业化发展转型,大大模糊了罪与非罪、此罪与彼罪的认定界限,造成司法适用上的困难。如何有效消解这一实践难题,就需要在理论上坚决"划破公司的面纱",认清企业化的有组织犯罪的本质而不被假象所迷惑,不将普通的公司企业犯罪与有组织犯罪相混淆。最后,针对我国有组织犯罪企业化趋势带来的挑战而提出的刑事治理对策建议,也能为我国犯罪控制的整体策略及相关法律完善提供参考。

第三节 研究方法、研究设计、研究创新和研究的不足之处

"对社会现象的研究包括描述性研究和解释性研究两个方面。"[①] 描述性研究是对有组织犯罪这种社会现象进行科学探索的基本出发点,是进行解释性研究的坚实基础,必须根据充分的数据和资料对我国有组织犯罪发展的基本情况作出尽可能符合客观实际情况的描述,揭示有组织犯罪发生、发展的原因及规律,从而制定出科学、有效预防与控制有组织犯罪的策略和方法。在课题的具体研究设计时,描述性研究往往以定量研究为基础,而解释性研究则以定性研究为主。就本课题的研究而

---

① 何秉松:《中国有组织犯罪研究》第 1 卷,群众出版社 2009 年版,第 96 页。

言，需要对这两种研究方法做相辅相成地综合设计与运用。

一 研究方法

研究方法是揭示事物内在规律的工具和手段，因而，研究方法的选取是取得丰硕且有价值的研究成果的前提与基础。本课题以我国有组织犯罪的企业化趋势为研究对象，以构建有效应对有组织犯罪企业化趋势的刑事治理对策为最终研究目的，因此在课题研究中主要运用定量研究法和定性研究法，同时综合运用犯罪学、规范刑法学、刑事诉讼法学、社会学、经济学、管理学等学科领域的知识进行一体化的多维研究。具体而言，主要研究方法如下：

（一）定量研究法

定量研究是指确定事物某方面量的规定性的科学研究，就是将问题与现象用数量来表示，进而去分析、考验、解释，从而获得意义的研究方法和过程。定量研究法主要包括调查、实验、测量和统计四种研究方法，本课题的研究主要运用了调查研究法和统计研究法。

在本课题的研究中，课题组前往河南省、湖北省、江苏省、浙江省、辽宁省、黑龙江省、上海市、重庆市等省市进行调研，召开有政法委、公安机关、人民检察院、人民法院等相关机关工作人员参加的各种类型座谈会十余场，对上述地区的有组织犯罪情况及其发展态势和刑事治理对策有了整体性的认知，而且也对一些典型案例进行了探讨。同时，课题组根据一定标准，利用专业数据库进行检索或者到司法实务机关进行调取等手段途径获取了近千个有组织犯罪的案例，在对这些案例进行分类整理的基础上，获取我国有组织犯罪企业化发展的相关数据和构成要素，进而予以结构分析、趋势分析、对比分析和样态分析，试图初步描绘出我国有组织犯罪企业化的生态地图和发展模型。当然，与调查研究和统计研究等方法相结合，本课题还抽取数个典型案例进行深入的个案分析，研究个案中有组织犯罪企业化的表现形式、途径、特点以及原因，并结合调研的整体把握归纳出我国有组织犯罪企业化的内在规律。

通过定量分析法，使得课题组对本课题的研究对象的认识进一步精确化，对于更加科学地揭示规律、把握本质、厘清关系和预测有组织犯罪的发展趋势助益匪浅。

(二) 定性研究法

定性研究是指通过发掘问题、理解事件现象、分析人类的行为与观点以及回答提问来获取敏锐的洞察力。本课题研究主要运用了文献研究法、经验总结法、对比分析法、逻辑推理法等具体的定性研究方法。

鉴于本课题的研究目的，课题组收集了大量详实的国内外相关文献资料，涵盖了论文、著作、法律法规乃至新闻报道等多种形式的文献资料。通过对这些文献资料的整理、挖掘和研究，课题组全面地、准确地了解了国内外有组织犯罪发展的历史和现状，分析了我国有组织犯罪企业化的原因及表现，对比分析了国内外应对有组织犯罪企业化发展趋势的相关对策措施以及我国刑事治理体制存在的问题，并在汲取经验和教训的基础上，提出了构建符合我国本土状况与特点的刑事治理体系和措施的对策建议。

"由于定量分析难以深入事物内部作考察，因而弄得不好，那些普查、抽样调查、问卷调查等，得到的结论只能在数量上给人一个表面形象，甚至是一种虚像。因此，为了正确把握事物的数量，我们在作定量分析之前应当先做好定性分析，然后再通过量的表现来进一步加深我们对性质的了解。"[1] 基于犯罪现象研究的特殊性与复杂性，在研究中单独使用任何一种研究方法都无法解释或回答所有的问题，因而本课题研究结合运用了定量和定性两种研究方法，试图追求最佳的研究效果。

二 研究设计

（一）研究思路

本课题遵循以下研究思路：

首先，通过实证调查与材料分析，获取基本数据，勾勒出我国有组织犯罪企业化的现状和基本趋势。本课题研究的实证调查包括两种方式：其一，本课题组主要通过数据库查询（主要利用中国裁判文书网、北大法宝的数据平台和北大法意的数据平台等渠道）、司法实务部门调研等多种途径，共获取全国各级人民法院黑社会性质组织犯罪案件的生效判决书或者裁定书1941件。经过滤掉内容存在重复的裁判文书和部

---

[1] 费孝通：《学术自述与反思》，载《费孝通学术文集》，生活·读书·新知三联书店1996年版，第19页。

分因过于简化而无法提取本课题研究所需有用信息的裁判文书后，获得有效样本共计930件。同时，为了保证案例的全面和真实，课题组搜集整理了一些新闻报道情况，对一些典型案件的情况进行补充完善，力求全面准确地反映典型有组织犯罪集团的形成、发展、壮大直至消亡的过程，为梳理分析该犯罪组织的企业化发展状况提供翔实的资料积累。其二，本课题组选取我国有组织犯罪比较典型的地区进行访谈式调研，意图通过调研来弥补纯粹数据分析的不足，挖掘和分析有组织犯罪在某一地区生成发展的原因及其危害，深入了解各地区治理有组织犯罪对策措施的实施情况，并获取治理有组织犯罪企业化趋势的刑事对策建议。针对我国有组织犯罪发展的实际情况，课题组成员先后赴河南省、湖北省、江苏省、浙江省、辽宁省、黑龙江省、上海市、重庆市等省市进行调研，主要通过举行有法院、检察院、公安机关等司法机关工作人员参加的座谈会和个别访谈的形式，深入了解和研讨分析了各省市有组织犯罪的发展状况及其原因，调研了各省市治理有组织犯罪生成、发展和演变升级的对策措施。

其次，通过对调研数据、调研材料以及典型个案的整理和分析，归纳我国有组织犯罪企业化的路径、类型和特点，并揭示有组织犯罪企业化的原因和危害。特别指出的是，为了深入分析有组织犯罪企业化的路径、表现、原因及危害，在研究中课题组运用个案研究分析的方法，选择那些社会影响大、具有相当组织规模和经济实力、存在时间较长、犯罪行为职业化特征明显、拥有典型企业、公司特征的个案为样本进行挖掘性研究，通过文献分析法尽可能完整地收集这些案件的相关资料（包括案卷、起诉书、判决书、新闻报道等），力求客观完整地展现这些犯罪组织的形成、发展、壮大、转型以及实施犯罪的全过程。

再次，通过对文献资料的梳理和研讨，了解、考察域外主要国家和地区（特别是美国、意大利、日本、德国、俄罗斯等国家以及我国的台湾地区、香港地区和澳门地区）在应对有组织犯罪企业化趋势时刑事治理方面的经验教训，并基于比较分析，深入剖析我国目前刑事治理体制面临有组织犯罪企业化趋势的挑战及存在的困境。

最后，在反思与检讨我国当前有组织犯罪的刑事治理政策、观念以及立法、司法、预防体系机制（措施）的基础上，提出具有本土针对性的完善建议。

(二) 研究设计

本课题的研究是建立在这样一个假设基础上的：受有组织犯罪本质特征所决定，企业化是有组织犯罪生存、发展的必然趋势和最终归宿；伴随着我国社会的重大转型，我国有组织犯罪的企业化趋势逐渐显露和加快；实现了企业化发展的有组织犯罪集团成了一个相对独立、完整的系统结构，有着独特的运作原则和程序，对社会的渗透更加深入全面，具有强大的破坏力和扩张力，对其进行预防和打击更具艰巨性。

基于此种课题假设，本课题研究主要集中于两个层面：其一是实证分析层面。通过对样本进行观察、梳理，对我国有组织犯罪的企业化状况予以实证分析；其二是分析讨论层面。对我国有组织犯罪企业化的现状、特点、原因和路径进行归纳分析，基于有组织犯罪企业化趋势对我国有组织犯罪刑事治理带来挑战的探讨，提出有针对性的刑事治理对策建议。

就第一个层面研究而言，则主要涉及研究样本的选取和分析问题。为了保证研究结论的科学与准确，本课题以时间为轴，分为1997年以前和1997—2018年两个时间段采集有组织犯罪的案例。其中，由于在1997年刑法修订时才设置了黑社会性质组织犯罪的罪名，导致难以检索到1997年以前的有组织犯罪案例，因此，对1997年以前有组织犯罪企业化状况的分析，主要借助于有关学者的相关研究成果和新闻报道等进行文献资料的分析；而在1997年以后，则搜集判决成立"组织、领导、参加黑社会性质组织罪"的案例，进行系统的梳理、整理和归纳。在对样本进行分析时，又按照我国有组织犯发展阶段的划分，分为1989年以前（有组织犯罪的形成期）、1990—1999年（有组织犯罪的发展期）和2000—2018年（有组织犯罪的活跃期）三个时间段进行梳理和分析，其中将2000—2018年（有组织犯罪的活跃期）又细分为2000—2009年和2010—2018年两个时间段分别梳理。同时，考虑到我国地大物博，各地区经济、社会、文化发展水平并不一致，而有组织犯罪企业化的程度与方式和各地方的经济、社会、文化等发展状况有着密切关联，因此，课题组将所采集到的案例按照我国大陆地区经济区域的划分标准，分为东部地区（包括北京、天津、河北、辽宁、上海、江苏、浙江、福建、山东、广东、海南11个省、直辖市）、中部地区（包括山西、吉林、黑龙江、安徽、江西、河南、湖北、湖南8个省）和西部地区（包括重庆、四川、贵州、云南、西藏、陕西、甘肃、青海、新疆、宁夏、广西、内蒙古12个省、自治区、直辖市）三个区域进行归纳、整理和分析，意在观察有组织犯罪企业化与经济、社会、文化、法律等发展水平的关联度。这样分区域的梳理和分析，会更加客观地反映经济社会发展水平对有组织犯罪企业化趋势的影响。

就第二个层面研究而言，依据样本中提取的各个构成要素之间的相互关系，找出各要素逐步交替升级的规律，观察并揭示有组织犯罪企业化发展的现状、特点和原因。同时，通过文献分析和比较研究，吸收、借鉴域外主要国家和地区在应对有组织犯罪企业化挑战时治理措施的经验与教训，在结合我国实际情况的基础上，寻找预防和遏制有组织犯罪企业化发展演变的关键要素，进而提出预防和控制有组织犯罪企业化趋势的合理有效的刑事治理策略。

三 研究的创新之处

本课题研究的创新之处，概括而言有以下几点：

第一，试图初步梳理我国有组织犯罪企业化趋势的基本状况，并秉持全新的犯罪观念对我国有组织犯罪的传统见解进行反思与重构，在此基础上提出能科学、系统、协调应对有组织犯罪企业化趋势的刑事治理对策，可能填补国内相关研究的空白，具有选题上的创新。

第二，摒弃将"有组织犯罪"作为犯罪行为的成见，转而以有组织犯罪是一般组织之一种的中立价值观，并运用组织和管理的概念解析企业化有组织犯罪的组织结构、行为模式及犯罪表现，并在此基础上对我国有组织犯罪企业化趋势带给刑事治理体系的挑战进行探讨，具有研究视角上的创新。

第三，提出有组织犯罪与企业具有内在的高度契合性、有组织犯罪的企业模式聚焦于经济考量而非等级和种族因素、刑事治理体系和措施应针对企业化趋势作出有针对性的改变等，与传统见解不同，具有观点上的创新。

四 研究的困难与不足

当然，本研究也存在诸多困难和不足，需要在后续研究中予以克服和弥补：

其一，提取样本困难，导致在数据分析方面存在一定不足。与其他犯罪相比，有组织犯罪具有严重的社会危害性，涉及人员多、范围广，社会影响较大。因此，有组织犯罪案件的样本采集比较艰难，多数司法机关和司法工作人员往往将其纳入保密的范围，不对外提供。在课题研究期间，课题组试图通过各种途径从相关司法机关调取有组织犯罪的典型案件和相应数据，但是效果不理想，不能形成研究所需要的大数据集群。因此，课题组转变了调研思路，决定主要从对社会公开的数据库中采集研究用的样本和数据，同时结合到司法机关调取的案例作为信息补充，最终采集了本课题研究的近千个有效案例。自20世纪70年代末有组织犯罪在我国滋生发展以来，司法机关所判决的有组织犯罪案件数以万计，相对而言本课题获取的近千个案件样本在数量和时间跨度、地域跨度上均有很多缺陷，可能无法十分客观全面地反映我国几十年间各地方有组织犯罪的实际情况，从而会导致研究数据上的不足。不过，样本提取难是当前我国有组织犯罪实证研究共同面临的难题，目前已有的同类研究均存在样本数量不足的缺陷。

其二，样本在时间和地域跨度上分布不均衡，从而对相关数据的分析产生一定影响。尽管我国有组织犯罪生成并初步发展于20世纪七八十年代，但受制于当时刑法立法上和司法观念上的原因，在当前的几个裁判文书网络平台上获取2000年以前的样本数量很少。1997年以前我国没有专门的有组织犯罪罪名，因此不可能以黑社会性质组织犯罪来提取相关案例。同时，因为团伙犯罪不是法定概念，而犯罪集团是总则对组织的一个分类，这两个概念在当时的裁判文书中往往没有显示，因此在1997年以前的裁判文书中也无法获取有效的研究样本。基于此种原因，本课题在对2000年前我国有组织犯罪企业化趋势的梳理、分析时，只能借助于相关已有的研究成果和个别新闻报道等作出分析判断。另外，由于我国各个地方司法观念的不同，有组织犯罪裁判文书上网的时间和数量也存在巨大差异，从而出现样本在地域上分布的不均衡。像河南省、广东省裁判文书上网公开的比较早，也比较充分，在数据平台上获取样本就相对容易，样本的数量和分布也比较客观。但是在北京、新疆以及我国东北等地方，有效样本的数量较少。因此，从实证研究意义上看，有效样本在时间和地域上分布的不均衡，导致在数据分析时存在一定不足。

其三，有组织犯罪企业化的发展趋势是由经济、社会、文化、政治、法律等综合性因素所致，因而对其治理对策的研究需要有丰富的实证研究经验和宽厚的综合知识积淀。但由于课题组成员在知识基础和研究技能上还存在一定的不足，因而可能在研究方法的运用、研究结论的科学性方面仍存在不到位之处。对此，我们将在后续的研究中加倍努力弥补和完善。

第二章 我国有组织犯罪企业化趋势的样本梳理与分析

第一节 我国有组织犯罪企业化趋势的总体状况梳理与分析

一 样本的总体情况与分析

（一）样本来源分布与分析

本课题收集的裁判文书样本来自于1997年3月至2018年12月的刑事判决书；样本获取的主要方式是通过北大法宝数据平台、北大法意数据平台和裁判文书网检索获取；搜索样本的主要关键词是"刑法第294条"和"黑社会性质组织"，同时筛选了刑事案由和判决书。通过上述途径和手段，在北大法宝数据平台、北大法意数据平台、裁判文书网上共获取有组织犯罪案例1941件。其中，从北大法宝数据平台获取的案件样本数量为409件，从北大法意数据平台获取的案件样本数量为861件，从裁判文书网获取的案件样本数量为671件。去掉重复的案件、信息不全的案件以及检察院指控但未予以认定的案件后，采集的有效案件样本数量为930件，占原收集案件样本总数的47.9%（见表2-1）。删除信息不全的无效样本，这些样本对案件的描述过于简单，不足以提取课题所需的有效信息和数据。①

---

① 还有诸如刘汉、刘维黑社会性质组织犯罪案件等个别案例，因在各个数据平台上只有裁定书，无法获得判决书，为了保持样本选取标准的统一性，没有将其列入样本范围。但是在论证分析时，我们将其作为典型个案予以参考。

表2-1　　　　　　　　样本的来源和有效样本数量

样本来源	频数	占比（%）
北大法宝	409	21.1
北大法意	861	44.3
裁判文书网	671	34.6
合计	1941	100
有效样本	930	47.9

（二）样本在各省份的分布情况

上述样本在省份的分布中，河南省389件，占有效样本总数的41.8%；广东省134件，占有效样本总数的14.4%；湖南省54件，占有效样本总数的5.8%；湖北省51件，占有效样本总数的5.5%；江苏省44件，占有效样本总数的4.7%；浙江省35件，占有效样本总数的3.8%；山东省21件，占有效样本总数的2.3%；重庆市20件，占有效样本总数的2.2%；福建省、江西省和安徽省均为19件，占有效样本总数的2.0%；河北省14件，占有效样本总数的1.5%；天津市13件，占有效样本总数的1.4%；广西壮族自治区和四川省均为11件，占有效样本总数的1.2%；贵州省10件，占有效样本总数的1.1%；吉林省9件，占有效样本总数的1.0%；其余省份样本数均较少，不足10件，其中新疆的样本为0（见表2-2）。各省、自治区、直辖市案件分布不均有很多原因，样本数多的地区并不绝对地说明有组织犯罪案件就多。一种可能性是有组织犯罪案件确实较多，比如通过调研反映，河南省和广东省的有组织犯罪案件的确较多；还有一种可能性是裁判文书对社会公开的比较充分，案例能够及时上传到裁判文书网或其他数据平台。从调研中获得的信息来看，河南省是裁判文书上网的先进省份。同样，样本数少的地区并不绝对说明有组织犯罪发案少，可能是由于裁判文书公开程度较低或不及时造成的。

表2-2　　　　　　　　样本在各省份的分布

省、市、自治区	频数	占比（%）
河南省	389	41.8

续表

省、市、自治区	频数	占比（%）
广东省	134	14.4
湖南省	54	5.8
湖北省	51	5.5
江苏省	44	4.7
浙江省	35	3.8
山东省	21	2.3
重庆市	20	2.2
福建省	19	2.0
江西省	19	2.0
安徽省	19	2.0
河北省	14	1.5
天津市	13	1.4
四川省	11	1.2
广西壮族自治区	11	1.2
贵州省	10	1.1
吉林省	9	1.0
海南省	7	0.8
辽宁省	7	0.8
山西省	7	0.8
上海市	6	0.6
陕西省	5	0.5
云南省	5	0.5
黑龙江省	5	0.5
甘肃省	4	0.4
内蒙古自治区	3	0.3

续表

省、市、自治区	频数	占比（%）
青海省	3	0.3
宁夏回族自治区	3	0.3
北京市	1	0.1
西藏自治区	1	0.1
新疆维吾尔自治区	0	0.0
总计	930	100

（三）样本在六大行政区域的分布情况

按照行政区域进行划分，我国大陆地区可以划分为六大区域：（1）华北地区，具体包括北京市、天津市、河北省、山西省、内蒙古自治区；（2）东北地区，具体包括黑龙江省、吉林省和辽宁省；（3）华东地区，具体包括上海市、江苏省、浙江省、安徽省、福建省、江西省、山东省；（4）中南地区，具体包括河南省、湖北省、湖南省、广东省、广西壮族自治区、海南省；（5）西南地区，具体包括重庆市、四川省、贵州省、云南省、西藏自治区；（6）西北地区，具体包括陕西省、甘肃省、青海省、宁夏回族自治区、新疆维吾尔自治区。在930件有效样本中，华北地区共38件，占有效样本总数的4.09%；东北地区21件，占有效样本总数的2.26%；华东地区163件，占有效样本总数的17.53%；中南地区646件，占有效样本总数的69.46%；西南地区47件，占有效样本总数的5.05%；西北地区15件，占有效样本总数的1.61%（见表2-3）。从样本的分布来看，中南地区最多，其次为华东地区，西南地区紧随其后，西北地区最少。

表2-3　　　　　　　样本在六大行政区域的分布

地区	频数	占比（%）
华北地区	38	4.09
东北地区	21	2.26
华东地区	163	17.53
中南地区	646	69.46
西南地区	47	5.05

续表

地区	频数	占比（%）
西北地区	15	1.61
共计	930	100

（四）样本在三大经济区域的分布情况

按照经济区域的划分，我国大陆地区可以划分为三大区域[①]：（1）东部地区，包括北京市、上海市、天津市、河北省、辽宁省、江苏省、浙江省、福建省、山东省、广东省和海南省；（2）中部地区，包括山西省、吉林省、黑龙江省、安徽省、江西省、河南省、湖北省、湖南省；（3）西部地区，包括重庆市、四川省、贵州省、云南省、陕西省、甘肃省、青海省、西藏自治区、宁夏回族自治区、新疆维吾尔自治区、广西壮族自治区、内蒙古自治区。在有效样本中，东部地区301件，占有效样本总数的32.37%；中部地区553件，占有效样本总数的59.46%；西部地区76件，占有效样本总数的8.17%（见表2-4）。从样本分布来看，中部地区最多，东部地区其次，西部地区最少。

表2-4　　　　　　　　　样本在三大经济区域的分布

地区	频数	占比（%）
东部地区	301	32.37
中部地区	553	59.46
西部地区	76	8.17
总计	930	100

[①] 将我国划分为东部、中部、西部三个地区的时间始于1986年，由全国人大六届四次会议通过的"七五"计划正式公布。东部地区包括北京、天津、河北、辽宁、上海、江苏、浙江、福建、山东、广东和海南等11个省（市）；中部地区包括山西、内蒙古、吉林、黑龙江、安徽、江西、河南、湖北、湖南、广西等10个省（区）；西部地区包括四川、贵州、云南、西藏、陕西、甘肃、青海、宁夏、新疆等9个省（区）。1997年全国人大八届五次会议决定设立重庆市为直辖市，并划入西部地区后，西部地区所包括的省级行政区就由9个增加为10个省（市、区）。由于内蒙古和广西两个自治区人均国内生产总值的水平正好相当于上述西部10省（市、区）的平均状况，2000年国家制定的在西部大开发中享受优惠政策的范围又增加了内蒙古和广西。目前，西部地区包括的省级行政区共12个，分别是四川、重庆、贵州、云南、西藏、陕西、甘肃、青海、宁夏、新疆、广西、内蒙古；中部地区有8个省级行政区，分别是山西、吉林、黑龙江、安徽、江西、河南、湖北、湖南；东部地区包括的11个省级行政区没变。

（五）样本的时间分布情况（以判决时间为基准）

在采集的样本中，最早的一起有组织犯罪案件判决于1999年，此后直到2018年的20年间，案件数量呈现总体递增之势，个别年份有所波动。其中，2001年5件，2002年5件，2003年3件，2004年1件，2005年1件，2006年2件，2007年8件，2008年13件，2009年56件，2010年87件，2011年93件，2012年86件，2013年77件，2014年110件，2015年106件，2016年71件，2017年112件，2018年85件，缺失8件。在跨度为20年的样本中，1999年至2007年案件的总体数量较少；从2008年开始，案件数量呈现上升趋势，其中，2009—2018年的10年间，各年份的有效占比分别为6.1%、9.4%、10.1%、9.3%、8.4%、12.0%、11.5%、7.7%、12.1%、9.2%，这10年的累计有效占比为95.8%（见表2-5）。换言之，本课题的研究样本基本上是近10年的已决案件。样本的这种分布状态与我国实行裁判文书上网制度的时间有密切关系。2013年11月，最高人民法院审判委员会第1595次会议通过了《最高人民法院关于人民法院在互联网公布裁判文书的规定》，大力推动裁判文书上网。在此规定颁布之前，有些省份已经开始推动裁判文书上网的工作，据调研所知，广东省和河南省走在了全国的前列。例如，河南省法院系统自2008年开始就推动裁判文书上网工作，自2008年至2013年，全省三级法院裁判文书已经上网共542153份，居全国之首。[①] 这是样本集中于2009—2018年10年间以及河南省、广东省等省份样本数量较多的主要原因之一。

表2-5　　　　样本的时间分布（以判决时间为基准）

年份	频数	占比（%）	有效占比（%）
1999	1	0.1	0.1
2000	0	0	0
2001	5	0.5	0.54
2002	5	0.5	0.54
2003	3	0.3	0.33

[①] 冀天福：《河南：全面推行裁判文书上网》，来源于《人民法院报》2013年11月24日，https://www.chinacourt.org/article/detail/2013/11/id/1149579.shtml，2018年5月20日。

续表

年份	频数	占比（%）	有效占比（%）
2004	1	0.1	0.1
2005	1	0.1	0.1
2006	2	0.2	0.22
2007	8	0.9	0.87
2008	13	1.4	1.4
2009	56	6.0	6.1
2010	87	9.4	9.4
2011	93	10.0	10.1
2012	86	9.3	9.3
2013	77	8.3	8.4
2014	110	11.8	12.0
2015	106	11.4	11.5
2016	71	7.6	7.7
2017	112	12.0	12.1
2018	85	9.2	9.2
缺失	8	0.9	
总计	930	100	100

（六）样本中犯罪组织的生成时间分布情况

一般认为，我国有组织犯罪的发展经历了三个时期，即20世纪七八十年代是有组织犯罪的形成期，20世纪90年代是有组织犯罪的发展期，进入21世纪以后是有组织犯罪的活跃期。根据这三个时间段的基本划分，再将2000年至今的近20年分为两个10年，我们从所有样本中抽取黑社会性质组织的生成时间要素，统计样本中黑社会性质组织的生成时间阶段。从样本看，生成于1989年以前的黑社会性质组织为0；生成于1990年至1999年的黑社会性质组织有112个，有效占比为13.1%；生成于2000年至2009年的黑社会性质组织有589个，有效占比为68.6%；生成于2010年至2018年的黑社会性质组织有157个，有效占比为18.3%（见表2-6）。在总体样本中，有72件缺失黑社会性质组织的生成时间要素。

表2-6　　　　　　　　犯罪组织的生成时间分布

时间段	频数	占比（%）	有效占比（%）
1989 年以前（生成期）	0	0	0
1990—1999 年（发展期）	112	12	13.1
2000—2009 年（活跃期）	589	63.3	68.6
2010—2018 年（活跃期）	157	16.9	18.3
缺失	72	7.8	
总计	930	100	100

二　样本中犯罪组织的整体情况与分析

（一）犯罪组织的成员人数分布

在799件有效样本中，成员人数在10人以下的有273个组织，有效占比为34.2%；成员人数在11—20人之间的有371个组织，有效占比为46.4%；成员人数在21—30人之间的有105个组织，有效占比为13.1%；成员人数在31—40人之间的有27个组织，有效占比为3.4%；成员人数在41—50人之间的有7个组织，有效占比为0.9%；成员人数在51—100人之间的有15个组织，有效占比为1.9%；成员人数在100人以上的有1个组织，有效占比为0.1%（见表2-7）。从组织成员人数的分布来看，我国黑社会性质的组织总体规模不大，成员人数在30人以下的占93.7%，占据绝大多数，反映出我国当前有组织犯罪大多处于较低级的发展阶段。但仍有16个组织的成员人数在50人以上，反映出我国高、中、低级阶段的有组织犯罪同时并存的特点。

表2-7　　　　　　　　犯罪组织成员数量分布

人数规模	10及以下	11—20	21—30	31—40	41—50	51—100	101及以上	缺失	总计
频数	273	371	105	27	7	15	1	131	930
占比（%）	29.3	39.9	11.3	2.9	0.8	1.6	0.1	14.1	100
有效占比（%）	34.2	46.4	13.1	3.4	0.9	1.9	0.1		100

（二）有组织犯罪的行为手段分布

有组织犯罪采取何种行为手段能够反映出有组织犯罪的发展程度。在907件有效样本中，单纯使用暴力手段的组织有312个，有效占比为

第二章 我国有组织犯罪企业化趋势的样本梳理与分析 | 43

34.39%；混合使用暴力和"非暴力"手段的组织有79个，有效占比为8.71%；混合使用暴力和"软暴力"手段的组织有261个，有效占比为28.78%；混合使用暴力、"非暴力"和"软暴力"手段的组织有254个，有效占比为28.00%（见表2-8）。从这些数据可以看出，当前我国的有组织犯罪行为的暴力化程度在减弱，只有312个组织以使用暴力手段为主，其余595个组织使用暴力与"非暴力"的混合手段，共占比为65.61%，为绝大多数。其中，有极个别的犯罪组织实现了完全"合法化"运作，犯罪行为采取了智能手段。

表2-8　　　　　　　　　犯罪手段分布

	暴力	暴力+非暴力	暴力+软暴力	混合手段	智能手段	缺失	总计
频数	312	79	261	254	1	23	930
占比（%）	33.55	8.49	28.06	27.32	0.11	2.47	100
有效占比（%）	34.39	8.71	28.78	28.00	0.12		100

（三）犯罪组织类型的分布

根据不同的划分标准，可以将有组织犯罪划分为不同的类型。基于本课题的研究目的，对犯罪组织的分类统计从两个角度进行分类：其一，按照牟取利益的手段，可以分为纯粹暴力型组织，非法经济和暴力混合型组织，合法经济和暴力混合型组织，非法经济、合法经济和暴力混合型组织；[1] 其二，按照牟取利益的活动领域，可以分为暴力掠夺型组织、提供非法服务型组织、从事非法商品交易型组织和合法经济型组织。[2] 表2-9的数据表明，纯粹暴力型组织有211个，有效占比为23.1%；非法经济与暴力混合型组织有327个，有效占比为35.8%；

---

[1] 纯粹暴力型是指以实施暴力为主要犯罪形式的犯罪组织；非法经济与暴力混合型是指兼具从事非法经济行为方式，并以暴力作为后盾支撑的犯罪组织；合法经济与暴力混合型是指具有从事合法经营行为，但暴力作为后盾支撑的犯罪组织；非法经济、合法经济与暴力混合型是指兼具合法经营行为、非法经济行为和暴力行为的犯罪组织；合法经济型是指以合法经营行为为主的犯罪组织。

[2] 暴力掠夺型是指单纯以暴力掠夺获利的犯罪组织；非法经济型是指在非法经济领域从事非法商品交易、提供非法服务的犯罪组织；合法经济型是指渗透合法经济领域从事违法犯罪活动的犯罪组织；混合领域型是指在暴力领域、非法经济领域和合法经济领域均有涉及的犯罪组织。

合法经济与暴力混合型组织有139个，有效占比为15.2%；非法经济、合法经济与暴力混合型组织有225个，有效占比为24.7%；合法经济型组织有11个，有效占比为1.2%（见表2-9）。表2-10的数据表明，单纯从事暴力掠夺的犯罪组织有211个，有效占比为23.1%；在非法经济领域从事非法商品交易和提供非法服务的犯罪组织有327个，有效占比为35.8%；渗入合法经济领域披着"合法"外衣从事违法犯罪活动的犯罪组织有150个，有效占比为16.4%；在暴力领域、非法经济领域和合法经济领域均有涉及发展的犯罪组织有225个，有效占比为24.7%（见表2-10）。从数据情况分析可见，处于低级形态的以从事原始暴力掠夺为主的有组织犯罪总体占比不高，而向非法经济领域甚至合法经济领域渗透的犯罪组织比例较高，说明我国当前有组织犯罪逐步向较高级形态演变发展。数据还呈现一个特征，向合法经济领域渗透的犯罪组织占比不低，约为16.4%，需要引起警惕。

表2-9　　犯罪组织的类型分布（按照牟利手段划分）

	纯粹暴力型	非法经济与暴力混合型	合法经济与暴力混合型	非法经济、合法经济与暴力混合型	合法经济型	缺失	总计
频数	211	327	139	225	11	17	930
占比（%）	22.7	35.2	14.9	24.2	1.2	1.8	100
有效占比（%）	23.1	35.8	15.2	24.7	1.2		100

表2-10　　犯罪组织的类型（按照牟利领域划分）

	暴力掠夺型	非法经济型	合法经济型	混合领域型	缺失	总计
频数	211	327	150	225	17	930
占比（%）	22.7	35.2	16.1	24.2	1.8	100
有效占比（%）	23.1	35.8	16.4	24.7		100

第二章 我国有组织犯罪企业化趋势的样本梳理与分析 | 45

（四）犯罪组织的成员来源（犯罪组织成员之间的关系）分布

犯罪组织成员的来源途径不同，反映出有组织犯罪的规模及影响，也能间接反映出有组织犯罪企业化的程度。在930件样本案例中，有90件案例缺失反映成员来源的信息，有效样本840件。在有效样本中，成员中有宗族关系人员的犯罪组织有99个，成员中有来自同一地域人员的犯罪组织有101个，成员中具有同监关系人员的犯罪组织有25个，在799个犯罪组织中成员有招募的情况（见图2-1）。由于组织的成员来源情况非常复杂，大部分的组织兼具这几种情况，因此在统计样本时会有交叉重叠。从图2-1可以看出，组织成员往往并非仅限于同一宗族或者同一地域，绝大部分组织成员的来源复杂，既有宗族关系，又有地域、同监关系，更多的是来自社会层面的招募。这种构成结构反映出我国有组织犯罪的规模和社会影响在扩大，逐渐走出了传统有组织犯罪的发展模式。

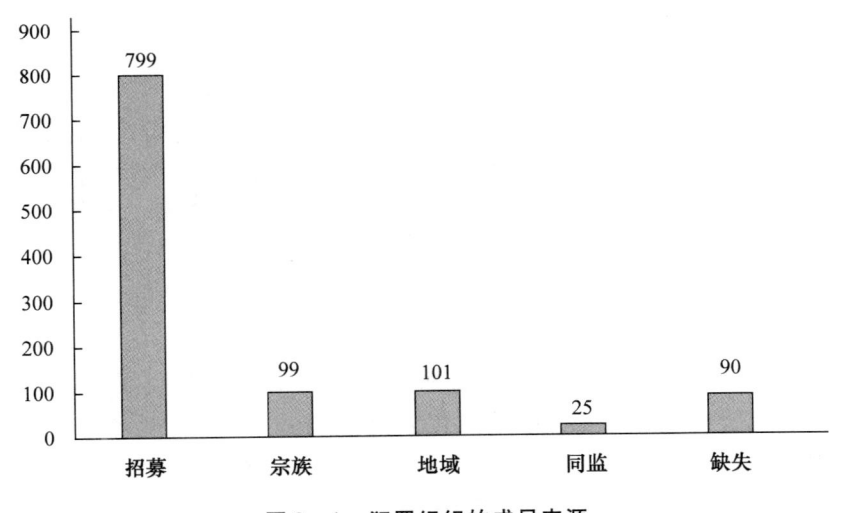

图2-1 犯罪组织的成员来源

（五）犯罪组织的人员结构分布

根据图2-2显示，成员中有闲散人员的犯罪组织有547个，占比为53%；成员中有犯罪前科人员的犯罪组织有216个，占比为21%；成员中有两劳人员的犯罪组织有154个，占比为14.9%；成员中有吸毒人员的犯罪组织有49个，占比为4.7%；成员中有正当人员的犯罪组织有 47 个，占比为 4.6%；成员中有公职人员的犯罪组织有 10 个，占比为 1.0%；成员中有病残人员①的犯罪组织有 9 个，占比为 0.9%（见图 2-2）。在犯罪组织的人员组成结构中，社会闲散人员比重较高，占据一半；而两劳人员和有犯罪前科的人员也占有相当大的比重，共占约 36%。具有社会闲散、两劳和犯罪前科身份背景的人员加在一起约占 90%，反映出有组织犯罪组织中特殊的人员结构，即组织成员主要来自社会的边缘人群或者弱势人群。

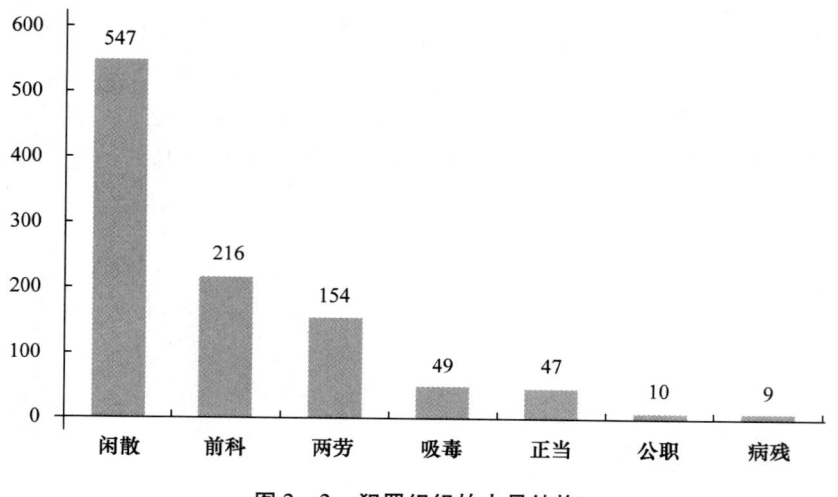

图 2-2　犯罪组织的人员结构

（六）犯罪组织成员的文化结构

根据图 2-3 显示，成员中有初中文化人员的犯罪组织有 322 个，占比为 47.3%；成员中有小学文化人员的犯罪组织有 180 个，占比为 26.4%；成员中有高中文化人员的犯罪组织有 128 个，占比为 18.8%；成员中有大学文化人员的犯罪组织有 29 个，占比为 4.3%；成员中有文盲人员的犯罪组织有 21 个，占比为 3.1%；成员中有硕士文化人员的犯罪组织有 1 个，占比为 0.01%（见图 2-3）。可见，有组织犯罪中成员的文化水平普遍不高，大多数是初中以下的文化水平，占比为 76.8%。

---

① 在统计病残人员时，包括了艾滋病人、盲人、聋哑人和残疾人四类人员。

第二章 我国有组织犯罪企业化趋势的样本梳理与分析 | 47

图 2-3 犯罪组织成员的文化结构

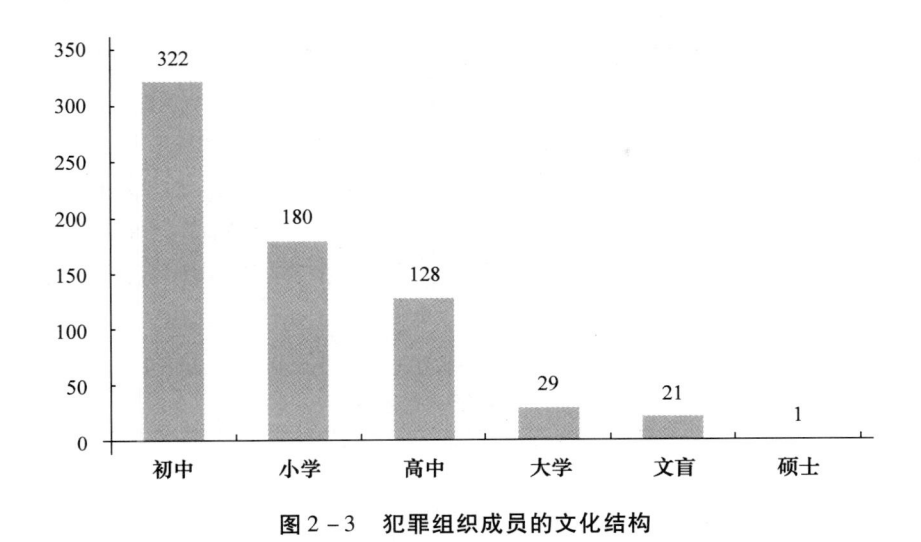

（七）犯罪组织的生成地域分布

在 926 件有效样本中，生成于城市的犯罪组织有 696 个，有效占比为 75.2%；生成于农村地区的犯罪组织有 230 个，有效占比为 24.8%（见表 2-11）。生成的地域不同，能够在一定程度上反映社会、经济、文化等因素对有组织犯罪生成和发展的影响，也在一定程度上反映了犯罪组织的发展程度及活动领域。总体而言，在城市地区更易促生有组织犯罪。

表 2-11 犯罪组织的生成地域分布

	城市	农村	缺失	总计
频数	696	230	4	930
占比（%）	74.9	24.7	0.4	100
有效占比（%）	75.2	24.8		100

（八）犯罪组织控制影响的地域分布

在一定行业和地域形成非法控制力与严重影响，是有组织犯罪社会危害性大小的判断标准之一，也能借以判断犯罪组织的规模和实力。在 911 件有效样本中，控制影响力在乡域范围的犯罪组织有 182 个，有效占比为 19.9%；控制影响力在县域范围的犯罪组织有 406 个，有效占比为 44.6%；控制影响力在市域范围的犯罪组织有 302 个，有效占比为 33.2%；控制影响力在省域范围的犯罪组织有 9 个，有效占比为 0.99%；控制影响力跨省域范围的犯罪组织有 9 个，有效占比为 0.99%；控制影响力跨国境的犯罪组织有 3 个，有效占比为 0.32%（见表 2-12）。数据表明，大多数有组织犯罪的控制影响力在市、县、乡范围内，跨省域和跨国域的有组织犯罪非常少，说明我国有组织犯罪总体的发展规模不大。

表 2-12　　　　犯罪组织控制影响的地域分布

	乡域	县域	市域	省域	跨省	跨国境	缺失	总计
频数	182	406	302	9	9	3	19	930
占比（%）	19.6	43.6	32.5	1	1	0.3	2	100
有效占比（%）	19.9	44.6	33.2	0.99	0.99	0.32		100

（九）有组织犯罪的收益来源分布

一般而言，有组织犯罪的收益主要来自三个方面，即暴力掠夺、从事非法经济与合法经营所得。在 892 件有效样本中，收益来源于暴力掠夺的犯罪组织有 91 个，有效占比为 10.2%；收益来源于非法经济所得的犯罪组织有 193 个，有效占比为 21.6%；收益来源于合法经营所得的犯罪组织有 72 个，有效占比为 8.1%；收益来源于暴力、非法经济或者合法经济三者混合所得的犯罪组织有 536 个，有效占比为 60.1%（见表 2-13）。数据表明，大部分有组织犯罪组织的收益来源于暴力掠夺、非法经济与合法经营的混合所得，但是从事合法经营的犯罪组织所占比重也不小，达到 8.1%。

表 2-13　　　　有组织犯罪的收益来源分布

收益来源	频数	占比（%）	有效占比（%）
暴力犯罪所得	91	9.8	10.2
从事非法经济所得	193	20.8	21.6
合法经营所得	72	7.7	8.1

续表

收益来源	频数	占比（%）	有效占比（%）
混合所得	536	57.6	60.1
缺失	38	4.1	
总计	930	100	100

（十）有组织犯罪的资金去向分布

在728件有效样本中，将资金用于维系组织发展的犯罪组织有88个，有效占比为12.1%；将资金用于组织成员挥霍的犯罪组织有35个，有效占比为4.8%；将资金用于维系组织发展和组织成员挥霍的犯罪组织有605个，有效占比为83.1%（见表2-14）。

表2-14　　　　　　有组织犯罪的资金去向分布

	维系组织发展	挥霍	混合	缺失	总计
资金去向	88	35	605	202	930
占比（%）	9.5	3.8	65	21.7	100
有效占比（%）	12.1	4.8	83.1		100

三　主要省份样本的时间段分布情况

在所有的有效样本中，河南省、广东省、湖南省、湖北省、江苏省、浙江省、山东省、重庆市8个省市样本较多，共计748件，占样本总数的80.4%。因此，本部分将这八个省市样本分布的时间段分布情况作出统计。

（一）河南省样本的时间段分布情况

在全国930件有效样本中，河南省的案件总计为389件，且均为判决于2000年以后的黑社会性质组织犯罪案件。其中，2000—2004年1件；2005—2009年52件；2010—2014年268件；2015—2018年68件（见表2-15）。从样本分布可以看出，河南省样本总数较多，主要为2005年以后判决的案件。这种分布状况与河南省裁判书上网制度实施的时间基本吻合，也与河南省近些年"打黑除恶"专项斗争的开展效果有密切关联。

表2-15　河南省样本的时间段分布（以判决时间为准）

时间跨度	样本数
1999年以前	0
2000—2004年	1
2005—2009年	52
2010—2014年	268
2015—2018年	68
缺失	0
总计	389

（二）广东省样本的时间段分布情况

在全国930件有效样本中，广东省的案件总计为134件，均为判决于2000年以后的黑社会性质组织犯罪案件。其中，2000—2004年2件；2005—2009年2件；2010—2014年28件；2015—2018年99件（见表2-16）。

表2-16　广东省样本的时间段分布（以判决时间为准）

时间跨度	样本数
1999年以前	0
2000—2004年	2
2005—2009年	2
2010—2014年	28
2015—2018年	99
缺失	3
总计	134

（三）湖南省样本的时间段分布情况

在全国930件有效样本中，湖南省的案件总计为54件。其中，1999年以前的1件；2000—2004年3件；2005—2009年2件；2010—

2014年29件；2015—2018年18件；年代不详的1件（见表2-17）。

表2-17　湖南省样本的时间段分布（以判决时间为准）

时间跨度	样本数
1999年以前	1
2000—2004年	3
2005—2009年	2
2010—2014年	29
2015—2018年	18
缺失	1
总计	54

（四）湖北省样本的时间段分布情况

在全国930件有效样本中，湖北省的案件总计为51件。其中，1999年以前0件；2000—2004年1件；2005—2009年1件；2010—2014年25件；2015—2018年24件（见表2-18）。

表2-18　湖北省样本的时间段分布（以判决时间为准）

时间跨度	样本数
1999年以前	0
2000—2004年	1
2005—2009年	1
2010—2014年	25
2015—2018年	24
缺失	0
总计	51

（五）江苏省样本的时间段分布情况

在全国930件有效样本中，江苏省的案件总计为44件。其中，2004年以前0件；2005—2009年1件；2010—2014年20件；2015—2018年23件（见表2-19）。

表 2-19　江苏省样本的时间段分布（以判决时间为准）

时间跨度	于样本数
1999 年以前	0
2000—2004 年	0
2005—2009 年	1
2010—2014 年	20
2015—2018 年	23
缺失	0
总计	44

（六）浙江省样本的时间段分布情况

在全国 930 件有效样本中，浙江省的案件总计为 35 件。其中，1999 年以前 0 件；2000—2004 年 1 件；2005—2009 年 1 件；2010—2014 年 15 件；2015—2018 年 17 件；年代不详的 1 件（见表 2-20）。

表 2-20　江苏省样本的时间段分布（以判决时间为准）

时间跨度	样本数
1999 年以前	0
2000—2004 年	1
2005—2009 年	1
2010—2014 年	15
2015—2018 年	17
缺失	1
总计	35

（七）山东省样本的时间段分布情况

在全国 930 件有效样本中，山东省的案件总计为 21 件。其中，2004 年以前 0 件；2005—2009 年 1 件；2010—2014 年 6 件；2015—2018 年 14 件（见表 2-21）。

表2-21　山东省样本的时间段分布（以判决时间为准）

时间跨度	样本数
1999年以前	0
2000—2004年	0
2005—2009年	1
2010—2014年	6
2015—2018年	14
缺失	0
总计	21

（八）重庆市样本的时间段分布情况

在全国930件有效样本中，重庆市的案件总计为20件。其中，1999年以前0件；2000—2004年1件；2005—2009年11件；2010—2014年6件；2015—2018年2件（见表2-22）。

表2-22　重庆市样本的时间段分布（以判决时间为准）

时间跨度	样本数
1999年以前	0
2000—2004年	1
2005—2009年	11
2010—2014年	6
2015—2018年	2
缺失	0
总计	20

四　有组织犯罪企业化的整体分布情况与分析

有组织犯罪的企业化发展包括两种形式：其一是有组织犯罪进军非法经济领域，从事非法经济活动，即有组织犯罪组织（集团）从事非法商品交易和提供非法服务；其二是有组织犯罪渗透合法经济领域，以"合法企业"为掩护从事违法犯罪活动。

（一）有组织犯罪企业化的总体情况与分析

在全国 930 件有效样本中，企业化的有组织犯罪案件 431 件，占样本总数的 46.3%；非企业化的有组织犯罪案件 499 件，占样本总数的 53.7%（见表 2-23）。数据表明，有组织犯罪企业化情况较为严重，接近总体样本数量的一半。

表 2-23　　　　　　　有组织犯罪企业化的总体情况

	频数	占比（%）
企业化的有组织犯罪	431	46.3
非企业化的有组织犯罪	499	53.7
总计	930	100

（二）有组织犯罪企业化领域的分布情况与分析

在 431 件企业化有组织犯罪的样本中，从事非法经济的有组织犯罪案件有 88 件，占有效样本总数的 20.8%；渗入合法经济领域的案件有 189 件，占有效样本总数的 44.5%；在非法经济领域和合法经济领域等多个领域活动的有组织犯罪案件有 147 件，占有效样本总数的 34.7%（见表 2-24）。数据表明，在有组织犯罪的企业化发展中，渗透合法经济领域的现象比较严重，约占所有企业化有组织犯罪案件的一半。另外，兼具从事非法经济和合法经济的有组织犯罪也较为普遍。

表 2-24　　　　　　　有组织犯罪企业化领域的分布

	非法经济	合法经济	多领域	缺失	总计
频数	88	189	147	7	431
占比（%）	20.5	43.8	34.1	1.6	100
有效占比（%）	20.8	44.5	34.7		100

（三）有组织犯罪企业化转型的年代分布情况与分析

在 431 件企业化有组织犯罪案件的样本中，缺失企业化转型时间信息的有 119 件样本，有效样本为 312 件。在有效样本中，1989 年以前转型的为 0；1990—1999 年有组织犯罪发展期转型的有 35 件，占有效样本总数的 11.2%；2000—2009 年有组织犯罪活跃期转型的有 221 件，占有效样本总数的 70.8%；2010—2018 年转型的有 56 件，占有效样本总数的 20.0%（见表 2-25）。数据表明，在 1990—1999 年有组织犯罪的发展期，有组织犯罪已经开始呈现企业化发展的趋势；自 2000 年进入有组织犯罪活跃期以后，有组织犯罪向企业化发展的速度明显加快，占总体样本的 90.8%。

表 2-25　　　　　企业化转型的年代分布情况

时间段	频数	占比（%）	有效占比（%）
1989 年以前（生成期）	0	0	0
1990—1999 年（发展期）	35	8.1	11.2
2000—2009 年（活跃期）	221	51.3	70.8
2010—2018 年（活跃期）	56	13	20.0
缺失	119	27.6	
总计	431	100	100

（四）企业化犯罪组织存续时间的分布情况与分析

在 431 件企业化有组织犯罪案件的样本中，缺失组织存续时间信息的有 135 件，有效样本为 296 件。在有效样本中，存续时间在 5 年以下的犯罪组织有 152 个，有效占比为 51.3%；存续时间在 6—10 年的犯罪组织有 102 个，有效占比为 34.5%；存续时间在 11—15 年的犯罪组织有 28 个，有效占比为 9.5%；存续时间在 16 年以上的犯罪组织有 14 个，有效占比为 4.7%。数据表明，企业化有组织犯罪组织的存续时间普遍较长，近一半的犯罪组织存续周期在 6 年以上，而存续时间达到 16 年以上的犯罪组织就有 14 个（见表 2-26）。在课题组采集的所有样本中，组织存续时间最长的达到 24 年。

表 2-26　　　　　企业化犯罪组织的存续时间分布

时间段	频数	百分比（%）	有效占比（%）
0—5 年	152	35.3	51.3
6—10 年	102	23.7	34.5

续表

时间段	频数	百分比（%）	有效占比（%）
11—15 年	28	6.5	9.5
16 年以上	14	3.2	4.7
缺失	135	31.3	
总计	431	100	100

（五）企业化犯罪组织城乡的分布情况与分析

在 431 件企业化有组织犯罪案件的样本中，缺失组织的城乡分布信息的有 1 件，有效样本为 430 件。在有效样本中，分布在城市地区的犯罪组织有 333 个，有效占比为 77.4%；分布在农村地区的犯罪组织有 97 个，有效占比为 22.6%（见表 2-27）。数据表明，在城市地区有组织犯罪企业化情况更加严重。

表 2-27　　　　　　企业化犯罪组织的城乡分布

	城市	农村	缺失	总计
频数	333	97	1	431
占比（%）	77.3	22.5	0.2	100
有效占比（%）	77.4	22.6		100

（六）企业化犯罪组织在六大行政区域的分布情况与分析

在 431 件企业化有组织犯罪案件的样本中，分布在华北地区的有 17 件，占比为 3.9%；分布在东北地区的有 15 件，占比为 3.5%；分布在华东地区的有 76 件，占比为 17.6%；分布在中南地区的有 296 件，占比为 68.7%；分布在西南地区的有 24 件，占比为 5.6%；分布在西北地区的有 3 件，占比为 0.7%（见表 2-28）。数据表明，中南地区的企业化有组织犯罪最多，其次为华东地区，二者共占样本总数的 86.3%。而西北地区企业化的有组织犯罪最少，只占样本总数的 0.7%。

表 2-28　　　　企业化犯罪组织在六大行政区域的分布

	频数	占比（%）
华北地区	17	3.9
东北地区	15	3.5
华东地区	76	17.6
中南地区	296	68.7
西南地区	24	5.6
西北地区	3	0.7
总计	431	100

（七）企业化犯罪组织在三大经济区域的分布情况与分析

在431件有效样本中，企业化的犯罪组织分布在西部地区的有34件，占比为7.9%；分布在中部地区的有230件，占比为53.4%；分布在东部地区的有167件，占比为38.7%（见表2-29）。数据表明，中部和东部地区有组织犯罪的企业化程度比较高，二者占比之和高达92.1%。

表 2-29　　　　企业化犯罪组织在三大经济区域的分布

	频数	占比（%）
西部地区	34	7.9
中部地区	230	53.4
东部地区	167	38.7
总计	431	100

（八）企业化犯罪组织控制影响的地域分布与分析

在431件企业化有组织犯罪案件的样本中，缺失有组织犯罪控制影响信息的有2件，有效样本为429件。在有效样本中，犯罪组织的控制影响力在乡域范围的有75件，有效占比为17.5%；犯罪组织的控制影响力在县域范围的有166件，有效占比为38.7%；犯罪组织的控制影响力在市域范围的有172件，有效占比为40.0%；犯罪组织的控制影响力在省域范围的有7件，有效占比为1.7%；犯罪组织的控制影响力跨省域的有6件，有效占比为1.4%；犯罪组织的控制影响力跨国境的有3件，有效占比为0.7%（见表2-30）。数据表明，我国当前大部分企业化有组织犯罪组织（集团）的控制、影响范围在市、县、乡范围内，很少形成跨省域的犯罪组织，跨国境的更是不多。

表2-30　　　　企业化犯罪组织控制影响的地域分布

	乡域	县域	市域	省域	跨省	跨国境	缺失	总计
频数	75	166	172	7	6	3	2	431
占比（%）	17.4	38.5	39.9	1.6	1.4	0.7	0.5	100
有效占比（%）	17.5	38.7	40.0	1.7	1.4	0.7		100

（九）企业化犯罪组织的经济实力分布状况与分析

在431件企业化有组织犯罪案件的样本中，缺失体现企业化犯罪组织经济实力信息的有220件，有效样本为211件。在有效样本中，经济实力在100万元以下的犯罪组织有64个，有效占比为30.3%；经济实力在100万—1000万元之间的犯罪组织有84个，有效占比为39.8%；经济实力在1000万—5000万元之间的犯罪组织有42个，有效占比为19.9%；经济实力在5000万—1亿元之间的犯罪组织有9个，有效占比为4.3%；经济实力在1亿元以上的犯罪组织有12个，有效占比为5.7%（见表2-31）。数据表明，我国当前大部分企业化的犯罪组织经济实力不强，超过70%的组织的经济力量不超过1000万元。但是，经济实力超过1亿元人民币的犯罪组织也不少见，这说明我国有组织犯罪企业化的程度有所提升，规模大、实力强的犯罪组织频频出现。

表2-31　　　　企业化犯罪组织经济实力的分布

（单位：万元/人民币）

	100及以下	100—1000	1000—5000	5000—10000	10000及以上	缺失	总计
频数	64	84	42	9	12	220	431
占比（%）	14.8	19.5	9.7	2.1	2.9	51	100
有效占比（%）	30.3	39.8	19.9	4.3	5.7		100

五　企业化犯罪组织的整体情况与分析

（一）企业化犯罪组织成员吸收方式的分布情况与分析

根据图2-4显示，成员中有招募人员的犯罪组织有383个，有效占比为94.33%；成员有宗族关系人员的犯罪组织有67个，有效占比为16.5%；成员有来自同一地域人员的犯罪组织有57个，有效占比为14.04%；成员中有同监关系人员的犯罪组织有13个，有效占比为3.2%（见图2-4）。数据表明，企业化的犯罪组织中组织成员的来源广泛，多为社会招募吸收加入犯罪组织，成员之间的宗族、地域关系逐渐淡化。

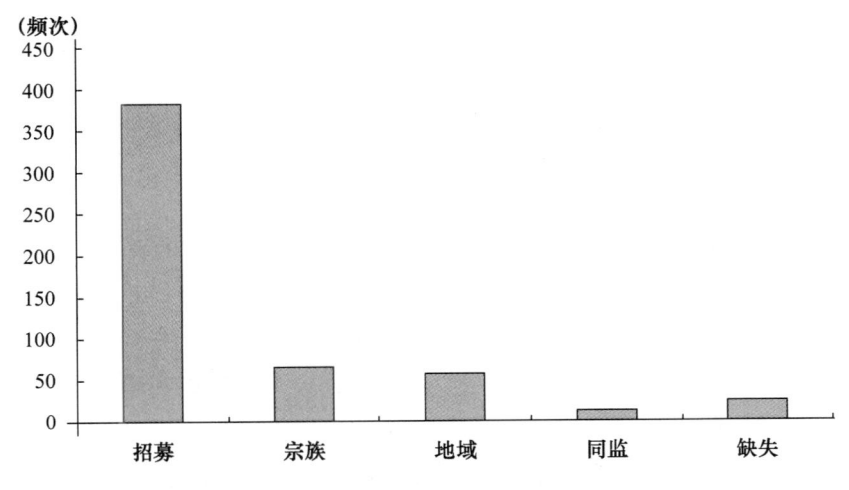

图2-4 企业化犯罪组织成员的吸收方式

（二）企业化犯罪组织成员来源结构的分布情况与分析

根据图2-5，组织成员中有社会闲散人员的犯罪组织有252个，占比为58.5%；组织成员中有两劳人员的犯罪组织有78个，占比为18.1%；组织成员中有犯罪前科人员的犯罪组织有108个，占比为25.1%；组织成员中有吸毒人员的犯罪组织有22个，占比为5.1%；组织成员中有病残人员的犯罪组织有6个，占比为1.4%；组织成员中有公职人员的犯罪组织有7个，占比为1.6%（见图2-5）。数据表明，在企业化的犯罪组织中，闲散人员、两劳人员以及有犯罪前科的人员仍然是组织的主要来源人群。

（三）企业化犯罪组织成员文化结构的分布情况与分析

根据图2-6，组织成员中有小学文化的犯罪组织有93个，占比为21.6%；组织成员中有初中文化的犯罪组织有152个，占比为35.3%；组织成员中有高中文化的犯罪组织有69个，占比为16%；组织成员中

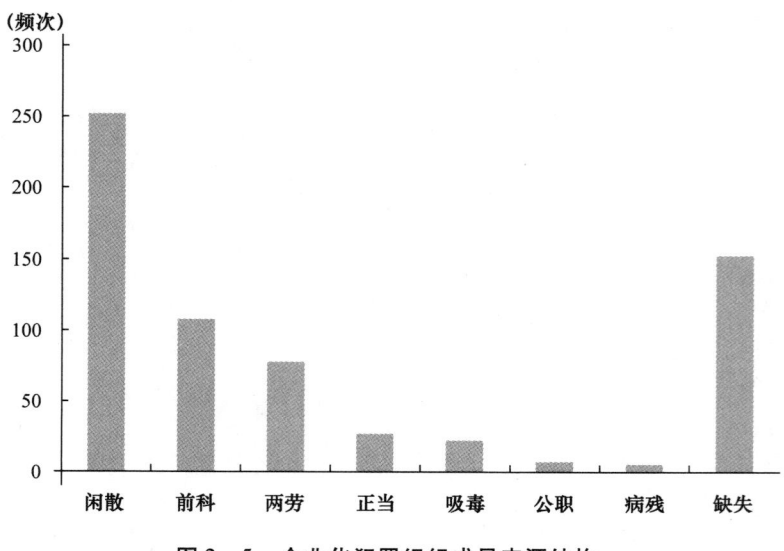

图 2-5 企业化犯罪组织成员来源结构

有文盲的犯罪组织有 11 个,占比为 2.6%;有 1 个组织的成员中有硕士研究生学历的人员(见图 2-6)。数据表明,多数企业化犯罪组织中有初中以下文化结构的成员,占比为 59.5%。但是,相比一般有组织犯罪中组织成员的文化结构(初中以下为 77%),企业化的有组织犯罪中组织成员的文化水平已经有了很大提升(初中以下为 59.5%)。

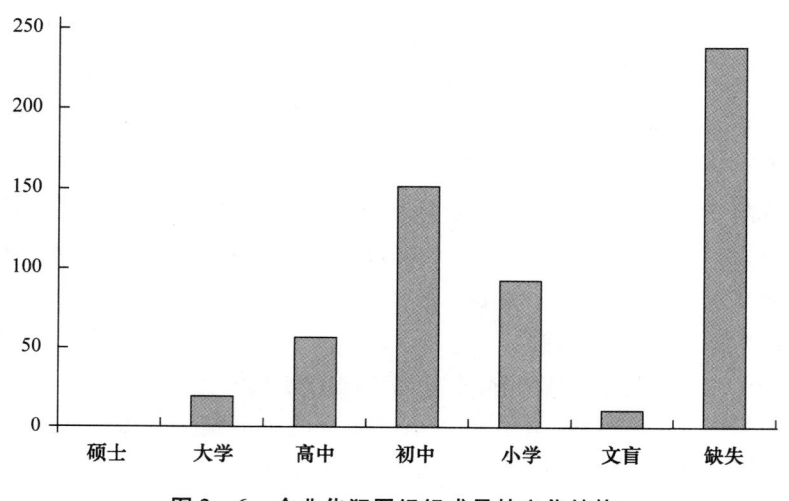

图 2-6 企业化犯罪组织成员的文化结构

第二章 我国有组织犯罪企业化趋势的样本梳理与分析

（四）企业化有组织犯罪的生成方式

有组织犯罪企业化的生成方式有三种情况：其一，有组织犯罪自然发展而逐渐企业化，我们称为内生性自发形成方式；其二，合法企业在生产经营过程中与有组织犯罪相勾连而逐渐有组织犯罪化，我们称为外在结合形成方式；其三，是这两种方式综合促成有组织犯罪的企业化，我们称为内生加外在结合形成方式。

在431件有组织犯罪企业化的样本中，有10件样本缺失企业化生成方式的信息，因此有效样本为421件。在有效样本中，属于内生性自发形成的企业化犯罪组织有236个，有效占比为56.0%；属于外在结合形成的企业化犯罪组织有127个，有效占比为30.2%；属于内生加外在结合形成的企业化犯罪组织有58个，有效占比为13.8%（见表2-32）。数据表明，有组织犯罪企业化在多数情况下是自身逐渐发展而形成的。

表2-32　　　　　　企业化有组织犯罪的生成方式

	频数	占比（%）	有效占比（%）
内生性自发形成	236	54.7	56.0
外在结合形成	127	29.5	30.2
内生+外在结合形成	58	13.5	13.8
缺失	10	2.3	
总计	431	100	100

（五）企业化犯罪组织的公开称号

在431件有组织犯罪企业化的样本中，有20件样本缺失组织称号信息，有效样本为411件。在有效样本中，有企业称号的犯罪组织有120个，有效占比为29.2%；有公司称号的犯罪组织有199个，有效占比为48.4%；无公开称号的犯罪组织有92个，有效占比为22.4%（见表2-33）。数据表明，在企业化的犯罪组织中，有公开称号的犯罪组织占绝大多数，为77.6%；近一半的企业化犯罪组织具有公开的"公司"称号，显示出"合法化"程度较高。

表 2-33　　　　　　　　企业化犯罪组织的称号

称号	频数	占比（%）	有效占比（%）
企业	120	27.8	29.2
公司	199	46.2	48.4
无公开称号	92	21.3	22.4
缺失	20	4.7	
总计	431	100	100

（六）企业化犯罪组织企业性质的分布情况与分析

在有组织犯罪企业化过程中设立的企业，往往有三种属性形式，即民营企业、国有企业或者混合所有制企业。而且，在合法企业有组织犯罪化的情况下，也会出现民营、国有或者混合所有制企业有组织犯罪化的三种情形。因此，企业化犯罪组织的"企业"性质就有三种情况，即民营企业、国有企业或者混合所有制企业。

在 431 件有组织犯罪企业化的样本中，有 10 件缺失反映企业性质的信息，有效样本为 421 件。在有效样本中，有组织犯罪的企业为民营企业的有 420 个，有效占比为 99.8%；有组织犯罪的企业为混合所有制企业的有 1 个，有效占比为 0.2%；样本中没有出现国有企业（见表 2-34）。数据表明，有组织犯罪企业化时设立的几乎都是民营企业。同时这一数据也表明，民营企业最易"涉黑"而有组织犯罪化。

表 2-34　　　　　　　　企业化犯罪组织企业的性质

企业性质	频数	占比（%）	有效占比（%）
民营	420	97.4	99.8
国有	0	0	0
混合	1	0.2	0.2
缺失	10	2.6	
总计	431	100	100

（七）企业化有组织犯罪收益来源的分布情况与分析

一般而言，有组织犯罪的犯罪收益主要来源于三个层面：暴力掠夺、从事非法经营和渗透合法经济领域牟取利益。在 431 件样本中，缺失关于犯罪收益来源信息的有 6 件,有效样本为 425 件。在有效样本中,主要通过暴力掠夺获得犯罪收益的犯罪组织有 22 个,有效占比为 5.2%;通过非法经营获取犯罪收益的犯罪组织有 46 个,有效占比为 10.8%;通过"合法"经营获取犯罪收益的犯罪组织有 68 个,有效占比为 16.0%;混合采取暴力掠夺、非法经营和合法经营行为获取犯罪收益的犯罪组织有 289 个,有效占比为 68.0%(见表 2-35)。数据表明,当前我国有组织犯罪主要犯罪收益来源于暴力掠夺、非法经营和合法经营的混合行为,来自纯粹暴力掠夺占比不高,而渗透合法经济领域牟取经济利益的占比不低。同时从数据中也能看出,不论从事何种方式牟取经济利益,暴力一直是主要的犯罪方式。

表 2-35　　　　企业化有组织犯罪的收益来源分布

	频数	占比(%)	有效占比(%)
暴力掠夺所得	22	5.1	5.2
非法经营所得	46	10.7	10.8
合法经营所得	68	15.8	16.0
混合行为所得	289	67	68.0
缺失	6	1.4	
总计	431	100	100

(八)企业化有组织犯罪的资金去向分布情况与分析

在 431 件样本中,缺失资金去向信息的样本有 47 件,有效样本为 384 件。在有效样本中,犯罪资金用于维系组织犯罪的犯罪组织有 38 个,有效占比为 9.9%;犯罪资金主要用于组织成员挥霍的犯罪组织有 4 个,有效占比为 1.1%;犯罪资金中既有用于维系犯罪组织发展,又有用于组织成员挥霍的犯罪组织有 342 个,有效占比为 89.0%(见表 2-36)。数据表明,企业化的犯罪组织普遍将犯罪收益用于维系组织的发展和支持犯罪活动之中。

表 2-36　　　　企业化有组织犯罪的资金去向分布

	维系组织发展	挥霍	混合	缺失	总计
频数	38	4	342	47	431

续表

	维系组织发展	挥霍	混合	缺失	总计
占比（%）	8.8	0.9	79.4	10.9	100
有效占比（%）	9.9	1.1	89.0		100

六 企业化有组织犯罪行为方式的分布情况与分析

（一）企业化有组织犯罪手段的分布情况与分析

在431件企业化有组织犯罪的样本中，缺失犯罪手段信息的有4件样本，有效样本为427件。在有效样本中，犯罪手段以暴力为主的犯罪组织有119个，有效占比为27.9%；犯罪手段采取暴力和"软暴力"手段的犯罪组织有116个，有效占比为27.2%；犯罪手段主要采取"非暴力"方式的犯罪组织有24个，有效占比为5.6%；采取暴力、"软暴力"和"非暴力"手段相结合的犯罪组织有168个，有效占比为39.3%（见表2-37）。数据表明，暴力手段是有组织犯罪普遍采用的犯罪方式，即使在有组织犯罪企业化发展后也不例外。但是，有组织犯罪的企业化发展使得有组织犯罪的暴力色彩在淡化，采取以暴力为后盾，暴力、"软暴力"和"非暴力"相结合的方式成为有组织犯罪的主要手段。

表2-37　　　　　企业化有组织犯罪手段的分布

	暴力	暴力+软暴力	非暴力	混合	缺失	总计
频数	119	116	24	168	4	431
占比（%）	27.6	26.9	5.6	39	0.9	100
有效占比（%）	27.9	27.2	5.6	39.3		100

（二）企业化犯罪组织类型的分布情况与分析

在431件企业化有组织犯罪的样本中，缺失犯罪组织类型信息的有4件样本，有效样本为427件。在有效样本中，暴力寄生型的犯罪组织有32个，有效占比为7.5%；非法经济与暴力混合型的犯罪组织有73个，有效占比为17.1%；合法经济与暴力混合型的犯罪组织有122个，有效占比为28.6%；非法经济、合法经济与暴力混合型的犯罪组织有179个，有效占比为41.9%；非法服务型犯罪组织有7

个,有效占比为 1.6%;非法商品型犯罪组织有 4 个,有效占比为 0.9%;合法经济型的犯罪组织有 10 个,有效占比为 2.4%(见表 2-38)。表 2-38 和表 2-35 相互印证了有组织犯罪企业化的发展现状,即企业化的犯罪组织已经充分渗入非法经济领域和合法经济领域,暴力寄生型的企业化犯罪组织占比很小,而绝大部分犯罪组织同时实施有非法经济和合法经济行为。企业化完成程度较高的犯罪组织也存在,有效占比为 2.4%。其"合法"掩饰性更强,暴力性色彩更为淡化。

表 2-38 企业化犯罪组织类型的分布

	暴力寄生型	非法经济与暴力混合型	合法经济与暴力混合型	非法经济、合法经济与暴力混合型	非法服务型	非法商品型	合法经济型	缺失	总计
频数	32	73	122	179	7	4	10	4	431
占比(%)	7.4	17	28.3	41.5	1.6	0.9	2.3	1	100
有效占比(%)	7.5	17.1	28.6	41.9	1.6	0.9	2.4		100

(三)企业化有组织犯罪的罪名分布情况与分析

根据样本统计,企业化的有组织犯罪涉及罪名广泛,主要涉及侵犯财产罪、侵犯公民人身权利、民主权利罪、妨害社会管理秩序罪、破坏社会主义市场经济秩序罪、贪污贿赂罪和危害公共安全罪等类罪中的 38 个具体罪名(见表 2-39)。在这 38 个罪名中,敲诈勒索罪、故意伤害罪、寻衅滋事罪、聚众斗殴罪、开设赌场罪、非法拘禁罪、强迫交易罪等实施的较为频繁;犯罪行为涉及侵犯人身权利罪、侵犯财产罪、妨害社会管理秩序罪、破坏社会主义市场经济秩序罪等各个主要罪名(见图 2-7)。数据表明,暴力行为伴随着企业化有组织犯罪活动的始终,暴力仍然是处于各种发展阶段有组织犯罪的支撑力量;有组织犯罪的企业化发展使得犯罪手段日益多元,侵犯的领域更加广泛。

表 2-39　　　　　　　企业化有组织犯罪的罪名分布

	总数（个）	具体罪名	具体数量（个）
侵犯财产罪	213	敲诈勒索罪	133
		故意毁坏财物罪	41
		抢劫罪	24
		诈骗罪	11
		侵占罪	4
侵犯公民人身权利、民主权利罪	217	故意伤害罪	136
		故意杀人罪	13
		非法拘禁罪	68
妨害社会管理秩序罪	509	寻衅滋事罪	241
		开设赌场罪	83
		赌博罪	24
		聚众斗殴罪	88
		聚众冲击国家机关罪	6
		聚众扰乱社会秩序罪	20
		聚众扰乱公共场所秩序罪	1
		组织卖淫罪	11
		强迫卖淫罪	1
		引诱、容留、介绍卖淫罪	2
		非法采矿罪	8
		窝藏、包庇罪	16
		非法持有毒品罪	2
		贩卖毒品罪	6
破坏社会主义市场经济秩序罪	150	强迫交易罪	104
		贷款诈骗罪	1
		合同诈骗罪	3
		串通投标罪	7
		高利转贷罪	3
		非法经营罪	12
		走私罪	1
		逃税罪	5
		虚报注册资本罪	2

续表

	总数（个）	具体罪名	具体数量（个）
破坏社会主义市场经济秩序罪	150	抽逃出资罪	3
		故意销毁会计凭证、会计账簿、财务会计报告罪	4
		虚开增值税专用发票罪	3
		生产、销售伪劣产品罪	2
贪污贿赂罪	12	行贿罪	12
危害公共安全罪	32	非法持有枪支罪	28
		放火罪	4

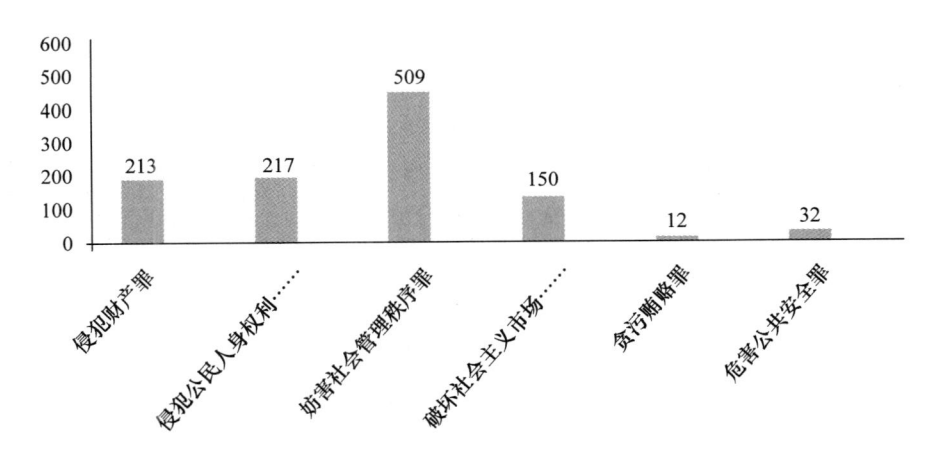

图 2-7　企业化有组织犯罪涉及的类罪

第二节　我国东部地区有组织犯罪企业化趋势的总体状况梳理与分析

从区域经济差异的角度划分，我国大陆地区可以划分为东部、中部和西部三大区域。其中，我国的东部地区包括北京市、上海市、天津市、河北省、辽宁省、江苏省、浙江省、福建省、山东省、广东省和海南省 11 个省、市。

一 东部地区有组织犯罪企业化的整体情况与分析

（一）东部地区有组织犯罪企业化的总体分布情况与分析

在总体样本中，东部地区的有组织犯罪案件为 301 件，占总体样本的 32.37%（见表 2-40）。在东部地区总计 301 件有效样本中，企业化的有组织犯罪案件为 167 件，占东部地区样本总数的 55.48%（见表 2-41）。数据表明，东部地区有组织犯罪的企业化现象较为严重，已经超过总样本的半数。

表 2-40　　　　　　东部地区总体样本分布

	频数	总计	占比（%）
东部地区	301	930	32.37

表 2-41　　东部地区企业化有组织犯罪（合法经济和非法经济）的比重

	频数	东部地区有组织犯罪案件（件）	占比（%）
东部地区	167	301	55.48

（二）东部地区有组织犯罪企业化领域的分布情况与分析

在东部地区 167 件企业化的有组织犯罪案件样本中，缺失企业化领域信息的有 2 件，有效样本为 165 件。在有效样本中，活跃于非法经济领域的犯罪组织有 28 个，有效占比为 16.97%；渗透合法经济领域的犯罪组织有 63 个，有效占比为 38.18%；兼具非法经济领域和合法经济领域的犯罪组织有 74 个，有效占比为 44.85%（见表 2-42）。数据表明，近半数的犯罪组织既从事非法经济行为，又渗入合法经济领域进行所谓的"合法"经营活动。而完全渗透合法经济领域以"合法企业"外衣从事违法犯罪活动的犯罪组织占比较高，高达 38.18%，远远高于从事非法经济活动的犯罪组织（占比 16.97%）。

表 2-42　　　　东部地区有组织犯罪企业化领域的分布

	非法经济	合法经济	多领域	缺失	总数
频数	28	63	74	2	167

续表

	非法经济	合法经济	多领域	缺失	总数
占比（%）	16.77	37.72	44.31	1.20	100
有效占比（%）	16.97	38.18	44.85		100

（三）东部地区有组织犯罪企业化转型年份的分布情况与分析

在东部地区167件企业化的有组织犯罪案件样本中，缺失转型年份信息的有46件，有效样本为121件。在有效样本中，企业化转型于1989年以前的样本为0；企业化转型于1990—1999年的犯罪组织有16个，有效占比为13.22%；企业化转型于2000—2009年的犯罪组织有77个，有效占比为63.64%；企业化转型于2010—2018年的犯罪组织有28个，有效占比为23.14%（见表2-43）。数据表明，进入2000年以后的有组织犯罪活跃期，有组织犯罪的企业化发展转型明显提速。1989年以前没有有组织犯罪企业化转型的样本，主要原因在于课题组没有采集到1989年以前的有组织犯罪样本，并不代表这一时间段没有有组织犯罪企业化发展转型的事例。

表2-43　　　　东部地区企业化转型的年份分布

	1989年以前	1990—1999年	2000—2009年	2010—2018年	缺失	总计
频数	0	16	77	28	46	167
占比（%）	0.00	9.58	46.11	16.77	27.54	100
有效占比（%）	0.00	13.22	63.64	23.14		100

（四）东部地区企业化犯罪组织存续时间的分布情况与分析

在东部地区167件企业化的有组织犯罪案件样本中，缺失犯罪组织存续时间信息的有50件，有效样本为117件。在有效样本中，存续时间不满5年的犯罪组织有49个，有效占比为41.88%；存续时间在6—10年之间的犯罪组织有45个，有效占比为38.46%；存续时间在11—15年之间的犯罪组织有14个，有效占比为11.97%；存续时间在16年以上的犯罪组织有9个，有效占比为7.69%（见表2-44）。数据表明，企业化犯罪组织的存续时间多数在6年以上，约占有效样本总数的60%。相对于全国企业化犯罪组织存续超过6年的平均比例为48.7%，东部地区存续时间超过 6 年的企业化犯罪组织更多。

表 2-44　东部地区企业化犯罪组织存续时间的分布

	0—5 年	6—10 年	11—15 年	16 年及以上	缺失	总计
频数	49	45	14	9	50	167
占比（%）	29.34	26.95	8.38	5.39	29.94	100
有效占比（%）	41.88	38.46	11.97	7.69		100

（五）东部地区企业化犯罪组织拥有企业的数量情况与分析

在东部地区 167 件企业化的有组织犯罪案件样本中，缺失企业数量信息的有 22 件，有效样本为 145 件。在有效样本中，拥有 5 家以下企业的犯罪组织有 137 个，有效占比为 94.48%；拥有 6—10 家企业的犯罪组织有 4 个，有效占比为 2.76%；拥有超过 11 家企业的犯罪组织有 4 个，有效占比为 2.76%（见表 2-45）。数据表明，绝大部分企业化的犯罪组织规模有限，但超大型的有组织犯罪集团也在显现，反映出有组织犯罪企业化发展的两极分化现象。

表 2-45　东部地区企业化犯罪组织拥有企业的数量

	1—5	6—10	11 及以上	缺失	总数
频数	137	4	4	22	167
占比（%）	82.04	2.40	2.40	13.17	100
有效占比（%）	94.48	2.76	2.76		100

（六）东部地区企业化犯罪组织的城乡分布情况与分析

在东部地区 167 件企业化的有组织犯罪案件样本中，企业化的犯罪组织分布于城市地区的有 132 个，占比为 79.04%；企业化的犯罪组织分布于农村地区的有 35 个，占比为 20.96%（见表 2-46）。数据表明，城市环境更有利于有组织犯罪的企业化发展。

表 2-46　　　　东部地区企业化犯罪组织的城乡分布

	城市	农村	缺失	总计
频数	132	35	0	167
占比（%）	79.04	20.96	0.00	100
有效占比（%）	79.04	20.96		100

（七）东部地区企业化犯罪组织控制影响力的分布情况与分析

在东部地区167件企业化的有组织犯罪案件样本中，缺失犯罪组织控制影响力信息的有1件，有效样本为166件。在有效样本中，组织的控制影响力在乡域范围的犯罪组织有24个，有效占比为14.46%；组织的控制影响力在县域范围的犯罪组织有87个，有效占比为52.41%；组织的控制影响力在市域范围的犯罪组织有44个，有效占比为26.50%；组织的控制影响力在省域范围的犯罪组织有4个，有效占比为2.41%；组织的控制影响力跨省域的犯罪组织有4个，有效占比为2.41%；组织的控制影响力跨国境的犯罪组织有3个，有效占比为1.81%（见表2-47）。数据表明，绝大多数企业化有组织犯罪的控制影响力在市、县、乡三级地域范围内，占比为93.37%。

表 2-47　　　东部地区企业化犯罪组织控制影响力的地域分布

	乡域	县域	市域	省域	跨省	跨国境	缺失	总计
频数	24	87	44	4	4	3	1	167
占比（%）	14.37	52.10	26.35	2.40	2.40	1.80	0.60	100
有效占比（%）	14.46	52.41	26.50	2.41	2.41	1.81		100

（八）东部地区企业化犯罪组织人数的分布情况与分析

在东部地区167件企业化的有组织犯罪案件样本中，缺失犯罪组织人数信息的有24件，有效样本为143件。在有效样本中，人数在10人以下的犯罪组织有30个，有效占比为20.98%；人数在11—20人之间的犯罪组织有58个，有效占比为40.56%；人数在21—30人之间的犯罪组织有29个，有效占比为20.28%；人数在31—40人之间的犯罪组织有12个，有效占比为8.39%；人数在41—50人之间的犯罪组织有5

个，有效占比为3.50%；人数在51—100人之间的犯罪组织有8个，有效占比为5.59%；人数超过100人的犯罪组织有1个，有效占比为0.70%（见表2-48）。数据表明，大部分企业化犯罪组织的成员人数在30人以下，约占80%。但是，组织成员超过50人甚至100人的大型犯罪组织也在涌现。

表2-48　　　东部地区企业化犯罪组织人数的分布

人数规模	10及以下	11—20	21—30	31—40	41—50	51—100	101及以上	缺失	总计
频数	30	58	29	12	5	8	1	24	167
占比（%）	17.96	34.73	17.37	7.19	2.99	4.79	0.60	14.37	100
有效占比（%）	20.98	40.56	20.28	8.39	3.50	5.59	0.70		100

（九）东部地区企业化犯罪组织经济实力的分布情况与分析

在东部地区167件企业化的有组织犯罪案件样本中，缺失犯罪组织经济情况信息的有92件，有效样本为75件。在有效样本中，经济实力在100万元以下的犯罪组织有14个，有效占比为18.67%；经济实力在100万—1000万元之间的犯罪组织有31个，有效占比为41.33%；经济实力在1000万—5000万元之间的犯罪组织有18个，有效占比为24.00%；经济实力在5000万—1亿元之间的犯罪组织有5个，有效占比为6.67%；经济实力超过1亿元的犯罪组织有7个，有效占比为9.33%（见表2-49）。数据表明，我国东部地区企业化的有组织犯罪组织已经具有一定经济实力，约80%的犯罪组织的经济实力在100万元以上，更是出现不少经济实力超过1亿元的大型黑社会性质组织（占比接近10%）。

表2-49　　　东部地区企业化犯罪组织经济实力的分布

（单位：万元/人民币）

	100及以下	100—1000	1000—5000	5000—10000	10000及以上	缺失	合计
频数	14	31	18	5	7	92	167
占比（%）	8.38	18.56	10.78	3.00	4.19	55.09	100
有效占比（%）	18.67	41.33	24.00	6.67	9.33		100

二 东部地区企业化犯罪组织的整体情况与分析

（一）东部地区企业化犯罪组织成员吸收方式的分布情况与分析

在东部地区企业化的犯罪组织中，成员中有招募人员的犯罪组织有133个，占比为89.26%；成员中有宗族关系的犯罪组织有29个，占比为19.46%；成员中有地域关系的犯罪组织有29个，占比为19.46%；成员中有同监关系的犯罪组织有5个，占比为3.36%（见图2-8）。数据表明，东部地区企业化有组织犯罪的组织成员多为社会招募，血缘关系和地域关系在淡化。

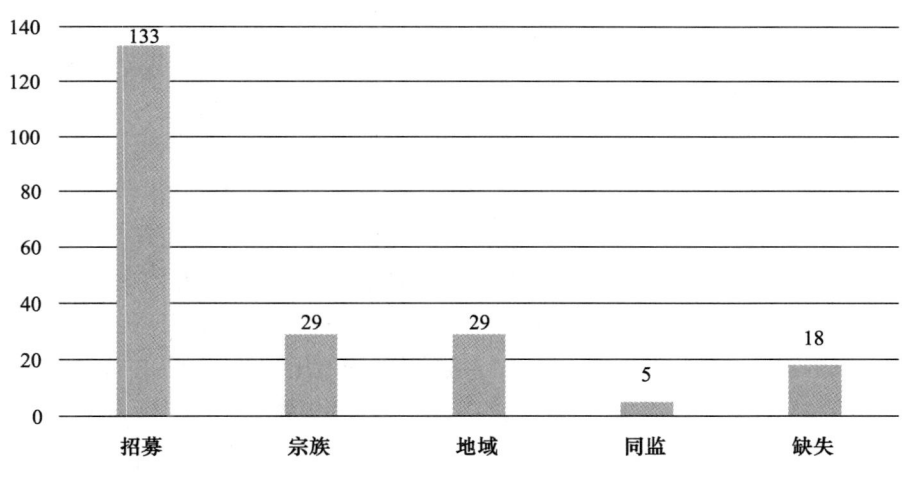

图 2-8　东部地区企业化犯罪组织成员的吸收方式

（二）东部地区企业化犯罪组织成员来源结构的分布情况与分析

在东部地区企业化的犯罪组织中，成员中有社会闲散人员的犯罪组织有94个，占比为92.16%；成员中有两劳人员的犯罪组织有26个，占比为25.48%；成员中有犯罪前科人员的犯罪组织有47个，占比为46.08%；成员中有吸毒人员的犯罪组织有14个，占比为13.73%；成员中有公职人员的犯罪组织有2个，占比为1.96%；成员中有其他正当职业人员的犯罪组织有15个，占比为14.71%（见图2-9）。数据表明，东部地区企业化犯罪组织的成员主要来自社会闲散人员，同时两劳人员和犯罪前科人员的比例也很高。

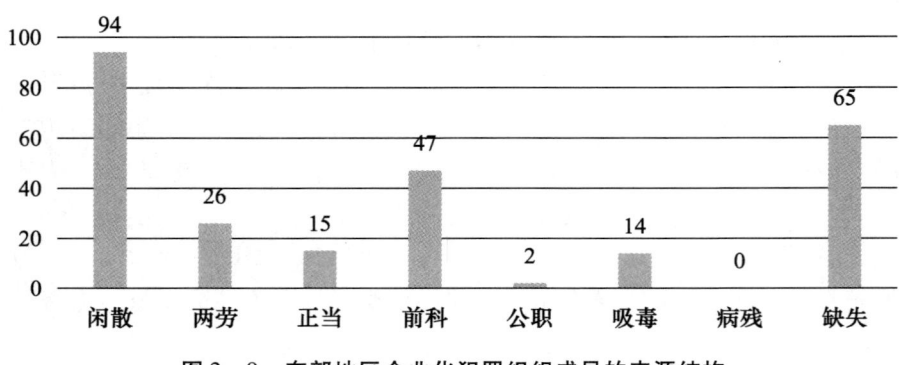

```
100 ┤  94
 80 ┤                                                              65
 60 ┤
 40 ┤              47
 20 ┤     26           15          14
  0 ┤                       2              0
     闲散  两劳  正当  前科  公职  吸毒  病残  缺失
```

图2-9 东部地区企业化犯罪组织成员的来源结构

（三）东部地区企业化犯罪组织成员文化结构的分布情况与分析

在东部地区企业化的犯罪组织中，成员中有小学文化人员的犯罪组织有53个，占比为55.21%；成员中有初中文化人员的犯罪组织有79个，占比为82.29%；成员中有高中文化人员的犯罪组织有36个，占比为37.5%；成员中有大学文化人员的犯罪组织有7个，占比为7.29%；成员中有文盲人员的犯罪组织有7个，占比为7.29%（见图2-10）。数据表明，相比一般有组织犯罪中组织成员的文化结构（初中及初中以下为77%）以及全国企业化的有组织犯罪组织中成员的总体文化水平（初中及初中以下为59.5%），东部地区企业化犯罪组织成员中初中及初中以下文化结构的比例更高，有组织犯罪的企业化发展程度似乎与成员的文化结构没有太大关联。

（四）东部地区企业化有组织犯罪生成方式的分布情况与分析

在东部地区167件企业化的有组织犯罪案件样本中，缺失生成方式信息的有3件，有效样本为164件。在有效样本中，属于内生性自发形成的犯罪组织有90个，有效占比为54.88%；属于外在结合形成的犯罪组织有46个，有效占比为28.05%；属于内生和外在结合形成的犯罪组织有28个，有效占比为17.07%（见表2-50）。数据表明，多数有组织犯罪的企业化发展是组织自身自然发展的结果。

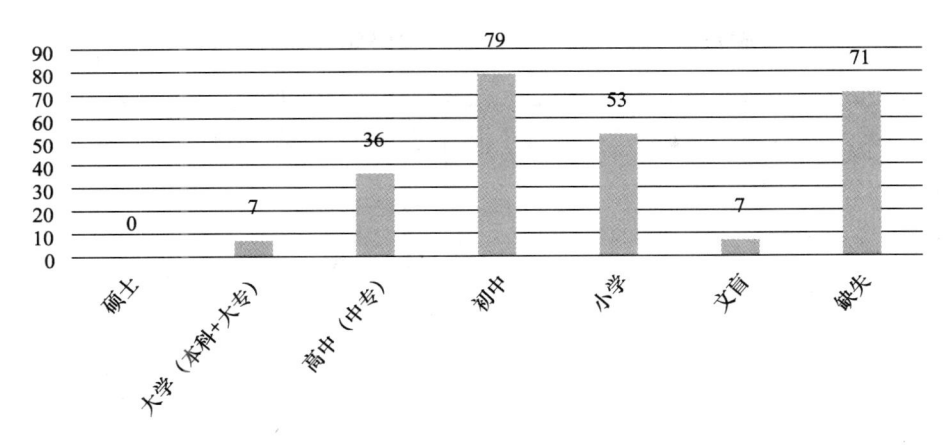

第二章 我国有组织犯罪企业化趋势的样本梳理与分析 | 75

图 2 – 10 东部地区企业化犯罪组织成员的文化结构

表 2 – 50　　东部地区企业化有组织犯罪生成方式的分布

	内生性自发形成	外在结合形成	内生和外在结合形成	缺失	总计
频数	90	46	28	3	167
占比（％）	53.89	27.54	16.77	1.80	100
有效占比（％）	54.88	28.05	17.07		100

（五）东部地区企业化犯罪组织的称号情况与分析

在东部地区 167 件企业化的有组织犯罪案件样本中，缺失犯罪组织称号信息的有 5 件，有效样本为 162 件。在有效样本中，有公开企业称号的犯罪组织有 49 个，有效占比为 30.24%；有公开公司称号的犯罪组织有 79 个，有效占比为 48.77%；无公开称号的犯罪组织有 34 个，有效占比为 20.99%（见表 2 – 51）。数据表明，在东部地区企业化的犯罪组织中，接近 80% 的犯罪组织有公开的合法称号。

（六）东部地区企业化犯罪组织成立企业性质的分布情况与分析

在东部地区 167 件企业化的有组织犯罪案件样本中，缺失企业性质信息的有 2 件，有效样本为 165 件。在有效样本中，成立企业的性质为民营企业的犯罪组织有 164 个，有效占比为 99.39%；成立企业的性质为国有企业的犯罪组织为 0；成立企业为混合所有制企业的犯罪组织有 1 个，有效占比为 0.61%（见表 2-52）。表 2-52 的数据显示有两种可能性：其一，有组织犯罪企业化发展时所成立的企业均为民营企业或者混合所有制企业；其二，民营企业有组织犯罪化的情况最为严重，几乎无国有企业"涉黑"或"染黑"。

表 2-51　　　　　　东部地区企业化犯罪组织的称号情况

称号	企业	公司	无公开称号	缺失	总计
频数	49	79	34	5	167
占比（%）	29.34	47.31	20.36	2.99	100
有效占比（%）	30.24	48.77	20.99		100

表 2-52　　　　　　东部地区企业化犯罪组织企业性质的分布

企业性质	民营	国有	混合	缺失	总计
频数	164	0	1	2	167
占比（%）	98.20	0.00	0.60	1.20	100
有效占比（%）	99.39	0.00	0.61		100

（七）东部地区企业化有组织犯罪收益来源的分布情况与分析

在东部地区 167 件企业化的有组织犯罪案件样本中，缺失犯罪收益来源信息的有 4 件，有效样本为 163 件。在有效样本中，犯罪收益主要来源于暴力所得的犯罪组织有 3 个，有效占比为 1.84%；犯罪收益来源于暴力和软暴力所得的犯罪组织有 6 个，有效占比为 3.68%；犯罪收益主要来源于非法经营所得的犯罪组织有 19 个，有效占比为 11.66%；犯罪收益主要来源于合法经营所得的犯罪组织有 24 个，有效占比为 14.72%；犯罪收益主要来源于暴力、非法经营和合法经营所得的犯罪组织有 111 个，有效占比为 68.10%（见表 2-53）。数据表明，东部地区企业化的有组织犯罪收益主要来源于从事合法和非法的混合经营所得，但主要从事"合法经营"的犯罪组织在增多，单纯从事暴力掠夺的犯罪组织占比很小。

表2-53　　　东部地区企业化有组织犯罪收益来源的分布

收益来源	暴力犯罪所得	暴力+软暴力犯罪所得	从事非法经营所得	从事合法经营所得	混合行为所得	缺失	总计
频数	3	6	19	24	111	4	167
占比（%）	1.80	3.59	11.37	14.37	66.47	2.40	100
有效占比（%）	1.84	3.68	11.66	14.72	68.10		100

（八）东部地区企业化有组织犯罪的资金去向分布情况与分析

在东部地区167件企业化的有组织犯罪案件样本中，缺失资金去向信息的有23件，有效样本为144件。在有效样本中，犯罪组织的资金主要用于维系组织发展的有22个，有效占比为15.28%；犯罪组织的资金主要用于组织成员挥霍的有2个，有效占比为1.39%；犯罪组织的资金既用于维系组织发展又供组织成员挥霍的有120个，有效占比为83.33%（见表2-54）。数据表明，东部地区企业化犯罪组织的资金主要用于维系组织的发展方面。

表2-54　　　东部地区企业化有组织犯罪的资金去向分布

	维系组织发展	挥霍	混合	缺失	总计
频数	22	2	120	23	167
占比（%）	13.17	1.20	71.86	13.77	100
有效占比（%）	15.28	1.39	83.33		100

三　东部地区企业化有组织犯罪行为方式的分布情况与分析

（一）东部地区企业化有组织犯罪手段的分布情况与分析

在东部地区167件企业化的有组织犯罪案件样本中，缺失犯罪手段信息的有4件，有效样本为163件。在有效样本中，主要采用暴力手段的犯罪组织有33个，有效占比为20.25%；采取暴力和非暴力相结合的犯罪组织有18个，有效占比为11.04%；采取暴力和"软暴力"相结合的犯罪组织有32个，有效占比为19.63%；采取暴力、"软暴力"和非暴力混用的犯罪组织有80个，有效占比为49.08%（见表2-55）。数据表明，暴力是所有有组织犯罪的基本手段，贯穿于有组织犯罪发展的各个阶段，即使向企业化发展时也不例外；东部地区有组织犯罪的企业化使得犯罪手段的暴力色彩在逐渐淡化，运用"软暴力"和非暴力手段占有约30%的比重。

表2-55　　　东部地区企业化有组织犯罪手段的分布

	暴力	暴力+非暴力	暴力+软暴力	混合	缺失	总计
频数	33	18	32	80	4	167
占比（%）	19.76	10.78	19.16	47.90	2.40	100
有效占比（%）	20.25	11.04	19.63	49.08		100

（二）东部地区企业化犯罪组织类型的分布情况与分析

在东部地区167件企业化的有组织犯罪案件样本中，缺失组织类型信息的有4件，有效样本为163件。在有效样本中，暴力寄生型的犯罪组织有8个，有效占比为4.91%；非法经济与暴力混合型的犯罪组织有34个，有效占比为20.86%；合法经济与暴力混合型的犯罪组织有44个，有效占比为27.00%；非法经济、合法经济与暴力混合型的犯罪组织有72个，有效占比为44.17%；合法经济型的犯罪组织有4个，有效占比为2.45%；非法商品型的犯罪组织有1个，有效占比为0.61%；无非法服务型的犯罪组织（见表2-56）。数据表明，东部地区企业化的犯罪组织主要从事非法经济和合法经济牟取利益，约占95%；主要采取暴力掠夺敛财的犯罪组织比重很低；有组织犯罪依托"合法"企业外衣渗透合法经济领域从事"合法经营"的情况较为严重，约占70%以上。

表2-56　　　东部地区企业化犯罪组织类型的分布

	暴力寄生型	非法经济与暴力混合型	合法经济与暴力混合型	非法、合法与暴力混合型	非法服务型	合法经济型	非法商品型	缺失	总计
频数	8	34	44	72	0	4	1	4	167
占比（%）	4.79	20.36	26.34	43.11	0.00	2.40	0.60	2.40	100
有效占比（%）	4.91	20.86	27.00	44.17	0.00	2.45	0.61		100

（三）东部地区企业化有组织犯罪触犯的罪名情况与分析

根据表2-57，东部地区企业化有组织犯罪触犯的罪名分布广泛，

第二章 我国有组织犯罪企业化趋势的样本梳理与分析

涉及侵犯财产罪，侵犯公民人身权利、民主权利罪，妨害社会管理秩序罪，破坏社会主义市场经济秩序罪，贪污贿赂罪，危害公共安全罪等各大类罪的 38 个具体罪名（见表 2-57）。其中，触犯最为常见的罪名有敲诈勒索罪、强迫交易罪、聚众斗殴罪、寻衅滋事罪、故意伤害罪、开设赌场罪等（见图 2-11）。

表 2-57 　　东部地区企业化有组织犯罪触犯的罪名情况

	总数（个）	具体罪名	具体数量
侵犯财产罪	99	敲诈勒索罪	64
		故意毁坏财物罪	17
		抢劫罪	12
		诈骗罪	4
		侵占罪	2
侵犯公民人身权利、民主权利罪	87	故意伤害罪	56
		故意杀人罪	4
		非法拘禁罪	27
妨害社会管理秩序罪	206	寻衅滋事罪	88
		开设赌场罪	39
		赌博罪	7
		聚众斗殴罪	41
		聚众冲击国家机关罪	1
		聚众扰乱社会秩序罪	5
		聚众扰乱公共场所秩序罪	0
		组织卖淫罪	4
		强迫卖淫罪	0
		引诱、容留、介绍卖淫罪	0
		非法采矿罪	7
		窝藏、包庇罪	10
		非法持有毒品罪	1
		贩卖毒品罪	2
破坏社会主义市场经济秩序罪	69	强迫交易罪	45
		贷款诈骗罪	1
		合同诈骗罪	1

续表

总数（个）		具体罪名	具体数量
破坏社会主义 市场经济秩序罪	69	串通投标罪	6
		高利转贷罪	1
		非法经营罪	7
		走私罪	0
		逃税罪	1
		虚报注册资本罪	2
		抽逃出资罪	1
		故意销毁会计凭证、会计账簿、财务会计报告罪	2
		虚开增值税专用发票罪	1
		生产、销售伪劣产品罪	1
贪污贿赂罪	9	行贿罪	9
危害公共安全罪	13	非法持有枪支罪	12
		放火罪	1

罪名	数量
非法持有枪支罪	12
强迫交易罪	45
窝藏、包庇罪	10
聚众斗殴罪	41
开设赌场罪	39
寻衅滋事罪	88
非法拘禁罪	27
故意伤害罪	56
抢劫罪	12
故意毁坏财物罪	17
敲诈勒索罪	64

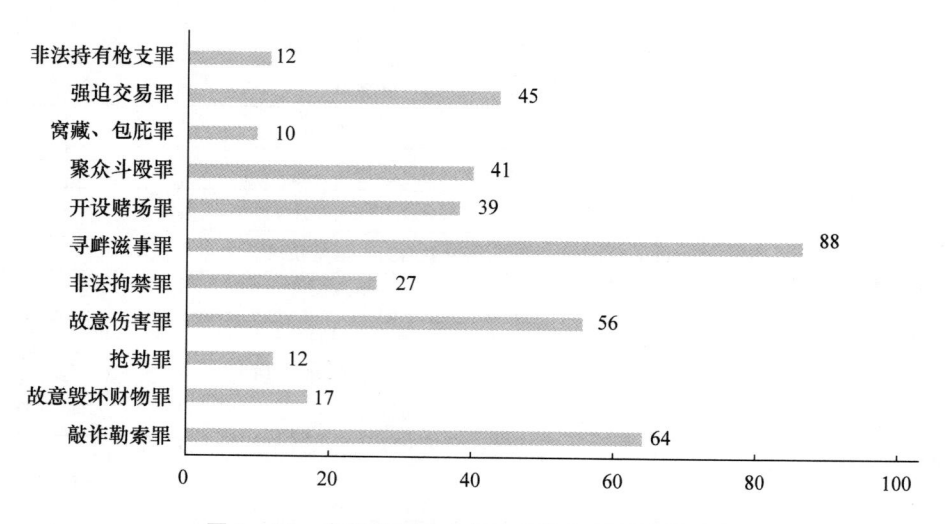

图2-11 东部地区企业化有组织犯罪触犯的罪名

第三节 我国中部地区有组织犯罪企业化趋势的总体状况梳理与分析

根据区域经济划分，我国大陆中部地区包括山西省、吉林省、黑龙江省、安徽省、江西省、河南省、湖北省、湖南省8个省份。

一 中部地区有组织犯罪企业化的整体情况与分析

（一）中部地区有组织犯罪企业化的总体分布情况与分析

在总体样本中，中部地区的有组织犯罪案件为553件，占总体样本的59.46%（见表2-58）。在中部地区总计553件有效样本中，企业化的有组织犯罪案件为230件，占中部地区样本总数的41.59%（见表2-59）。数据表明，虽然与东部地区有组织犯罪企业化程度相比有一定差距，但中部地区有组织犯罪的企业化现象也较为严重，超过样本总数的40%。

表2-58　　　　　　　　中部地区总体样本分布

	频数	总计	占比（%）
中部地区	553	930	59.46

表2-59　　　中部地区企业化有组织犯罪（合法经济和非法经济）的比重

	频数	东部地区有组织犯罪案件（件）	占比（%）
中部地区	230	553	41.59

（二）中部地区有组织犯罪企业化领域的分布情况与分析

在中部地区230件企业化的有组织犯罪案件样本中，缺失企业化领域信息的有3件，有效样本为227件。在有效样本中，活跃于非法经济领域的犯罪组织有50个，有效占比为22.03%；渗透合法经济领域的犯罪组织有113个，有效占比为49.78%；兼具非法经济领域和合法经济领域的犯罪组织有64个，有效占比为28.19%（见表2-60）。数据表明，中部地区有组织犯罪渗透合法经济领域的情况较为普遍，占比接近一半。

表 2-60　　　　　中部地区有组织犯罪企业化领域的分布

	非法经济	合法经济	多领域	缺失	总数
频数	50	113	64	3	230
占比（%）	21.74	49.13	27.83	1.30	100
有效占比（%）	22.03	49.78	28.19		100

（三）中部地区有组织犯罪企业化转型年份的分布情况与分析

在中部地区 230 件企业化的有组织犯罪案件样本中，缺失转型年份信息的有 64 件，有效样本为 166 件。在有效样本中，企业化转型于 1989 年以前的犯罪组织为 0；企业化转型于 1990—1999 年的犯罪组织有 13 个，有效占比为 7.83%；企业化转型于 2000—2009 年的犯罪组织有 128 个，有效占比为 77.11%；企业化转型于 2010—2018 年的犯罪组织有 25 个，有效占比为 15.06%（见表 2-61）。数据表明，和东部地区一样，进入 2000 年以后的有组织犯罪活跃期，有组织犯罪的企业化发展转型明显加快。1989 年以前没有有组织犯罪企业化转型的样本，主要原因在于课题组没有采集到 1989 年以前的有组织犯罪样本，并不代表这一时间段没有有组织犯罪企业化发展转型的事例。

表 2-61　　　　　中部地区企业化转型的年份分布

时间段	1989 年以前（生成期）	1990—1999 年（发展期）	2000—2009 年（活跃期）	2010—2018 年（活跃期）	缺失	总计
频次	0	13	128	25	64	230
占比（%）	0.00	5.65	55.65	10.87	27.83	100
有效占比（%）	0.00	7.83	77.11	15.06		100

（四）中部地区企业化犯罪组织存续时间的分布情况与分析

在中部地区 230 件企业化的有组织犯罪案件样本中，缺失犯罪组织存续时间信息的有 73 件，有效样本为 157 件。在有效样本中，存续时间不满 5 年的犯罪组织有 91 个，有效占比为 57.96%；存续时间在 6—10 年之间的犯罪组织有 51 个，有效占比为 32.48%；存续时间在 11—15 年之间的犯罪组织有 12 个，有效占比为 7.64%；存续时间在 16 年以上的犯罪组织有 3 个，有效占比为 1.92%（见

第二章 我国有组织犯罪企业化趋势的样本梳理与分析

表2-62)。数据表明,中部地区企业化的犯罪组织存续普遍在5年以下,与东部地区多数在6—10年有一定差异。但是,仍然有部分犯罪组织存续时间达16年以上。

表2-62　　　中部地区企业化犯罪组织存续时间的分布

时间段	0—5年	6—10年	11—15年	16年及以上	缺失	总计
频数	91	51	12	3	73	230
占比(%)	39.57	22.17	5.22	1.30	31.74	100
有效占比(%)	57.96	32.48	7.64	1.92		100

(五)中部地区企业化犯罪组织拥有企业的数量情况与分析

在中部地区230件企业化的有组织犯罪案件样本中,缺失企业数量信息的有41件,有效样本为189件。在有效样本中,拥有5家以下企业的犯罪组织有183个,有效占比为96.83%;拥有6—10家企业的犯罪组织有6个,有效占比为3.17%;拥有超过11家企业的犯罪组织为0(见表2-63)。数据表明,中部地区企业化犯罪组织拥有的企业数量一般都不太多,特大型的企业化有组织犯罪集团尚不多见。

表2-63　　　中部地区企业化犯罪组织拥有企业的数量

	1—5	6—10	11及以上	缺失	总数
频数	183	6	0	41	230
占比(%)	79.57	2.61	0.00	17.83	100
有效占比(%)	96.83	3.17	0.00		100

(六)中部地区企业化犯罪组织的城乡分布情况与分析

在中部地区230件企业化的有组织犯罪案件样本中,缺失组织城乡分布信息的有1件,有效样本为229件。在有效样本中,企业化的犯罪组织分布于城市地区的有173个,有效占比为75.55%;企业化的犯罪组织分布于农村地区的有56个,有效占比为24.45%(见表2-64)。数据表明,城市环境更加有利于有组织犯罪的企业化发展。

表2-64　　　　　中部地区企业化犯罪组织的城乡分布

	城市	农村	缺失	总计
频数	173	56	1	230
占比（%）	75.22	24.35	0.43	100
有效占比（%）	75.55	24.45		100

（七）中部地区企业化犯罪组织控制影响力的分布情况与分析

在中部地区 230 件企业化的有组织犯罪案件样本中，缺失犯罪组织控制影响力信息的有 1 件，有效样本为 229 件。在有效样本中，组织的控制影响力在乡域范围的犯罪组织有 48 个，有效占比为 20.96%；组织的控制影响力在县域范围的犯罪组织有 69 个，有效占比为 30.13%；组织的控制影响力在市域范围的犯罪组织有 108 个，有效占比为 47.17%；组织的控制影响力在省域范围的犯罪组织有 2 个，有效占比为 0.87%；组织的控制影响力跨省域的犯罪组织有 2 个，有效占比为 0.87%；组织的控制影响力跨国境的犯罪组织为 0（见表2-65）。数据表明，绝大多数企业化有组织犯罪的控制影响力在市、县、乡三级地域范围内，占比为 98.26%。

表2-65　　　中部地区企业化犯罪组织控制影响力的地域分布

	乡域	县域	市域	省域	跨省	跨国境	缺失	总计
频数	48	69	108	2	2	0	1	230
占比（%）	20.87	30.00	46.96	0.87	0.87	0.00	0.43	100
有效占比（%）	20.96	30.13	47.17	0.87	0.87	0.00		100

（八）中部地区企业化犯罪组织人数的分布情况与分析

在中部地区 230 件企业化的有组织犯罪案件样本中，缺失犯罪组织人数信息的有 19 件，有效样本为 211 件。在有效样本中，人数在 10 人以下的犯罪组织有 74 个，有效占比为 35.07%；人数在 11—20 人之间的犯罪组织有 105 个，有效占比为 49.77%；人数在 21—30 人之间的犯罪组织有 24 个，有效占比为 11.37%；人数在 31—40 人之间的犯罪组织有 5 个，有效占比为 2.37%；人数在 41—50 人之间的犯罪组织有 1 个，有效占比为 0.47%；人数在 51—100 人之间的犯罪组织有 2 个，有效占比为 0.95%；人数超过 100 人的犯罪组织为 0（见表 2 - 66）。数据表明，大部分企业化犯罪组织的成员人数在 20 人以下，约占 85%；出现了成员在 50—100 人之间的犯罪组织，但是成员超过 100 人的犯罪组织尚未出现。

表 2 - 66　　　　中部地区企业化犯罪组织人数的分布

人数规模	10 及以下	11—20	21—30	31—40	41—50	51—100	101 及以上	缺失	总计
频数	74	105	24	5	1	2	0	19	230
占比（%）	32.17	45.65	10.43	2.17	0.44	0.87	0.00	8.27	100
有效占比（%）	35.07	49.77	11.37	2.37	0.47	0.95	0.00		100

（九）中部地区企业化犯罪组织经济实力的分布情况与分析

在中部地区 230 件企业化的有组织犯罪案件样本中，缺失犯罪组织经济情况信息的有 112 件，有效样本为 118 件。在有效样本中，经济实力在 100 万元以下的犯罪组织有 45 个，有效占比为 38.13%；经济实力在 100 万—1000 万元之间的犯罪组织有 44 个，有效占比为 37.29%；经济实力在 1000 万—5000 万元之间的犯罪组织有 21 个，有效占比为 17.80%；经济实力在 5000 万—1 亿元之间的犯罪组织有 4 个，有效占比为 3.39%；经济实力超过 1 亿元的犯罪组织有 4 个，有效占比为 3.39%（见表 2 - 67）。数据表明，我国中部地区企业化的有组织犯罪组织已经具有一定经济实力，约 62% 的犯罪组织的经济实力在 100 万元以上，还出现了经济实力超过 1 亿元的大型黑社会性质组织。

表 2 - 67　　　　中部地区企业化犯罪组织经济实力的分布

（单位：万元/人民币）

	100 及以下	100—1000	1000—5000	5000—10000	10000 及以上	缺失	总计
频数	45	44	21	4	4	112	230
占比（%）	19.57	19.13	9.13	1.74	1.74	48.70	100
有效占比（%）	38.13	37.29	17.80	3.39	3.39		100

二 中部地区企业化犯罪组织的整体情况与分析

（一）中部地区企业化犯罪组织成员吸收方式的分布情况与分析

在中部地区企业化的犯罪组织中，成员中有招募人员的犯罪组织有217个，占比为96.88%；成员中有宗族关系人员的犯罪组织有32个，占比为14.29%；成员中有地域关系人员的犯罪组织有27个，占比为12.05%；成员中有同监关系人员的犯罪组织有8个，占比为3.57%（见图2-12）。数据表明，中部地区社会招募人员在企业化犯罪组织中分布较广，血缘关系和地域关系在淡化。

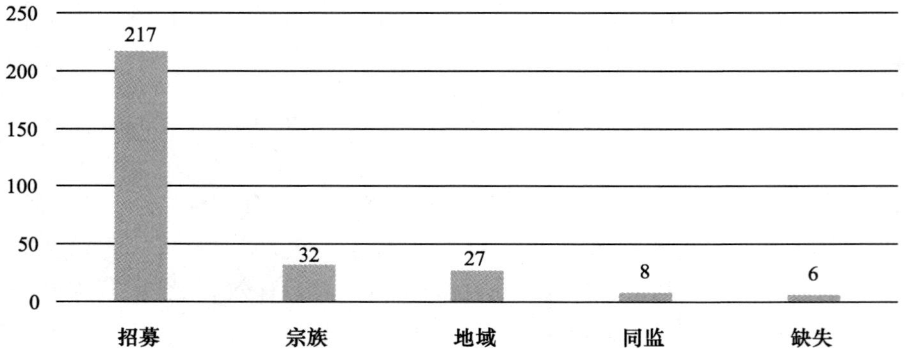

图2-12 中部地区企业化犯罪组织成员的吸收方式

（二）中部地区企业化犯罪组织成员来源结构的分布情况与分析

在中部地区企业化的犯罪组织中，成员中有社会闲散人员的犯罪组织有139个，占比为89.68%；成员中有两劳人员的犯罪组织有44个，占比为28.39%；成员中有犯罪前科人员的犯罪组织有54个，占比为34.84%；成员中有吸毒人员的犯罪组织有5个，占比为3.23%；成员中有公职人员的犯罪组织有4个，占比为2.58%；成员中有其他正当职业人员的犯罪组织有10个，占比为6.45%（见图2-13）。数据表明，中部地区企业化犯罪组织的成员主要来自社会闲散人员，同时两劳人员和犯罪前科人员的比例也很高。

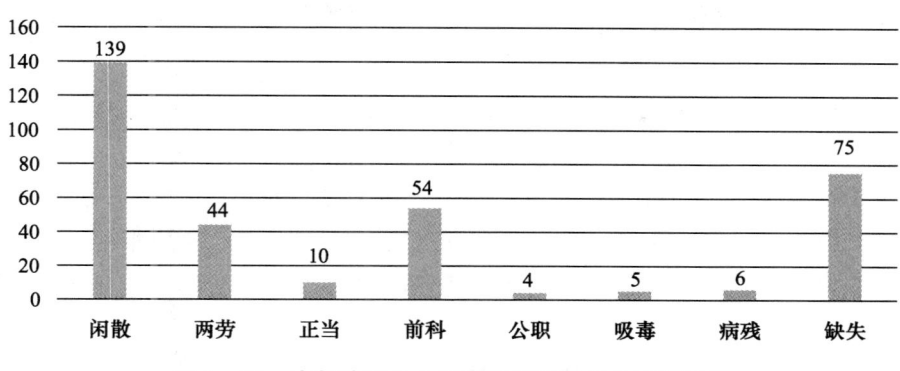

第二章 我国有组织犯罪企业化趋势的样本梳理与分析

图 2-13 中部地区企业化犯罪组织成员的来源结构

（三）中部地区企业化犯罪组织成员文化结构的分布情况与分析

在中部地区企业化的犯罪组织中，成员中有小学文化人员的犯罪组织有 24 个，占比为 32.43%；成员中有初中文化人员的犯罪组织有 54 个，占比为 72.97%；成员中有高中文化人员的犯罪组织有 18 个，占比为 24.32%；成员中有大学文化人员的犯罪组织有 7 个，占比为 9.46%；成员中有硕士研究生文化人员的犯罪组织有 1 个，占比为 1.35%；成员中有文盲人员的犯罪组织有 3 个，占比为 4.05%（见图 2-14）。数据表明，中部地区企业化犯罪组织中成员的文化素质普遍不高，多为初中及初中以下文化水平；但是，具有高中及高中以上文化结构人员的犯罪组织有所增加，有时还会出现高学历的组织成员。

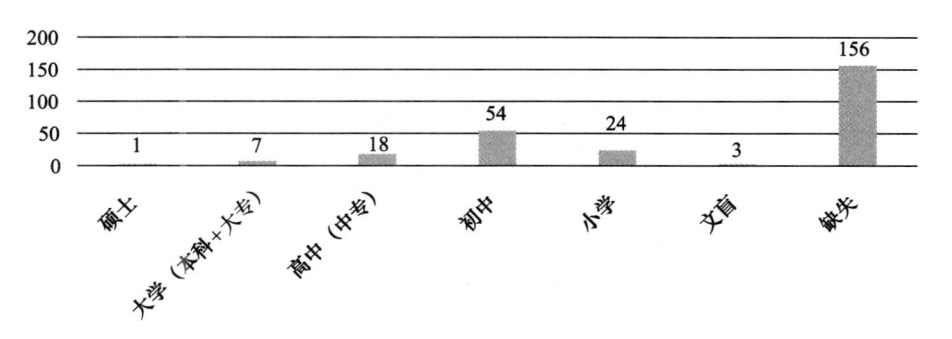

图 2-14 中部地区企业化犯罪组织成员的文化结构

（四）中部地区企业化有组织犯罪生成方式的分布情况与分析

在中部地区 230 件企业化的有组织犯罪案件样本中，缺失生成方式信息的有 6 件，有效样本为 224 件。在有效样本中，属于内生性自发形成的犯罪组织有 125 个，有效占比为 55.80%；属于外在结合形成的犯罪组织有 69 个，有效占比为 30.80%；属于内生和外在结合形成的犯罪组织有 30 个，有效占比为 13.40%（见表 2-68）。数据表明，多数有组织犯罪的企业化发展是组织自身自然发展的结果，但在外在因素作用下促成有组织犯罪企业化发展的情况也比较多。

表 2-68　中部地区企业化有组织犯罪生成方式的分布

	内生性自发形成	外在结合形成	内生+外在结合形成	缺失	总计
频数	125	69	30	6	230
占比（%）	54.35	30.00	13.04	2.61	100
有效占比（%）	55.80	30.80	13.40		100

（五）中部地区企业化犯罪组织的称号情况与分析

在中部地区 230 件企业化的有组织犯罪案件样本中，缺失犯罪组织称号信息的有 9 件，有效样本为 221 件。在有效样本中，有公开企业称号的犯罪组织有 65 个，有效占比为 29.41%；有公开公司称号的犯罪组织有 99 个，有效占比为 44.80%；无公开称号的犯罪组织有 57 个，有效占比为 25.79%（见表 2-69）。数据表明，在中部地区企业化的犯罪组织中，70% 左右的犯罪组织有公开的合法称号；无公开称号的犯罪组织约占 1/4。

表 2-69　中部地区企业化犯罪组织的称号情况

	企业	公司	无公开称号	缺失	总计
频数	65	99	57	9	230
占比（%）	28.26	43.04	24.78	3.92	100
有效占比（%）	29.41	44.80	25.79		100

（六）中部地区企业化犯罪组织成立企业的性质分布情况与分析

在中部地区 230 件企业化的有组织犯罪案件样本中，缺失企业性质

第二章 我国有组织犯罪企业化趋势的样本梳理与分析 | 89

信息的有 8 件，有效样本为 222 件。在有效样本中，成立企业的性质为民营企业的犯罪组织有 222 个，有效占比为 100%；成立企业的性质为国有企业的犯罪组织为 0；成立企业为混合所有制企业的犯罪组织为 0（见表 2-70）。数据表明，中部地区企业化犯罪组织设立的企业均为民营企业，或者说无国有企业或者混合制企业有组织犯罪化。

表 2-70　　　中部地区企业化犯罪组织企业性质的分布

	民营	国有	混合	缺失	总计
频数	222	0	0	8	230
占比（%）	96.52	0.00	0.00	3.48	100
有效占比（%）	100	0.00	0.00		100

（七）中部地区企业化有组织犯罪收益来源的分布情况与分析

在中部地区 230 件企业化的有组织犯罪案件样本中，缺失犯罪收益来源信息的有 2 件，有效样本为 228 件。在有效样本中，收益主要来源于暴力所得的犯罪组织有 5 个，有效占比为 2.19%；收益主要来源于暴力和软暴力所得的犯罪组织有 6 个，有效占比为 2.63%；收益主要来源于非法经营所得的犯罪组织有 20 个，有效占比为 8.77%；收益主要来源于合法经营所得的犯罪组织有 37 个，有效占比为 16.23%；收益主要来源于暴力、非法经营和合法经营所得的犯罪组织有 160 个，有效占比为 70.18%（见表 2-71）。数据表明，中部地区企业化的有组织犯罪收益主要来源于从事合法和非法的混合经营所得，但主要从事"合法经营"的犯罪组织数量不少，也很少有主要从事暴力掠夺的犯罪组织。

表 2-71　　　中部地区企业化有组织犯罪收益来源的分布

	暴力犯罪所得	暴力+软暴力犯罪所得	从事非法经营所得	从事合法经营所得	混合行为所得	缺失	总计
频数	5	6	20	37	160	2	230
占比（%）	2.17	2.61	8.69	16.09	69.57	0.87	100
有效占比（%）	2.19	2.63	8.77	16.23	70.18		100

（八）中部地区企业化有组织犯罪的资金去向分布情况与分析

在中部地区 230 件企业化的有组织犯罪案件样本中，缺失资金去向信息的有 21 件，有效样本为 209 件。在有效样本中，资金主要用于维系组织发展的犯罪组织有 13 个，有效占比为 6.22%；资金主要用于组织成员挥霍的犯罪组织有 1 个，有效占比为 0.48%；资金既用于维系组织发展又供组织成员挥霍的犯罪组织有 195 个，有效占比为 93.30%（见表 2-72）。数据表明，中部地区企业化犯罪组织的资金主要用于组织成员挥霍和维系组织的发展。

表 2-72　　中部地区企业化有组织犯罪的资金去向分布

	维系组织发展	挥霍	混合	缺失	总计
频数	13	1	195	21	230
占比（%）	5.65	0.43	84.78	9.13	100
有效占比（%）	6.22	0.48	93.30		100

三　中部地区企业化有组织犯罪行为方式的分布情况与分析

（一）中部地区企业化有组织犯罪手段的分布情况与分析

在中部地区 230 件企业化的有组织犯罪案件样本中，主要采用暴力手段的犯罪组织有 74 个，有效占比为 32.18%；采取暴力和非暴力相结合的犯罪组织有 4 个，有效占比为 1.74%；采取暴力和"软暴力"相结合的犯罪组织有 78 个，有效占比为 33.91%；采取暴力、"软暴力"和非暴力混用的犯罪组织有 74 个，有效占比为 32.17%（见表 2-73）。数据表明，中部地区企业化有组织犯罪的暴力手段贯穿于发展始终，暴力色彩仍然较为浓烈，"软暴力"的比重不小。

表 2-73　　中部地区企业化有组织犯罪手段的分布

	暴力	暴力+非暴力	暴力+软暴力	混合	缺失	总计
频数	74	4	78	74	0	230
占比（%）	32.18	1.74	33.91	32.17	0.00	100
有效占比（%）	32.18	1.74	33.91	32.17		100

（二）中部地区企业化犯罪组织类型的分布情况与分析

在中部地区 230 件企业化的有组织犯罪案件样本中，暴力寄生型的犯罪组织有 23 个，有效占比为 10.00%；非法经济与暴力混合型的犯

第二章 我国有组织犯罪企业化趋势的样本梳理与分析

罪组织有 33 个，有效占比为 14.35%；合法经济与暴力混合型的犯罪组织有 69 个，有效占比为 30.00%；非法经济、合法经济与暴力混合型的犯罪组织有 94 个，有效占比为 40.87%；合法经济型的犯罪组织有 6 个，有效占比为 2.61%；非法商品型的犯罪组织有 2 个，有效占比为 0.87%；非法服务型的犯罪组织有 3 个，有效占比为 1.30%（见表 2-74）。数据表明，中部地区企业化的犯罪组织主要从事非法经济和合法经济牟取利益，约占 90.00%；主要采取暴力掠夺敛财的犯罪组织比重很低，只占 10%；有组织犯罪依托"合法"企业外衣渗透合法经济领域从事"合法经营"的情况也有相当程度的展现，约占 30% 以上。

表 2-74　　中部地区企业化犯罪组织类型的分布

	暴力寄生型	非法经济与暴力混合型	合法经济与暴力混合型	非法、合法与暴力混合型	合法经济型	非法商品型	非法服务型	缺失	总计
频数	23	33	69	94	6	2	3	0	230
占比（%）	10.00	14.35	30.00	40.87	2.61	0.87	1.30	0.00	100
有效占比（%）	10.00	14.35	30.00	40.87	2.61	0.87	1.30		100

（三）中部地区企业化有组织犯罪触犯的罪名情况与分析

根据表 2-75，中部地区企业化的有组织犯罪触犯的罪名涉及侵犯财产罪，侵犯公民人身权利、民主权利罪，妨害社会管理秩序罪，破坏社会主义市场经济秩序罪，贪污贿赂罪，危害公共安全罪等大类罪的 38 个具体罪名（见表 2-75）。其中，触犯最多的罪名有强迫交易罪、寻衅滋事罪、故意伤害罪、敲诈勒索罪、聚众斗殴罪、开设赌场罪、非法拘禁罪等（见图 2-15）。

表 2-75　　中部地区企业化有组织犯罪触犯的罪名情况

	总数（个）	具体罪名	具体数量
侵犯财产罪	96	敲诈勒索罪	61
		故意毁坏财物罪	19
		抢劫罪	10
		诈骗罪	5
		侵占罪	1

续表

	总数（个）	具体罪名	具体数量
侵犯公民人身权利、民主权利罪	108	故意伤害罪	71
		故意杀人罪	4
		非法拘禁罪	33
妨害社会管理秩序罪	257	寻衅滋事罪	140
		开设赌场罪	35
		赌博罪	14
		聚众斗殴罪	36
		聚众冲击国家机关罪	4
		聚众扰乱社会秩序罪	14
		聚众扰乱公共场所秩序罪	0
		组织卖淫罪	2
		强迫卖淫罪	0
		引诱、容留、介绍卖淫罪	1
		非法采矿罪	1
		窝藏、包庇罪	6
		非法持有毒品罪	1
		贩卖毒品罪	3
破坏社会主义市场经济秩序罪	61	强迫交易罪	47
		贷款诈骗罪	0
		合同诈骗罪	2
		串通投标罪	1
		高利转贷罪	1
		非法经营罪	3
		走私罪	1
		逃税罪	1
		虚报注册资本罪	0
		抽逃出资罪	1
		故意销毁会计凭证、会计账簿、财务会计报告罪	1
		虚开增值税专用发票罪	2
		生产、销售伪劣产品罪	1

第二章 我国有组织犯罪企业化趋势的样本梳理与分析 | 93

续表

	总数（个）	具体罪名	具体数量
贪污贿赂罪	0	行贿罪	0
危害公共安全罪	14	非法持有枪支罪	11
		放火罪	3

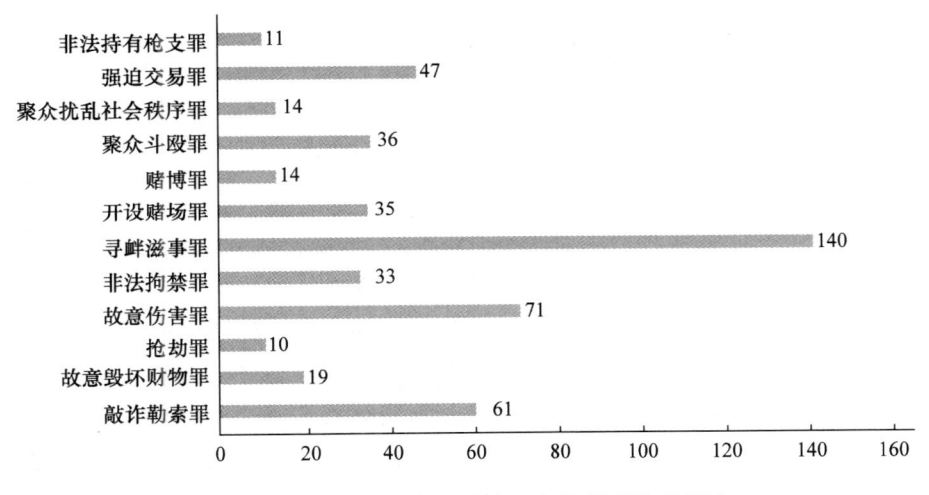

图 2-15 中部地区企业化有组织犯罪触犯的罪名

- 非法持有枪支罪 11
- 强迫交易罪 47
- 聚众扰乱社会秩序罪 14
- 聚众斗殴罪 36
- 赌博罪 14
- 开设赌场罪 35
- 寻衅滋事罪 140
- 非法拘禁罪 33
- 故意伤害罪 71
- 抢劫罪 10
- 故意毁坏财物罪 19
- 敲诈勒索罪 61

第四节 我国西部地区有组织犯罪企业化趋势的总体状况梳理与分析

根据区域经济划分，我国大陆西部地区包括重庆市、四川省、贵州省、云南省、陕西省、甘肃省、青海省、西藏自治区、宁夏回族自治区、新疆维吾尔自治区、广西壮族自治区、内蒙古自治区12个省、市、区。

一 西部地区有组织犯罪企业化的整体情况与分析

（一）西部地区有组织犯罪企业化的总体分布情况与分析

在总体样本中，西部地区的有组织犯罪案件为76件，占总体样本的8.2%（见表2-76）。在西部地区总计76件有效样本中，企业化的有组织犯罪案件为 34 件,占西部地区样本总数的 44.74%（见表 2-77）。数据表明,我国西部地区从事合法经济和非法经济活动的有组织犯罪也较为常见,占比接近一半。

表 2-76　　　　　　　　西部地区总体样本分布

	频数	总计	占比（%）
中部地区	76	930	8.2

表 2-77　　西部地区企业化有组织犯罪（合法经济和非法经济）的比重

	频数	西部地区有组织犯罪案件（件）	占比（%）
中部地区	34	76	44.74

（二）西部地区有组织犯罪企业化领域的分布情况与分析

在西部地区 34 件企业化的有组织犯罪案件样本中,缺失企业化领域信息的有 2 件,有效样本为 32 件。在有效样本中,活跃于非法经济领域的犯罪组织有 10 个,有效占比为 31.25%;渗透合法经济领域的犯罪组织有 13 个,有效占比为 40.63%;兼具非法经济领域和合法经济领域的犯罪组织有 9 个,有效占比为 28.12%（见表 2-78）。数据表明,西部地区有组织犯罪渗透合法经济领域的情况较多,占比超过 40%。

表 2-78　　　　西部地区有组织犯罪企业化领域的分布

	非法经济	合法经济	多领域	缺失	总数
频数	10	13	9	2	34
占比（%）	29.41	38.24	26.47	5.88	100
有效占比（%）	31.25	40.63	28.12		100

（三）西部地区有组织犯罪企业化转型年份的分布情况与分析

在西部地区 34 件企业化的有组织犯罪案件样本中,缺失转型年份信息的有 9 件,有效样本为 25 件。在有效样本中,企业化转型于 1989 年以前的犯罪组织为 0;企业化转型于 1990—1999 年的犯罪组织有 6

个，有效占比为 24.00%；企业化转型于 2000—2009 年的犯罪组织有 16 个，有效占比为 64.00%；企业化转型于 2010—2018 年的犯罪组织有 3 个，有效占比为 12.00%（见表 2-79）。数据表明，西部地区有组织犯罪的企业化转型发展于 20 世纪 90 年代，进入 21 世纪以后有组织犯罪的企业化发展开始加速，但在 2010 年以后又有一定的减缓趋势。

表 2-79　　　　　西部地区企业化转型的年份分布

	1989 年以前（生成期）	1990—1999 年（发展期）	2000—2009 年（活跃期）	2010—2018 年（活跃期）	缺失	总计
频数	0	6	16	3	9	34
占比（%）	0.00	17.65	47.06	8.82	26.47	100
有效占比（%）	0.00	24.00	64.00	12.00		100

（四）西部地区企业化犯罪组织存续时间的分布情况与分析

在西部地区 34 件企业化的有组织犯罪案件样本中，缺失犯罪组织存续时间信息的有 12 件，有效样本为 22 件。在有效样本中，存续时间不满 5 年的犯罪组织有 12 个，有效占比为 54.55%；存续时间在 6—10 年之间的犯罪组织有 6 个，有效占比为 27.27%；存续时间在 11—15 年之间的犯罪组织有 2 个，有效占比为 9.09%；存续时间在 16 年以上的犯罪组织有 2 个，有效占比为 9.09%（见表 2-80）。数据表明，和东部、中部地区一样，西部地区企业化犯罪组织存续时间一般在 5 年以下，但是仍然有部分犯罪组织存续时间达 16 年以上。

表 2-80　　　　西部地区企业化犯罪组织存续时间的分布

	0—5 年	6—10 年	11—15 年	16 年及以上	缺失	总计
频数	12	6	2	2	12	34
占比（%）	35.29	17.66	5.88	5.88	35.29	100
有效占比（%）	54.55	27.27	9.09	9.09		100

（五）西部地区企业化犯罪组织拥有企业的数量情况与分析

在西部地区 34 件企业化的有组织犯罪案件样本中，缺失企业数量信息的有 3 件，有效样本为 31 件。在有效样本中，拥有 5 家以下企业的犯罪组织有 27 个，有效占比为 87.10%；拥有 6—10 家企业的犯罪组织有 3 个，有效占比为 9.68%；拥有超过 11 家企业的犯罪组织有 1 个，有效占比为 3.22%（见表 2-81）。数据表明，西部地区企业化犯罪组织拥有的企业数量一般都不太多，绝大部分数量在 5 家以下，但也出现了企业数量超过 11 家的特大型企业化有组织犯罪集团。

表 2-81　　　　西部地区企业化犯罪组织拥有企业的数量

	1—5	6—10	11 及以上	缺失	总数
频数	27	3	1	3	34
占比（%）	79.41	8.82	2.94	8.82	100
有效占比（%）	87.10	9.68	3.22		100

（六）西部地区企业化犯罪组织的城乡分布情况与分析

在西部地区 34 件企业化的有组织犯罪案件样本中，企业化的犯罪组织分布于城市地区的有 28 个，有效占比为 82.35%；企业化的犯罪组织分布于农村地区的有 6 个，有效占比为 17.65%（见表 2-82）。数据表明，分布于城市地区的有组织犯罪更容易向企业化发展转型。

表 2-82　　　　西部地区企业化犯罪组织的城乡分布

	城市	农村	缺失	总计
频数	28	6	0	34
占比（%）	82.35	17.65	0.00	100
有效占比（%）	82.35	17.65		100

（七）西部地区企业化犯罪组织控制影响力的分布情况与分析

在西部地区 34 件企业化的有组织犯罪案件样本中，组织的控制影响力在乡域范围的犯罪组织有 3 个，有效占比为 8.82%；组织的控制影响力在县域范围的犯罪组织有 10 个，有效占比为 29.42%；组织的控制影响力在市域范围的犯罪组织有 20 个，有效占比为 58.82%；组织的控制影响力在省域范围的犯罪组织有 1 个，有效占比为 2.94%（见表 2-83）。数据表明，绝大多数企业化有组织犯罪的控制影响力在市、县、乡三级地域范围内，占比为 97.06%。

表 2-83　　西部地区企业化犯罪组织控制影响力的地域分布

	乡域	县域	市域	省域	跨省	跨国境	缺失	总计
频数	3	10	20	1	0	0	0	34
占比（%）	8.82	29.42	58.82	2.94	0.00	0.00	0.00	100
有效占比（%）	8.82	29.42	58.82	2.94	0.00	0.00		100

（八）西部地区企业化犯罪组织人数的分布情况与分析

在西部地区 34 件企业化的有组织犯罪案件样本中，缺失犯罪组织人数信息的有 6 件，有效样本为 28 件。在有效样本中，人数在 10 人以下的犯罪组织有 7 个，有效占比为 25.00%；人数在 11—20 人之间的犯罪组织有 14 个，有效占比为 50.00%；人数在 21—30 人之间的犯罪组织有 7 个，有效占比为 25.00%；在有效样本中没有成员超过 31 人的犯罪组织（见表 2-84）。数据表明，西部地区企业化犯罪组织的人数规模普遍不大。

表 2-84　　西部地区企业化犯罪组织人数的分布

人数规模	10 及以下	11—20	21—30	31—40	41—50	51—100	101 及以上	缺失	总计
频数	7	14	7	0	0	0	0	6	34
占比（%）	20.59	41.17	20.59	0.00	0.00	0.00	0.00	17.65	100
有效占比（%）	25.00	50.00	25.00	0.00	0.00	0.00	0.00		100

（九）西部地区企业化犯罪组织经济实力的分布情况与分析

在西部地区 34 件企业化的有组织犯罪案件样本中，缺失犯罪组织经济情况信息的有 16 件，有效样本为 18 件。在有效样本中，经济实力在 100 万元以下的犯罪组织有 5 个，有效占比为 27.78%；经济实力在 100 万—1000 万元之间的犯罪组织有 9 个，有效占比为 50.00%；经济实力在 1000 万—5000 万元之间的犯罪组织有 3 个，有效占比为 16.67%；经济实力超过 1 亿元的犯罪组织有 1 个，有效占比为 5.55%（见表 2-85）。数据表明，我国西部地区企业化的有组织犯罪组织普遍具有一定经济实力，70% 以上的企业化犯罪组织具有 100 万元以上的经济实力，出现经济实力超过1亿元的大型黑社会性质组织。

表2-85　　　　西部地区企业化犯罪组织经济实力的分布

（单位：万元/人民币）

	100及以下	100—1000	1000—5000	5000—10000	10000及以上	缺失	总计
频数	5	9	3	0	1	16	34
占比（%）	14.71	26.47	8.82	0.00	2.94	47.06	100
有效占比（%）	27.78	50.00	16.67	0.00	5.55		100

二　西部地区企业化犯罪组织的整体情况与分析

（一）西部地区企业化犯罪组织成员吸收方式的分布情况与分析

在西部地区企业化的犯罪组织中，成员中有招募人员的犯罪组织有33个，占比为100%；成员中有宗族关系人员的犯罪组织有6个，占比为18.18%；成员中有地域关系人员的犯罪组织有1个，占比为3.03%；成员中有同监关系人员的犯罪组织为0（见图2-16）。数据表明，西部地区社会招募人员在每个企业化犯罪组织中均存在，而成员中宗族和血缘关系的现象并不突出。

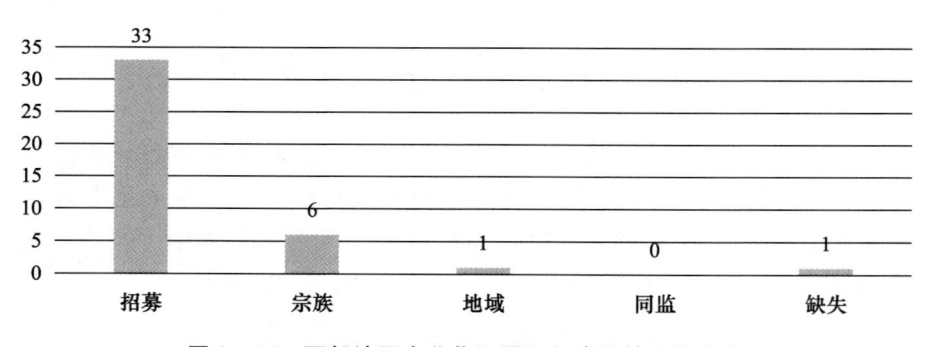

图2-16　西部地区企业化犯罪组织成员的吸收方式

（二）西部地区企业化犯罪组织成员来源结构的分布情况与分析

在西部地区企业化的犯罪组织中，成员中有社会闲散人员的犯罪组织有19个，占比为90.48%；成员中有两劳人员的犯罪组织有8个，占比为38.10%；成员中有犯罪前科人员的犯罪组织有7个，占比为33.33%；成员中有吸毒人员的犯罪组织有3个，占比为14.29%；成员中有公职人员的犯罪组织有1个，占比为4.76%；成员中有其他正当职业人员的犯罪组织有2个，占比为9.52%（见图2－17）。数据表明，和其他地区一样，西部地区企业化犯罪组织的成员主要来自社会闲散人员、两劳人员和犯罪前科人员。

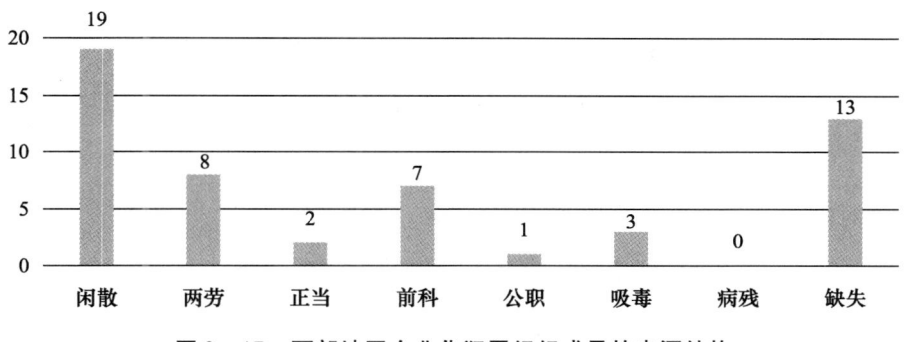

图2－17 西部地区企业化犯罪组织成员的来源结构

（三）西部地区企业化犯罪组织成员文化结构的分布情况与分析

在西部地区企业化的犯罪组织中，成员中有小学文化人员的犯罪组织有16个，占比为69.57%；成员中有初中文化人员的犯罪组织有19个，占比为82.61%；成员中有高中文化人员的犯罪组织有15个，占比为65.22%；成员中有大学文化人员的犯罪组织有5个，占比为21.74%；成员中有文盲人员的犯罪组织有1个，占比为4.35%（见图2－18）。数据表明，相对于东部地区和中部地区，西部地区企业化犯罪组织中成员的文化素质多为初中及初中以下文化水平，具有高中以上文化结构人员的犯罪组织也较多。

（四）西部地区企业化有组织犯罪生成方式的分布情况与分析

在西部地区34件企业化的有组织犯罪案件样本中，缺失生成方式信息的有1件，有效样本为33件。在有效样本中，属于内生性自发形成的犯罪组织有21个，有效占比为63.64%；属于外在结合形成的犯罪组织有12个，有效占比为36.36%；没有出现内生和外在结合形成的犯罪组织（见表2－86）。数据表明，西部地区有组织犯罪的企业化

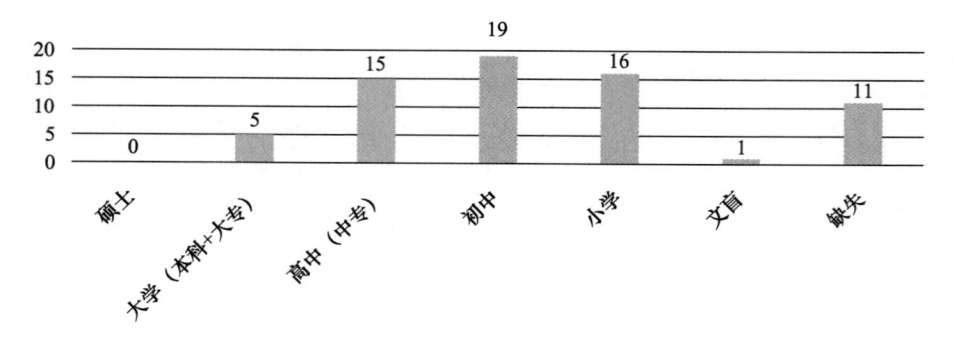

图 2-18　西部地区企业化犯罪组织成员的文化结构

发展途径比较单向，多数为犯罪组织内生自发促成企业化发展，少数为企业因有组织犯罪势力介入而有组织犯罪化。

表 2-86　　　西部地区企业化有组织犯罪生成方式的分布

	内生性自发形成	外在结合形成	内生+外在结合形成	缺失	总计
频数	21	12	0	1	34
占比（%）	61.76	35.30	0.00	2.94	100
有效占比（%）	63.64	36.36	0.00		100

（五）西部地区企业化犯罪组织的称号情况与分析

在西部地区 34 件企业化的有组织犯罪案件样本中，缺失犯罪组织称号信息的有 6 件，有效样本为 28 件。在有效样本中，有公开企业称号的犯罪组织有 6 个，有效占比为 21.43%；有公开公司称号的犯罪组织有 21 个，有效占比为 75.00%；无公开称号的犯罪组织有 1 个，有效占比为 3.57%（见表 2-87）。数据表明，在西部地区企业化的犯罪组织中，多数企业化的犯罪组织有公开的合法称号，特别是有"公司"称号的占比为有效样本的 3/4，显示出"合法化"的程度较高。

表 2-87　　　　西部地区企业化犯罪组织的称号情况

	企业	公司	无公开称号	缺失	总计
频数	6	21	1	6	34
占比（%）	17.65	61.76	2.94	17.65	100
有效占比（%）	21.43	75.00	3.57		100

（六）西部地区企业化犯罪组织成立企业的性质分布情况与分析

在西部地区 34 件企业化的有组织犯罪案件样本中，成立企业的性质为民营企业的犯罪组织有 34 个，有效占比为 100%；成立企业的性质为国有企业的犯罪组织为 0；成立企业为混合所有制企业的犯罪组织为 0（见表 2-88）。数据表明，西部地区企业化犯罪组织设立的企业均为民营企业，或者说无国有企业或者混合制企业有组织犯罪化。

表 2-88　　　　西部地区企业化犯罪组织企业性质的分布

	民营	国有	混合	缺失	总计
频数	34	0	0	0	34
占比（%）	100	0.00	0.00	0.00	100
有效占比（%）	100	0.00	0.00	0.00	100

（七）西部地区企业化有组织犯罪收益来源的分布情况与分析

在西部地区 34 件企业化的有组织犯罪案件样本中，收益主要来源于暴力所得的犯罪组织有 2 个，有效占比为 5.88%；收益主要来源于非法经营所得的犯罪组织有 7 个，有效占比为 20.59%；收益主要来源于合法经营所得的犯罪组织有 7 个，有效占比为 20.59%；收益主要来源于暴力、非法经营和合法经营所得的犯罪组织有 18 个，有效占比为 52.94%（见表 2-89）。数据表明，西部地区企业化的有组织犯罪收益主要来源于从事合法和非法的混合经营所得，但也有主要从事"合法经营"的犯罪组织，单纯从事暴力掠夺的犯罪组织较少。

表2-89　　　西部地区企业化有组织犯罪收益来源的分布

	暴力犯罪所得	暴力+软暴力犯罪所得	从事非法经营所得	从事合法经营所得	混合行为所得	缺失	总计
频数	2	0	7	7	18	0	34
占比（%）	5.88	0.00	20.59	20.59	52.94	0.00	100
有效占比（%）	5.88	0.00	20.59	20.59	52.94		100

（八）西部地区企业化有组织犯罪的资金去向分布情况与分析

在西部地区34件企业化的有组织犯罪案件样本中，缺失资金去向信息的有3件，有效样本为31件。在有效样本中，资金主要用于维系组织发展的犯罪组织有3个，有效占比为9.67%；资金主要用于组织成员挥霍的犯罪组织有1个，有效占比为3.23%；资金既用于维系组织发展又供组织成员挥霍的犯罪组织有27个，有效占比为87.10%（见表2-90）。数据表明，西部地区企业化犯罪组织的资金主要用于维系组织的发展和组织成员挥霍。

表2-90　　　西部地区企业化有组织犯罪的资金去向分布

	维系组织发展	挥霍	混合	缺失	总计
频数	3	1	27	3	34
占比（%）	8.82	2.95	79.41	8.82	100
有效占比（%）	9.67	3.23	87.10		100

三　西部地区企业化有组织犯罪行为方式的分布情况与分析

（一）西部地区企业化有组织犯罪手段的分布情况与分析

在西部地区34件企业化的有组织犯罪案件样本中，主要采用暴力手段的犯罪组织有12个，有效占比为35.29%；采取暴力和非暴力相结合的犯罪组织有2个，有效占比为5.88%；采取暴力和"软暴力"相结合的犯罪组织有6个，有效占比为17.65%；采取暴力、"软暴力"和非暴力混用的犯罪组织有14个，有效占比为41.18%（见表2-91）。数据表明，西部地区企业化有组织犯罪手段的暴力色彩较重。

表2-91　　　　西部地区企业化有组织犯罪手段的分布

	暴力	暴力+非暴力	暴力+软暴力	混合	缺失	总计
频数	12	2	6	14	0	34
占比（%）	35.29	5.88	17.65	41.18	0.00	100
有效占比（%）	35.29	5.88	17.65	41.18		100

（二）西部地区企业化犯罪组织类型的分布情况与分析

在西部地区34件企业化的有组织犯罪案件样本中，暴力寄生型的犯罪组织有1个，有效占比为2.94%；非法经济与暴力混合型的犯罪组织有6个，有效占比为17.65%；合法经济与暴力混合型的犯罪组织有9个，有效占比为26.47%；非法经济、合法经济与暴力混合型的犯罪组织有13个，有效占比为38.24%；非法商品型的犯罪组织有1个，有效占比为2.94%；非法服务型的犯罪组织有4个，有效占比为11.76%（见表2-92）。数据表明，西部地区企业化的犯罪组织主要从事非法经济和合法经济牟取利益，约占97%；主要采取暴力掠夺敛财的犯罪组织比重很低；有组织犯罪依托"合法"企业外衣渗透合法经济领域从事"合法经营"的情况也不少见。

表2-92　　　　西部地区企业化犯罪组织类型的分布

	暴力寄生型	非法经济与暴力混合型	合法经济与暴力混合型	非法、合法与暴力混合型	合法经济型	非法商品型	非法服务型	缺失	总计
频数	1	6	9	13	0	1	4	0	34
占比（%）	2.94	17.65	26.47	38.24	0.00	2.94	11.76	0.00	100
有效占比（%）	2.94	17.65	26.47	38.24	0.00	2.94	11.76		100

（三）西部地区企业化有组织犯罪触犯的罪名情况与分析

根据表2-93，西部地区企业化的有组织犯罪触犯罪名较为广泛，涉及侵犯财产罪，侵犯公民人身权利、民主权利罪，妨害社会管理秩序罪，破坏社会主义市场经济秩序罪，贪污贿赂罪和危害公共安全罪等类罪中的38个具体罪名（见表2-93）。图2-16显示，触犯罪名最多的是强迫交易罪、寻衅滋事罪、开设赌场罪、故意伤害罪、敲诈勒索罪、强迫卖淫罪、非法拘禁罪、聚众斗殴罪等（见图 2-19）。

表 2-93 西部地区企业化有组织犯罪触犯的罪名情况

	总数（个）	具体罪名	具体数量（个）
侵犯财产罪	18	敲诈勒索罪	8
		故意毁坏财物罪	5
		抢劫罪	2
		诈骗罪	2
		侵占罪	1
侵犯公民人身权利、民主权利罪	22	故意伤害罪	9
		故意杀人罪	5
		非法拘禁罪	8
妨害社会管理秩序罪	47	寻衅滋事罪	13
		开设赌场罪	9
		赌博罪	3
		聚众斗殴罪	11
		聚众冲击国家机关罪	1
		聚众扰乱社会秩序罪	1
		聚众扰乱公共场所秩序罪	1
		组织卖淫罪	5
		强迫卖淫罪	1
		引诱、容留、介绍卖淫罪	1
		非法采矿罪	0
		窝藏、包庇罪	0
		非法持有毒品罪	0
		贩卖毒品罪	1
破坏社会主义市场经济秩序罪	20	强迫交易罪	12
		贷款诈骗罪	0
		合同诈骗罪	0
		串通投标罪	0
		高利转贷罪	1
		非法经营罪	2

续表

	总数（个）	具体罪名	具体数量（个）
破坏社会主义市场经济秩序罪	20	走私罪	0
		逃税罪	3
		虚报注册资本罪	0
		抽逃出资罪	1
		故意销毁会计凭证、会计账簿、财务会计报告罪	1
		虚开增值税专用发票罪	0
		生产、销售伪劣产品罪	0
贪污贿赂罪	3	行贿罪	3
危害公共安全罪	5	非法持有枪支罪	5
		放火罪	0

强迫交易罪 12
组织卖淫罪 5
聚众斗殴罪 11
开设赌场罪 9
寻衅滋事罪 13
非法拘禁罪 8
故意杀人罪 5
故意伤害罪 9
故意毁坏财物罪 5
敲诈勒索罪 8

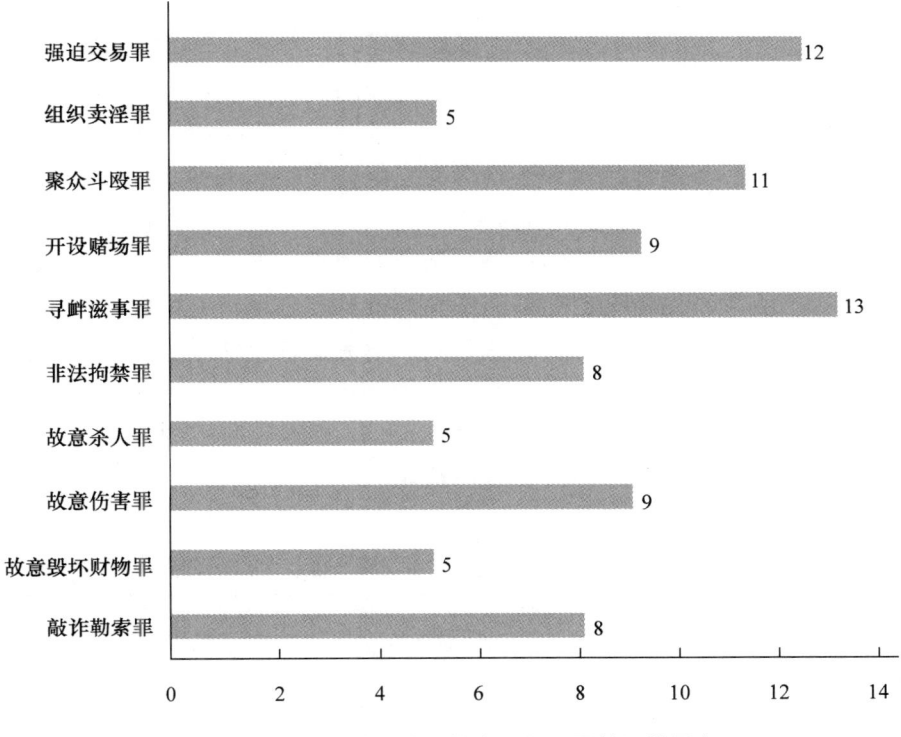

图 2-19 西部地区企业化有组织犯罪触犯的罪名

第五节 我国东部、中部和西部地区有组织犯罪企业化趋势的比较分析

在前文样本梳理时已经介绍，我国东部地区有组织犯罪企业化的案件样本为167件，中部地区有组织犯罪企业化的案件样本为230件，西部地区有组织犯罪企业化的案件样本为34件，案件样本总数共计431件。本部分将对我国东部、中部和西部地区有组织犯罪的企业化趋势进行比较分析。

一 东部、中部和西部地区有组织犯罪企业化的整体情况与分析

（一）东部、中部和西部地区有组织犯罪企业化领域的比较分析

根据表2-94、表2-95和表2-96，东部、中部、西部三地区有组织犯罪组织从事非法经济的有效占比分别为16.97%、22.03%和31.25%，显示出从东往西比重逐渐递增的态势。东部、中部、西部三地区有组织犯罪组织从事合法经济的有效占比分别为38.18%、49.78%和40.63%，显示出中部比重偏高，而东部和西部比重偏低的态势。东部、中部、西部三地区有组织犯罪组织同时从事非法经济和合法经济的有效占比分别为44.85%、28.19%和28.12%，显示出从东往西比重逐渐递减的态势。结合有组织犯罪在合法经济领域和多领域的综合占比情况，东部、中部、西部三地区有组织犯罪渗透合法经济领域的情况都很严重。就有组织犯罪渗透合法经济领域的分布状况而言，东部地区（83.03%）＞中部地区（77.97%）＞西部地区（68.75%）。亦即就有组织犯罪渗入合法经济领域的广度和深度而言，东部地区＞中部地区＞西部地区。

表2-94 东部、中部、西部三地区有组织犯罪企业化领域的分布（单位：个）

	非法经济	合法经济	多领域	缺失	总数
东部地区	28	63	74	2	167
中部地区	50	113	64	3	230
西部地区	10	13	9	2	34

表 2-95　　　　　东部、中部、西部三地区有组织
　　　　　　　　犯罪企业化领域的占比　　　　　　（单位：%）

	非法经济	合法经济	多领域	缺失	总数
东部地区	16.77	37.72	44.31	1.20	100
中部地区	21.74	49.13	27.83	1.30	100
西部地区	29.41	38.24	26.47	5.88	100

表 2-96　　　　　东部、中部、西部三地区有组织
　　　　　　　　犯罪企业化领域的有效占比　　　　（单位：%）

	非法经济	合法经济	多领域	总数
东部地区	16.97	38.18	44.85	100
中部地区	22.03	49.78	28.19	100
西部地区	31.25	40.63	28.12	100

（二）东部、中部和西部地区有组织犯罪企业化转型年份的比较分析

根据表 2-97、表 2-98 和表 2-99，东部、中部、西部三地区有组织犯罪企业化转型于 1990—1999 年的有效占比分别为 13.22%、7.83% 和 24.00%；东部、中部、西部三地区有组织犯罪企业化转型于 2000—2009 年的有效占比分别为 63.64%、77.11% 和 64.00%；东部、中部、西部三地区有组织犯罪企业化转型于 2010—2018 年的有效占比分别为 23.14%、15.06% 和 12.00%。数据表明，在 20 世纪 90 年代，我国有组织犯罪开始出现大规模的企业化发展转型；进入 2000 年后的有组织犯罪活跃期，企业化发展明显加快。但到了 2010 年以后，企业化发展的程度有所下降。究其原因可能有两个方面：其一，自 2006 年开始的"打黑除恶"专项斗争取得阶段性成效；其二，2010 年以后对有组织犯罪的打击有所松懈，有组织犯罪行为的掩饰性程度有所降低。

表 2-97　东部、中部、西部三地区企业化转型的年份分布　（单位：个）

时间段	1989 年以前 （生成期）	1990—1999 年 （发展期）	2000—2009 年 （活跃期）	2010—2018 年 （活跃期）	缺失	总计
东部地区	0	16	77	28	46	167
中部地区	0	13	128	25	64	230
西部地区	0	6	16	3	9	34

表 2-98　东部、中部、西部三地区企业化转型年份分布的占比　（单位：%）

时间段	1989 年以前 （生成期）	1990—1999 年 （发展期）	2000—2009 年 （活跃期）	2010—2018 年 （活跃期）	缺失	总计
东部地区	0.00	9.58	46.11	16.77	27.54	100
中部地区	0.00	5.65	55.65	10.87	27.83	100
西部地区	0.00	17.65	47.06	8.82	26.47	100

表 2-99　东部、中部、西部三地区企业化转型
年份分布的有效占比　（单位：%）

时间段	1989 年以前 （生成期）	1990—1999 年 （发展期）	2000—2009 年 （活跃期）	2010—2018 年 （活跃期）	总计
东部地区	0.00	13.22	63.64	23.14	100
中部地区	0.00	7.83	77.11	15.06	100
西部地区	0.00	24.00	64.00	12.00	100

（三）东部、中部和西部地区企业化犯罪组织存续时间的比较分析

根据表 2-100、表 2-101 和表 2-102，东部、中部、西部三地区企业化犯罪组织存续 5 年以下的有效占比分别为 41.88%、57.96% 和 54.55%；东部、中部、西部三地区企业化犯罪组织存续 6—10 年的有效占比分别为 38.46%、32.48% 和 27.27%；东部、中部、西部三地区企业化犯罪组织存续 11—15 年的有效占比分别为 11.97%、7.64% 和 9.09%；东部、中部、西部三地区企业化犯罪组织存续 16 年以上的有效占比分别为 7.69%、1.92% 和 9.09%。数据表明，东部、中部、西部三地区企业

化犯罪组织存续时间半数左右在 5 年以下，中部和西部地区犯罪组织存续超过 11 年的有效占比不到 10%；东部地区的企业化犯罪组织一般情况下比中部地区和西部地区的企业化犯罪组织存续时间更为长久；三地区都存在存续时间超过 16 年的企业化犯罪组织，只是相对而言东部地区数量更多。

表 2-100　　东部、中部、西部三地区企业化犯罪组织存续时间的分布　　（单位：个）

时间段	0—5 年	6—10 年	11—15 年	16 年及以上	缺失	总计
东部地区	49	45	14	9	50	167
中部地区	91	51	12	3	73	230
西部地区	12	6	2	2	12	34

表 2-101　　东部、中部、西部三地区企业化犯罪组织存续时间分布的占比　　（单位:%）

时间段	0—5 年	6—10 年	11—15 年	16 年及以上	缺失	总计
东部地区	29.34	26.95	8.38	5.39	29.94	100
中部地区	39.57	22.17	5.22	1.30	31.74	100
西部地区	35.29	17.66	5.88	5.88	35.29	100

表 2-102　　东部、中部、西部三地区企业化犯罪组织存续时间分布有效占比　　（单位:%）

时间段	0—5 年	6—10 年	11—15 年	16 年及以上	总计
东部地区	41.88	38.46	11.97	7.69	100
中部地区	57.96	32.48	7.64	1.92	100
西部地区	54.55	27.27	9.09	9.09	100

（四）东部、中部和西部地区企业化犯罪组织拥有企业数量的比较分析

根据表 2-103、表 2-104 和表 2-105，东部、中部、西部三地区企业化犯罪组织拥有企业的数量在 5 家以下的有效占比分别为 94.48%、96.83% 和 87.10%；企业化犯罪组织拥有企业的数量在 6—

10家的有效占比分别为2.76%、3.17%和9.68%;企业化犯罪组织拥有企业的数量在11家以上的有效占比分别为2.76%、0.00%和3.22%。从企业化犯罪组织拥有企业数量的比重分布上看,东部、中部、西部三地区企业化犯罪组织规模普遍不大,拥有企业数量多数在5家以下。但是相对而言,东部地区大型的企业化有组织犯罪集团在数量分布上无疑更多一些。

表2-103　　东部、中部、西部三地区企业化犯罪组织拥有企业的数量分布　　（单位：个）

	1—5	6—10	11及以上	缺失	总数
东部地区	137	4	4	22	167
中部地区	183	6	0	41	230
西部地区	27	3	1	3	34

表2-104　　东部、中部、西部三地区企业化犯罪组织拥有企业数量的占比　　（单位：个;%）

	1—5	6—10	11及以上	缺失	总数
东部地区	82.03	2.40	2.40	13.17	100
中部地区	79.56	2.61	0.00	17.83	100
西部地区	79.41	8.82	2.95	8.82	100

表2-105　　东部、中部、西部三地区企业化犯罪组织拥有企业数量的有效占比　　（单位：个;%）

	1—5	6—10	11及以上	总数
东部地区	94.48	2.76	2.76	100
中部地区	96.83	3.17	0.00	100
西部地区	87.10	9.68	3.22	100

（五）东部、中部和西部地区企业化犯罪组织城乡分布的比较分析

根据表2-106、表2-107和表2-108,东部、中部、西部三地区企业化犯罪组织分布于城市地区的有效占比分比为79.04%、75.55%和82.35%;东部、中部、西部三地区企业化犯罪组织分布于农村地区

的有效占比分比为20.96%、24.45%和17.65%。数据表明,东部、中部、西部三个地区在城市地区有组织犯罪的企业化发展程度和比重均高于农村地区。

表2-106　东部、中部、西部三地区企业化犯罪组织的城乡分布（单位：个）

	城市	农村	缺失	总计
东部地区	132	35	0	167
中部地区	173	56	1	230
西部地区	28	6	0	34

表2-107　东部、中部、西部三地区企业化犯罪组织城乡分布的占比　（单位:%）

	城市	农村	缺失	总计
东部地区	79.04	20.96	0.00	100
中部地区	75.22	24.35	0.43	100
西部地区	82.35	17.65	0.00	100

表2-108　东部、中部、西部三地区企业化犯罪组织城乡分布的有效占比　（单位:%）

	城市	农村	总计
东部地区	79.04	20.96	100
中部地区	75.55	24.45	100
西部地区	82.35	17.65	100

（六）东部、中部和西部地区企业化犯罪组织控制影响力的比较分析

根据表2-109、表2-110和表2-111,东部、中部、西部三地区企业化有组织犯罪控制影响力在乡域范围的有效占比分别为14.46%、20.96%和8.82%;控制影响力在县域范围的有效占比分别为52.41%、30.13%和29.42%;控制影响力在市域范围的有效占比分别为26.50%、47.17%和58.82%;控制影响力在省域范围的有效占比分别为2.41%、0.87%和

2.94%；控制影响力跨省域的有效占比分别为 2.41%、0.87% 和 0.00%；控制影响力跨国境的有效占比分别为 1.81%、0.00% 和 0.00%。数据表明，东部、中部、西部三地区绝大多数企业化犯罪组织的控制影响力主要在市、县、乡范围内，占比分别为 93.37%、98.26% 和 97.06%；而控制影响力跨省域的企业化犯罪组织的占比从东部往西部递减，只有东部地区出现了控制影响力跨国境的企业化犯罪组织。

表 2-109　　东部、中部、西部三地区企业化犯罪组织控制影响力的地域分布　　（单位：个）

	乡域	县域	市域	省域	跨省	跨国境	缺失	总计
东部地区	24	87	44	4	4	3	1	167
中部地区	48	69	108	2	2	0	1	230
西部地区	3	10	20	1	0	0	0	34

表 2-110　　东部、中部、西部三地区企业化犯罪组织控制影响力分布地域的占比　　（单位：%）

	乡域	县域	市域	省域	跨省	跨国境	缺失	总计
东部地区	14.37	52.10	26.35	2.39	2.39	1.80	0.60	100
中部地区	20.87	30.00	46.96	0.87	0.87	0.00	0.43	100
西部地区	8.82	29.42	58.82	2.94	0.00	0.00	0.00	100

表 2-111　　东部、中部、西部三地区企业化犯罪组织控制影响力分布地域的有效占比　　（单位：%）

	乡域	县域	市域	省域	跨省	跨国境	总计
东部地区	14.46	52.41	26.50	2.41	2.41	1.81	100
中部地区	20.96	30.13	47.17	0.87	0.87	0.00	100
西部地区	8.82	29.42	58.82	2.94	0.00	0.00	100

（七）东部、中部和西部地区企业化犯罪组织人数分布的比较分析

根据表 2-112、表 2-113 和表 2-114，东部、中部、西部三地区犯罪组织成员人数在 30 人以下的占比分别为 81.82%、96.21% 和 100%；东部、中部、西部三地区犯罪组织成员人数在 31—50 人之间的占比分别

为 11.89%、2.84% 和 0.00%；只有东部地区出现组织成员超过 100 人的企业化犯罪组织。数据表明，绝大多数企业化犯罪组织的人数规模都不太大，而且呈现出自东部到西部组织人数规模逐渐递减的现象。

表 2-112　　　东部、中部、西部三地区企业化犯罪组织人数的分布　　（单位：人；个）

人数规模	0—10	11—20	21—30	31—40	41—50	51—100	101 及以上	缺失	总计
东部地区	30	58	29	12	5	8	1	24	167
中部地区	74	105	24	5	1	2	0	19	230
西部地区	7	14	7	0	0	0	0	6	34

表 2-113　　　东部、中部、西部三地区企业化犯罪组织人数分布的占比　　（单位：人；%）

人数规模	0—10	11—20	21—30	31—40	41—50	51—100	101 及以上	缺失	总计
东部地区	17.96	34.73	17.37	7.19	2.99	4.79	0.60	14.37	100
中部地区	32.17	45.65	10.43	2.17	0.44	0.87	0.00	8.27	100
西部地区	20.59	41.17	20.59	0.00	0.00	0.00	0.00	17.65	100

表 2-114　　　东部、中部、西部三地区企业化犯罪组织人数分布的有效占比　　（单位：人；%）

人数规模	0—10	11—20	21—30	31—40	41—50	51—100	101 及以上	总计
东部地区	20.98	40.56	20.28	8.39	3.50	5.59	0.70	100
中部地区	35.07	49.77	11.37	2.37	0.47	0.95	0.00	100
西部地区	25.00	50.00	25.00	0.00	0.00	0.00	0.00	100

（八）东部、中部和西部地区企业化犯罪组织经济实力的比较分析

根据表 2-115、表 2-116 和表 2-117，东部、中部、西部三地区企业化犯罪组织的经济实力普遍不强，三个地区企业化犯罪组织经济实力不足 1000 万元的有效占比分别为 60.00%、75.42% 和 77.78%。但是相比较而言，东部地区企业化犯罪组织的经济实力整体上强于中部和西部地区的企业化犯罪组织。

表 2-115　　东部、中部、西部三地区企业化犯罪组织经济
　　　　　　　　实力的分布　　　（单位：万元/人民币；个）

	100 以下	100—1000	1000—5000	5000—10000	10000 及以上	缺失	合计
东部地区	14	31	18	5	7	92	167
中部地区	45	44	21	4	4	112	230
西部地区	5	9	3	0	1	16	34

表 2-116　　东部、中部、西部三地区企业化犯罪组织经济
　　　　　　　　实力分布的占比　　（单位：万元/人民币；%）

	100 以下	100—1000	1000—5000	5000—10000	10000 及以上	缺失	合计
东部地区	8.38	18.56	10.78	3.00	4.19	55.09	100
中部地区	19.57	19.13	9.13	1.74	1.74	48.69	100
西部地区	14.71	26.47	8.82	0.00	2.94	47.06	100

表 2-117　　东部、中部、西部三地区企业化犯罪组织经济
　　　　　　　　实力分布的有效占比　（单位：万元/人民币；%）

	100 以下	100—1000	1000—5000	5000—10000	10000 及以上	合计
东部地区	18.67	41.33	24.00	6.67	9.33	100
中部地区	38.13	37.29	17.80	3.39	3.39	100
西部地区	27.78	50.00	16.67	0.00	5.55	100

二　东部、中部和西部地区企业化犯罪组织的整体情况与分析

（一）东部、中部和西部地区企业化犯罪组织成员吸收方式的比较分析

根据图 2-20 的同向比较，在东部、中部、西部三地区企业化犯罪组织中有招募人员的犯罪组织占比均较高，显示出企业化犯罪组织吸收成员时外向性、多元性色彩加重，而组织成员间的地域、血缘等特殊关系在淡化。

（二）东部、中部和西部地区企业化犯罪组织成员来源结构的比较分析

根据图 2-21，东部、中部、西部三地区成员中有社会闲散人员的犯罪组织占比都很高，均接近有效样本的 90%，表明社会闲散人

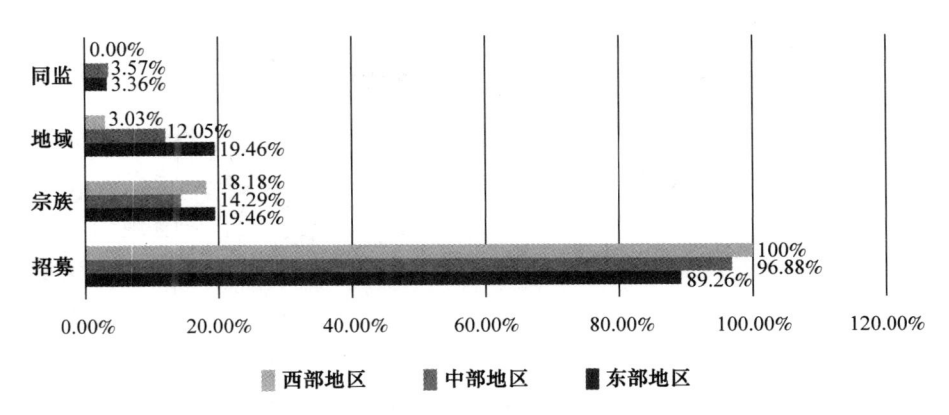

第二章 我国有组织犯罪企业化趋势的样本梳理与分析 115

图 2-20 东部、中部、西部三地区企业化犯罪组织成员的吸收方式

员是企业化犯罪组织成员的主要来源人群。同时，东部、中部、西部三地区成员中有两劳人员和犯罪前科人员的犯罪组织的占比也很高，表明丰富的犯罪经验（经历）也成为企业化犯罪组织吸收成员时所考虑的一个重要因素。另外，在东部、中部、西部三地区均出现有国家公职人员参与有组织犯罪的现象。

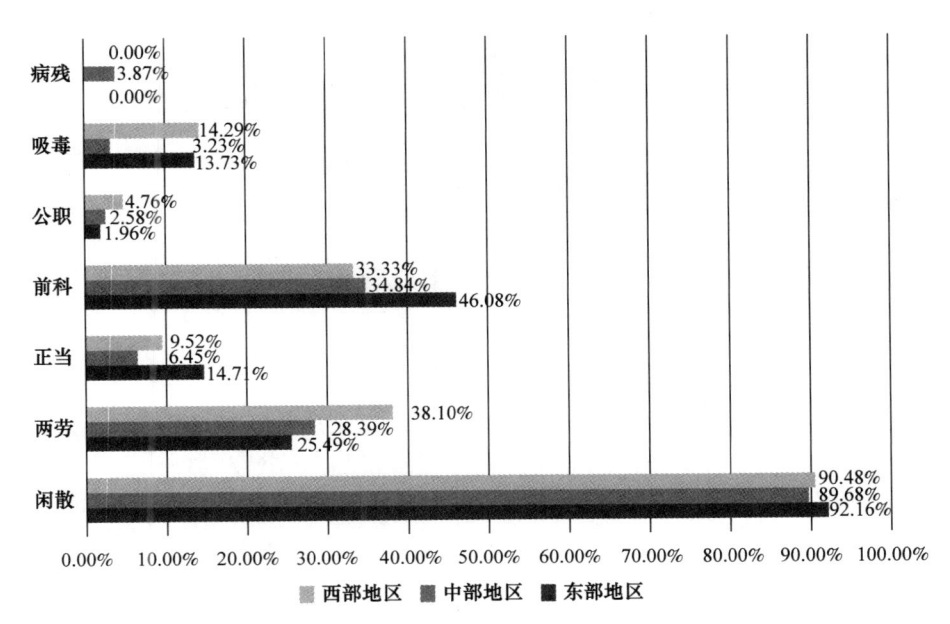

图 2-21 东部、中部、西部三地区企业化犯罪组织成员的来源结构

（三）东部、中部和西部地区企业化犯罪组织成员文化结构的比较分析

根据图 2-22，东部、中部、西部三地区成员中有初中及初中以下文化结构人员的犯罪组织占比都很高。从企业化犯罪组织成员的文化结构来看，东部、中部、西部三地区差别不大，而且企业化的有组织犯罪组织与一般有组织犯罪组织在成员文化结构上也差异不明显，这一现象反映出成员的文化水平并不决定有组织犯罪的发展趋势，从而进一步证明了有组织犯罪组织牟取经济利益并非依靠合法经营和正当竞争，而主要依赖于暴力、威胁、贿赂等违法犯罪手段谋求地域或行业垄断获取巨额非法利益，因而成员的犯罪经验和犯罪经历往往左右着有组织犯罪的滋生、发展和壮大。

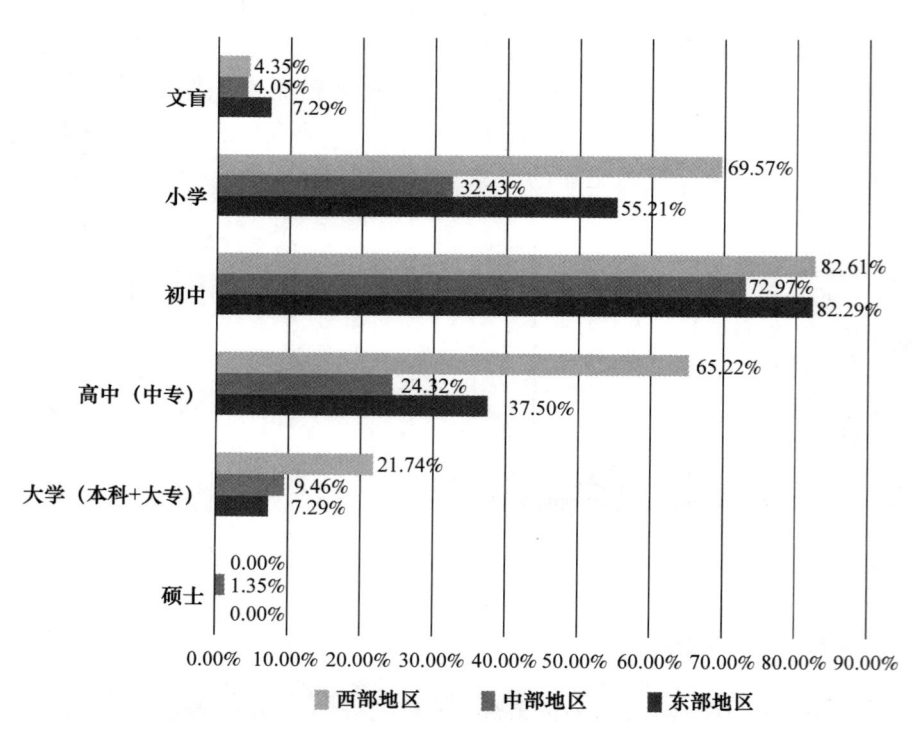

文化程度	西部地区	中部地区	东部地区
文盲	4.35%	4.05%	7.29%
小学	69.57%	32.43%	55.21%
初中	82.61%	72.97%	82.29%
高中（中专）	65.22%	24.32%	37.50%
大学（本科+大专）	21.74%	9.46%	7.29%
硕士	0.00%	1.35%	0.00%

图 2-22 东部、中部、西部三地区企业化犯罪组织成员的文化结构

第二章 我国有组织犯罪企业化趋势的样本梳理与分析

（四）东部、中部和西部地区企业化有组织犯罪生成方式的比较分析

根据表2-118、表2-119和表2-120，东部、中部、西部三地区有组织犯罪企业化发展多为内生性原因自然发展的结果，单纯由外部因素介入促成有组织犯罪企业化发展转型的占比并不高。数据表明，促成有组织犯罪企业化发展的内部因素影响较大。

表2-118　　　东部、中部、西部三地区企业化有组织犯罪生成方式的分布　　　（单位：个）

	内生性自发形成	外在结合形成	内生+外在结合形成	缺失	总计
东部地区	90	46	28	3	167
中部地区	125	69	30	6	230
西部地区	21	12	0	1	34

表2-119　　　东部、中部、西部三地区企业化有组织犯罪生成方式分布的占比　　　（单位：%）

	内生性自发形成	外在结合形成	内生+外在结合形成	缺失	总计
东部地区	53.89	27.54	16.77	1.80	100
中部地区	54.35	30.00	13.04	2.61	100
西部地区	61.76	35.30	0.00	2.94	100

表2-120　　　东部、中部、西部三地区企业化有组织犯罪生成方式分布的有效占比　　　（单位：%）

	内生性自发形成	外在结合形成	内生+外在结合形成	总计
东部地区	54.88	28.05	17.07	100
中部地区	55.80	30.80	13.40	100
西部地区	63.64	36.36	0.00	100

（五）东部、中部和西部地区企业化犯罪组织称号的比较分析

根据表2-121、表2-122和表2-123，东部、中部、西部三地区企业化犯罪组织中有公开"合法公司"称号的有效占比分别达48.77%、44.80%和75.00%，表明有组织犯罪对合法经济领域的渗透较为深入，企业化程度较高。

表2-121　东部、中部、西部三地区企业化犯罪组织的称号分布（单位：个）

	企业	公司	无公开称号	缺失	总计
东部地区	49	79	34	5	167
中部地区	65	99	57	9	230
西部地区	6	21	1	6	34

表2-122　东部、中部、西部三地区企业化犯罪组织称号分布的占比　（单位:%）

	企业	公司	无公开称号	缺失	总计
东部地区	29.34	47.31	20.36	2.99	100
中部地区	28.26	43.04	24.78	3.92	100
西部地区	17.65	61.76	2.94	17.65	100

表2-123　东部、中部、西部三地区企业化犯罪组织称号分布的有效占比　（单位:%）

	企业	公司	无公开称号	总计
东部地区	30.24	48.77	20.99	100
中部地区	29.41	44.80	25.79	100
西部地区	21.43	75.00	3.57	100

（六）东部、中部和西部地区企业化犯罪组织成立企业性质的比较分析

根据表2-124、表2-125和表2-126，东部、中部、西部三地区企业化犯罪组织所设立的公司、企业，从所有制性质上看基本上都是民营企业，只有东部地区有1家企业是民营参股的混合所有制企业。数据

表明，民营企业的有组织犯罪化现象较为严重。

表2-124　　　东部、中部、西部三地区企业化犯罪
组织企业性质的分布　　　　　　　　　（单位：个）

	民营	国有	混合	缺失	总计
东部地区	164	0	1	2	167
中部地区	222	0	0	8	230
西部地区	34	0	0	0	34

表2-125　　　东部、中部、西部三地区企业化犯罪组织
企业性质分布的占比　　　　　　　　　（单位:%）

	民营	国有	混合	缺失	总计
东部地区	98.20	0.00	0.60	1.20	100
中部地区	96.52	0.00	0.00	3.48	100
西部地区	100	0.00	0.00	0.00	100

表2-126　　　东部、中部、西部三地区企业化犯罪组织
企业性质分布的有效占比　　　　　　　（单位:%）

	民营	国有	混合	总计
东部地区	99.39	0.00	0.61	100
中部地区	100	0.00	0.00	100
西部地区	100	0.00	0.00	100

（七）东部、中部和西部地区企业化有组织犯罪收益来源的比较分析

根据表2-127、表2-128和表2-129，东部、中部、西部三地区企业化有组织犯罪收益主要来源于暴力掠夺的有效占比分别为1.84%、2.19%和5.88%；东部、中部、西部三地区企业化有组织犯罪收益主要来源于非法经济的有效占比分别为11.66%、8.77%和20.59%；东部、中部、西部三地区企业化有组织犯罪收益主要来源于合法经济的有效占比分别为14.72%、16.23%和20.59%；东部、中部、西部三地区企业化有组织犯罪收益主要来源于合法经济和非法

经济混合经营的有效占比分别为 68.10%、70.18% 和 52.94%。数据表明，东部、中部、西部三地区有组织犯罪收益主要来自暴力掠夺的情况较少，绝大多数企业化有组织犯罪的收益来自合法和非法经济领域，但是暴力一直作为牟取非法利益的后盾支撑力量。

表 2-127　　东部、中部、西部三地区企业化有组织犯罪收益来源的分布　　（单位：个）

	暴力犯罪所得	暴力+软暴力犯罪所得	从事合法经营所得	从事非法经营所得	混合行为所得	缺失	总计
东部地区	3	6	24	19	111	4	167
中部地区	5	6	37	20	160	2	230
西部地区	2	0	7	7	18	0	34

表 2-128　　东部、中部、西部三地区企业化有组织犯罪收益来源分布的占比　　（单位：%）

	暴力犯罪所得	暴力+软暴力犯罪所得	从事合法经营所得	从事非法经营所得	混合行为所得	缺失	总计
东部地区	1.80	3.59	14.37	11.37	66.47	2.40	100
中部地区	2.17	2.61	16.09	8.69	69.57	0.87	100
西部地区	5.88	0.00	20.59	20.59	52.94	0.00	100

表 2-129　　东部、中部、西部三地区企业化有组织犯罪收益来源分布的有效占比　　（单位：%）

	暴力犯罪所得	暴力+软暴力犯罪所得	从事合法经营所得	从事非法经营所得	混合行为所得	总计
东部地区	1.84	3.68	14.72	11.66	68.10	100
中部地区	2.19	2.63	16.23	8.77	70.18	100
西部地区	5.88	0.00	20.59	20.59	52.94	100

第二章 我国有组织犯罪企业化趋势的样本梳理与分析

（八）东部、中部和西部地区企业化有组织犯罪资金去向的比较分析

根据表2-130、表2-131和表2-132，东部、中部、西部三地区企业化犯罪组织将资金主要用于挥霍的有效占比分别为1.39%、0.48%和3.23%，占比均较小。数据表明，企业化的有组织犯罪组织往往将资金既用于维系组织发展，又会用于组织成员挥霍。

表2-130　　东部、中部、西部三地区企业化有组织犯罪的
资金去向分布　　　　　　　　　（单位：个）

	维系组织发展	挥霍	混合	缺失	总计
东部地区	22	2	120	23	167
中部地区	13	1	195	21	230
西部地区	3	1	27	3	34

表2-131　　东部、中部、西部三地区企业化有组织犯罪
资金去向的占比　　　　　　　　（单位:%）

	维系组织发展	挥霍	混合	缺失	总计
东部地区	13.17	1.20	71.86	13.77	100
中部地区	5.65	0.43	84.79	9.13	100
西部地区	8.82	2.95	79.41	8.82	100

表2-132　　东部、中部、西部三地区企业化有组织犯罪
资金去向的有效占比　　　　　　（单位:%）

	维系组织发展	挥霍	混合	总计
东部地区	15.28	1.39	83.33	100
中部地区	6.22	0.48	93.30	100
西部地区	9.67	3.23	87.10	100

三　东部、中部和西部地区企业化有组织犯罪行为方式的比较分析

（一）东部、中部和西部地区企业化有组织犯罪手段的比较分析

根据表2-133、表2-134和表2-135，东部、中部、西部三地区企业化有组织犯罪主要使用暴力手段的有效占比分别为20.25%、

32.18%和35.29%；东部、中部、西部三地区企业化有组织犯罪主要混合使用暴力和非暴力手段的有效占比分别为11.04%、1.74%和5.88%；东部、中部、西部三地区企业化有组织犯罪混合使用暴力、非暴力和"软暴力"手段的有效占比分别为49.08%、32.17%和41.18%。数据表明，企业化有组织犯罪手段的暴力色彩在减弱，东部地区有组织犯罪"非暴力化"程度更高。

表2-133　　东部、中部、西部三地区企业化有组织犯罪手段的分布　　（单位：个）

	暴力	暴力+非暴力	暴力+软暴力	混合	缺失	总计
东部地区	33	18	32	80	4	167
中部地区	74	4	78	74	0	230
西部地区	12	2	6	14	0	34

表2-134　　东部、中部、西部三地区企业化有组织犯罪手段分布的占比　　（单位:%）

	暴力	暴力+非暴力	暴力+软暴力	混合	缺失	总计
东部地区	19.76	10.78	19.16	47.90	2.40	100
中部地区	32.18	1.74	33.91	32.17	0.00	100
西部地区	35.29	5.88	17.65	41.18	0.00	100

表2-135　　东部、中部、西部三地区企业化有组织犯罪手段分布的有效占比　　（单位:%）

	暴力	暴力+非暴力	暴力+软暴力	混合	总计
东部地区	20.25	11.04	19.63	49.08	100
中部地区	32.18	1.74	33.91	32.17	100
西部地区	35.29	5.88	17.65	41.18	100

（二）东部、中部和西部地区企业化犯罪组织类型的分布情况与分析

根据表2-136、表2-137和表2-138，东部、中部、西部三地区暴力寄生型组织的有效占比较低，分别为4.91%、10.00%和2.94%；

东部、中部、西部三地区非法经济型和合法经济型的犯罪组织比重均超过 90%。数据表明,有组织犯罪的企业化发展主要表现在有组织犯罪向非法经济和合法经济领域发展、渗透。

表 2-136　东部、中部、西部三地区企业化犯罪组织类型的分布（单位：个）

	暴力寄生型	非法经济与暴力混合型	合法经济与暴力混合型	非法、合法与暴力混合型	非法服务型	合法经济型	非法商品型	缺失	总计
东部地区	8	34	44	72	0	4	1	4	167
中部地区	23	33	69	94	3	6	2	0	230
西部地区	1	6	9	13	4	0	1	0	34

表 2-137　东部、中部、西部三地区企业化犯罪组织类型分布的占比　（单位：%）

	暴力寄生型	非法经济与暴力混合型	合法经济与暴力混合型	非法、合法与暴力混合型	非法服务型	合法经济型	非法商品型	缺失	总计
东部地区	4.79	20.36	26.34	43.11	0.00	2.40	0.60	2.40	100
中部地区	10.00	14.35	30.00	40.87	1.30	2.61	0.87	0.00	100
西部地区	2.94	17.65	26.47	38.24	11.76	0.00	2.94	0.00	100

表 2-138　东部、中部、西部三地区企业化犯罪组织类型分布的有效占比　（单位：%）

	暴力寄生型	非法经济与暴力混合型	合法经济与暴力混合型	非法、合法与暴力混合型	非法服务型	合法经济型	非法商品型	总计
东部地区	4.91	20.86	27.00	44.17	0.00	2.45	0.61	100
中部地区	10.00	14.35	30.00	40.87	1.30	2.61	0.87	100
西部地区	2.94	17.65	26.47	38.24	11.76	0.00	2.94	100

（三）东部、中部和西部地区企业化有组织犯罪触犯罪名的比较分析

根据图 2-23,东部、中部和西部三地区企业化有组织犯罪触犯的

罪名分布广泛，主要涉及侵犯财产罪，侵犯公民人身权利、民主权利罪，妨害社会管理秩序罪，破坏社会主义市场经济秩序罪，贪污贿赂罪和危害公共安全罪等类罪中的 38 个具体罪名；在这 38 个具体罪名中，最易触犯的是强迫交易罪、聚众斗殴罪、开设赌场罪、寻衅滋事罪、非法拘禁罪、故意伤害罪、故意毁坏财物罪和敲诈勒索罪等。

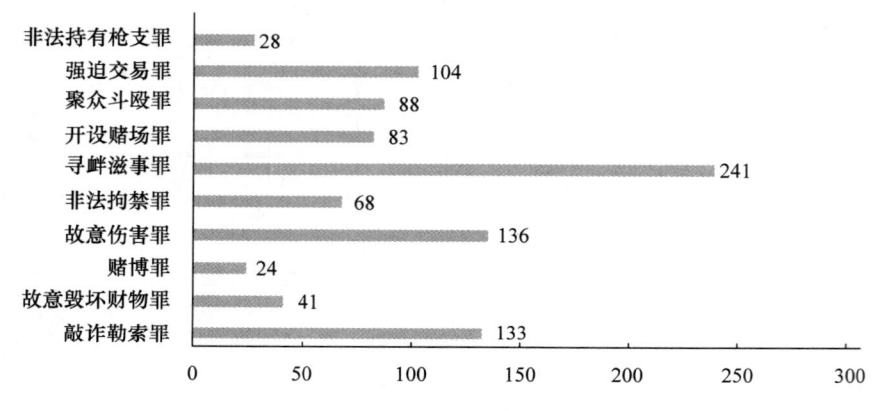

罪名	数量
非法持有枪支罪	28
强迫交易罪	104
聚众斗殴罪	88
开设赌场罪	83
寻衅滋事罪	241
非法拘禁罪	68
故意伤害罪	136
赌博罪	24
故意毁坏财物罪	41
敲诈勒索罪	133

图 2-23　东部、中部、西部三地区企业化有组织犯罪触犯的罪名

四　我国东部、中部和西部地区有组织犯罪企业化趋势的简单归纳

通过对我国东部、中部和西部地区有组织犯罪企业化相关要素的比较分析，可以归纳出以下方面的共同点和差异性：

（一）东部、中部和西部地区有组织犯罪企业化发展的共同点

通过对相关数据的比较分析，东部、中部和西部地区有组织犯罪企业化发展呈现出以下主要规律性的共同点：第一，有组织犯罪企业化发展使得有组织犯罪的暴力色彩在减弱。一方面，纯粹暴力型的犯罪组织占比很小；另一方面，企业化的犯罪组织更多地运用非暴力和"软暴力"的犯罪手段。第二，有组织犯罪企业化发展开始于 20 世纪 90 年代，进入 2000 年后企业化发展速度加快、规模扩大，而到了 2010 年后企业化发展的速度有所减缓。第三，有组织犯罪企业化主要集中于非法经济领域和合法经济领域，其中有组织犯罪渗透合法经济领域的程度逐渐加强。第四，企业化的犯罪组织存续时间近半数在 5 年以下，但是出现了存续时间超过 10 年甚至超过 20 年的犯罪组织。第五，企业化犯罪组织的规模普遍不大，组织的成员人数普遍不多，经济实力普遍不强，

控制影响力多数局限在市、县、乡范围内。第六，企业化的犯罪组织多数分布于城市地区，城乡差别影响到有组织犯罪企业化发展的程度和速度。第七，企业化犯罪组织中成员之间血缘关系、地域关系在淡化，社会招募成员的比重在提升，有犯罪经历和犯罪经验的人员较为常见；同时，企业化犯罪组织成员的文化结构普遍不高，说明成员的文化水平与有组织犯罪的企业化发展程度并无直接关联。第八，企业的有组织犯罪化多为内生发展型有组织犯罪化类型，外在结合型有组织犯罪化类型相对较少。第九，企业化犯罪组织设立的公司、企业多数有公开称号，且基本上都是民营企业属性，也表明民营企业更易出现有组织犯罪化。第十，有组织犯罪企业化发展所获收益主要来源于非法经济和合法经济领域，且犯罪收入多用于维系组织的发展。第十一，企业化的有组织犯罪触犯罪名分布广泛，主要涉及侵犯财产罪，侵犯公民人身权利、民主权利罪，妨害社会管理秩序罪，破坏社会主义市场经济秩序罪，贪污贿赂罪和危害公共安全罪等类罪名。但是，经常实施的犯罪较为集中，主要有强迫交易罪、聚众斗殴罪、开设赌场罪、寻衅滋事罪、非法拘禁罪、故意伤害罪、故意毁坏财物罪和敲诈勒索罪等，充分说明了企业化的有组织犯罪在本质上仍属于暴力性犯罪。

（二）东部、中部和西部地区有组织犯罪企业化发展的差异性

除了前述共同点反映了有组织犯罪发展的共同大趋势之外，东部、中部和西部地区在企业化发展时于具体要素上也呈现出细微差异：第一，通过数据的横向比较，有组织犯罪向合法经济领域渗透发展呈现自西部地区到中部地区再到东部地区逐渐加强之势；第二，尽管从总体而言2010年以后有组织犯罪企业化趋势有所减缓，但是东部地区有组织犯罪的企业化发展仍保持较高水平；第三，东部地区企业化犯罪组织的存续时间通常长于中部地区和西部地区，而且东部地区大型的企业化有组织犯罪集团在数量分布上也相对较多；第四，企业化有组织犯罪的控制影响力呈现从东部往西部递减之势，而且东部地区还出现控制影响力跨国境的企业化犯罪组织；第五，企业化犯罪组织的人数规模呈现出自东部向西部逐渐递减的现象，而且东部地区企业化犯罪组织的经济实力整体上强于中部和西部地区的企业化犯罪组织；第六，虽然整体而言企业化有组织犯罪手段的暴力色彩在减弱，但东部地区有组织犯罪"非暴力化"程度更高。

存在上述差异性的原因主要有两个：其一，东部、中部和西部地区经济、社会、文化等发展水平存在差异，从而对有组织犯罪的企业化发展产生影响；其二，东部、中部和西部地区的法律控制和社会控制状况不同，也造成了有组织犯罪企业化发展状况存在一定差异性。当然，客观上也存在本课题样本采集不全面因素的影响。

第三章 我国有组织犯罪企业化趋势的现状、特点、原因及危害分析

第一节 我国有组织犯罪企业化的整体状况

中华人民共和国成立以后，在全国范围内开展了以土地改革为中心的民主改革运动，清除了一大批土匪、反革命分子和封建残余势力，集中打击了旧社会遗留的卖淫嫖娼、吸毒贩毒、聚众赌博等各种丑恶行为，在很大程度上清除了滋生有组织犯罪的土壤。因此，自1951—1965年的整整15年间，我国大陆地区进入了社会治安的黄金时期，犯罪的发案数和发案率一直保持在最低水平，有组织犯罪作为一种社会现象已经在大陆地区销声匿迹了。虽然在1966—1976年"文化大革命"期间社会秩序混乱，案件数量有所上升，但是有组织犯罪仍然没有出现。[①]

我国大陆地区有组织犯罪的死灰复燃起始于20世纪70年代末，主要是从犯罪团伙发展起来的。伴随着改革开放，大量的犯罪团伙开始涌现，且呈现明显的暴力化和严重化的发展趋势，成为我国有组织犯罪的雏形和先导。归纳梳理自20世纪70年代以来我国有组织犯罪生成、发展的演变过程，大概可以分为三个阶段：20世纪70年代末到80年代末的形成期、20世纪90年代的快速发展期和21世纪至今的活跃期。[②] 在这三个发展阶段中，有组织犯罪的企业化表现和程度有所不同。

---

① 何秉松：《中国有组织犯罪研究》第1卷，群众出版社2009年版，第90—91页。
② 何秉松：《黑社会犯罪解读》，中国检察出版社2003年版，第3—91页。

一 20世纪70年代末至80年代末有组织犯罪形成期的企业化表现

（一）这一时期有组织犯罪发展的整体状况

和所有发展中国家一样，社会转型必然带来社会结构和利益的重组，随之带来犯罪率的升高。改革开放下的社会转型所带来的一系列矛盾，使得有组织犯罪的死灰复燃找到了适当的时机。特别是进入20世纪80年代以后，受国内外诸多因素的影响，我国的治安状况持续恶化，刑事犯罪案件急剧增多，首先表现为在部分大中城市，刑事犯罪活动相当猖獗，团伙犯罪尤为突出。根据何秉松教授提供的权威数据显示，从1978年至1981年，全国每年增加刑事案件数均在10万件以上：1979年全国刑事案件发生636222起，比1978年增加100524起；1980年发生757104起，比1979年增加120882起；1981年发生890281起，比1980年增加133177起。[①] 其中，有些犯罪团伙成员较多，组织严密，具有职业化特点，有计划地进行犯罪活动，手段恶劣，危害严重，有向黑社会性质组织发展转化的趋向。这一时期的犯罪团伙主要有两种生成类型：一是在境内生成并发展的犯罪团伙；一是因境外黑社会渗透而形成的犯罪团伙。

针对社会治安恶化的不正常情况，从1983年8月开始，全国开展了严厉打击严重刑事犯罪分子的斗争。在从1983年8月开始的第一阶段的战役中，全国共摧毁流氓团伙和其他犯罪团伙10万多个。在1984年8月至1985年12月"严打"的第二阶段，全国共摧毁犯罪团伙3.1万个，查获团伙成员13万名。鉴于黑社会性质的犯罪团伙的出现及其严重危害，从1986年4月至12月开展的第三阶段战役中，公安部明确把黑社会性质的犯罪团伙（带有黑社会性质的流氓团伙和带有黑社会性质的暴力团伙）列为三个重点打击对象之一。截至1986年年底，在为期三年的"严打"斗争中全国共查获各种犯罪团伙19.7万个，查处团伙成员87.6万名。[②] 虽然从"严打"的第二阶段开始就出现了一批带有黑社会性质的组织，但是总体而言，这一时期黑社会性质组织在全国还为数不多。"严打"虽然在短时期内遏制了犯罪现象的泛滥，但是社会治安并没有获得根本好转。自1987年开始，治安状况再次恶化反弹，

[①] 何秉松：《中国有组织犯罪研究》第1卷，群众出版社2009年版，第99页。
[②] 何秉松：《黑社会犯罪解读》，中国检察出版社2003年版，第4页。

犯罪团伙数量开始逐年增长。1986年,全国共查获犯罪团伙有3万多个,团伙成员有11.4万名;1987年,全国查获犯罪团伙有3.6万个,团伙成员有13.8万名;1988年,全国查获犯罪团伙有5.7万个,团伙成员有21.3万名;1989年,全国查获犯罪团伙有9.8万个,团伙成员有35.3万名;1990年,全国查获犯罪团伙有10万个,团伙成员有36.9万名。[①] 可见,在有组织犯罪的形成期,团伙犯罪在整个犯罪中所占的比重日益增大,许多严重犯罪均为犯罪团伙所为。

尽管从当时各类团伙犯罪的表现形态看,它们与黑社会性质组织犯罪有着质的区别,但是不能否认它们之间存在着逻辑关联。犯罪团伙已经脱离了临时纠合的结伙性质,有了组织结构的初步痕迹,因而是有组织犯罪组织的雏形形态或者说是初级阶段,其进一步恶性发展便成为黑社会性质的组织乃至黑社会组织。

除了在我国大陆地区土生土长的自生型犯罪团伙外,改革开放后随着出入境管理控制的放松,境外的黑社会组织,如我国香港地区的黑社会组织"水房""14K""和胜和"等,也借机加紧向内地渗透,吸收成员,发展组织。虽然在"严打"期间我国港澳台地区黑社会势力的渗透有所收敛,但是仍在进行,特别是到了20世纪80年代的中后期,渗透日益增多,并且从沿海各省渗入内地。这些渗透内地的境外黑社会组织在积极地发展组织的同时,尽可能地渗入合法经济领域,进军黑市捞取"黑金"。一些境外黑社会组织骨干成员(如香港黑社会组织"14K"小头目鲍馀丰)为了逃避打击,逃入内地后与内地公司合作,以投资或参与经营为名,承接经营工程项目和做生意;境外贩毒集团和贩毒分子假道我国内地,建立打通我国境内大宗贩毒的地下运输线;境外黑社会组织渗入我国内地进行走私犯罪活动,形成境内外勾结的犯罪集团。总之,这一时期,境外黑社会组织的渗透活动异常猖獗。

(二)这一时期有组织犯罪企业化发展的表现

总体而言,20世纪70年代末至80年代末这十余年,犯罪团伙横行肆虐,团伙犯罪已经不是一时一地的特殊现象,而是社会中的普遍现象,无论是在城市还是农村,都有这类犯罪组织的存在,严重威胁到人

[①] 何秉松:《有组织犯罪研究——中国大陆黑社会(性质)犯罪研究》,中国法制出版社2002年版,第102—103页。

民群众的安全感。相对于一般的个人犯罪,团伙犯罪的组织化程度提高,成员规模和犯罪活动范围扩大,犯罪活动多样化,暴力化程度也大为提升,因此,其犯罪能量也会大大增长,社会危害性也更为严重。

除了严重化和暴力化程度显著增加之外,在这一时期的团伙犯罪也出现了新的发展动向:一些犯罪团伙开始注意通过暴力掠夺来积累、扩大犯罪组织的资产,增加财力,并向经济领域渗透。典型案例是1990年被哈尔滨市公安机关摧毁的以宋永佳(绰号"乔四")、王伟范(绰号"小克")和郝伟涛(绰号"郝瘸子")为首的横行六七年之久的三个犯罪团伙,抓获团伙成员47人。这三个犯罪团伙的首要分子都是以企业家、港商代理人的外衣作为掩护,进而逐步形成为非作歹、称霸一方的带有黑社会性质的犯罪集团。其中,从20世纪80年代初期开始,乔四就承包了哈尔滨市内大量的拆迁工程,专门承揽拆迁工程拔"钉子户"。在成为哈尔滨市龙华建筑工程公司副经理、龙华一工区主任后,乔四遂以该合法身份利用暴力和行贿手段控制哈尔滨市道里区的拆迁行业牟取暴利,并进而霸占了哈尔滨市大部分拆迁市场。自1986年至1990年的5年间,三个犯罪团伙作案130多起,包括绑架、故意伤害、强奸、抢劫、盗窃、赌博、行贿等严重犯罪行为,成为东北地区最大的带有黑社会性质的犯罪集团。[①] 类似的团伙犯罪,不仅哈尔滨市有,其他地方也存在,只是"宋永佳案"具有一定的代表性。

同时,在这一时期有更多的犯罪团伙为了牟取不法经济利益,纷纷涉足非法经济领域捞取"黑金",如贩毒、拐卖人口、组织卖淫、走私、"车匪路霸"等。特别是对于作为有组织犯罪传统犯罪类型的毒品犯罪,犯罪团伙早就有涉足,只是在进入20世纪80年代的中后期以来,毒品犯罪的集团化、职业化、国际化特点更为突出,过境的大宗贩毒多为有组织、有计划、有分工的专业犯罪团伙所为,并形成了长期经营、供销稳定的犯罪网络。在拐卖妇女儿童和卖淫嫖娼活动方面,虽然经过多次打击取缔,但是情况仍然严重。其中,在拐卖人口案件中结成团伙作案的约占70%[②],

---

[①] 周伟编:《黑社会调查——当代中国黑恶势力揭秘》,光明日报出版社2001年版,第58—59页。

[②] 何秉松:《中国有组织犯罪研究》第1卷,群众出版社2009年版,第103页。

有的拐卖妇女儿童和组织卖淫的团伙甚至立了"帮号"[①]，制定了"帮规"，设有"帮主""总经理"等加强组织管理的职务。

犯罪团伙的所有上述表现，在总体上还是以暴力、胁迫等初级的犯罪手段"打家劫舍"来积累血腥财富，或者是通过如贩毒、控制卖淫、赌博等提供非法货物和服务以牟取暴利，或者是从事一些如大规模的盗窃、诈骗、抢劫、敲诈勒索及收取保护费等掠夺性的活动获得经济利益，犯罪手段恶劣，暴力色彩强烈，犯罪活动没有脱离暴力性与传统刑事犯罪的范围，呈现的是犯罪团伙原始的、本能的逐利性的一面，并没有明显表现出企业化发展特征。但是不可否认的是，20世纪80年代中后期团伙犯罪显著地呈现出组织性增强、犯罪活动多样化和犯罪行为逐利性的一面，一些犯罪团伙已经表露出企业化发展的苗头或前景，开始向合法的经济领域渗透来扩充团伙的经济实力。[②] 例如，1987年，山东省刑满释放人员仇忠明（绰号"大哥"）组建"海泉帮"，该团伙成员共7人，其中绰号为"大海、二海、小海、大泉、二泉、小泉"等为该团伙的骨干成员。该团伙成立后，前期主要以拐卖妇女为主业，在历经原始积累而发展壮大后开始投资经营宾馆，并涉足走私倒卖香烟、家用电器、黄色录像带和书刊等，以攫取高额非法利益。[③]

二 20世纪90年代有组织犯罪快速发展期的企业化表现

（一）这一时期有组织犯罪发展的整体状况

在20世纪80年代中后期，全国查获的犯罪团伙数和团伙成员数猛增，1990年比1986年均增加了两倍多[④]，展现出犯罪团伙向黑社会性质组织快速演变的发展趋势。中央政法委在1990年明确指出："各类刑事犯罪活动日趋严重的一个突出特点是，犯罪团伙急剧增多，并且愈益

[①] 卢保红：《警惕：中国黑社会势力——当代中国黑帮大扫描》，北岳文艺出版社1993年版，第2—34页。

[②] 横行哈尔滨多年的"钉子帮"帮主宋永佳（绰号"乔四"）也只是利用其在建筑工程公司任职副经理的身份组建"拆迁队"实施违法犯罪行为，尚未将该经济实体（建筑工程公司）演变为自己控制的犯罪组织，也没有成立公司企业为掩护实施犯罪，仍是以暴力掠夺为主，这与典型的企业化模式尚有差别。

[③] 卢保红：《警惕：中国黑社会势力——当代中国黑帮大扫描》，北岳文艺出版社1993年版，第2—34页。

[④] 何秉松：《中国有组织犯罪研究》第1卷，群众出版社2009年版，第102页。

向黑社会组织演化,这也是刑事犯罪危害升级的一个直接原因……许多危害重、影响坏的大要案都是团伙所为……有的已经形成黑社会性质的组织,较之1983年'严打'前流氓团伙,危害性明显升级。"① 可以说,1989年和1990年是犯罪团伙加速向黑社会性质组织转变的转折点,我国有组织犯罪从此进入一个新的发展阶段——快速发展期。

　　进入20世纪90年代,社会治安形势仍然严峻,全国大要案和严重的暴力犯罪案件仍在增多。与此同时,全国查获的犯罪团伙数和犯罪团伙成员数也在不断上升。据公安部统计,1990年全国查获的犯罪团伙数为10万多个,团伙成员有36.8万人;1991年全国查获的犯罪团伙为13.4万个,团伙成员有50.7万人;1992年全国查获的犯罪团伙有12万个,团伙成员有46万人;1993年全国查获的犯罪团伙有15万个,团伙成员有57.5万人;1994年全国查获的犯罪团伙有20万个,团伙成员有90万人;1995年全国查获的犯罪团伙有14万个,团伙成员有50余万人。② 仅就1995年的统计数据来说,全国刑事犯罪立案数为1690407件,团伙犯罪案件数约占全部刑事案件数的26%,即1995年团伙犯罪案件高达43.95万件,相比1994年翻了一倍还多,被抓获的团伙成员占被抓获的全部刑事案犯的37%;在沿海地区团伙犯罪所占的比例更高,有的地方重特大刑事案件的70%—80%是犯罪团伙所为。③

　　这一时期全国的犯罪团伙不仅分布广,而且名目繁多,势力较大的有东北的"真龙帮"、上海的"震中帮"、江西的"卧龙帮"、河北的"改口帮"、邵阳的"阴阳帮"等。在20世纪90年代前半期,各地陆续破获了一批严重的有组织犯罪案件,其中最具代表性的如1991年摧毁的山西"狼帮"和1992年摧毁的辽宁营口市"段氏犯罪集团"。以张永强为首、以曲红革、姚长红等为骨干成员的山西"狼帮"集抢劫、伤害、敲诈、贩毒、强奸、流氓滋扰等犯罪于一身,作案318起,成员多达78人,成为典型的有组织犯罪集团。④ 辽宁"段氏犯罪集团"以段氏四兄弟及其母亲为核心,5个亲友为骨干,网

---

　　① 何秉松:《中国有组织犯罪研究》第1卷,群众出版社2009年版,第102页。
　　② 何秉松:《中国有组织犯罪研究》第1卷,群众出版社2009年版,第112页;康树华主编:《当代有组织犯罪与防治对策》,中国方正出版社1998年版,第94页。
　　③ 孙茂利:《中国有组织犯罪的原因分析与趋势预测》,《青少年犯罪研究》1996年第10—11期。
　　④ 《90年代山西第一打黑大案——运城"狼帮"》(https://www.163.com/dy/article/E-8D6O82T054372ZT.html),2019年2月19日。

罗了20多个地痞流氓，结成拥有武器和现代化交通工具、通信工具的有组织犯罪集团，在当地称霸一方，无恶不作。① 这些犯罪团伙多数有帮名、帮规和暗语，有的还有特定的入帮仪式，其中一部分甚至已经具备了黑社会性质组织的基本特征。有学者以组织是否严密为标准，将团伙犯罪分为三种，即临时纠合的较为松散的犯罪团伙、成员较为固定且组织程度较为严密的犯罪团伙和犯罪集团性质的犯罪团伙。② 按照此标准，20世纪90年代前半期犯罪团伙数居高不下，团伙的人数和规模在扩大，平均每个团伙的成员都在3名以上，这充分说明了犯罪团伙由纠合型、松散型向组织结构更为稳定、严密的有组织犯罪集团甚至黑社会性质组织急速转化的发展趋势。

及至20世纪90年代中后期，社会治安依然保持着严峻的态势，刑事案件总量仍在呈增长之势，且团伙犯罪在刑事犯罪中仍占有较大比例。据统计，1996年全国有13.6万个犯罪团伙被查获，涉及犯罪团伙成员49.5万人，侦破团伙犯罪案件42.2万件，占全部破获刑事案件总数的23.8%。而到了1998年，全国有10万个犯罪团伙被查获，涉及团伙成员36.2万人，侦破团伙案件33.8万件，占犯罪案件总数的26.8%。③ 与1996年相比较，1998年查获的犯罪团伙数和团伙成员数都有所下降，其原因主要在于自1996年4月至1997年2月，司法机关在全国范围内开展了一场"严打"斗争，将"带有黑社会性质的犯罪团伙和流氓恶势力"作为此次"严打"的主要目标。此次"严打"成果显著，仅在1996年4月到8月的短短4个月时间里，全国司法机关就查获犯罪团伙13万个，涉及团伙成员有67万人。其中，有900多个团伙带有黑社会组织的性质，涉及团伙成员有5000多人。④ 经过严厉打击，社会治安曾一度好转。但是在此次"严打"结束后的不到两年时间，犯罪现象又开始抬头，严重的刑事犯罪持续增多，且犯罪的性质也更趋严重化，主要表现为故意杀人、抢劫等恶性暴力犯罪持续增多；团

---

① 廖斌、李文伟：《论黑社会组织的三种基本形态》，《西南科技大学学报》（哲学社会科学版）2004年第1期。

② 叶高峰、刘德法主编：《集团犯罪对策研究》，中国检察出版社2001年版，第18—19页。

③ 何秉松：《中国有组织犯罪研究》第1卷，群众出版社2009年版，第121页。

④ 何秉松：《黑社会犯罪解读》，中国检察出版社2003年版，第21页。

伙犯罪向更高级形态的集团犯罪以及黑社会性质组织犯罪快速演进的趋势越来越明显，有组织犯罪在数量和质量两方面持续提升。

与此同时，进入20世纪90年代以后，境外的黑社会组织也加快对我国内地的渗透发展。这些组织不仅有我国港澳台地区"三合会"等黑社会组织，而且也有诸如日本、韩国、英国、美国等外国黑社会组织，它们通过各种途径和方式进行渗透活动。这些境外组织从沿海到内地蔓延，涉及11个省、市、自治区，有些与境内犯罪团伙相勾结，发展非常迅猛，活动特别频繁。它们主要从事下列活动：把大陆地区作为避风港，在境内发展组织和扩充势力；以投资、经商、置业为名，在境内经营企业和服务娱乐业，在正当经营活动的掩护下建立秘密据点和联络点；继续进行各种违法犯罪活动，包括贩运毒品、走私贩私、诈骗、组织偷渡，还有些进行杀人、绑架、盗窃、抢劫、敲诈勒索、色情等犯罪活动。

（二）这一时期有组织犯罪企业化发展的表现

在20世纪90年代，有组织犯罪发展的总体特点是：团伙犯罪日趋严重，一些犯罪团伙的内部组织越来越严密，规模越来越大，分工更加明确，犯罪活动趋向多样化，加速向有组织犯罪集团发展演化，有些实际上已经成为带有黑社会性质的组织。其中，越来越多的犯罪组织开始利用公开职业作掩护，使得在犯罪活动越来越猖狂的同时，其犯罪行为也越来越隐蔽，一些犯罪组织甚至已完成罪恶的"原始积累"，开始向某些经济领域渗透，并与政权机关中的一些腐败分子相结合，以求更长久的生存和更快速的发展。①

在犯罪团伙向高级形态的有组织犯罪集团转型发展的过程中，仅靠打打杀杀难以达到牟取巨额非法利益的犯罪目的，必然要以合法掩护非法，并寻求"保护伞"的庇护，只有如此，它们的经济实力才能不断增强，犯罪活动才愈加难以被揭露。在20世纪90年代的快速发展期，

---

① 有学者曾做过调查研究：1993年通过对55个黑社会犯罪组织调查资料的分析，有96.4%的组织头目直接指挥和参与具体犯罪活动，只有3.6%的头目躲在幕后操纵；而1997年对33个这样的犯罪组织的调查，有63.4%的头目直接指挥和参与具体犯罪活动，有36.6%的头目躲在幕后操纵。这一变化说明，一方面，黑社会性质犯罪逐步趋向成熟，加快了发展步伐；另一方面，绝大部分黑社会性质组织犯罪仍处于其"幼雏"阶段。参见苏庆先《公安部犯罪学专家解析"黑帮"问题》（http://news.sina.com.cn/c/2004-02-27/21252980705.shtml），2017年5月20日。

我们看到越来越多的犯罪组织披着公司和企业的合法外衣，私下干着非法生意和实施各种严重的刑事犯罪活动，有的甚至窃取人大代表、政协委员的头衔，与部分地方官员沆瀣一气，独霸一方。根据数据统计，在312件企业化有组织犯罪案件的有效样本中，企业化转型于1990—1999年的有35件，占有效样本总数的11.2%。在这近十年的时间里，通过一个个典型案件，我们也能清晰地看到有组织犯罪从幼稚到成熟的发展演化过程。典型案例1：北京市顺义区公安局在1998年摧毁了以胡亚东为首的7人特大犯罪团伙，该团伙大肆进行盗窃、抢劫、伤害、敲诈等犯罪活动，并用这些犯罪非法所得开设了4个汽车修配厂、一个饲料厂、两个饭店，还涉足娱乐服务业，流动资产达百万元，群众称之为"带有黑社会性质的犯罪团伙"[1]。典型案例2：1997年，浙江省公安机关破获了以许海鸥为首的犯罪集团案件。1992年，随着商潮，当时刑满释放的许海鸥先是在浙江省苍南县灵溪镇上街插足水果市场，接着又开起了"海鸥托运部"，并自任董事长，渗入搬运行业。1993年又成立"灵都参茸滋补品商行""浙闽边贸开发区灵都烟草开拓有限公司""桥墩水库海鸥渔场"等企业，经营业务由集团的几个首领分别负责。许海鸥犯罪集团以"海鸥托运部"等企业为依托，靠敲诈勒索和实施经济活动积累财富，成员高达51人。该团伙制定有规章制度，组织结构严密，实行分工负责制：许海鸥集团于1992年4月一致推选许海鸥为"老大"后，许海鸥对该集团的内部事务作了明确分工，任命陈南日为军师，属"老二"，董加语为财务总管，属"老三"；该集团分为大班、中班和小班，大班从事幕后策划，负责经济实业和指挥犯罪活动，中班负责实施犯罪，小班专门出面打砸和执行纪律。自1992年组织成立到覆灭，许海鸥集团在灵溪镇及附近地区大肆进行流氓斗殴、绑架勒索、走私、诈骗等犯罪活动，其中杀死1人，重、轻伤11人，敲诈勒索50余万元，走私卷烟100余万元，在犯罪活动中冲砸、爆炸舞厅、旅馆、住房10余间，称为"温州第一黑帮"[2]。典型案例3：浙江省公安机关于1999年摧毁了浙江温岭张畏、王秀方犯罪集团。从1995年起，犯罪集

---

[1] 李小奇：《从一个特大犯罪团伙看黑社会性质犯罪问题》，《北京人民警察学院学报》2000年第4期。

[2] 胡晨阳：《"托运部"名下的黑社会》，《中国刑事警察》1998年第3期。

团的首要分子张畏和王秀方以自己、同伙或亲属的名义注册成立了近50个空壳企业,张畏还担任浙江东海集团有限公司、上海东盛集团有限公司、温岭市恒基实业有限公司、台州新世纪装饰工程有限公司、温岭市明珠珠宝金行等多个公司、企业的法定代表人兼总经理,注册资金总额高达5.28亿元。在绝大部分企业没有经营的情况下,张、王两人不断将从银行骗贷所得的资金大量存现、提现。为了牟取暴利,掩饰犯罪活动,采用虚构贷款理由、伪造企业财务报表、提供虚假担保等手段,以公司、企业及其个人的名义骗取贷款,虚开增值税专用发票,进行非法倒卖、非法经营等犯罪活动,形成了称霸一方,为非作恶,欺压、残害群众,严重破坏经济、社会生活秩序的有组织犯罪集团。①

在这一时期,境外黑社会组织也打着合法投资经商的旗号入境建立据点、发展组织。一方面,将其在境外通过走私、贩毒、拐卖、诈骗、收取保护费等非法活动获取的黑钱以投资名义转入大陆地区,以投资创办企业的名义进行洗钱等非法活动,将暴力积累或从事非法商品、非法服务攫取的非法收益变为合法,以掩盖其真正的经济来源;另一方面,这些黑社会组织又利用这类经办的企业为掩护,进行地下聚赌、色情交易、策划犯罪等违法犯罪活动,成为实施违法犯罪活动的依托据点和组织形式。据海南省当时的调查,境外黑社会组织都是以投资经商为名取得合法身份入境活动,他们每人都有自己的公司企业,有的一人甚至有四五个公司企业;江苏省在20世纪90年代已经发现有18名黑社会组织成员在南京、无锡等地建立合资合作企业19家,以公开掩护秘密犯罪;据深圳市公安机关对全市139家营业性歌舞厅、卡拉OK调查显示,境外人员经营的共52家,占比为37%,其中被黑社会人员渗透的有32家,占了境外人员经营数的62%,而他们从入境到投资的一切手续都是合法的。② 例如,我国台湾地区黑社会成员熊金刚于1992年在台湾诈骗了300多万元后潜入上海,开办熊本卡拉OK,用这种方式进行洗钱。

从世界范围内有组织犯罪的发展规律来看,为了逃避打击和惩罚,有组织犯罪一般都要经历从"暴力犯罪"向"非暴力化"的转型。对

---

① 参见《刑事审判参考》总第22集【第142号】"张畏组织、领导黑社会性质组织、故意伤害、贷款诈骗、虚开增值税专用发票、非法经营、故意毁坏财物、非法拘禁案"。
② 康树华主编:《当代有组织犯罪与防治对策》,中国方正出版社1998年版,第110页。

此，我国的有组织犯罪也不例外。由于我国有组织犯罪发端较晚，发展周期不长，发展水平总体偏低，20世纪90年代前半期虽然出现所谓的"行霸""市霸""厂霸""矿霸"等犯罪团伙向经济领域渗透的情况，但因其仍处于萌芽时期及初级发展阶段，对暴力的依赖性很高，暴力是有组织犯罪的主要手段，暴力犯罪在有组织犯罪中的比例较高。但到了90年代中后期，伴随着国家对有组织的暴力性犯罪打击力度的加强，一些通过暴力犯罪初步完成了原始积累的犯罪集团开始展现出"去暴力化"倾向，其实施犯罪的暴力性开始减弱，"街头武力"不再是犯罪团伙或集团必不可少的生存手段。为了自身的生存和发展，这一时期的犯罪组织一方面自己不断地总结经验与教训，加强成员的选择和组织管理，内部组织越来越严密；另一方面也在不断借鉴中国旧社会黑帮的经验和境外黑社会的管理方式，加强专业化分工以提高效率。而在这一"去暴力化"过程中，模仿学习现代公司企业的管理方式，进行有组织犯罪的企业化转型即为主要方式之一。一方面，企业化发展能够以合法掩盖非法，大大增强了犯罪行为的掩饰性，有利于组织的生存和发展；另一方面，企业化能够在壮大组织规模的同时严密了组织内外部管理，节约了犯罪成本，提高了犯罪效率，使得组织能够在合法身份的掩护下"堂而皇之"地渗入合法经济领域，为牟取更大非法利益创造了条件。在20世纪90年代的快速发展期，虽然多数犯罪团伙或者犯罪集团仍是以暴力攫取或以提供非法商品和非法服务为主要牟利手段，经济实力较弱，往往没有独立的公司、企业等经济实体，企业化程度并不高，但是出现了一些经济实力强、规模大的企业型有组织犯罪集团，前文所述的浙江"张畏犯罪集团"以及辽宁沈阳的刘涌黑社会性质组织犯罪集团就是典型事例。在2002年摧毁的辽宁省刘涌黑社会性质组织犯罪集团中，刘涌于1995年在沈阳创办嘉阳集团，并自任董事长，该集团集贸易、服装、餐饮、娱乐、房地产于一身，下属公司多达26家，员工数目达2500余人，资产达7亿元，俨然成为当时东北的一家大型企业。这些企业化的有组织犯罪集团利用犯罪收入投资企业，开办公司，组织者、领导者或者首要分子以"董事长""总裁""总经理"等头衔和合法身份招摇过市，组织内部借鉴了现代企业的管理模式，以表面上的合法生意掩盖犯罪活动，从事制造、运输、贩卖和走私毒品、伪造货币、制造和贩卖假烟假酒、贿赂等违法犯罪活动。①

三 进入 21 世纪至今有组织犯罪活跃期的企业化表现

（一）这一时期有组织犯罪发展的整体状况

有组织犯罪的活跃期，是指有组织犯罪活动相对频繁和强烈的时期。从总的犯罪形势看，进入 21 世纪后我国的治安形势更为严峻，犯罪活动急剧增多，有组织犯罪也进入了一个新的发展阶段：与过去相比，我国的黑恶势力犯罪发展蔓延加快，活动更加猖獗，有些地方恶势力不断发展壮大，逐渐演变成为黑社会性质组织。② 这一时期我国有组织犯罪发展的整体状况，可以从自进入 21 世纪以后在全国范围内开展的三次"打黑除恶"专项斗争（2018 年 1 月以后开展的是"扫黑除恶"专项斗争）的统计数据中呈现出来。

根据 2000 年 12 月开始在全国范围内开展的第一次"打黑除恶"专项斗争的相关数据显示，自 2000 年 12 月至 2001 年 3 月，共有 66 个黑社会性质组织被查获，涉及组织成员有 1466 人；共有 695 个恶势力团伙被查处，涉及团伙成员有 3224 人。2001 年 1 月至 11 月，共有 7.3 万个犯罪团伙被摧毁，其中包括 379 个黑社会性质组织和 5476 个恶势力团伙。③ 2002 年 3 月至 2003 年 4 月，共计 600 多个黑社会性质的组织被查获，其中有 500 多起案件被检察机关以"组织、领导、参加黑社会性质组织罪"提起公诉，涉及组织成员高达 8000 余人。2000 年 12 月至 2003 年 4 月近三年时间内，共打掉黑社会性质组织 631 个，铲除"街霸""市霸""村霸""厂霸""菜霸""行霸"等各种恶势力犯罪团伙 1.4 万个，共抓获黑恶分子 10 万多人，挖出"保护伞"近千个，破获黑社会性质组织刑事犯罪案件 15 万起，依照刑法判处的黑社会性质组织 200 多个。公安部的统计还显示，在这一段时期各地公安机关查封黑社会性质组织开办的经济实体 646 个，取缔经营的赌场 909 个、霸占的集贸市场 301

---

① 靳高风：《当前中国有组织犯罪现状与对策》，中国人民公安大学出版社 2012 年版，第 244—257 页。

② 参见 2000 年 12 月 4 日公安部领导在全国公安机关"打黑除恶"专项斗争动员部署电视电话会议上的讲话。

③ 何秉松：《黑社会犯罪解读》，中国检察出版社 2003 年版，第 38—39 页。

个，查封、没收其霸占的建筑工程144个、矿山154个。①

2006年2月，我国开展了第二次"打黑除恶"专项斗争。据2006年2月至2010年3月的数据统计，在此次专项斗争中全国公安机关共办理1449起涉黑恶犯罪案件，摧毁黑恶势力团伙共计16628个；全国检察机关以涉黑恶犯罪提起公诉的案件有1316件，有290名国家机关工作人员涉嫌充当"保护伞"而被追究刑事责任。② 另据最高人民法院2006年1月至2010年11月的相关数据统计，全国法院受理以组织、领导、参加黑社会性质组织罪起诉的一审案件有2171件，共涉及组织成员23364人；其中，一审审结并被判决为组织、领导、参加黑社会性质组织罪的案件有1934件，共计20237人被追究刑事责任。③

2018年1月，中共中央、国务院发布《关于开展扫黑除恶专项斗争的通知》，决定在全国开展为期3年的"扫黑除恶"专项斗争。据公安机关统计，从2018年1月至2018年12月31日，全国公安机关共打掉涉黑组织1292个，恶势力犯罪集团5593个，破获各类刑事案件79270起，查封、扣押、冻结涉案资产621亿余元。④ 据最高人民检察院公布的数据，2018年1月至9月，全国检察机关共批准逮捕涉黑涉恶犯罪17000余件57000余人，提起公诉6300余件32000余人。⑤ 根据我国部分省、自治区、直辖市公安部门的统计，各省市自治区在"扫黑除恶"工作中取得如下战绩：四川省共立案侦办涉黑案件51起，恶势力犯罪集团案件370起，恶势力团伙案件417起，查获涉黑资产23.59亿余元；河南省共侦办黑恶团伙787个，其中涉黑团伙117个，恶势力集团和恶势力团伙670个，抓获犯罪嫌疑人33042人，查扣涉案资产138.9亿元；山东省共侦办涉黑涉恶犯罪团伙1182个，涉黑案件104起，恶势力犯罪集团案件467起，侦办涉恶共同犯罪案件3554起，查处涉案资产41.6亿元；山西省共打掉黑恶势力犯罪团伙1249个，其中

---

① 寿蓓蓓：《打黑是一项长期、艰巨的任务》，《南方周末》2004年9月2日。
② 周斌：《4年290名"保护伞"被追究刑责》，《法制日报》2010年4月9日。
③ 南英：《抓好黑恶势力犯罪审判工作》，《人民法院报》2010年1月13日。
④ 曾海燕、童碧山：《公安部新闻发布会：通报全国公安机关扫黑除恶专项斗争一年来的开展情况和取得的工作成效》（http://special.cpd.com.cn/zb/20190128xwfb/），2019年1月28日。
⑤ 《多地公布扫黑除恶成绩单：全国已批捕5.7万人》（http://china.huanqiu.com/article/2018-11/13415946.html?agt=2242），2019年2月8日。

涉黑组织 95 个，恶势力犯罪集团 330 个，恶势力犯罪团伙 824 个，抓获犯罪嫌疑人 9897 人，查扣涉案资产 128 亿元。辽宁省共打掉黑社会性质犯罪组织 36 个，恶势力犯罪集团 83 个，依法查封扣押冻结涉案资产 161.08 亿元；吉林省共打掉涉黑团伙 71 个，恶势力犯罪集团 112 个，恶势力团伙 256 个，抓获涉黑涉恶犯罪嫌疑人 3345 名，查扣涉案资金 32.36 亿元；黑龙江省共侦办黑恶团伙犯罪案件 425 起，查封、冻结、扣押涉案资产 17.5 亿元；河北省共打掉涉黑犯罪组织 50 个，打掉涉恶犯罪团伙 822 个，抓获犯罪嫌疑人 7820 名；内蒙古自治区共打掉涉黑组织 34 个，打掉涉恶团伙 1012 个，其中恶势力集团 199 个，抓获犯罪嫌疑人 6848 名；浙江省共打掉黑恶势力犯罪团伙 451 个，抓获犯罪嫌疑人 5400 名，查扣涉黑涉恶非法资产 7.91 亿元；江苏省打掉涉恶团伙 69 个，抓获涉黑涉恶分子 1233 人，破获涉黑涉恶案件 666 起；贵州省共侦办涉嫌黑社会性质组织犯罪案件 59 起，侦办涉恶案件 229 起，查封、冻结、扣押涉案资产 1.6 亿元；湖南省打掉涉恶团伙 749 个，刑拘犯罪嫌疑人 7945 人，查处涉案资产 42.85 亿元；重庆市共侦办涉黑犯罪组织 15 个，涉恶犯罪集团 103 个，涉恶犯罪团伙 140 个；云南省共打掉涉黑涉恶团伙 428 个，其中涉黑团伙 79 个、涉恶团伙 349 个，抓获犯罪嫌疑人 5587 人，查封、扣押、冻结资产 5.05 亿余元；广东省公安机关共打掉黑社会性质组织 130 多个，恶势力犯罪集团 400 余个，刑拘涉黑恶犯罪嫌疑人 6.94 万人，查冻涉案资产过百亿。天津市共摧毁黑社会性质组织 15 个，打掉恶势力犯罪集团 46 个，刑事拘留犯罪嫌疑人 4986 人，查封扣押冻结涉案资产 7 亿余元；甘肃省共打掉涉黑组织 34 个，打掉恶势力犯罪集团 91 个，打掉恶势力团伙 244 个，"村霸" 119 个，抓获犯罪嫌疑人 4317 人，查扣涉案资金 11.79 亿元；陕西省共侦办涉黑犯罪案件 44 起，打掉恶势力犯罪集团 185 个，恶势力团伙 432 个，抓获涉案成员 10768 人，查封、扣押、冻结涉案资产 10.19 亿元。湖北省共侦办涉黑案件 107 起，涉恶类犯罪集团案件 184 起，涉恶类团伙案件 2028 起，抓获涉黑涉恶犯罪嫌疑人 16735 名，移送审查起诉涉黑案件 66 起，一审判决黑社会性质组织案件 15 起，查封、扣押、冻结涉案资产 19.6 亿余元。2018 年 1 月至 2019 年 2 月，青海省公安机关共打掉涉黑犯罪组织 2 个，恶势力犯罪团伙 23 个，抓获犯罪嫌疑人 239 名，查扣涉案资产总价值 1.34 亿元；宁夏回族自治区共打掉涉黑涉恶犯罪团伙65个，其中涉黑社会性质犯罪组织5个，涉恶犯罪集团18个，涉恶犯罪团伙42个，抓获犯罪嫌疑人801人，扣押、冻结涉案资产近1.5亿元；贵州省公安机关共侦办涉嫌黑社会性质组织犯罪案件59起，侦办涉恶案件229起，查封、冻结、扣押涉案资产1.6亿元；江苏省打掉涉恶团伙69个，抓获涉黑涉恶分子1233人。2018年，北京市共打掉涉黑组织3个，涉恶类犯罪团伙102个，抓获575人，起诉案件248人，一审判决177人；福建省共打掉黑社会性质组织69个，恶势力犯罪集团210个，恶势力犯罪团伙191个。[1]

这一时期，有组织犯罪的总体态势正如官方的判断："在中国，黑社会性质组织犯罪仍处于活跃期，犯罪的破坏性不断加大，犯罪分子逃避法律制裁的行为方式不断变换，向政治领域的渗透日益明显，对人民群众的生命、财产安全，对经济、社会生活秩序和基层政权建设构成了严重威胁。"[2] 具体而言，2000年至今我国有组织犯罪发展的特点是：第一，黑社会性质组织犯罪虽然经过了多次严厉打击，但仍然保持着高速发展势头，规模越来越大，组织性程度越来越高，对社会的危害继续加深。第二，大量黑恶势力同时并存，恶势力成为黑社会（性质）组织的同盟军和后备队。第三，一些黑社会性质组织加速向黑社会组织转变，如辽宁的"刘涌犯罪集团"、河南的"梁胜利犯罪集团"、河北的"李建设犯罪集团"等已经具备典型黑社会性质组织的基本特征。第四，有组织犯罪以获取经济利益为终极目标的特点没有改变，但是获取利益的手段更加多样化，涉足的领域越来越多。为了逃避打击，越来越多的犯罪组织采取以合法公司为掩护、依托获取经济利益，犯罪手段的去暴力化或者暴力与软暴力并用的趋势更加显著。第五，黑恶势力分布广泛，不仅遍布全国各个省、自治区、直辖市，而且在各省、市内分布比较普遍。第六，有组织犯罪的活动范围以地市和区县为主，沿海地区跨国黑社会性质组织开始出现。第七，有组织犯罪成员的成分也有了很大变化，不仅有两劳释放人员，还有一些以城市无业人员、进城的农民务工人员为代表的弱势群体，青少年参与有组织犯罪的情况增多。

---

[1] 《最新全国扫黑成绩单公布》（https://www.thepaper.cn/newsDetail_forward_3471026），2019年5月16日。

[2] 参见2009年12月9日《最高人民法院、最高人民检察院、公安部办理黑社会性质组织犯罪案件座谈会纪要》。

(二) 这一时期有组织犯罪企业化发展的表现

由前文描述可知，进入 21 世纪以后虽然我国对有组织犯罪开展了多次"严打"活动，但是犯罪形势仍不容乐观，恶势力团伙大量涌现并呈快速发展演变之势①，大量恶势力团伙成为黑社会性质组织同盟军和后备队，且其隐蔽性、犯罪能力和自我保护能力在不断提升，具有了更强的抗打击能力。随着 21 世纪我国社会主义市场经济的飞速发展，以及我国经济环境的不断优化和市场管制的日渐宽松，个体经济、私营经济大量涌现，国家鼓励和保护个体、私营经济发展的形势大好。借助这样一个历史性的机遇，越来越多完成了原始积累的犯罪组织开始向合法的经济领域渗透，向公司化、企业化方向发展。

就企业化表现而言，这一时期有组织犯罪追求利益的属性表现的更加突出，在各个经济领域中只要有利可图，犯罪组织就会插手其中，有组织犯罪向经济领域的渗透严重恶化。早于 2006 年，当时的全国"打黑除恶"专项斗争协调小组办公室负责人在接受中央主要新闻单位采访时坦承："目前，黑恶势力主要盘踞在建筑、运输、商品批发等各类市场，歌舞、洗浴等娱乐休闲场所和餐饮业，有的还渗透到有色金属、煤矿等能源领域。当前和今后一个时期，我国黑恶势力正处于滋生、发展时期，同时也是打黑除恶工作的关键时期。特别值得注意的是，黑恶势力形成快、发展快，某个行业、区域的黑恶势力被打掉后，很快就有新的不法分子企图取而代之，甚至又发展为新的黑恶势力。黑恶势力的组织形式也更加复杂和严密，'企业化''公司化'趋势显著，他们往往以公司、企业掩盖黑恶组织，用经营活动掩盖非法手段，用公司利润掩盖非法获利。"②通过分析可以发现，当下我国的有组织犯罪活动不仅包括传统的盗窃、抢劫、敲诈等违法犯罪，以及包括从事色情交易、赌博、放高利贷、制造、贩卖毒品等地下经济行业，而且成熟的犯罪组织还通过暴力和腐蚀手段侵入合法行业赚取巨额利润。可以说，在有组织犯罪的活跃期，尽管"欺行霸市"仍然是有组织犯罪向经济领域渗透的最常见犯罪类型，但有组织犯罪的企业化特征越发明显，有组织犯罪

---

① 例如，2000 年 12 月至 2001 年 3 月，全国共查获恶势力团伙 695 个；2001 年 1 月至 11 月，共破获恶势力团伙 5476 个；2006 年 2 月至 2009 年 2 月，共查获恶势力团伙 1.3 万个。参见何秉松《中国有组织犯罪研究》第 1 卷，群众出版社 2009 年版，第 156 页。

② 《全国"打黑办"负责人就打黑除恶专项斗争答问》（http://www.chinanews.com/news/2006/2006 - 05 - 25/8/734790.shtml），2017 年 6 月 25 日。

企业化转型的速度在加快，规模在加大，影响在加深。据统计，仅在全国公安机关 2006 年 2 月至 2010 年 3 月的 4 年间侦办的 1449 起涉黑组织案件中，盘踞在建筑工程、矿产开采、交通运输等行业的涉黑犯罪组织达到 500 多个，超过全部案件的三分之一。[①] 另根据前文的数据统计，在 312 件企业化有组织犯罪案件的有效样本中，企业化转型于 1990—1999 年的有 35 件，占有效样本总数的 11.2%；企业化转型于 2000—2009 年的有 221 件，占有效样本总数的 70.8%。

我国有组织犯罪企业化的这一进程还可以通过以下资料展现出来：根据重庆市高级人民法院 2010 年编制的《重庆的"涉黑"案件审判》一书披露，"涉案的 24 个黑社会性质组织有 13 个注册成立公司或企业，比重达 54%，公司规模达到三家以上的有 5 个，资产亿元以上的达 5 个"[②]；有学者于 2013 年通过对河南、湖南两省终审审结的有组织犯罪案件进行样本分析后发现，在采样的 362 个黑社会性质组织中，采取公司式管理形式的犯罪组织占比约为 20%；[③] 学者在对浙江省 30 个黑社会性质组织进行实证研究时发现，以合法机构为掩护的犯罪组织有 10 个，占总数的 33.3%；[④] 还有学者针对东北三省 200 个黑社会性质组织进行调查显示，有 107 个犯罪组织有合法机构作为其犯罪掩护，占比达到 53.6%。[⑤] 一些已经实现企业化运作的犯罪组织甚至开始谋求对其经营的行业领域形成较强的垄断，犯罪领域也逐步实现由效益低的劳动密集型产业向高科技、高附加值的金融、房地产等经济领域转移，其对某一地区国民经济的影响与危害也日渐增大，2014 年审理的"刘汉、刘维黑社会性质组织犯罪案"即为其中的典型案例。刘汉、刘维兄弟以成立的汉龙集团、乙源实业公司等经济实体为依托，逐步形成了以刘汉和刘维为领导，以唐先兵、孙华君等人为骨干，以刘岗、李波等人为积极

[①] 周斌：《4 年 290 名"保护伞"被追究刑责》，《法制日报》2010 年 4 月 9 日。
[②] 卢建平、刘鑫：《犯罪与企业的结合——有组织犯罪的发展趋势之一》，《第四届当代刑法国际论坛：全球化时代有组织犯罪的惩治与防范国际学术研讨会会议文集》，北京师范大学刑事法律科学研究院，2011 年，第 35—50 页。
[③] 莫洪宪、刘夏：《我国有组织犯罪发展规律实证研究——以河南、湖南两省为例》，《辽宁大学学报》2013 年第 6 期。
[④] 严励、金碧华：《浙江省黑社会性质组织犯罪实证调查——以 30 个黑社会性质组织案件为例》，《山东警察学院学报》2011 年第 6 期。
[⑤] 罗高鹏：《中国东北三省黑社会性质组织犯罪实证研究》，吉林大学，博士学位论文，2011 年。

参加者的较稳定的犯罪组织，实现了犯罪组织的企业化管理和有组织犯罪的企业化运作，对当地社会、政治、经济造成了巨大危害。[1]

伴随着我国改革开放和市场经济的发展，特别是随着我国《公司法》对设立公司的条件要求规定的越来越简单化，我们可以预见，以注册公司、企业等经济实体作为谋求经济利益的工具和掩盖、隐藏违法犯罪幌子的有组织犯罪会越来越多，披着合法企业外衣的有组织犯罪向商业领域渗透、侵入或操纵会进一步加快和加强。[2]

第二节 我国有组织犯罪企业化的特点

综合分析30余年来我国有组织犯罪企业化发展的过程与表现，可以归纳提炼出以下主要特征。

一 起步晚但发展快，规模小但数量多

域内外有组织犯罪的发展史表明，有组织犯罪都会历经滋生、发展、壮大到转型升级的漫长的演变过程，其企业化的转型发展也不是一蹴而就的，往往经过一定时期的原始积累且在具备一定的外部和内部环境时才会实现。例如，美国的黑社会生成于19世纪中后期，但直到20世纪20年代美国颁布《禁酒令》规定全面禁酒后才迎来了快速发展期，在短时间内完成了非法财富的积累，发展了组织和培养了大批熟练的管理人员，为第二次世界大战后介入合法商业从事所谓的合法经营活动，实现有组织犯罪的企业化转型奠定了基础；意大利黑手党是世界公认的有着"悠久历史"的有组织犯罪集团，但在其组建初期，主要实施一些抢劫、杀人、伤害、诈骗、毁坏财物、敲诈勒索、绑架等暴力性犯罪，直到19世纪末20世纪初才开始染指经济领域，在不同行业中自成一体，控制着面粉加工、马车出租、屠宰和肉市、果品销售、码头搬运等行业领域；日本的黑社会（暴力团）产生于20世纪初期，到了20世

---

[1] 华西都市报：《刘汉刘维等36人特大黑社会性质组织犯罪案一审回顾》（http://sc.sina.com.cn/news/m/2014-05-27/0630212146.html)，2014年5月27日。

[2] 这一预见已被一些学者所证实。例如西南政法大学王利荣教授认为："近年来，我国大陆地区打掉的绝大多数黑社会性质组织并非美国学者威廉·福特·怀特笔下的纽约市街角社会的黑帮团伙。它们或内生于企业，或以企业面目示人。"参见王利荣《检视"打黑"对策》，《法制与社会发展》2014年第3期。

纪六七十年代才开始介入经济领域,开始企业化发展。

我国大陆地区的有组织犯罪滋生于 20 世纪 70 年代末,发展于 80 年代到 90 年代末这一时期,相较于域外主要国家的有组织犯罪历史而言,属于有组织犯罪较晚生成的国家之一。但是如前文介绍,我国有组织犯罪虽然滋生较晚,但是发展速度很快。在形成期,有组织犯罪的主要表现形式是组织结构松散的犯罪团伙。这一时期一些犯罪团伙的根本目的虽然也是为了获取巨额的经济利益,但是由于其组成人员多来自社会底层的无业人员、刑满释放人员等,他们的知识水平低、能力有限,使得他们不能像普通人那样通过自己合法的辛勤劳动来实现自己的目的,因此便走向以非法的手段来迅速达到获取经济利益目的的道路。相较于合法手段或智能型的非法手段,暴力、胁迫获取或者骗取等皆是快速积累财富的最原始、最有效、最便捷的途径和手段,因此,有组织犯罪的形成初期,犯罪团伙基本上是依靠打打杀杀等传统暴力从事犯罪活动,迅速积累起大量的原始资本。"暴力犯罪手段不仅使有组织犯罪集团迅速积累了成千上万的货币、物质财富供犯罪集团成员挥霍享乐,而且使犯罪集团拥有雄厚的经济基础,逐步形成独特的犯罪经济。"① 当暴力犯罪手段使犯罪资本有了一定数量的原始积累之后,有组织犯罪集团并没有让那些"血腥的财富"闲置,在市场、货币运行规律的作用下,又将其投入增值更快的非法经营活动,积累犯罪资本。这样,也就出现了一批专门以犯罪经营为业的职业犯罪者。他们以正当职业为幌子,以合法职业身份为掩护,谙练各种犯罪营生行当,活动起来轻车熟路、得心应手,成效极高。例如,吉林省田波黑社会性质组织的发展壮大过程就是典型事例。1963 年出生的田波曾在部队服役,转业后在某单位当过司机,其父曾任海龙县的领导干部,因而从小被娇生惯养,养成了娇蛮欺人的性格,在身边聚拢了一批不良少年,到处打架斗殴、寻衅滋事。在 20 世纪八九十年代,田波用了近 10 年的时间组建了一个 80 多人的犯罪团伙,先后纠集了李家勇、付波、屈年红等人,在梅河口市副市长张某等公职人员的庇护下,逐渐形成了以其为首、以其建立的企业为依托的黑社会性质组织。在田波黑社会性质组织建立的初期,主要采取暴力等非法手段寻衅滋事、聚敛钱财,实现资本的原始积累。但到

---

① 许新源:《有组织犯罪成长经济论》(二),《公安大学学报》1997 年第 4 期。

了90年代，田波黑社会性质组织通过强迫交易、非法贷款、强占土地、偷税逃税等违法犯罪手段，在短短几年时间里先后开办兴宝煤矿、站前五金公司，承包了梅河制药厂和一些工程项目，固定资产达到1000余万元。2002年，田波因犯组织、领导、参加黑社会性质组织罪、故意伤害罪、聚众斗殴罪、敲诈勒索罪、寻衅滋事罪、偷税罪、强迫交易罪、非法占用农用地罪，被一审判处死刑，剥夺政治权利终身，并处罚金人民币322万元，追缴非法所得人民币46万元。[①] 辽宁省刘涌黑社会性质组织由公开逐渐走向隐蔽的发展过程也体现这一特点。刘涌黑社会性质组织的发展明显分为三个阶段：（1）在开始阶段，以暴力帮伙形式出现。这一时期犯罪活动还停留在打打杀杀的阶段，在商场上并不成功，主要采取暴力手段寻衅滋事、争凶斗狠，例如率宋建飞等成员暴打宁勇，率手下砍伤张绍波，枪击民警刘宝贵。（2）在发展阶段，暴力打砸、腐蚀官员、建立企业。在经历第一段时期后，刘涌开始转型，开始向合法商业领域渗透。特别是在有了第一家自己的经济实体"百佳"自选超市后，其组织的主要暴力力量也转移到经济领域，例如在筹办"百佳"连锁店期间，以恐吓手段霸占双兴购物中心等。在此期间，还积极拉拢腐蚀领导干部，为其犯罪行为担当"保护伞"。（3）在成熟阶段，实现"黑红白"一体化发展。经历了一段时间的发展，刘涌黑社会性质组织的实力得到增强，他将腐蚀的手段用于更高层面，获得更高"保护伞"的庇护，同时在合法经济领域快速扩张，例如通过违法手段获得价值3.5亿元土地的开发权，投资建立更多企业等。通过一步步扩张发展，至案发前不到十年的时间里，刘涌黑社会性质组织已经发展成拥有"嘉阳"集团等26个下属企业、3000多名员工、资产7亿元人民币的企业化有组织犯罪集团。[②]

在20世纪90年代的快速发展期，虽然犯罪团伙数量仍在持续增长，但是与80年代主要是流氓恶势力团伙相比，组织规模在不断扩张，组织的严密性程度也在不断提高，犯罪活动范围在扩大，呈现全国蔓延扩大之势，犯罪手段也逐渐多样化，纯粹的暴力性团伙（集团）的比

[①] 靳高风：《当前中国有组织犯罪现状与对策》，中国人民公安大学出版社2012年版，第234—242页。

[②] 靳高风：《当前中国有组织犯罪现状与对策》，中国人民公安大学出版社2012年版，第244—257页。

例在降低，从事非法或合法经济的团伙或集团在增多。例如，前文对我国 907 件有组织犯罪案件有效样本的分析发现，单纯使用暴力手段的组织有 312 个，占比为 34.39%，而采取"非暴力"或"软暴力"手段的组织有 595 个，占比为 65.61%。所有这些情况表明，犯罪的职业化趋势在加快，有组织犯罪正向更加成熟、高效方向发展，组织化程度更高的犯罪集团甚至黑社会性质组织开始涌现。如前文介绍，在这一时期不仅存在大量的"暴力寄生型"的犯罪团伙，他们主要通过"欺行霸市""车匪路霸"等形式实施犯罪，依靠他人的合法经济体强行攫取经济利益，如收取保护费等，而且也出现了诸如刘涌犯罪集团等典型的企业化的黑社会性质组织。当然，在 20 世纪 90 年代有组织犯罪的快速发展期，有组织犯罪的企业化仍然是以"暴力寄生型"和"黑色经济型"为主要表现形态。

进入 21 世纪的活跃期，有组织犯罪快速演变的趋势依然没有改变，更多的犯罪团伙向更为成熟的有组织犯罪集团和黑社会性质组织升级转化——犯罪团伙、犯罪集团及其成员数量都有明显提升，内部组织化程度越来越高，黑社会性质组织和恶势力团伙、恶势力犯罪集团的犯罪案件日益增多，活动领域出现跨地区、跨国境的趋势，犯罪活动日趋职业化、智能化，犯罪手段多样化。经过了 20 世纪八九十年代的原始积累和快速发展，多数有组织犯罪组织已经拥有了比较雄厚的经济实力，在我国市场经济深入发展的外部环境作用下，通过合法半合法经营牟取巨额经济利益的有组织犯罪大量涌现。其中，相当部分的犯罪组织直接从事制毒贩毒、组织偷渡、走私、开设赌场、组织卖淫、贩卖人口等违法犯罪活动攫取非法经济利益；还有一部分犯罪组织通过控制或者建立"合法企业"的形式从事所谓的"合法经营"，一方面掩盖其犯罪活动，另一方面通过这些"合法企业"的垄断经营，以暴力等手段排斥竞争对手以达到对市场的控制和垄断，获得非法的巨额经济利益。

经过短短 30 余年的时间，我国大陆地区有组织犯罪的企业化趋势同有组织犯罪现象一样，经历了从无到有、从小到大、从低级到高级的快速演变，可谓是起步晚，但是发展演变快。然而，相比较于域外其他国家和地区，我国企业化的有组织犯罪组织虽然总量不小，但是总体规模并不大；企业化的有组织犯罪尽管总体比例在增长，但占比并不是很高。绝大多数犯罪组织的组织规模较小,成员不多,经济实力不强,影响力不大,像刘汉黑社会性质组织和刘涌黑社会性质组织那样有相当经济实力的不太多见。这一特征在前述数据统计中显露无遗:50%左右的企业化犯罪组织存续时间不超过5年,90%左右的企业化犯罪组织拥有企业的数量在5家以下,超过90%的企业化犯罪组织的控制影响力仅在市、县、乡范围内,90%左右的企业化犯罪组织成员人数在30人以下(其中组织成员在20人以下的占比超过60%),70%左右的企业化犯罪组织经济实力不足1000万(其中20%以上的企业化犯罪组织经济实力不足100万)。

二 低级与高级、简单与复杂同时并存,呈现多样化特征

根据马克思、恩格斯的观点,犯罪现象的产生是由一定的社会经济结构决定的,是人类社会经济结构发展到一定历史阶段的产物[1],因此,犯罪的产生、发展和变化与社会的经济结构形态的关系极为密切,而且随着社会经济结构的发展变化而发展。总体上看,由于我国社会经济发展的不平衡性,造成了我国东部、中部和西部地区经济发展的极度不均衡,北京、上海等少数大城市和东部沿海经济发达地区的社会经济发展已经接近或者达到了中等发达国家的水平,而西部地区和中部的不少地区还处于如何摆脱贫困、满足基本的衣食住行需要的发展阶段。与此相适应,一方面,在广大的中小城市和农村地区,表现为街头流氓暴力团伙的这种低级形态的有组织犯罪大量存在;另一方面,在经济发达的中心城市,不仅具有比较严密组织结构的犯罪组织在不断增加,而且有的犯罪组织已经走上了企业化发展轨道。早已有学者指出当下我国有组织犯罪的发展格局:"与我国经济、社会发展乃至局部政治生态的不平衡相适应,追逐暴利的涉黑组织其存在形式与犯罪方式也呈现出低级与高级、简单与复杂并存的多样化格局。"[2]

其实,当前我国有组织犯罪企业化的格局犹如上述有组织犯罪的发

---

[1] 马克思和恩格斯指出:"犯罪和现行的统治都产生于相同的条件"(参见《马克思恩格斯全集》第3卷,人民出版社1960年版,第379页)。马克思在分析资本主义社会的犯罪原因时指出,"违法行为通常是由不以立法者意志为转移的经济因素造成的"(参见《马克思恩格斯全集》第13卷,人民出版社1962年版,第552页)。

[2] 张远煌:《中国涉黑犯罪五大变化趋势》,《人民论坛》2010年第8期(下)。

展状况，也展现出低级与高级、简单与复杂并存的多样化特点。我国有学者将有组织犯罪的经济模式概括为三类，即暴力寄生型、黑色经济型和形式合法型。① 其中，暴力寄生型是指犯罪组织依靠他人的合法经济实体强行攫取经济利益的经济模式；黑色经济型是指犯罪组织通过直接的犯罪活动或者利用所掌握的经济实体掩盖其犯罪活动而获取经济利益的经济模式，例如走私、贩毒、洗钱、赌博等；形式合法型是指犯罪组织通过形式上合法的市场主体参与市场经济运行，但是在竞争中违背市场原则而采用违法犯罪手段来牟取利益的经济模式。学者的这种分类，比较符合当下我国有组织犯罪企业化发展的基本样态。

一般来说，暴力寄生型往往是有组织犯罪发展初期阶段的主要企业化模式。在这一时期，社会上的犯罪活动逐步增多，犯罪的整个态势呈现出由个体的犯罪、团伙的犯罪走向有组织的犯罪。但这一时期犯罪组织的组织程度不高，多以犯罪团伙出现，其成员不多，且稳定性不强；在犯罪行为上，多以采取一些简单的、低级的、直接的暴力行为，诸如威吓、殴打等，同时也正因如此，这一类型对社会及经济的影响相对来讲范围较小、较间接。暴力寄生型有组织犯罪的主要表现为在某一地域、某一行业或者某一市场内对合法经营的商铺、摊位的所有者、经营者强行收取保护费、准入费，或者实施敲诈勒索、强迫交易等行为，形成所谓的"市霸""菜霸""车匪路霸"等犯罪团伙，以此来搜刮民财，进行原始血腥的财富积累。有论者称"我国大陆内地犯罪的整个态势已经跨越了这个时期"②。课题组并不赞成此论断。从我国有组织犯罪的发展现状来看，目前在我国广大农村地区和中西部经济落后地区，暴力寄生型的犯罪组织仍然大量存在。例如，根据前文的数据分析显示：我国东部、中部和西部三地区企业化有组织犯罪收益主要来源于暴力掠夺的组织占比分别为 1.84%、2.19% 和 5.88%；三地区企业化有组织犯罪主要依托暴力方式的组织占比分别为 20.25%、32.18% 和 35.29%；三地区暴力寄生型组织的占比虽然较低，但仍分别占 4.91%、10.00% 和 2.94%。

---

① 刘传稿、张莎白：《黑社会性质组织的经济模式刍议》，《科技与企业》2012 年第 15 期。

② 吴永和：《黑社会与黑色经济》，《公安研究》2005 年第 3 期。

黑色经济型往往出现在有组织犯罪的快速发展期。这一时期，社会上的团伙犯罪已较为普遍，犯罪活动具有规模性，有组织犯罪趋向成熟；犯罪组织的组织程度已经相对严密，成员日益增加，且较为稳定。经过发展初期的组织发展和资本的原始积累，犯罪组织意识到只有渗入经济领域才能获得更超额的经济利益，因此，犯罪组织将暴力的黑色竞争引入社会的经济生活，特别是合法权力介入不足但需求旺盛的地下经济领域（黑市）和非法服务领域。例如，利用舞厅、卡拉OK、夜总会、俱乐部、娱乐总汇等场所介绍容留卖淫嫖娼，开设赌场组织赌博等；制造、走私、贩卖枪支弹药、毒品及紧缺商品等；放高利贷、替人讨债或者插手民间纠纷，充当"地下法庭""地下出警队"，帮人"收账"和"调解"等。在这一时期，犯罪组织在经济上获得了较多的积累，已经在一定地域或者行业形成非法控制或者影响，甚至已经掌握了一些经济实体，这为以后有组织犯罪向更高形态的企业化发展奠定了物质基础，并且开始向社会的其他各部门进行渗透，特别是对上层建筑领域进行渗透，对国家机关的工作人员进行拉拢、腐蚀、收买，以寻求"保护伞"。从前文对我国有组织犯罪企业化发展趋势的梳理来看，黑色经济型仍是我国当前有组织犯罪的主要经济模式，在企业化有组织犯罪的经济模式中约占60%以上。①

从域外主要国家有组织犯罪的演变发展历史来看，形式合法型是有组织犯罪发展的顶级、最成熟形态，往往出现在有组织犯罪壮大期和强盛期。到目前为止，我国的有组织犯罪仍处于活跃期，由于特殊的政治体制和经济发展模式，其远未达到也许不可能达到它的强盛阶段。但是，自20世纪90年代以后特别是在有组织犯罪的活跃期，越来越多的犯罪组织开始兴办各类经济实体，不再热衷于通过暴力获得财富来进行原始积累，而是直接以企业化的形式进行对合法经济领域的渗透活动，我国也的确出现了许多诸如辽宁段氏集团、刘涌有组织犯罪集团、刘汉有组织犯罪集团等借助于合法形式掩盖其实施违法犯罪活动的黑社会性质组织。这些组织以合法名义开办的各种企业，经营领域大都跟地方经济和百姓生活密切相关，往往在投入资金不大、技术含量不高的经济领域扎根生长，如商品零售业、餐饮业、娱乐业、酒店、运输业、建筑业、房地产业；等等。当然，近些年我国的有组织犯罪也出现一些新的

---

① 主要从事黑色经济的企业化犯罪组织有263个，占427件有效样本的61%。

动向和发展势头,开始涉足准入门槛高、投入资金大的金融、网络、计算机、通信、制造业等领域,甚至进行跨国有组织犯罪。例如,江苏省徐州市摧毁了以夏某刚为首的黑社会性质组织,该组织自 2010 年以来,夏某某、夏某刚等人为追求暴利,成立家族式投资公司,有组织地通过实施扰乱社会秩序、非法拘禁、虚假诉讼、妨害作证、盗窃、诈骗、拒不执行判决、裁定、高利转贷、寻衅滋事等违法犯罪行为,对当地民营企业经营秩序、司法秩序及社会治安秩序造成了严重扰乱,产生了恶劣影响。① 形式合法型的犯罪组织已有了相当的规模,组织的核心成员相当稳定,并且出现科层,犯罪组织的核心领导成员已处于幕后;这类组织直接的暴力已较少使用,更多的是作为一种威慑手段的暴力来维持犯罪组织之间以及内部成员的秩序,并以此来影响社会;犯罪组织的黑色资金已相当雄厚,他们不但掌握有经济实体,并且控制、影响社会经济部门与行业,甚至影响着整个社会的正常经济生活。例如,在我国东部地区、中部地区和西部地区,均出现有资产超过 1 亿元人民币、成员人数超过 30 人、控制影响力跨省域的企业化有组织犯罪集团,在我国东部地区甚至出现控制影响力超国域、国境范围的犯罪组织。

　　暴力寄生型、黑色经济型和形式合法型分别对应着有组织犯罪企业化发展的低级、中级和高级样态,他们在当下的我国都有明显体现,同时并存。其中,尽管暴力寄生型组织在逐渐减少,但在我国各个地区均有一定数量的存在,例如在我国东部、中部和西部地区,暴力寄生型组织占比分别为 4.91%、10.00% 和 2.94%;形式合法型组织逐渐增多,在我国东部、中部和西部地区占比分别为 27%、30% 和 26.47%;黑色经济型组织存在最为广泛,是我国有组织犯罪企业化的主要表现模式,在我国东部、中部和西部地区占比分别为 44.78%、43.04% 和 52.94%。并且,形式合法型的犯罪组织的"合法经营"仅仅是个幌子,他们从来都无视公平竞争的市场规则和基本的商业道德,在内部采取偷工减料、以次充好、制假贩假、偷税漏税等非法经营手段,对外采取强买强卖、敲诈勒索、打砸抢等暴力、胁迫手段,在组织内部就表现着低级与高级的并存状态。

---

① 徐州警方:《徐州警方侦办一批向金融领域渗透的涉嫌黑社会性质组织案件》(https://www.sohu.com/a/321022563_120056852),2019 年 6 月 17 日。

伴随着有组织犯罪低级和高级经济模式并存的局面，其犯罪组织结构和犯罪手段也必然出现简单与复杂并存的多样化特征。实践表明，有组织犯罪的企业化程度越高，犯罪组织的分工就会越复杂，组织的层级就会越多。① 其中，形式合法型的犯罪组织必定会借鉴现代企业制度，在组织管理、组织结构、组织行为等诸多方面实行企业化、公司化运作。而且，随着"暴力"色彩的慢慢褪去，其犯罪行为的多样化必定会大大凸显，传统的抢劫、杀人、伤害、绑架、敲诈勒索、强奸等直接与暴力相关或者明显以暴力为后盾的行为大为减少，往往在"迫不得已"时作为最后的手段来使用，而"软暴力"甚至"非暴力"手段将被频繁使用，如会更经常地实施逃税、虚开发票、贷款诈骗、虚报注册资本、非法经营、故意销毁会计凭证、账簿、报表等违法犯罪行为。例如，根据前文的数据分析，在我国东部、中部和西部地区企业化犯罪组织中主要使用暴力的占比分别为 20.25%、32.18% 和 35.29%，主要混合使用暴力和非暴力的占比分别为 11.04%、1.74% 和 5.88%，混合使用暴力、非暴力和"软暴力"的占比分别为 49.08%、32.17% 和 41.18%。

三　涉足领域广泛，非法经济和合法经济交织进行

"对有组织犯罪来说，本质上就是一个唯利是图的经济怪兽，最大限度地获取经济利益是犯罪组织最基本的活动动力。"② 因此，牟取非法利益既是有组织犯罪的本质特征，又是有组织犯罪的追求目标，只要是有利可图，它就会向任何领域渗透、发展。

在有组织犯罪发展的初级阶段，受组织结构较为松散、组织人员知识层次较低以及组织成员人数较少等限制，牟取非法利益的途径较少，犯罪手段也比较单一，往往凭借暴力、威胁、恐吓等手段直接牟取钱财。应该说，这是处于初级发展阶段的有组织犯罪积聚财富最简单、最快捷的途径，当然也是最血腥的方式，由此也必然导致国家对其进行毁

---

① 例如，广东省广州市的伍志坚黑社会性质组织实施公司化运作，内部体系健全，职责明确，而且层次分明，从上到下呈金字塔状结构：第一层级是组织的领导者伍氏兄弟，伍志坚是"总裁"，管"行政"和"人事"；伍志伟是"总经理"，主管财务分配、内务事项；第二层级是王忠伟、司义波等骨干成员，他们是省内外各市场的"分区经理"；第三层级是组织的一般成员，多是"打手"，负责实施暴力犯罪敛财。

② 何秉松主编：《全球化时代有组织犯罪与对策》，中国民主法制出版社 2010 年版，第 25—26 页。

灭性的打击和严厉的惩罚。从前文介绍可以看出，在我国有组织犯罪的形成期和快速发展期，团伙犯罪的比例较高，其犯罪的暴力性色彩相当浓厚，多数的犯罪组织都以暴力、威胁等犯罪起家，逐渐发展为规模较大且有一定经济实力的犯罪集团。但是，正是由于犯罪手段颇为外显的暴力性，这些团伙在历次"严打"中都被作为严厉打击的主要目标，其存续时间往往也并不长久。可见，在有组织犯罪发展的初级阶段，其犯罪活动主要集中于侵犯人身权利的领域，通过杀人越货、敲诈勒索、威胁恐吓等传统的低级手段劫取财物，进行资本的原始积累。

　　随着组织的不断发展壮大，维持组织生存与发展所需要的资金越来越多，为了保持组织的长久生命力和发展需要，追逐更多的经济利益就成为犯罪组织的不二选择。在社会的经济生活领域，从事非法商品交易和提供非法服务虽然要承担巨大的风险，可能会付出非常高的"犯罪成本"，但是也能够带来巨额的"犯罪收入"。因此，涉足"黑市"和非法服务领域，就成为有组织犯罪获取暴利的最佳场所。考虑到以非法暴力进行原始积累所带来的"收益"远小于所付出的"成本"，在度过有组织犯罪形成期之后，提供非法商品和非法服务牟取暴利成为犯罪组织最主要的经济支柱。提供非法商品主要包括提供走私品、毒品、赃物以及其他未经政府允许销售的商品；提供非法服务主要包括提供色情服务、操纵卖淫业、开设赌场、放高利贷、经营地下彩票和组织偷渡等。在域外主要国家和地区，提供非法商品和非法服务牟取暴利是黑社会组织的主要经济来源之一。20世纪80年代以后，随着我国经济的高速增长，地下交易活动也开始像影子一样跟随其后快速成长。例如，从1991年至1996年，全国破获的贩毒案件逐年递增，平均每年增长52.6%，在短短6年时间里增长了8倍；这些贩毒活动，基本上为各式各样的犯罪团伙所为。再比如，自中华人民共和国成立以后基本绝迹的卖淫活动，在20世纪80年代以后又开始抬头。以1994年为例，全国共查获卖淫嫖娼人员28.08万人，其中卖淫团伙4547个，成员23000人；1991年至1995年，共查获卖淫嫖娼人员153.3万人，查获卖淫团伙3.2万个。[①] 其他诸如走私商品、拐卖人口、博彩、倒卖各种批文和许可证等犯罪团伙（集团）也层出不穷。从前文对我国有组织犯罪企业化现

---

① 谢勇、王燕飞主编：《有组织犯罪研究》，中国检察出版社2004年版，第208—211页。

状的梳理来看，涉足"黑市"和非法服务市场，从事非法商品交易和提供非法服务等非法经济活动，仍然是我国有组织犯罪的主要牟利方式之一，在总体样本中有约68%的犯罪组织的犯罪收益来源于非法经济领域。

　　一般而言，在市场经济条件下，只有具备雄厚的经济实力才能维持整个组织的正常运转，才能扩大势力范围，才能重金寻求政治"保护伞"，才能稳定整个组织结构。然而，传统的打打杀杀和涉足"黑市"与提供非法服务，并不能长久地维系组织的生存和发展，因此，为了攫取巨额财富并寻求自身安全保障的需要，有组织犯罪积极进入市场，向合法经济领域渗透，以公司企业的名义从事各种高利润行业，使其犯罪组织向着真正的"企业化"方向发展。从目前我国有组织犯罪的发展状况来看，有组织犯罪渗透的领域已经非常广泛，包括房地产业、工程承包业、零售业、生产加工业、贸易行业以及交通运输业等。当然，与俄罗斯等国家有组织犯罪几乎涉足国家的所有经济活动领域不同[①]，我国有组织犯罪虽然发展迅猛，但是起步较晚，受经济实力和能力所限，目前大多数有组织犯罪组织往往涉足资金投入少、技术要求不高、行业准入门槛低的经济领域与行业，如房地产、拆迁、运输、宾馆餐饮、娱乐服务等领域。

　　世界各国有组织犯罪的发展史表明，没有"保护伞"，犯罪组织根本不可能发展壮大。为了组织的生存和发展，进一步攫取非法经济利益，有组织犯罪逐渐向政治领域渗透，用金钱拉拢腐蚀政府和执法部门的意志薄弱者和腐败分子，充当其掩盖罪行、逃避打击与惩罚的"保护伞"。这种现象在我国步入有组织犯罪快速发展期以来经常出现，而且呈现愈演愈烈之势，但凡规模较大、经济实力较强的有组织犯罪集团和黑社会性质组织，其背后都有"保护伞"的身影。例如，吉林省田波黑社会性质组织依靠"保护伞"迅速发展，田波的父亲曾任梅河口市的前身海龙县的副县长，在党政机关积累了大量人脉关系，而田波的二哥任市国税局副局长，大姐夫任市劳动局局长，二姐夫任市组织部副部长，田波的大哥、堂哥、大姐和二姐也分别在市地税局、市检察院、市物价局和市人事局工作。同时，田波黑社会性质组织还有其他"保护

[①] 根据俄罗斯国内多数有组织犯罪专家的证实，现在俄罗斯国内几乎所有经济活动领域都存在有组织犯罪元素的渗透，俄罗斯国内不少于70%的经济活动主体和"影子"企业、犯罪化企业密切相关。参见于文沛《俄罗斯有组织犯罪及其合法化路径论析》，《俄罗斯东欧中亚研究》2013年第4期。

伞",如梅河口市公安局副局长王某、武警梅河口中队指导员孙某、梅河口市建设局副局长初某、梅河口市国税局稽查局综合股股长董某等人。[①] 辽宁省刘涌黑社会性质组织的"保护伞"有时任沈阳市市长慕绥新、副市长马向东、沈阳市人民检察院检察长刘实、和平区劳动局副局长高明贤、沈阳市中级人民法院副院长焦玫瑰等,他们为刘涌黑社会性质组织的违法犯罪和发展壮大保驾护航。[②]

特别是进入21世纪以后,一些黑恶势力团伙和黑社会性质组织使用对上贿赂与对下强制等软硬皆施的手段,直接参与基层组织的竞选,当上了基层组织的领导人和人民代表,有的还想千方百计地打进国家权力机关。有组织犯罪向政治领域的渗透发展,为我们敲起了警钟,也是当下"扫黑除恶"专项斗争予以重点关注的领域之一。

如果说在我国有组织犯罪的形成期还是仅仅依靠暴力、恐吓和威胁等手段直接聚敛财富,那么到了有组织犯罪的快速发展期和活跃期,有组织犯罪组织和黑社会性质组织基本都是通过合法与半合法混合经营、非法经济与合法经济交织开展的方式牟取经济利益。有些犯罪组织直接从事制毒贩毒、组织偷渡、走私商品、开设赌场等非法活动,借用"合法企业"的名义洗钱,将犯罪所得转化为合法收益;有些犯罪组织不按市场规律办事,而是通过暴力手段排斥竞争对手达到对市场的控制和垄断,获取巨额经济利益。当然,更多的犯罪组织是暴力敛财、不法经济和合法经营同时交织进行,且涉足领域广泛,最终达到"以商养黑""以黑护商"攫取非法经济利益的目的。根据前文的数据统计,采取暴力敛财、不法经济和合法经济等混合方式牟取非法利益的犯罪组织占比高达68%(见图3-1)。

四 暴力性色彩浓厚,升级转型快、再生能力强

当前,我国有组织犯罪给人们留下的经验性印象是:该组织通过群体暴力对一定区域内的人民群众和一定行业内的从业者形成心理强制和非法控制,致使一般群众对其所作所为敢怒不敢言。[③] 对有组织犯罪的

[①] 靳高风:《当前中国有组织犯罪现状与对策》,中国人民公安大学出版社2012年版,第234—242页。

[②] 靳高风:《当前中国有组织犯罪现状与对策》,中国人民公安大学出版社2012年版,第244—257页。

[③] 张远煌:《犯罪研究的新视野:从事实、观念再到规范》,法律出版社2010年版,第221页。

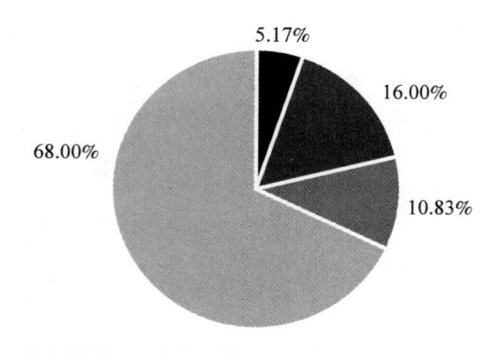

图中数据：5.17%、16.00%、10.83%、68.00%

■ 暴力敛财　■ 合法经营　■ 非法经济手段　■ 混合方式

图3-1　企业化有组织犯罪的收益来源

这一印象很大程度上是我国有组织犯罪实施行为手段的"暴力性"色彩强烈所致，当暴力与犯罪组织有机地结合为一个整体时，就成为一种强大的威胁力量。当前受到我国社会经济条件的影响，暴力在有组织犯罪的生成、演变过程中扮演着重要角色，它既是维持犯罪组织内部纪律的重要手段，又是犯罪组织对外扩张势力、争夺势力范围和进行各种违法犯罪活动的后盾和保障。

处于有组织犯罪初级阶段的犯罪团伙主要依靠暴力手段进行扩张，以实现组织的原始积累。从前文对我国有组织犯罪现状的梳理来看，在当前我国，多数有组织犯罪仍以暴力和以暴力相威胁等传统方式为主要手段，亦即有组织犯罪仍处于以简单暴力为基本形态的低端阶段。尤其是在广大乡村地区，简单暴力型是有组织犯罪的主要类型。在许多地区有组织犯罪从低级阶段向高级阶段演进的过程中，暴力也是最经常、最普遍采用的犯罪手段，这可以在我国学者对各地有组织犯罪所做的抽样调查结论中得到证明。例如，据学者于2010年对重庆"打黑除恶"行动期间打掉的典型黑社会性质组织犯罪案件的统计，22件黑社会性质组织案件中实施比例最高的犯罪行为是故意伤害，占14.1%；86.4%的组织都实施过故意伤害行为；其余的犯罪行为依次为敲诈勒索、寻衅滋事、非法拘禁、故意杀人、强迫交易、开设赌场等。[1] 再例如，有学者在2011年对前5年北京地区查获的有组织犯罪进行分析，发现非法

---

[1] 于振华：《重庆惊现新"黑五类"专家直言四大"死穴"》（http://news.ifeng.com/mainland/special/chongqingdahei/news/201002/0226_7869_1557133.shtml），2010年2月26日。

第三章 我国有组织犯罪企业化趋势的现状、特点、原因及危害分析

持有枪支罪、聚众斗殴罪、故意伤害罪、寻衅滋事罪、非法拘禁罪等占有较大比例。① 还有学者对我国其他地区的有组织犯罪作出类似的情况判断。② 本课题组在前文的数据分析中也观察到类似现象——在主要涉及的 38 个具体罪名中，实施最为频繁的有强迫交易罪、聚众斗殴罪、寻衅滋事罪、非法拘禁罪、故意伤害罪、故意毁坏财物罪和敲诈勒索罪等 7 个暴力色彩较强的犯罪，而其中寻衅滋事罪、故意伤害罪和敲诈勒索罪的占比最高。③

但是，随着我国接二连三开展的"严打"和"打黑除恶"（"扫黑除恶"）专项斗争的进行，以及有组织犯罪向更高级形态特别是"企业化"形态的不断演化，为了自保，有组织犯罪的传统"暴力性"色彩也在不断减弱，有组织犯罪中暴力性犯罪比重在降低，犯罪团伙和犯罪集团更多地倾向于采用以敲诈勒索、强迫交易、强迫劳动、恐吓、滋扰、聚众摆势等特定胁迫犯罪的"软暴力"④。因此，这便在现实有组织犯罪生态中形成了一种倾向：越是经验丰富的犯罪组织成员，越是有实力的犯罪组织，越是能对社会生活发挥持续影响的"黑社会"，反倒越少实际使用、甚至不实际使用暴力。⑤ "企业化"是有组织犯罪发展的最高级形态，企业化发展转型越是完全的有组织犯罪，其犯罪活动的"去暴力化"或者"合法化"趋势越是明显和快速。但是无论如何不能

---

① 张凌、孟永恒：《北京地区有组织犯罪实证分析报告》，《山东警察学院学报》2011 年第 5 期。

② 在我国经济较发达的广东地区所做的抽样调查中，杀人、伤害、绑架、非法拘禁、抢劫等在有组织犯罪中均占据较高比例。其中，伤害占 15%，抢劫占 6%，杀人占 2.4%，绑架占 4.8%，寻衅滋事占 4.2%，聚众斗殴占 2.4%（参见吴兴民、严励《广东有组织犯罪基本状况调查报告》，《山东警察学院学报》2011 年第 5 期）。对我国中部地区 76 件有组织犯罪案件的抽样调查发现，涉及故意杀人的案件有 18 件，占抽样案件的 23.7%；涉及故意伤害的案件有 62 件，占抽样案件的 81.6%；有 24 件案件涉及抢劫，占 31.6%；涉及绑架、强奸的案件分别占 13.2% 和 10.5%；超过 35.5% 的犯罪组织涉非法拘禁罪，68.4% 的犯罪组织涉敲诈勒索罪（参见莫洪宪、曾彦《中部地区有组织犯罪实证研究——对湘、豫、鄂犯罪组织特征的调查分析》，《社会科学家》2010 年第 1 期）。在我国东北地区所做的抽样调查中，涉及严重侵犯人身权利的犯罪人占抽样案件犯罪人总数的四分之一强（参见张旭、顾阳、罗高鹏《东北地区有组织犯罪特点、成因及预防》，《山东警察学院学报》2011 年第 5 期）。

③ 参见前文第二章第五节的相关数据分析。

④ 靳高风：《当前中国有组织犯罪的现状、特点、类型和发展趋势》，《中国人民公安大学学报》2011 年第 5 期。

⑤ 日本、韩国等国将有组织犯罪称为"暴力团犯罪"或"暴力组织犯罪"只是出于称谓上的"方便性"，并不表明这种犯罪就一定会更多地使用暴力。参见［韩］许一泰、李德仁《关于韩国有组织犯罪栖息环境及对策的研究》，载于《第四届当代刑法国际论坛：全球化时代有组织犯罪的惩治与防范国际学术研讨会会议文集（2011）》，第 164 页。

否认，暴力仍然是包括企业化的有组织犯罪在内的任何形态的有组织犯罪最后的手段依托和发展后盾，是犯罪组织的生存之本。例如，河南省许昌市的梁胜利黑社会性质组织为了垄断南阳市布匹市场的托运生意，指使其手下成员祁世杰、任海力将南阳市布匹市场的王宝林开枪打死；梁胜利犯罪组织采用强买强卖、暴力威胁等手段，深入许昌市的经济生活中，在服装、鞋帽、建材、运输、饮食等方面都划分了势力范围，导致正常的经营无法进行，外地人不敢到许昌做生意，严重破坏了市场经济秩序。① 当然，就当前表现而言，企业化的有组织犯罪更多地表现为暴力型、智能型和提供服务型等多种犯罪方式和手段的并存。

一般来讲，犯罪组织存续时间越长，犯罪组织的成员就越多，组织也就越严密，违法犯罪活动也就越严重，其组织形态就越高端，打击难度越大。在域外各国以及我国港澳台地区，其典型的有组织犯罪一般都经历了一个漫长的发展、演化时期。例如，在意大利影响最大的黑手党先后经历了雏形时期（19世纪中叶）——完备"金字塔"结构的黑手党王国时期（1880—1920年）——老牌黑手党时期（1921—1950年）——新生黑手党时期（20世纪50年代至今），其从衍生到成熟再到重整旗鼓甚至对传统黑手党的超越，经历了约150多年；② 我国香港地区于19世纪40年代就出现土生土长的帮会组织，进入20世纪后这些帮会经历了立足阶段——巩固地盘阶段——重新组合阶段的演变、发展过程，形成了现在的"三合会"形态。③ 而和上述传统发展模式不同的是，无论根据经验的观察还是实证的调查，我国当代的有组织犯罪往往在数年甚至一两年内就完成了从滋生到发展壮大的转变，并且多数有组织的犯罪集团或犯罪团伙的存续时间较短，通常在10年以下。这是我国不同于域外有组织犯罪发展演变规律的一个显著特点。根据课题组前文的数据统计，在296件企业化有组织犯罪案件的有效样本中，组织存续时间在10年以下的有254个，有效占比为85.81%。其中，组织存续时间在5年以下的有152个，有效占比为51.35%；组织存续时间在6—10年的有102个，有效占比为34.46%（见图3-2）。

---

① 何秉松：《黑社会犯罪解读》，中国检察出版社2003年版，第129—133页。
② 莫洪宪：《有组织犯罪研究》，湖北人民出版社1998年版，第35—43页。
③ 莫洪宪：《有组织犯罪研究》，湖北人民出版社1998年版，第44—50页。

第三章 我国有组织犯罪企业化趋势的现状、特点、原因及危害分析 | 159

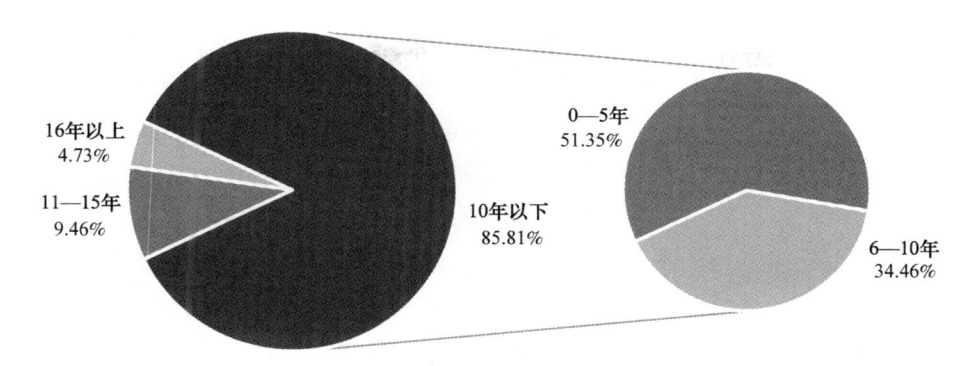

图3-2 企业化的有组织犯罪存续时间

就有组织犯罪的整体现象而言，相较于域外国家和地区，我国现代的有组织犯罪萌芽于20世纪70年代末，发端时间晚，只有30多年光景。但是，有组织犯罪演进的速度快，在30年时间内基本完成了从低级形态的团伙犯罪到高级形态的黑社会性质组织犯罪甚至企业化的升级转型，呈现出如前文所述的每10年一个周期的演进趋势。就有组织犯罪的个体现象来说，我国有组织犯罪也呈现出从衍生到发展壮大速度快的特点。据公安部统计，2000—2003年"打黑除恶"专项斗争中打掉的涉黑组织发展周期多在5年以上，而在2006年的专项斗争中打掉的涉黑组织的发展周期多在5年以下，占总数的52%。[1] 这一数据表明，有组织犯罪"企业化"的发展周期日渐缩短，演变速度有加快的趋势。例如，刘涌黑社会性质组织起步于1995年，此后该组织以严密的武装组织作后盾，以残忍的武力打压竞争对手，以卑鄙的暴力行为垄断市场，从而快速发展，势力越来越大；到1999年的短短4年时间里，刘涌任董事长的嘉阳集团俨然成为东北地区最大、最成功的企业集团。

五 集多种犯罪于一身，社会危害性大

与我国经济社会整体不平衡的大的社会背景相对应，我国有组织犯罪的滋生、发展不仅速度快，而且也存在城市与农村、经济发达地区与经济落后地区的有组织犯罪形式差异较大、整体形态丰富的发展现状：一方面，在广大的中小城市和农村地区，主要表现为街头暴力的犯罪团

---

[1] 周斌：《我国黑恶势力犯罪正处于活跃期》，《法制日报》2010年4月9日。

伙大量存在；另一方面，在经济发达地区的中心城市，不仅组织比较严密的犯罪组织在不断增多，而且有些犯罪组织已经走上了"去暴力化"甚至"企业化"道路。世界上其他国家存在的有组织犯罪形式，几乎都可在现阶段的中国找到它的雏形或原型。①

我国现阶段有组织犯罪呈现出各种发展形态交替演进、同时并存的特征，也导致了当下我国有组织犯罪活动极具多样化的特点，虽然也有犯罪组织主要从事某一两种犯罪活动，但更多的是集多种犯罪于一身。一般而言，犯罪手段凶暴残忍，暴力性非常突出，表现出有组织犯罪低端、初级的一面。即使处于逐渐企业化的发展趋势之中，犯罪组织在从事经济犯罪活动时，也往往以暴力作为后盾。从当前有组织犯罪的种类来看，多数是从事传统的犯罪活动，如杀人、伤害、抢劫、敲诈勒索、绑架、诈骗、走私、毒品、色情、赌博、收取保护费、洗钱等，而完全实现企业化的犯罪组织除了实施这些传统的犯罪活动外，可能还会在经济活动中实施串通投标、非法经营、故意毁坏财物、妨害公务、骗取贷款、票据承兑、金融票证等犯罪行为。例如，通过课题组前文的数据统计，企业化有组织犯罪主要触犯的六大类犯罪共计 38 个罪名（见表 3-1）。再例如，2011 年在审理王军伟黑社会性质组织犯罪案件时，河北省邢台市人民检察院指控被告人王军伟犯故意伤害罪及组织、领导黑社会性质组织罪、赌博罪、寻衅滋事罪、敲诈勒索罪、非法采矿罪、强迫交易罪、非法持有枪支罪、窝藏罪、妨害作证罪、行贿罪、盗窃罪、故意销毁会计凭证、会计账簿、财务会计报告罪等多项罪名；② 2014 年在刘汉、刘维黑社会性质组织犯罪案件审理中，咸宁市人民检察院指控刘汉犯组织、领导黑社会性质组织罪、故意杀人罪、故意伤害罪、非法拘禁罪、非法买卖枪支罪、非法持有枪支、弹药罪、串通投标罪、非法经营罪、敲诈勒索罪、故意毁坏财物罪、妨害公务罪、寻衅滋事罪、开设赌场罪、窝藏罪、骗取贷款、票据承兑、金融票证罪等十余种罪名，被告人刘维犯组织、领导黑社会性质组织罪、故意杀人罪、故

---

① 张远煌：《中国有组织犯罪发展现状及立法完善对策思考》，《第四届当代刑法国际论坛——全球化时代有组织犯罪的惩治与防范国际学术研讨会会议文集》，北京师范大学刑事法律科学研究院，2011 年，第 97～98 页。

② 河北法院网：《张家口王军伟涉黑团伙案一审开庭》（http://www.hebeicourt.gov.cn/public/detail.php? id=5721），2011 年 6 月 27 日。

意伤害罪、非法拘禁罪、非法买卖枪支罪、非法持有枪支、弹药罪、串通投标罪、非法经营罪、敲诈勒索罪、故意毁坏财物罪、妨害公务罪、开设赌场罪、寻衅滋事罪、窝藏罪、骗取贷款、票据承兑、金融票证罪等多项犯罪罪名。①

表 3-1　　　　　企业化有组织犯罪主要触犯的罪名情况

类罪名	具体罪名
侵犯财产罪	敲诈勒索罪、故意毁坏财物罪、抢劫罪、诈骗罪、侵占罪
侵犯公民人身权利、民主权利罪	故意伤害罪、故意杀人罪、非法拘禁罪
妨害社会管理秩序罪	寻衅滋事罪、开设赌场罪、赌博罪、聚众斗殴罪、聚众冲击国家机关罪、聚众扰乱社会秩序罪、聚众扰乱公共场所秩序罪、组织卖淫罪、强迫卖淫罪、引诱、容留、介绍卖淫罪、非法采矿罪、窝藏、包庇罪、非法持有毒品罪、贩卖毒品罪
破坏社会主义市场经济秩序罪	强迫交易罪、贷款诈骗罪、合同诈骗罪、串通投标罪、高利转贷罪、非法经营罪、走私罪、逃税罪、虚报注册资本罪、抽逃出资罪、故意销毁会计凭证、会计账簿、财务会计报告罪、虚开增值税专用发票罪、生产、销售伪劣产品罪
贪污贿赂罪	行贿罪
危害公共安全罪	非法持有枪支罪、放火罪

伴随着有组织犯罪向企业化经济模式的发展演变，现阶段我国有组织犯罪不仅侵害范围在扩大，而且危害社会的深度也在加剧。具体体现在：其一，有组织犯罪企业化发展模式使得其在公开合法外衣的掩盖下从事犯罪活动，犯罪形式更加隐蔽，敛财能力更加强大，大大增加了司法机关的打击难度；其二，有组织犯罪向企业化模式发展是为了牟取更大利益，而要想获取巨额的经济利益和犯罪收入，缺乏权力的保护和支持是很难达到的，因此，在某些基层政权和局部地区，已经出现有组织犯罪头目、政府官员和执法人员相互勾结和相互利用的政治伴生现象，直接损害了政府的公信力和执政党的基础；其三，一些犯罪组织直接介入民事纠纷、插手城市拆迁、农村征地、建筑工程及外来民工维权等公

---

① 杨维汉、邹伟、李鹏翔：《刘汉、刘维等36人涉黑案一审开庭》（https://www.chinacourt.org/article/detail/2014/04/id/1265564.shtml），2014年4月1日。

共管理事务,成为激化矛盾、引发社会不安定的重要因素;其四,犯罪组织大肆进行公司企业诈骗、保险诈骗、逃税、盗版、非法垄断等经济犯罪活动,严重扰乱了市场经济秩序,严重危害了我国社会主义市场经济制度的健全和运转;其五,目前处于各种发展阶段的有组织犯罪,包括正处于企业化转型升级的有组织犯罪在内,均具有较强的暴力性色彩,已经成为影响社会公众安全感的主要因素之一。

例如,吉林省长春市桑粤海黑社会性质组织自 1994 年开始,以经营公司起家,以长春市吉港集团公司为依托,用非法手段大肆聚敛钱财,逐步形成了以桑粤海为组织者、领导者,以桑氏家族为核心,以桑粤萍、桑粤东、刘鹏举、陈永兴、孟宪东等人为骨干的黑社会性质组织。该组织对外以经营"长春吉港公司"为合法招牌,对内以"老板"名义进行权威治理,以管理企业为由设立组织机构,以加强员工管理的名义制定了严明的规章制度;雇佣保镖集中住宿,保证其家族成员的绝对安全,并根据"战绩"在实施了违法犯罪以后对成员进行隐性的奖惩。该组织称霸一方,欺压、残害群众,有组织的实施违法犯罪活动。为了使其黑社会性质组织能够立足和坐大,该犯罪组织不断利用权钱交易、色权交易等手段拉拢腐蚀个别党政机关、司法机关领导干部,以寻求"保护伞"。桑粤春通过非法兼并的方式侵吞国有资产,为自己企业获取了大量的非法利益,并依靠"民营企业家"的名号成为第九届全国人大代表。桑粤春黑社会性质组织有组织地实施了各类违法犯罪活动数十起,大肆骗取、侵吞国家和他人财产,恶意拖欠与其有经济往来的单位、个人款项,使得吉港集团成为正常社会秩序下无法约束的真空地带,严重破坏了社会经济秩序、政治秩序、社会生活秩序和治安秩序,造成了恶劣的社会影响,社会危害性极大。[①]

第三节 我国有组织犯罪企业化趋势的原因

正确认识我国有组织犯罪的发展趋势,分析有组织犯罪企业化的成因,有针对性地采取措施,是有效遏制其发展壮大、打击有组织犯罪的根

[①] 靳高风:《当前中国有组织犯罪现状与对策》,中国人民公安大学出版社 2012 年版,第 31 页。

本途径。考察世界各国有组织犯罪的发展演变历程可以看出，尽管企业化是有组织犯罪生存、发展的必然趋势甚至最终归宿，但各国有组织犯罪企业化趋势展现的时间、规模及具体样态稍有不同。究其原因，我们认为这种相同和不同除了受制于有组织犯罪的经济性属性外，更多的还是因为受到各国具体的社会环境、政治制度、经济发展状况以及法律规制等诸多因素的影响。就我国而言，有组织犯罪企业化的原因主要有以下几个方面：

一　有组织犯罪的经济属性决定了企业化是有组织犯罪的最终结局

毛泽东曾经指出："事物发展的根本原因，不是在事物的外部而是在事物的内部，在于事物内部的矛盾性。"[①] 因此，探究有组织犯罪企业化的原因，首先需要深入犯罪组织的本质属性中去追根溯源。

犯罪心理学理论认为，根据犯罪动机和犯罪目的的不同，犯罪可以分为物欲型犯罪、性欲型犯罪、情绪型犯罪和信仰型犯罪。[②] 由于犯罪组织具有拟人化特征，由此我们也可以将广义上的犯罪组织分为物欲型犯罪组织、性欲型犯罪组织、情绪型犯罪组织和信仰型犯罪组织。其中，物欲型犯罪是指为了满足衣食住行等方面的物质需要，提高个人消费水平，或者为了聚敛财富而引发的犯罪行为。[③] 根据有组织犯罪集团的犯罪动机和目的，其应该归属于物欲型犯罪组织，即以获取财物为根本目的的犯罪组织。而受制于这一物欲性特征，有组织犯罪是一种经济性犯罪，其产生的目的和存在的成因，从根本上看都是经济上的。换句话说，对非法经济利益的追求是犯罪行为由单独的个人实施向有组织化发展的根本动力。为了追求经济利益，作为理性人的犯罪人组合在一起，试图克服单个犯罪人在实施犯罪能力上的不足以及其他可能阻碍其实现犯罪目的的不利因素，从而形成了具有相当犯罪能量的犯罪组织体。同时，经济利益最大化的目标是犯罪组织成员相互之间关系维系的纽带，对犯罪资源的合理分配、组织内部分工细致并专业化运作、长期稳定关系的维护，都是经济利益最大化的展开和体现。在有组织犯罪的发展过程中，经济的考量不断地推动着有组织犯罪组织结构、行为模式

---

① 《毛泽东选集》第 1 卷，人民出版社 1991 年版，第 301 页。
② 罗大华：《犯罪心理学》，中国政法大学出版社 1997 年版，第 186 页。
③ 罗大华：《犯罪心理学》，中国政法大学出版社 1997 年版，第 186 页。

以及活动领域的"创新",从而促使有组织犯罪由低级形态向高级形态的不断演化。各国有组织犯罪的发展演变证明,经济利益就像一只"看不见的手",每当法律对某些特殊的商品或者服务进行调控而予以限制、禁止或者入罪化时,有组织犯罪便会迅速侵入这些经济领域,谋求相对垄断或者近似垄断来提供非法商品和非法服务,确保有组织犯罪能够获取稳定的高额利润。

　　经济性是有组织犯罪的最主要属性之一,有组织犯罪组织最终和最根本的目的是追求经济利益,竭力争取更多的非法的或者合法的市场份额来获取最大利润是有组织犯罪组织所实施违法犯罪活动的核心和动力。为了牟取最大经济利益,犯罪组织可以通过提供非法商品或非法服务,如赌博、卖淫、毒品、走私等,最大限度地捞取巨额利润;或者直接采取掠夺的方法,如抢劫、盗窃、诈骗、敲诈等,来获取尽可能多的赃款赃物。为了市场份额和最大利润,犯罪组织往往不择手段,经常性地采取暴力、恐吓等犯罪手段,花大价钱进行贿赂国家公职人员,竭力向政治领域渗透。在此值得说明的一点是:从行为动机上看,有组织犯罪的动机中几乎没有强烈的政治的或意识形态意图的目标,追求的是能够最大限度地获取经济利益,这一点使它与激进的、主张政治意图的恐怖组织区分开来。有组织犯罪虽然有时也采取一些政治性的行为,与政府和司法机构中的腐败官员相勾结,渗入政治领域,但其主要意图不在于政治权力或操纵政治运作,而是为了独霸一方,争取势力范围,为其经济利益的实现寻求政治保护和逃避法律的制裁,寻求更大的生存空间和更好攫取巨额经济利益的机会。

　　有组织犯罪组织主要从事的活动以及手段也是经济性的。在有组织犯罪的发展初期,受组织规模、犯罪能力、犯罪手段等制约,许多犯罪收益主要通过掠夺式的方法获取,如通过抢劫、盗窃、诈骗、敲诈勒索等来获取尽可能多的赃款赃物。与此同时,犯罪组织也会通过提供非法商品和非法服务获取暴利,如制假贩假、走私商品、制毒贩毒、发放高利贷以及开设赌场、组织卖淫、经营色情娱乐场所等。尽管暴力掠夺和从事非法产业是有组织犯罪形成初期主要的经营领域和最重要的资本获取方式,但却是有组织犯罪最为传统的牟利手段,一直伴随着有组织犯罪发展过程的始终,直到其发展到高级阶段也会大量使用。但是这些通过非法方式所获得的巨额黑钱目标太大,无法正常流通,为此,通过暴力血腥的原始积累和从事非法经济获取巨额利润后，犯罪组织往往会采取"洗钱"的非法手段，将获取的巨额经济利益向潜在商业价值的合法经济领域渗透，借助"合法身份"的掩护涉足建筑、矿山、工程、加工、休闲、旅游、娱乐、商贸、慈善等合法行业，插手股票、证券、金融、信贷、保险、投资等合法经济活动，并参与正常合法经济的生产竞争、价格操纵、购销控制与垄断扩张，通过国家保护和支持的合法经营来维护和扩大自己的既得经济利益，并攫取更多的高额利润和开辟新的犯罪经济领域。当犯罪组织像合法企业进行混业经营一样开始将积累的犯罪收入进行多样化投资，并涉足合法企业时，这就代表着有组织犯罪正式、广泛地侵入合法商业的开始。

然而，犯罪资源和犯罪市场也是有限的，犯罪组织之间也存在着激烈的竞争。为了生存和发展，更是为了牟取更大经济利益，犯罪组织也会不断地追求经营的社会化、高效化，以使经济利益最大化。马克思在《资本论》中指出："凡是直接生产过程具有社会结合过程的形态，而不是表现为独立生产者的孤立劳动的地方，都必然会产生监督劳动和指挥劳动。"[1] 马克思所说的"监督劳动和指挥劳动"就是指"管理"。"管理具有生产力属性"[2]，管理可以产生效益。犯罪组织的犯罪活动是一种特殊的"产业"活动，同样存在管理，其管理水平同样是决定着犯罪效益的最重要因素之一。因此，要提高犯罪效率以获取最大经济利益，犯罪组织就要提高管理水平，建立起严密而且高效的组织结构。在现代市场经济体制中，作为一种资源配置的机制，企业无疑是最高效、最严密的市场管理形式之一，其能够实现整个社会经济资源的优化配置，从而降低整个社会的"交易成本"。在牟利性特征支配下，企业化就成为有组织犯罪发展的最终归宿。犯罪组织利用企业形式将自利的犯罪分子整合在一起，利用企业这一特殊的经济制度形式或结构规模所具有的权威力量、秩序力量、政法力量、整合力量、隐蔽力量及维持力量，展开其犯罪活动，实现其犯罪意图，获取巨额利润，获得更大的生存和发展空间或可能，由此可以用最小的犯罪成本获得最大化的非法利益，从而实现犯罪效益的最大化。应该说，与现代企业一样的有组织

---

[1] ［德］马克思：《资本论》第3卷，人民出版社1975年版，第431页。
[2] 郭跃进：《管理学》，经济管理出版社2003年版，第24页。

化、规模化，使得有组织犯罪适应了社会经济条件的变化，从而得到了质的飞跃。

二 企业化发展是有组织犯罪集团满足自我生存发展需要的结果

任何个体和组织的生存与发展，必须以物质财富为基础，犯罪组织也不能例外。犯罪组织是非法组织，是法律惩处的对象，因此其生存的成本往往非常高昂。一方面，有组织犯罪集团作为一种人数众多、组织结构严密、职责分工明确、保密性强的犯罪联合体，与正常社会具有同样的功能及组织管理和运转方式，需要大量的运转资金和独立的经济来源，任何一个犯罪团伙想要发展成为有组织犯罪集团，必须具有一定的经济实力才能够维持犯罪组织的存在和实现犯罪组织的有效暴力化；另一方面，为了获取权力的保护，还需要巨额的物质投入。例如，经法院查证属实，刘涌黑社会性质组织用于贿赂政府腐败官员的金钱就达400余万。[1] 同时，为了在有限的犯罪市场的激烈竞争中取得优势，犯罪组织就要不断增强自身实力，以达到对竞争对手的排斥和挤压，实现对行业和市场的垄断，牟取巨额利润，这些都需要强大的经济基础作为支撑。可见，随着犯罪组织的不断发展壮大，维持组织生存与发展所需要的资金越来越多，为了保持犯罪组织的长久生命力，寻求更多的经济利益就成为有组织犯罪的不二选择。因此，当犯罪组织通过初期的暴力敛财完成原始积累后，在规模扩大到一定程度时，犯罪组织就会摇身一变，注册成立合法的公司企业，通过排斥竞争对手垄断市场，获得巨额收入，以解决资金不足导致的发展瓶颈问题。显而易见，谋求最大的经济利益是有组织犯罪形成、发展和壮大的动力。但是，传统的打打杀杀显然不能实现经济利益的目标，而从事非法商品交易和提供非法服务也要承担着巨大的风险和犯罪成本，为了达到短时间内攫取巨额经济利益的目的，犯罪组织积极进入市场，向经济领域渗透，以公司企业的名义从事各种高利润行业，使其犯罪组织企业化。

当然，安全是有组织犯罪得以存在及进一步发展的前提，而以往单纯的暴力性犯罪行为不仅难以获取巨额财富，而且更容易暴露目标而受到打击。据学者统计，西南地区黑社会性质组织存续的时间为3年以下

---

[1] 何秉松：《黑社会犯罪解读》，中国检察出版社2003年版，第44—45页。

的占 48.2%，5 年以下的占 73.2%，10 年以上的只占 7.7%。[①] 而根据课题组前文的数据统计，我国东部地区企业化犯罪组织存续 6 年以上的有效占比为 58.12%，中部地区企业化犯罪组织存续 6 年以上的有效占比为 42.04%，西部地区企业化犯罪组织存续 6 年以上的有效占比为 45.45%（见图 3-3）；我国东部、中部和西部三地区都有存续时间超过 16 年的企业化犯罪组织。数据表明，相比于无经济实体为掩护的犯罪组织，有经济实体作为掩护的犯罪组织的"寿命"会更加长久。在保证自身安全的范围内攫取利益是作为"理性人"犯罪组织的渴求，企业化的"合法"外衣则为犯罪组织开辟了一条安全的行为路径。为了追求自身安全，犯罪组织纷纷成立经济实体，以合法形式掩盖非法目的。在"合法"经济实体的掩护下，暴力形式更加隐蔽，不再公开频繁使用，更多是以一种威慑手段以"软暴力"方式针对特定对象实施，被司法机关打击的风险减少，犯罪组织的存续周期也得以延长。因此，为了生存发展需要在安全范围内攫取更大的经济利益，有组织犯罪企业化已成为当下有组织犯罪发展的必然趋势，将新兴的企业与古老的暴力相结合成为一种新的有机整体，成为一股更为强大、更为隐蔽的犯罪力量。

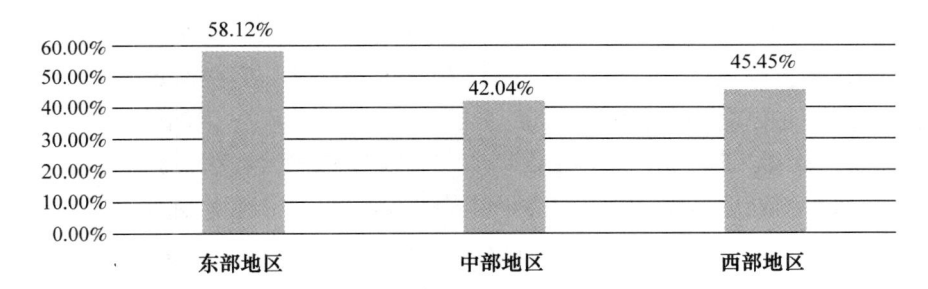

图 3-3 东部、中部、西部三地区存续时间 6 年以上的企业化犯罪组织

三 企业化发展是犯罪市场化以及由此必然导致的犯罪组织化的产物

资源是社会经济发展的基本物质条件，而其相对稀缺性特征又对某一时期人类的行为产生决定性影响。从人类历史的发展来看，在社会大

---

① 陈世伟：《黑社会性质组织犯罪的新型生成及法律对策研究》，法律出版社 2016 年版，第 236 页。

生产条件下，计划和市场是资源配置的两种基本手段。前者是根据社会需要和可能以计划配额、行政命令来统管资源和分配资源，而后者依靠市场运行机制进行资源配置。在计划作为调控资源配置主要手段的情况下，市场经济并不发达，国家调控的面面俱到导致非规范的市场行为并不典型，以攫取经济利益为根本目标的"牟利型"犯罪没有太多的生存空间和发展机会，往往主要以形成"黑市"并在其中进行非法商品交易的形式拓展生存、发展空间。然而，市场取代计划成为资源配置的主要方式是历史发展的必然，但市场的出现则导致社会经济各个方面发生了一系列深刻的变化，如机械化、科学化、雇佣化、专业化、私有化、目的化、规范化、扩张化、资本化等。① "在人类出现市场之后，犯罪与市场便天然地产生了机理上的联系"②，市场在促进犯罪产生、发展中所起的作用显而易见。从有组织犯罪产生发展的历史背景来看，有组织犯罪的发展与市场的发展相伴而生。一方面，在市场条件下"小政府、大社会"的管理模式造就了诸多政府公权力的真空地带，给有组织犯罪分子建立组织、牟取利益以可乘之机，使其不仅仅依靠"黑市"上的非法商业交易，而且能在规范的商品市场上有所作为；另一方面，犯罪的市场化必然导致犯罪的组织化，市场的"竞争性"和"效益性"促使犯罪向有组织化的联合以及与合法社会组织之间联合协作的方向发展，并在实现主体有组织化的前提下极力向组织和行为的科学化、专业化、目的化以及资本化方向演进。③

有组织犯罪的牟利性特征使得它与市场密不可分。市场化使得有组织犯罪集团能够寄居于现行体制而与其他合法组织共生，使其不必仅仅依靠"暴力"去谋求、扩展生存空间，因为相较于暴力掠夺而言，通过"企业经营"这种市场行为去牟取更大的经济利益是个更优选择。在市场规律支配下，通过竞争获取利益是一切市场主体行为的永恒主题和目标，而建立结构严谨、运行缜密、分工协作的组织是赢得竞争、达

---

① 百度百科：市场经济词条（http：//baike.baidu.com/link?url=jzrRiofpqoQo1Ov A5A8 EZR3seYK4ePeEKBaXypA8WhyY9KhwJ4Hla118-wxhSOAH8dsUcr4oc9YakZpZjEaw-a），2015年7月3日。

② 皮艺军：《再论犯罪市场（上）——犯罪现象的市场机制评说》，《政法论坛》1998年第3期。

③ 犯罪的组织化主要指向但不限于有组织犯罪中的组织建立和运行，也包括犯罪行为人的个体自组织机制的产生和完善。从规范意义来说，首先是个体的组织化；其次才是犯罪结构的组织化，当然，个体和结构在组织化过程中也会有着不同程度的互动。

到利益最大化的形式保证。历史发展证明，在市场体制下，作为一种组织形式的"企业"比"家族"或"帮派"等组织结构更加适合市场化运作，契合了市场经济的发展规律，甚至在一定程度上，"企业"就是对市场的一种替代。可以说，犯罪的市场化为有组织犯罪的企业化转型提供了历史机遇，而犯罪的有组织化为有组织犯罪的企业化转型提供了可供选择的基本模式。

在中华人民共和国成立后相当长的时期，计划经济一直是我国主导的社会经济调控手段，在这一社会背景下有组织犯罪的发展空间受到严重挤压。但随着我国改革开放的深入，计划经济快速地向市场经济转型。犯罪的发展史表明：犯罪往往会紧随着时代的前进而发展。市场是社会分工和商品生产的产物，哪里有需求，哪里就有市场。在某种意义上，犯罪特别是牟利型犯罪也是市场行为，犯罪组织所提供的产品、服务同合法企业所提供的产品和服务都存在着市场需求。因此，伴随着我国社会市场化的转型与升级，犯罪也随之出现市场化并进而出现企业化趋势。同时，作为牟利型犯罪之一的有组织犯罪，企业化的转型与升级不仅能使其躲避强制力量的严厉打击，而且能够最大限度地满足其牟利需求。

四 企业化发展是我国转型期的时代背景、社会环境及制度弊端的副产品

英国学者詹妮弗·赛兹在探讨有组织犯罪在某一国家存在或者急剧增长的原因时指出，有组织犯罪尤其在政府软弱、缺位、失效、无能的地方扎根、滋生，因为由政府产生的权力和运作真空便由有组织犯罪集团来填补。[①] 从美国、意大利、俄罗斯、日本等国以及我国的香港地区、台湾地区有组织犯罪的发展演变历程来看，詹妮弗·赛兹"无能政府"的解释似乎有相当强的说服力。例如，意大利黑手党的发展就是因为其不断填补因公共机构软弱或者缺位留下的真空，包括替代政府维持公共秩序、使用强制力、经济调控和执法；在俄罗斯，苏联解体前后的动荡政局以及国有资产私有化进程使得俄罗斯犯罪组织迅速积累财富并且不断地将其力

---

① ［英］詹妮弗·赛兹著，秦宗川译：《西班牙的有组织犯罪及其非法活动：原因和促成因素》，《犯罪研究》2013 年第 3 期。

量向经济、金融领域渗透，进而使得俄罗斯有组织犯罪企业化正式拉开序幕。① 尽管上述观点不能够完全照搬来解释我国有组织犯罪企业化的原因，但是其中也具有一定的启示意义：制度的转变不可避免地导致社会控制力的弱化，而这是促成有组织犯罪企业化发展的重要原因。

虽然我国从始至终并不存在所谓的"无能政府"，但是我国目前正处于社会转型期是一个不争的事实。在社会重大转型期，我们不仅面临着政治体制转型的压力，而且也承担着经济体制转型带来的各种社会问题；社会的转型一方面带来生机和活力，另一方面又势必伴随着新旧体制、新旧观念之间的剧烈冲突。② 就转型期国家对犯罪的控制而言，在转型过程中社会控制体系发生变化——旧的体制被打破而新的体制尚未健全，社会"治""乱"并存。我国的政治体制和经济体制改革不可避免地会产生社会控制体系的弱点和政府机构管控的失灵，如腐败的频发、国家治理理念的落后、立法和司法领域的缺陷、国内执法环境的复杂化、市场体系不健全；等等。所有这些，都会为有组织犯罪的发展、转型提供了社会环境和制度土壤。国家权力市场化所导致的政府官员的腐败弱化甚至摧毁了政府对社会的管控力，为有组织的犯罪分子在权力空位或者薄弱的地域、行业渗透合法经济领域以"漂白"赃款或者形成寡头垄断进而牟取更大经济利益提供了良好机会；长期以来"重打击，轻预防"的犯罪治理理念，导致将主要力量和精力用来对付高端成熟的"暴力型"有组织犯罪，而对有组织犯罪的"企业化""去暴力化"转型熟视无睹；刻板过时的立法观念以及立法时对我国有组织犯罪现状的忽视，导致在立法体系上对有组织犯罪企业化趋势综合预防措施的缺漏，进而造成司法惩治的乏力与困境，以及执法环境的复杂化；市场体系不健全、不完善，造成市场管理层面的腐败仍未解决，统一、开放、竞争、有序市场秩序的构建仍事倍功半，市场观念和市场法则尚未塑造完成，市场垄断、市场分割现象仍然严重，这些市场体系的缺陷为

---

① 于文沛：《俄罗斯有组织犯罪及其合法化路径论析》，《俄罗斯东欧中亚研究》2013年第4期。

② 社会转型是整个社会系统由一种结构状态向另一种结构状态的过渡，它不是社会某个部分和某个层面的局部的发展，而是社会系统的全面的、多层次的、结构性的变化，因此它必然导致整个社会体制的转换、利益的调整和观念的改变，导致政治、经济、文化等诸多方面的深刻变化。参见何秉松《黑社会犯罪的自组织原因论（上）——一种崭新的黑社会犯罪原因理论》，《政法论坛》2002年第4期。

有组织犯罪的企业化转型提供了机遇和制度空隙。

总体而言，当前我国在有组织犯罪的政策领域更多地表现为"事后的应对"而不是"事前的预防"，在一定程度上凸显了我国社会转型过程中政府的失灵现象，这必然有利于我国有组织犯罪的企业化发展转型。

五 有组织犯罪与企业、非法市场有着天然的联系，其"高度联合性"特征与公司企业制度很相似

所谓企业，一般是指以营利为目的，运用各种生产要素（土地、劳动力、资本、技术和资本家才能等），向市场提供商品或服务，实行自主经营、自负盈亏、独立核算的法人或其他社会经济组织。企业是市场发展的产物，它能够实现整个社会经济资源的优化配置，降低整个社会的"交易成本"。作为一种资源配置的机制，企业一般具有以下特征：第一，组织性。企业是一种有名称、组织机构、规章制度的正式组织，企业所有者和员工之间关系主要通过契约加以约束。第二，经济性。企业作为一种社会组织，在本质上追求并致力于不断提高经济效益。第三，商品性。企业的经济活动是面向、围绕市场进行的，其产出和投入都是商品。第四，营利性。企业是以赢取利润为直接、基本目的，通过资本经营，追求资本增值和利润最大化。第五，独立性。企业是在法律和经济上都具有独立性的组织，作为一个整体对外独立承担法律责任，实行自我约束、自我激励、自我改造、自我积累和自我发展。

和企业一样，有组织犯罪集团也是一种社会组织，它们具有高度的形式相似性和内在契合性。具体体现在以下方面：其一，组织的基本架构（组织结构）高度相似。所谓组织结构，是指组织成员之间的聚合关系，具体表现为组织各部门、各层次之间的排列方式，包括结构规范、角色和职位、权威、权利层级等基本要素。成熟形态的有组织犯罪集团往往表现为"科层结构"，权力高度集中，决策层、管理层和执行层自上而下等级结构严密，组织纪律严明，组织成员之间分工明确，领导者、组织者可以利用权力分层机制退居幕后决策、指挥。其二，组织的内部管理（组织纪律）逐渐呈现高度相似性。传统的有组织犯罪组织对暴力的依赖程度很强，往往以暴力作为对内控制的基本手段。但是随着"去暴力化"倾向的发展，暴力往往被严格控制使用，许多组织仅仅将其作为恐吓的工具。为了逃避对有组织的暴力性犯罪的打击，很多组织开始采用"章程""规章""制度"替代"帮规""戒律"进行内部管理，并进而采用比较"人性化"的奖励、激励机制来促进犯罪活动的一致性和协调性。其三，组织成员的组成越趋相似性。传统的有组织犯罪组织往往依托于地缘、血缘共同体，组织成员的地域性、宗族性色彩强烈。但是，为了迎合组织的生存及发展需求，犯罪组织日渐具有社会开放性特征，组织成员不再局限于血缘、地缘纽带，人情因素减弱，通过经济利益加强依附关系、保持组织稳定的特征更加明显。其四，经济特征具有高度一致性。有组织犯罪的根本目的在于牟取经济利益，追逐超额利润是组织发展和行动的原动力，也是组织得以存续、壮大的经济基础，这与企业的逐利性高度一致。其五，外部控制性特征高度相似。无论在学界还是司法实务界，将"控制性"特征界定为有组织犯罪的主要特征应该没有异议，有组织犯罪意在追求对某一行业或地域形成非法控制力或重大影响。而企业因同业竞争和做大做强的内驱力使其具有影响地区或行业的效果，因而也当然地具有控制性特征。

总而言之，有组织犯罪与企业有着天然的联系，其"高度联合性"特征（资源信息联合、行动联合）与企业制度很相似（严密的组织、精密的分工、高效的协作），其管理的有组织性、行动的规划性、成员分工的精密程度都能与企业相媲美，这些均为我国有组织犯罪向企业化发展转型提供了前提条件。

第四节　我国有组织犯罪企业化趋势的危害

有组织犯罪是与正常社会秩序相对立，有着与正常社会整体上相抗衡的能力，反社会能力强。除了对人民群众的人身安全、财产安全、生活安全造成重大威胁之外，"有组织犯罪集团'依靠权力'疯狂危害社会，严重妨碍国家行政机关、司法机关的活动，破坏其威信，并加剧了社会内部矛盾的紧张度，给国家管理和法律秩序造成严重威胁，导致公众失去对政府的信赖，对政治体制改革进程的信心"[①]。同时，有组织犯罪还具有极强的腐蚀性，既腐蚀权力，又直接腐蚀人类的道德品质和社会秩序，还必然对政治进行腐蚀。可见，有组织犯罪是一种对象广

[①] 莫洪宪：《有组织犯罪研究》，湖北人民出版社1998年版，第145—147页。

泛、危害性相对较大的犯罪形式，是对一个社会共同体的公共秩序或国际社会共同认可的国际秩序及社会公共安全的极大威胁。对于这种危害性的认识，在我国刑法上已经有所体现。我国刑法第 294 条对黑社会性质的组织应当具备的特征作出明确规定，其中，将"通过实施违法犯罪活动，或者利用国家工作人员的包庇或者纵容，称霸一方，在一定区域或者行业内，形成非法控制或者重大影响，严重破坏经济、社会生活秩序"作为黑社会性质组织的危害性特征予以规定，充分显示了我国立法对有组织犯罪危害性的认知。本节对有组织犯罪的这些共性危害不予探讨，而主要论述有组织犯罪企业化发展趋势所带来的危害。我们认为，有组织犯罪企业化发展具有下列主要危害：

一　企业化发展使得有组织犯罪外部控制能力更强，社会危害性和破坏力更大

有组织犯罪是一个呈开放性的立体网络系统[①]，在牟取最大经济利益这一最终目标的支配下，其组织形式和犯罪形态千变万化，从萌芽形态、不成熟形态到成熟形态（犯罪团伙、犯罪集团、黑社会性质组织到黑社会组织）不断地发展演进。和企业的形成发展史相近似，在有组织犯罪的草创（雏形阶段）时期，组织内部的管理秩序主要依赖于组织者（领导者）的个人魅力加以维持，但当犯罪组织进入成熟期（发展阶段）后，随着组织规模的扩大，其固有的传统型管理方式便越来越相形见绌，组织者、领导者们日益感到无法在一个较低的管理成本上实现组织内部的团结，于是一种完全不同的企业形式就应运而生。与传统的暴力型有组织犯罪相比较，实现企业化发展的有组织犯罪集团成了一个相对独立、完整的系统结构，有着独特的运作规则和程序，犯罪能力更强：企业化的有组织犯罪具有明确的组织目标，建立并执行严格的纪律和制度，有着独特的成员选择方式和明确的等级安排、先进的物质条件和分工协作功能，整个犯罪效益远远超过孤立个人犯罪的总和，犯罪能力和组织的外部控制能力呈现几何式增长，从而具有强大的破坏力和扩张力。例如，四川省狄绍伟黑社会性质组织制定了《员工手册》，规定了管理规范和惩罚规范，对出卖、背叛、损害组织利益、不服从命令的

---

① 莫洪宪：《有组织犯罪研究》，湖北人民出版社 1998 年版，第 24—26 页。

成员分别处以割舌、挖眼、切指、断双手、断双腿等处罚,甚至处死。① 又如吉林省梁旭东黑社会性质组织建立了科层型组织结构,"老大"居于组织的顶端,"分舵"居于中间层,"领班"位居其下,最底层为一般成员;该组织制定了严苛的"帮规",要求必须请示汇报,对组织绝对忠诚,如有违背帮规行为,轻则剁手,重则断腿。② 犯罪组织通过这些管理形式和等级安排,凝聚、整合了组织的内部力量,统一了对外行动的一致性,犯罪能量由此大大增强。

凡是有经济利益存在的地方,就会有有组织犯罪存在的空间,犯罪组织绝不会放过经济犯罪活动领域所潜在的利益。因此,尽管有组织犯罪披上了"企业"的合法外衣,但是仍然掩盖不了其以非法的有组织暴力为后盾,追求对一定区域、一定行业社会资源的控制以牟取更大利益这一犯罪本质。在我国有组织犯罪企业化的发展初期,犯罪组织一直活跃于餐饮、酒店、歌舞、洗浴等行业领域,从事"黄、赌、毒"等非法经营,横行于建筑、运输、商品批发、集贸市场等各类市场。在近些年有组织犯罪的快速发展期特别是活跃期,随着有组织犯罪经济规模的扩张,有些犯罪组织开始进军高端经济领域,利用投资参股和承揽国家重要工程项目等形式合法进入国家经济部门和工商企业公司,染指有色金属、煤矿等资源开发和地产开发、高速公路、桥梁工程、城市建设等大型项目,涉足国企改制、国资拍卖、企业上市、股权转让、证券交易、金融保险等经济活动,直接攫取国家和社会财富。③

正如意大利著名的反黑手党斗士法尔科内所说:"黑手党绝非一个简单的刑事犯罪组织……实际上黑手党除了牟取暴利外,还企图控制经济。"④ 可见,有组织犯罪集团对经济利益的追求是无穷尽的。随着规模的扩大和资本的积累,有一定规模的犯罪组织都十分注意犯罪资本的积累和再投入,为了在竞争中取得优势地位,他们会不断地优化组织人员结构,改进装备和犯罪手段,运用网络、计算机等新的科技成果提高

---

① 周伟编:《黑社会调查——当代中国黑恶势力揭秘》,光明日报出版社 2001 年版,第 51 页。
② 廖斌、李文伟:《论黑社会组织的三种基本形态》,《西南科技大学学报》(哲学社会科学版) 2004 年第 1 期。
③ 贾宇:《黑社会如何"漂白"自己》,《人民论坛》2010 年第 8 期(下)。
④ 薛洪涛:《真实的黑手党》(http://www.legaldaily.com.cn/zmbm/content/2010-07/29/content_2210838.htm),2015 年 7 月 23 日。

企业的现代化、社会化水平，拓宽经营渠道和行业领域，竭力渗透到各个有利可图的经济领域，在产业、商业、金融、信贷等方面全面发展，壮大规模和实力。为了牟取巨额经济利益，它们在横向上垄断整个市场，在纵向上参与各个市场生产、交易环节，不惜公开违反国家法律、商业规则、社会公德，乃至直接诉诸"暴力"等黑道规矩来排斥公平的市场竞争，形成对生产、经营、销售、市场、价格等的集中和控制，最终以有组织犯罪集团为基础达到犯罪经济垄断，形成犯罪经济垄断组织——犯罪卡特尔、犯罪辛迪加、犯罪托拉斯。同时，在企业化过程中，为了减少各个有组织犯罪组织间因暴力解决方式所带来的自身经济实力的损耗，犯罪组织间开始谋求合作，相互协商，划分范围，圈定活动领域，共享非法经济利益。通过企业化经营获取的巨大利益反过来又为有组织犯罪提供了强大的经济支撑，进而导致犯罪组织涉足的领域更加宽泛，垄断能力和犯罪能力越来越强，对社会的危害也越来越大。当他们活动的那些经济领域已经成为国家不可缺少的行业和部门时，国家的经济就会出现危险的变化：不依赖于合法的经济活动，而是依赖于非法的经济活动；控制、左右了一个国家的经济、社会、政治，而且影响、操纵国际经贸和政局走向，对整个人类和国际社会构成威胁。例如，哥伦比亚的经济就完全依赖于非法毒品的买卖，从而影响了该国的经济、社会和政治生态；20世纪90年代以后，俄罗斯的黑社会组织快速渗透合法经济领域，控制了作为国家经济命脉的金融、矿产和能源等行业。

二 企业化发展使得有组织犯罪的组织形式更加严密，活动的隐蔽性更强，查处难度加大

具有严密的组织结构是有组织犯罪的一个重要特征，但是在不同的发展阶段，有组织犯罪的组织基础并不完全相同。有组织犯罪最初往往以具有血缘、地缘关系的地方宗族势力为组织基础，随着社会经济的发展，犯罪组织成员的来源日渐社会化，渐次发展为不具有强烈血缘关系的帮会成为其主要的组织形式。[①] 当有组织犯罪所从事的经济活动向合法化

---

① 在前文第二章第五节的数据统计分析中，组织成员之间血缘、地缘关系在淡化的趋势已经显露无遗。

和半合法化发展时,以公司、企业为组织基础的组织形式就会越来越普遍。企业化的有组织犯罪集团终结了组织结构混乱、全靠暴力打天下的状态,组织的结构体系更加清晰,组织内部拥有完善的组织机构以及相应的职能部门,分工更加明确具体,行为更加协调配合。企业化的有组织犯罪集团吸收了科学的管理方式,"对组织机构进行分工协作、权责分明的调整,以'企业董事会'式的委员会取代家长式的首脑决策系统"[1],将犯罪组织的管理与企业的组织管理重叠在一起,组织的领导者同时也是企业的法人代表或者实际操纵者,组织成员又兼具企业中层管理者或员工的身份;组织对成员进行控制的内部纪律化身为企业的规章制度,利用现代企业管理模式取代传统的"帮规"和"等级制",而且企业化的管理更加严格,条文化的规定更加明确、执行度更高。同时,企业化的犯罪组织还会引用现代企业管理中的激励机制,对表现好的成员进行物质奖励或者职务晋升。通过企业化的管理,犯罪组织的组织化程度更高,组织更加稳固,成员更加稳定,组织形式更加严密。例如,重庆市管某黑社会性质组织实施企业化运作,该组织成立云阳县森华定点屠宰有限公司(以下简称森华公司)和云阳县兴云港埠开发有限公司(以下简称兴云港埠公司),管某任公司监事,其弟管建飞为公司法定代表人,管唤森为执行董事,向荣为业务主管,张小东、刘春、韦建新为市场部主任,管某实际控制了森华公司,逐渐形成了内部体系健全、职责分工明确、层次分明的三级管理结构。该犯罪组织以森华公司、兴云港埠公司为依托,通过有组织地实施强迫交易、寻衅滋事、故意伤害、组织卖淫等违法犯罪活动,非法获取了巨额的经济利益,严重破坏了当地经济和社会生活秩序。[2]

一般认为,有组织犯罪的组织性主要在于犯罪主体的组织性而非犯罪行为的组织性,"有组织的犯罪"并不等于"有组织犯罪"[3],因此,在司法实践中判断是否为有组织犯罪时,犯罪组织的组织性程度就成为重要的判断指标。然而,在企业化转型过程中,有组织犯罪利用企业这一现代经济组织形式,对有组织犯罪集团的传统结构、行为方式进行了

---

[1] 莫洪宪:《有组织犯罪研究》,湖北人民出版社1998年版,第33页。
[2] 朱薇:《重庆"天上人间""黑老大"管串被判无期徒刑》(https://news.qq.com/a/20101222/000982.htm?pc),2010年12月22日。
[3] 康树华:《比较犯罪学》,北京大学出版社1994年版,第267页。

改造更新，使得犯罪主体发生了变异，从而具有了掩饰性。企业化的犯罪组织以"合法的企业"为犯罪平台，内部采用现代企业管理模式，对外进行犯罪行为的企业化运作和表面上参与市场竞争，往往通过合作和非暴力来开拓市场空间，这一系列的改造更新不仅有利于其对合法经济行业进行渗透，而且也能够有效地掩盖其真实面貌，方便进行洗钱行为，将犯罪的非法所得合法化。同时，企业化转型混淆了犯罪组织与合法企业的界限，淡化了传统有组织犯罪集团的家长制或等级体制特征，将有组织犯罪的真正组织者、领导者隐藏于企业管理层之后，阻碍了对有组织犯罪集团的深入挖掘和彻底摧毁；[①] 企业化运作造成在司法实践中难以区分组织人员与企业员工，难以界定合法经营资产与犯罪所得，也导致对有组织犯罪查处的难度增加。以重庆黎强案为例，该黑社会性质组织以企业化管理模式运作，在其名下的 20 余家公司拥有合法注册的营业执照，有固定的营业场所和从业人员，制定有公司的章程和规章制度，有正常的经营领域和经营管理模式，从表面上看是一家正规合法的大型企业集团。[②]

三 企业化发展使得有组织犯罪黑商融合日益突出，行业垄断日益普遍

有组织犯罪的企业化发展过程实际上是在牟取巨额经济利益目的的支配下犯罪与企业的结合过程，但其又与纯粹的企业犯罪不同：狭义的刑法学层面的企业犯罪是指企业违反刑法规定而实施的应当受刑罚处罚的行为，虽然此类犯罪往往也是有组织地牟取经济利益，而且犯罪的组织化程度很高，但是其与暴力犯罪似乎关系不大。企业化的有组织犯罪实际上是以"企业"面貌实施的有组织犯罪，它与暴力有着天然的互动和关联。有组织犯罪以企业的模式进入经济领域后，必然要在有限的市场中与其他竞争者展开竞争，但由于它们在资金、技术、管理、人员等诸多方面的先天不足，导致了有组织犯罪集团没有能力与其他合法经济实体按照市场运行规则展开正常竞争。为了赢取垄断地位，犯罪组织

[①] 只要组织结构不解体，少数成员的损失和受到经济制裁只能伤其皮毛而难于动摇其根本。

[②] 靳高风：《当前中国有组织犯罪现状与对策》，中国人民公安大学出版社 2012 年版，第 37—38 页。

就将其驾轻就熟的暴力手段引入竞争，采取暴力、威胁、敲诈等手段在一定区域和行业内形成垄断，牟取巨额经济利益。例如，河南省宋留根黑社会性质组织为了赚取非法利润，通过暴力手段不断铲除竞争对手，分别在浙江柯桥和广州设置多个托运点，垄断运输线路；成立恒业公司，对浙江柯桥至郑州的铁路行包专列实行垄断。①

就有组织犯罪的行为、手段而言，暴力性是其主要行为手段特征之一，但绝不是唯一的手段特征。事实上，尽管企业化的有组织犯罪变化了手段，打打杀杀的暴力色彩少了一点，手段更趋丰富多样，实施的犯罪活动包括暴力、"软暴力"甚至"非暴力性"方式，但是暴力或者依托暴力始终是有组织犯罪的基本手段和特征。"一般犯罪团伙通过犯罪活动取得财物，往往为犯罪分子所瓜分和享用，但是，任何犯罪团伙要发展为黑社会（性质）组织，都必须有一定的经济实力，才能维持犯罪组织的存在和实现犯罪组织的暴力化。组织化和暴力化程度越高，越是要求更强的经济实力。反之，经济实力越强，越是能够促进组织化和暴力化程度的提高。无论一般犯罪团伙向黑社会性质组织的转化，或者黑社会性质组织向黑社会组织的转化，都必须拥有相应的经济实力。因此，在它们的发展过程中，都必须不择手段攫取财富和不断地扩大财富的积累，以满足犯罪分子的私欲和增强犯罪组织的经济实力。除了使用各种暴力的或"非暴力"的犯罪手段外，其重要的手段之一就是向经济领域渗透，把犯罪所得投资于经济活动。"② 可见，在有组织犯罪的企业化发展过程中，暴力、威胁等非法手段如影随形，始终作为最后的基本手段和保障，其"去暴力化"仅仅是外在的假象，各种"软暴力"或"非暴力"手段的实施仍是以暴力为后盾。为了追求非法利润的最大化，犯罪组织通过直接的暴力或者间接的暴力打压竞争对手，拓展活动空间，谋求行业或者地域垄断以获取巨额非法利益。例如，云南省刘某荣黑社会性质组织以正丰大酒店和正丰 KTV 为依托入股金平县三家寨采石场，并以胁迫等方式对其实际掌控，以恐吓等方式入空股到金平县铜厂乡矿山，通过在三家寨采石场实施非法占用农用地、强迫交易等

---

① 马献钊：《典型黑社会性质组织研究——以宋留根黑社会性质组织为视角》，载莫洪宪等编《中国犯罪学年会论文集（2010年度）》，中国人民公安大学出版社 2010 年版，第 519—532 页。

② 何秉松：《中国大陆黑社会（性质）犯罪的演变过程、规律及其发展趋势》，《政法论坛》2001 年第 1 期。

违法犯罪行为,以及在金平县铜厂乡矿山进行非法采矿等手段,攫取、聚敛了大量非法经济利益,进一步壮大了其组织的经济实力。刘某荣亲自或者通过该组织的骨干成员,指使其他参与者有组织地在金平县境内实施敲诈勒索、强迫交易、故意伤害、聚众斗殴、寻衅滋事等暴力违法犯罪活动,在当地形成一定程度的非法控制,严重破坏了当地经济和社会秩序。刘某荣将上述部分收益用于支持其黑社会性质组织的基本活动以及组织成员的部分生活开支,以达到维护组织稳定、壮大组织势力的目的,从而呈现出"以商养黑、以黑护商、亦商亦黑、黑商融合"的特点。[1] 可以预见,随着有组织犯罪企业化进程的加快,有组织犯罪"黑商融合、黑商同济发展"的特点将愈加突出。

企业化的有组织犯罪具有某些市场化特征,它在市场化的竞争中,与一般的竞争企业一样,也要谋求垄断以使其利润最大化。犯罪分子能够集合起来形成组织的动力来源于巨额的利益诱惑,而行业垄断无疑会带来高额的回报,垄断是一个进行企业化经营的高级犯罪组织的重要特征。就市场结构而言,有完全竞争性市场类型与不完全竞争性市场类型。依赖完全竞争市场的竞争企业是价格的接受者,而某些市场如果只有一个卖者且无相近替代品的话,该产品的价格制定者便是垄断企业。造成垄断的基本原因有很多种因素,如对关键资源的垄断、政府创造的垄断和生产成本造成的垄断。与竞争企业一样,垄断企业的目标也是追求利润最大化。作为一个进行企业化经营的高级犯罪组织,有组织犯罪活动主要集中于不完全竞争市场,如毒品交易、商品走私、洗钱、开设赌场、组织卖淫、私人保安;等等。在完全竞争市场有竞争是不言而喻,而在不完全竞争市场也有竞争,多个犯罪组织可能会争夺这个有限的市场资源。为了获取垄断地位,有组织犯罪集团就需要不择手段地积累资金,控制竞争,扩大势力范围。所以,为追求经济利益的最大化,企业化的犯罪组织往往利用暴力或者以暴力相威胁甚至贿赂的手段在某些行业寻求垄断。而且随着其行业的扩大和势力范围的拓展,它们往往将某些地域加以控制,该地区通行的是它们制定的"法律"。因而,企业化发展的有组织犯罪在合法经济领域的非法垄断活动更加具有隐蔽性

---

[1] 吕世成:《云南红河金平警方历时两年打掉涉黑团伙 21 人获刑》 (http://yn.sina.com.cn/news/s/2018-08-31/detail-ihiixyeu1573262.shtml),2018 年 8 月 31 日。

和普遍性。以安徽省符青友黑社会性质组织为例，2003年符青友等人以"三友公司"为依托，采取暴力、威胁等方式在旌德县旌阳镇北门范围内强行承揽土方工程，由此确立了符青友等人在北门建筑劳务市场的强势垄断地位。2007年，符青友邀集符青红、黄国有等18人以入股形式筹集资金将北门村民组范围内的建筑劳务一次性"买断"，成立新的北门劳务组，符青友实际控制该劳务组，决定人员安排、价格确定、纠纷解决等重大事项，从而最终达到在一定地域内的垄断目的。①

四 企业化发展破坏了社会主义市场经济秩序，阻碍了现代企业制度的发展

现代企业制度是市场经济发展到一定阶段的产物，它的建立和有效运行需要具备一定的客观条件。这些客观条件包括：一是体制环境。现代企业制度要求企业具有法人所有者地位，依法享有民事权利和承担民事义务，成为具有自主经营、自负盈亏、自我约束、自我发展能力的独立的商品生产者和经营者；二是市场环境。现代企业制度的有效运行是以充分竞争的市场环境作为其运行基础的；三是法制环境。从某种意义上说市场经济也是法制经济，现代企业制度更需建立在一系列法律法规基础之上。

企业化发展在为有组织犯罪提供了强大经济支撑的同时，也严重腐蚀了现存的制度和商业及投资环境，损害了企业的市场形象，严重扰乱和阻碍了社会主义市场经济秩序及国内国际的经贸规则与现代企业制度的运行和发展。首先，有组织犯罪的企业化发展模式破坏了社会主义市场经济秩序。市场经济秩序是指由市场经济活动所必须遵循的经济准则与行为规范所调整的模式、结构及有序状态，这种状态在社会发展中具有一定的一致性、连续性和确定性，它的存在能够使现代企业顺利建立并不断发展壮大，而这也要求市场主体必须遵循这种有序性和稳定性的秩序。然而，人类对秩序的追求时常会为偶然情形所阻碍，有时还会被普遍的混乱状况所挫败，甚至在一个行之有效的法律秩序框架中违反规范的现象亦是极为频繁的。有组织犯罪的企业化发展便是破坏市场经济

---

① 参见《刑事审判参考》总第107集【第1157号】"符青友等人敲诈勒索，强迫交易，故意销毁会计账簿，对公司、企业人员行贿，行贿案"。

的一个毒瘤。企业化的有组织犯罪通过违法犯罪手段特别是用暴力方式强制改变资源的自由流通，强行垄断经济资源，欺行霸市，强迫交易，用暴力击垮竞争对手，最后达到攫取巨额经济利润的目的。这种犯罪模式无视国家的经济管理法规，肆意侵吞国家、他人的财物，严重破坏了由市场对资源进行配置的基础，使市场的内在作用丧失殆尽。

其次，有组织犯罪的企业化发展严重阻碍了现代企业制度的运行和发展。有组织犯罪的企业模式不仅破坏了市场秩序，而且也侵蚀了现代企业制度存在的基础。在实践中，犯罪组织对一些公司、企业进行敲诈勒索、收取保护费，使企业的利润大幅下降，竞争力削弱，同时使自己得以在竞争中取胜。在犯罪组织建立自己的公司企业后，更是在某一地域内打击、驱逐同行竞争者，使与其竞争的其他企业遭到灭顶之灾，在该地域内萎缩、消亡。有组织犯罪的这种企业发展模式用暴力（包括"软暴力"）代替了竞争，用非法控制代替了自由流通，导致我国体制环境、市场环境、法制环境严重受损，使现代企业制度丧失了生存发展的土壤。这种状况如果得不到遏制，久而久之，现代企业制度将为暴力经济、黑色经济所取代。

五 企业化发展使得犯罪组织政治投资日益明显，贿赂腐蚀性更加严重

有组织犯罪的生成、发展和壮大，离不开"保护伞"的包庇和纵容，寻求"保护伞"和编织"保护网"是犯罪组织存在、发展的重要策略和手段。特别是当有组织犯罪发展到其高级形式之后，如果缺乏足够的法律空间，势必难以生存和发展。因此，加强政治投资，向政府、司法机关渗透，与其腐败分子勾结，便成为有组织犯罪的重要特征。

尽管有组织犯罪的基本目标是追求经济利益，但是由犯罪组织转变而成的企业与合法正规企业的成立目的、理念、方法有着根本性的区别，他们往往同时从事多种违法犯罪活动肆无忌惮地攫取经济利益，因而政治庇护成为追逐更大经济利益、脱离风险的一道"防火墙"。而与此同时，披上"合法"企业外衣的有组织犯罪集团较之于处于初级阶段的暴力色彩浓厚的犯罪组织更具迷惑性、掩饰性，更容易寻求到"政治保护伞"的庇护。为了寻求法律上的空间，实现了资本原始积累后向"企业"华丽转身的犯罪组织，便具备更为雄厚的经济实力来实现其法律空间的扩展。由于有了较强的经济实力，犯罪组织便有了足够的本钱对政府官员进行贿赂腐蚀、拉拢收买，编织、建立自己的"保护网"以逃避打击。

仅仅拥有政治"保护伞"只能提供方便和保护，犯罪组织并不能掩饰自己"黑"的身份，企业化经营所牟取的大量"黑钱"需要"漂白"，而且为了进一步牟取更大经济利益的便利，犯罪组织及其成员的"黑色"身份也需要漂白。因为一旦拥有比较高的社会地位，不仅能够保护组织成员不会轻易受到司法机关的打击，而且更加有利于犯罪活动的进一步开展。因此，为了捞取政治资本，披上合法的职业和身份，甚至为了在自己涉足的经济领域里取得某些特权，为获取超额非法利润创造条件，犯罪组织利用某些体制上的漏洞和部分腐败官员的堕落、玩忽职守，加紧向政治领域特别是基层政权渗透。在我国开展的历次"打黑除恶"（"扫黑除恶"）专项斗争中，都会发现一些黑社会性质组织的首要分子不但拥有光鲜的头衔，而且笼罩着美丽的光环，俨然就是"成功的商人""杰出的政治人物"。例如，辽宁的刘涌、重庆的黎强和四川的刘汉等黑社会性质组织的组织者、领导者，都戴有"人大代表""政协委员"等"红色"帽子。这些耀眼的政治光环不仅成为其逃避司法机关打击的盾牌，更是成为其从事违法犯罪活动攫取巨额非法经济利益的利剑。

值得注意的是，有组织犯罪发展的时间越长，企业化程度越高，其经济实力通常就越雄厚，向政府部门和政治领域投资渗透的能力也就越强。相应地，其渗透更深入，腐蚀就更加严重。这一点可以从域外黑社会组织的发展状况得到充分说明。国外一些典型的黑社会组织的经济实力之雄厚人尽皆知。例如，根据联合国1999年的报告显示，有组织犯罪集团每年赚取1.5万亿美元的利润；同时，根据2000年2月Fortune500公布的资料显示，世界最大的公司General Motors的资金周转额仅为1610亿美元，瑞士的国内生产总值为1910亿美元，而有组织犯罪集团1995年通过非法毒品贸易获取的利润就达4000亿美元。[①] 在一些有组织犯罪严重的国家，如意大利、俄罗斯和美国，有组织犯罪的犯罪收益也相当可观，达到了天量级别。相应地，这些国家的黑社会组织

[①] [俄] 伊尔杜丝·萨伊多维奇·纳菲科夫：《大城市中的影子经济与有组织犯罪》，胡明译，中国法制出版社2017年版，第1—2页。

向政府渗透也达到了深不可测的程度,有时已经渗入政府的最高层。①我国有组织犯罪的经济实力虽然不如域外成熟的黑社会组织那样强大,但是在企业化发展趋势日益显著的情况下,拥有越来越雄厚经济实力的犯罪组织的政治投资能量不能小觑,其贿赂腐蚀的严重性不可低估。

---

① 张彩凤主编:《有组织犯罪的经济学研究》,哈尔滨出版社2004年版,第257—258页。

第四章 我国有组织犯罪企业化的路径及表现分析

第一节 我国有组织犯罪企业化的路径分析

所谓"组织",在汉语里最初的意思是把丝麻编结成布的意思。如果我们从最原始、最广泛的意义上去考察组织的含义,除了起源于"纺织"之外,大致包括三个方面的意思,即生物学有机体组织、动物群体组织和人的组织。从本课题的研究对象来看,本文所说的"组织",当然是指人的组织,是人们按照一定的宗旨和系统建立起来的集体,这也是组织的最主要含义和最基本内容。作为社会性动物,人类从一开始就有自己的组织,并且人的这个组织是随着人类的发展而由低级向高级发展的。作为一种亚文化的社会组织结构,有组织犯罪组织(集团)也是在随着经济、社会的发展而由低级向高级发展演进的。为了实现牟取经济利益最大化的基本目标,犯罪组织在发展过程中不断整合犯罪资源,调适犯罪手段和方式,加强组织管理,拓展活动领域,掩饰犯罪面目,逃避司法打击,逐渐向企业化转型发展,从而实现组织从稚嫩到成熟、从暴力到"去暴力"、从松散到紧密、从低级向高端的转变。分析有组织犯罪企业化的过程和发展阶段,可以归纳出我国有组织犯罪企业化的两种基本路径,即有组织犯罪的企业化和企业的有组织犯罪化。而在实现了企业化发展之后,有组织犯罪在组织管理、行为方式以及文化认同等方面皆出现较之于一般犯罪组织不同的表现特征。

一 路径之一:有组织犯罪的企业化

从整体上看,有组织犯罪企业化的主要路径是有组织犯罪在组织结

第四章 我国有组织犯罪企业化的路径及表现分析

构、管理方式、行为样态、活动范围乃至人员构成等诸多方面向企业模式转变。在很大程度上,这与现代社会追求经济高度发展的目标是相一致的,因为有组织犯罪的经济活动和经济行为必须依赖其经济性组织及其结构,而这一经济组织结构主要表现形态或类型便是各式各样的企业。

"总的说来,假如没有利润的诱惑,有组织犯罪是不感兴趣的。"[1] 凡是有利可图和有利能图的社会经济领域,有组织犯罪必然涉足,而且必然能得到犯罪收益。这是社会本身的诸多弊端和消极因素相互影响、相互作用的结果,是有组织犯罪产生和发展的基本前提,也是犯罪组织能够继续存在下去的基本条件。以美国为例,从美国有组织犯罪产生、发展过程的考察,我们可以了解到在有组织犯罪发展中经济利益驱动的影响力。美国有组织犯罪的发展壮大源于 20 世纪 20 年代禁酒令的颁布,由于走私酒在带来巨额利润的同时,也带来了为这些利润而进行的犯罪帮派之间的斗争,因此这些犯罪帮派更加强调组织化建设,并实现了有组织犯罪的"经济腾飞",成就了美国有组织犯罪发展的"黄金期"。禁酒令取消以后,犯罪组织又转向另一个有利可图的行业——非法赌博,以攫取利益。20 世纪 30 年代,毒品买卖被实行犯罪化,毒品行业获得前所未有的扩大、发展和盈利,国家颁布的禁毒令又将有组织犯罪吸引到贩毒活动中来。从这一发展过程的描述中,我们可以发现美国有组织犯罪的发展与国家禁令对某一类行为的犯罪化紧密相关,因为犯罪化就意味着资源紧缺,就意味着拥有巨额垄断利润的机会。一方面,巨额利润促使犯罪组织疯狂进行非法活动,掠取暴利;另一方面,犯罪收益的彰显与犯罪风险和犯罪成本的抬升相对应,这又反过来促进有组织犯罪组织化程度的提升和加强。为了减少犯罪成本、提高犯罪效益,犯罪组织效仿现代企业制度的模式,渗入非法经济市场和合法商业领域,以建立企业来加强内部管理、协调外部行为,完成对非法活动和高额利润的垄断,并力图渗透到任何一个具有潜在利益的地方。

就我国而言,自 20 世纪 90 年代以来,一些犯罪组织在依靠原始的暴力方法完成原始积累后,为了继续牟取最大经济利益,转而向经济领域甚至合法经济领域渗透,通过创办实业、投资入股等形式变身为企

---

[1] 李忠信主编:《国外有组织犯罪》,群众出版社 1997 年版,第 68 页。

业、公司，实现"以商养黑、以白洗黑"的目的。例如，辽宁省铁岭市以刘晓军为首的具有黑社会性质的犯罪团伙始于1998年，2000年逐渐形成了人数众多、骨干成员基本固定、有明确组织者和领导者的黑社会性质组织。为了犯罪组织更好地生存、发展以及牟取更大的经济利益，成立了商贸公司以及炼油厂。1993年至2002年，刘晓军通过走私、盗窃、赌博、强迫交易等手段，聚敛了大量钱财，拥有资产总价值达3800余万元。除了挥霍外，刘晓军将其中一部分用于该组织的违法犯罪活动，该组织骨干成员共拥有资产高达850余万元。[①]

但是，作为有组织犯罪的高级成熟形态，企业化的形成不是一蹴而就的，而是一个不断发展、不断走向成熟的过程。纵观我国有组织犯罪的发展历史，其企业化发展主要经历了四个发展阶段：

第一阶段，暴力敛财积累原始资本。各国有组织犯罪无不是由暴力敛财开始的，暴力是有组织犯罪积累巨额血腥财富最原始、最直接、最有效的途径和手段。暴力犯罪手段不仅使得犯罪组织迅速积累了巨额物质财富供组织成员挥霍享乐，而且更为犯罪组织的进一步发展奠定了雄厚的经济基础，逐步形成了独特的犯罪经济。如果没有原始资本的积累，也就没有物质和资本力量作为有组织犯罪企业化的经济基础，企业化发展将无从谈起。

第二阶段，垄断非法行业形成稳定收入。任何一个组织只有有了稳定、可靠的经济来源，才能够健康有序地发展，才能使其成员安心地为组织效力。但正如前文所述，企业化发展的第一阶段具有明显的暴力性色彩，犯罪组织易受打击和摧毁，犯罪领域受到限制，敛财能力后继乏力。因此，在原始资本积累到一定阶段以后，为了谋求更多的经济利益和寻求较为安全的运作模式，有组织犯罪就要开拓新的犯罪领域来形成自己稳定的收入来源。"为社会提供非法商品和非法服务，是一切黑社会性质组织获取巨大经济利益的捷径。"[②] 有组织犯罪以提供非法商品与服务、有组织地进行传统财产犯罪活动以及进行非法行业垄断和敲诈勒索作为谋求经济利益的主要犯罪活动内容，主要实施制造、贩运毒品，走私，控制、垄断赌博，组织、容留卖淫，贩卖人口，组织偷渡，

---

① 卢长生、吴丹：《北京晚报：盘锦涉黑案今开庭》（http://news.sohu.com/2004/02/09/70/news219007036.shtml），2004年2月9日。

② 赵可：《黑社会性质犯罪的发展趋势》，《山东公安专科学校学报》2000年第4期。

伪造货币及其他有价证券,进行有组织的盗窃、抢劫、诈骗等活动,敲诈勒索,收取保护费,放高利贷等犯罪行为。

第三阶段,设立企业向合法经济领域渗透。有论者指出,西方国家的有组织犯罪70%—80%的经济基础主要是通过第二阶段如走私毒品、非法贩卖武器、敲诈勒索等犯罪行为建构的。[1] 虽然我国没有这个数据统计,但是通过第二阶段的发展,有组织犯罪集团确实形成了自己稳定的收入来源,积累了雄厚的经济实力。然而,非法行业的经济来源终究是非法的,既有一定的风险性,又由于这种地下犯罪市场的有限性而难以进行扩大再生产以牟取更大经济利益。因此,有组织犯罪向合法经济领域特别是能够获得高额利润的经济领域渗透,寻求建立合法、稳定且高额的经济来源,就成为犯罪组织的必然选择。有组织犯罪向合法经济领域渗透主要有三种途径:一是利用非法获取的资金开办公司、企业、工厂,通过扩大再生产牟取更大经济利益;二是利用投资参股的形式,合法进入国民经济部门和工商企业;三是通过贿赂腐蚀或串通投标、排斥竞争对手等手段包揽国家重要工程建设项目,直接"合法"攫取国家和社会财富。自20世纪80年代以来,我国处于剧烈的社会转型期和旧的经济管理体制向新的经济管理体制的转轨期,市场经济体制仍在建立、健全和完善过程中,一些犯罪组织利用转型期各种管理体制的缺陷和漏洞,大肆通过上述三种途径向经济领域渗透发展,从事合法或半合法经济活动,企业化发展迅速。例如,在广东省广州市的张某、罗某黑社会性质组织案中,组织者张某、罗某于2005年至2007年间纠集苏某、杨某等一批社会闲散人员,通过经营生猪屠宰场、收取保护费、开设赌场等方式,逐渐积累了一定的经济实力,形成了以张某、罗某为首的黑社会性质组织。2007年底至2008年初,张某、罗某等为了使其垄断、控制猪肉市场合法化,以获取更大的经济利益,以共同出资入股的形式从原经营者刘某手中接手经营广州市海珠区辉和肉品经营部(以下简称辉和公司),推举白某为公司总协调人,肖某担任法定代表人。由此,张某、罗某等以辉和公司为依托,逐步控制了海珠区八个市场的猪肉配送权。与此同时,张某、罗某组织杨某、苏某、沈某、赵某等人假

---

[1] 于文沛:《俄罗斯有组织犯罪及其合法化路径论析》,《俄罗斯东欧中亚研究》2013年第4期。

借工商部门打击生猪私宰的名义,采取强抢私宰经营者的生猪,打压其他私宰经营者的方式,控制海珠区部分私宰猪肉市场,以保证辉和公司所控制市场的猪肉供应。此外,该组织还采用摆场、展示力量等手段,排挤打压其他具有猪肉配送资格的公司,争夺海珠区放心肉市场。通过上述手段,该组织攫取了巨额经济利益,从 2008 年 8 月至 2009 年 12 月,辉和公司共取得生猪经营收入总额达 3800 余万元人民币,经营利润达 600 多万元人民币。[①]

第四阶段,依托企业形成区域或行业垄断。在市场环境中,企业只有形成了垄断才能实现利润的最大化。和正常企业一样,为了追求经济利益的最大化,企业化的犯罪组织也要寻求在合法市场中的垄断地位,形成区域或行业的排他的控制力,以达到对价格和市场的控制。一般而言,合法企业往往通过差异化服务和生产成本的降低来淘汰对手,依靠生产技术的提高、有效的管理、经济实力的积累或者法律政策的保护而取得行业垄断地位。但是和正常合法的企业不同,企业化的犯罪组织是以获得金钱、物质利益而一致行动的暴力集团,它是建筑在非法的有组织暴力基础上的非法社会权力系统,集多种犯罪于一身,它所实施的所有活动,包括暴力的和非暴力的,在本质上都不是市场行为;只要有利可图,它就不惜犯下最严重的罪行。因此,企业化的犯罪组织并不是一个真正的企业,它"从不遵守任何市场规则,即使在它向合法经济渗透的时候,也是蔑视一切市场规则而只是凭借非法的权力牟取最大的利润"[②],依托暴力威胁或者通过权力寻租谋求行业垄断。例如,河南省郑州市的宋留根黑社会性质组织在郑州纺织品交易繁荣时期,创立了"创业货运公司",垄断这里的运输业务,导致当地纺织品交易一度萎缩。凭借暴力和垄断,有组织犯罪集团最终形成了非常强大的经济实力,并在这种强大经济后盾的支撑和支持下,犯罪组织也必将进一步发展组织暴力、建立更加强大的保护伞和关系网,实施犯罪经济的扩大再生产,图谋控制价格和市场,致使有组织犯罪不断恶性膨胀和发展,有的甚至形成经济实力强大的、以企业面目示人的犯罪经济集团乃至跨国

---

① 《广州一市场猪肉配送权遭 18 肉霸强占 垄断放心肉》 (http://news.sohu.com/20110614/n310120614.shtml),2011 年 6 月 14 日。
② 何秉松:《中国有组织犯罪研究》第 1 卷,群众出版社 2009 年版,第 275—276 页。

联合体。①

有组织犯罪是为了牟取非法利益而组成的较为稳定的组织，其具有严密的组织结构和明显的经济特征。因此，在发展的不同阶段，有组织犯罪的组织形态、行为样态始终与其赖以存在的经济基础相适应。换言之，有组织犯罪的这一发展演进规律是由其本质属性所决定的，具有内在的质的规定性，企业化发展是有组织犯罪发展的必然归宿。同时值得特别说明的是，尽管在理论上可以将有组织犯罪企业化过程分为四个发展阶段，但是由于与我国各地区间经济社会发展不平衡的大背景相对应，有组织犯罪的发展形态在我国城市与农村、经济发达地区与经济落后地区的差异很大，企业化的演进速度和表现样态并不总是一致和统一的，呈现出各个发展阶段同时并进、各种企业化形态同时并存的特色。即当前我国有组织犯罪企业化的类型丰富多样，既有处于原始暴力积累阶段的有组织犯罪，又有处于从事提供非法商品、非法服务阶段的有组织犯罪，更有处于成立企业渗入合法经济领域阶段甚至大型经济联合体发展阶段的有组织犯罪，且更多的有组织犯罪是上述多种犯罪方式和手段同时运用。例如，根据前文数据统计，在我国东部、中部和西部地区使用暴力敛财、非法经济和合法经济等混合手段获取犯罪收益的组织占比分别为44.17%、40.87%和38.24%，总体数量不小。况且，有组织犯罪的企业化发展也不可能总是按照上述四个阶段顺序演进的，可能会出现跨越式发展。

二　路径之二：企业的有组织犯罪化

有组织犯罪企业化的另外一种路径就是企业的有组织犯罪化，通俗的称谓即企业因涉黑而形成的有组织犯罪集团。

英语中"企业"被称为"enterprise"，有"获取盈利的工具"的含义②。日本在明治维新时期将"enterprise"引入日本，翻译为"企业"，意指商事主体企图从事某项事业，且有持续经营的意思。也就是说，企

---

① 据联合国专家统计，有组织犯罪正日益渗透到合法的国际性商业企业，其每年收益高达7500亿美元，形成雄厚的经济实力。参见谢勇、王燕飞主编《有组织犯罪研究》，中国检察出版社2004年版，第345页。

② 《朗文商业英语辞典》（英汉双解），1985年版，第313页。

业是"主体从事经营活动,借以获取盈利的工具和手段",其最终目的是为了"追求自我利益的极大化"。自中国戊戌变法之后,"企业"一词开始在我国国内普遍使用。① 然而,从本源意义上讲,企业与法人、公司等概念不同,它并非严格意义上的法律概念,而是一个经济学的范畴。企业表示的是一种作为客观事实的社会现象,一种相对独立且持续存在的各生产要素相结合的组织体。随着我国现实社会中大量非计划经济体制下的"企业"涌现,目前"企业"一词较常见的用法是指各种独立的、营利的组织,可以是法人,也可以不是,并可以进一步分为公司和非公司企业,后者包括合伙制企业、个人独资企业和个体工商户等。相对于经济学领域的含义,在法律领域,企业一般是指依法成立并具备一定组织形式,以盈利为目的独立从事商品生产经营活动和商业服务的经济组织。②

由企业的概念分析可知,企业在本质上是一种营利性组织,其行为目的在于追求利益最大化。在追求高额利润的动机驱动下,作为"理性人"的企业会不惜触犯法律为代价实施违法犯罪行为。以往的企业犯罪仅限于偷税、虚开增值税专用发票等危害税收征管的行为,但是近年来企业犯罪的范围越来越广,涉及的犯罪领域越来越多。原本意义上的企业犯罪虽然组织化程度很高,但是与有组织犯罪似乎并无关联。然而近年来的实践表明,企业涉足有组织犯罪的事例时有发生。据《法人》杂志连年公布的由王荣利统计撰写的"中国企业家犯罪报告"显示,自 2009 年至 2014 年,尽管民营企业家涉黑案件数在可确定罪名的民营企业家犯罪案件总数中所占比例呈现下降趋势,但仍有一定数量的案件发生。情况较为严重的为 2009 年、2010 年和 2011 年,公开报道的涉黑犯罪案例分别为 9 个、21 个和 17 个,分别占"中国企业家犯罪报告"搜集整理民营企业家犯罪案例总数的 20.93%、35% 和 15.6%(见表 4 – 1)。从"中国企业家犯罪报告"发布的数据来看,企业涉足有组织犯罪的数据统计并不完全客观,而且数据上显示的民营企业家涉黑案件呈下降趋势的原因是多元的,不能说明企业有组织犯罪化的情况在减

---

① 史际春:《企业、公司溯源》,载王保树主编《商事法论集》第 1 卷,法律出版社 1997 年版,第 40 页。

② 刘文华主编:《新编经济法学》,高等教育出版社 1993 年版,第 65 页。

少，但是可以反映出一个事实：近年来我国企业有组织犯罪化（涉黑）的情形确实屡见不鲜。

表 4-1　　　　　　2009—2014 年企业家犯罪情况表①

年份	企业家犯罪案件数	民营企业家犯罪案件数	可确定罪名的民营企业家犯罪案件数	民营企业家涉黑案件数	民营企业家涉黑案件数占确定罪名的民营企业家犯罪案件数的比例（%）
2009	84	49	43	9	20.93
2010	144	86	60	21	35.00
2011	199	111	109	17	15.60
2012	243	158	158	7	4.43
2013	357	270	260	6	2.31
2014	426	181	163	3	1.84

按照企业资产的所有制性质划分，我国的企业可以分为国有企业、私营企业和混合所有制企业三种类型。国有企业是指资产属于国家所有的企业；私营企业是指资产归私人所有的企业；混合制企业是指由公有资本（国有资本和集体资本）与非公有制资本（民营资本和外国资本）共同参股组建而成的新型企业形式。根据我国现实情况分析，国有企业受制于资产的国有性质，很少出现有组织犯罪化现象。目前，我国出现有组织犯罪化趋势的企业一般为私营企业即民营企业，偶尔也有混合制企业。在民营企业经营过程中，民营企业家为了扩大经营、垄断市场、解决纠纷或防止被害，发展或者借助有组织犯罪以实现"以黑护商、黑商互促"。

从企业有组织犯罪化的具体路径来看，主要有两种类型：一是外在结合型有组织犯罪化类型，即企业在发展过程中寻求犯罪组织的帮助而

---

① 数据来源于王荣利在《法人》杂志 2009—2014 年发布的《2009 年度中国企业家犯罪报告》《2010 年度中国企业家犯罪报告》《2011 年度中国企业家犯罪报告》《2012 年度中国企业家犯罪报告》《2013 年度中国企业家犯罪报告》《2014 年度中国企业家犯罪报告》。2015 年以后的"中国企业家犯罪报告"在中国知网上无法查询，因此此表不包含 2015 年以后的数据。

逐渐有组织犯罪化。例如，在龚某某有组织犯罪案件中，龚某某的金融公司被他人强行借款，龚某某便寻求樊某某的犯罪组织为其经营活动提供暴力支持，龚某某则为组织的发展和扩大提供资金等支持；二是内生发展型有组织犯罪化类型，即企业将社会闲散人员、两劳人员、有犯罪前科人员吸纳进企业中，组成保安队或护卫队，从而逐渐有组织犯罪化。① 内生发展型有组织犯罪化以辽宁省本溪市袁诚家黑社会性质组织最为典型。袁诚家起初以赶马车谋生，后来组建了一个有六七辆车的"解放141"车队，逐渐有了一些积累。2003年，袁诚家收购了鞍山的一座铁选厂和两座矿山，成立鞍山金和矿业公司。在企业经营过程中，袁诚家因债务纠纷受到他人威胁，加之当地对矿产的争夺日趋恶化，他也多次受人欺负，因此意欲成立保矿队。此时，刑满释放的杜德福与袁诚家一拍即合，由袁诚家出钱，而杜德福则帮其摆平生意上的障碍。随后，杜福德纠集刑满释放人员和社会闲散人员到袁诚家的企业中，以"护矿队"为名保护企业矿产免受周边村民偷盗，通过黑道手段帮助他摆平生意上的麻烦，由此形成了结构严密、等级森严的黑社会性质组织。在该组织内部，袁诚家是"老大"，杜德福是"二哥"，组织一切活动均听从袁诚家、杜德福的指挥。②

　　同有组织犯罪企业化发展一样，企业的有组织犯罪化也不是一蹴而就的，也要经历逐渐演变的渐变过程。根据国外学者的研究表明，合法企业向有组织犯罪的"非法企业"转变，一般要经历四个发展阶段：第一个阶段，合法企业阶段。在这一阶段企业依法进行各种商业活动，没有任何员工代表企业进行任何犯罪活动。这是社会和政府对所有企业最为期盼的阶段，但是在世界范围内处于这一阶段的企业非常少。第二个阶段，联合企业阶段。在这一发展阶段中，企业的部分员工开始卷入非法活动，主要是实施腐败贿赂活动或者扰乱市场经济秩序的不法行为。例如，企业通过贿赂政府官员而获取建筑工程项目。第三阶段，混合企业。处于这一发展阶段时，为了企业的整体利益，企业的所有部门都有一些员工从事非法活动，典型例子就是企业有组织地通过伪造财务

---

① 袁林、佘杰新：《民营企业家涉黑犯罪风险防范研究——以20个民营企业家涉黑案例为样本》，《江海学刊》2016年第4期。
② 《辽宁本溪涉黑团伙10年敛财20亿 头目马车夫出身》（http://news.sohu.com/20111124/n326685129.shtml），2011年11月24日。

账簿、凭证等进行偷税漏税,或者生产、销售伪劣产品和假冒商品,或者企业员工利用企业名义操纵股市牟取暴利。第四阶段,非法企业。在这个发展阶段中,企业中的所有部门的所有人都会参与犯罪活动,并逐渐发展为以犯罪为业。[①] 在这个阶段,企业已经发展演变成为企业化的犯罪组织,亦即合法企业完成了有组织犯罪化的过程。虽然,在企业的发展过程中,很少有企业会发展到第三阶段,但是在实践中也的确频频出现,甚至有发展到第四阶段的情形,企业涉黑即为此种情形。尽管绝大多数企业并非为实施犯罪为目的而设立,但是由于一系列的综合原因,特别是社会治理和司法运作的缺陷,一部分企业会或多或少地接触到涉黑事务,甚至一些企业还会卷入有组织犯罪,也可能有个别企业会最终发展为纯粹的有组织犯罪集团,其主要领导或企业中层就是犯罪组织的组织和领导力量(见图4-1)。

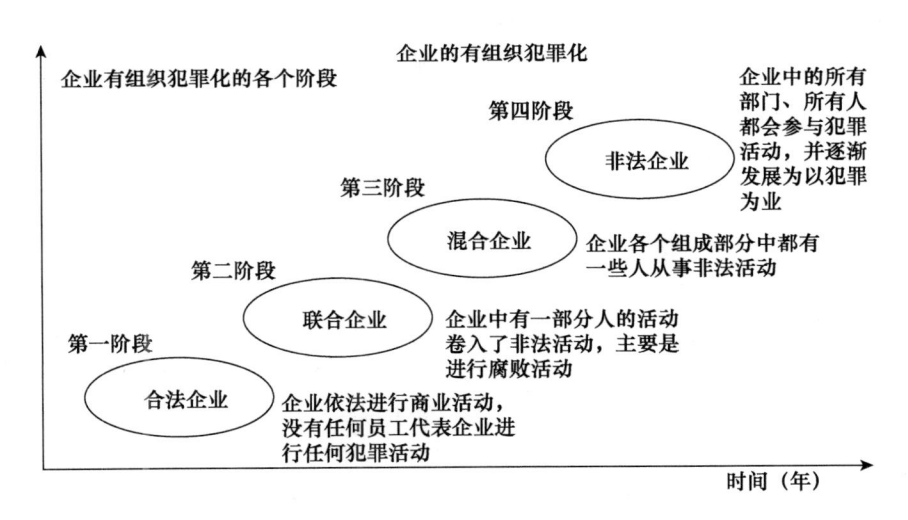

图4-1 企业的有组织犯罪化发展阶段

犯罪是一种线性的恶,无论是从法益侵害的程度还是从发展的历程,都存在一定的序列。和上述合法企业向非法企业发展转变的阶段相一致,绝大部分有组织犯罪化的企业并不是一开始就涉黑,它是一个渐

---

① Petter Gottschalk, *Entrepreneurship and Organised Crime: Entrepreneurs in Illegal Business*, Edward Elgar Publishing Limited, 2009, pp. 39-41.

进的过程，呈现出阶梯式的形态，我们可以把这种阶梯式形态概括为三个发展阶段：企业触黑化阶段、企业涉黑化阶段和企业纯黑化阶段。

第一阶段，企业触黑化阶段，即指原本不存在黑恶犯罪记录的企业与黑恶组织接触的过程。这个阶段是企业有组织犯罪化的初级阶段。在这个阶段的企业，由于一系列的原因，与有组织犯罪发生了较多的接触，产生了异化现象，即为了追逐利益，企业需要借助不正当手段而向有组织犯罪靠拢，甚至参与部分有组织犯罪的现象。这个发展阶段以企业周边存在黑恶势力为前提，企业触黑的结果无非有两种：一是企业在与犯罪组织的交往中退让，从而陷入被害状态；二是企业被犯罪组织感染，发生了部分功能异化，不再以正当的利益追求为目的，而是与犯罪组织相勾结，成为潜在的犯罪组织。企业触黑有经济、社会、道德、文化、法律等多方面的原因，但是相当多的企业是在遇到困难而无法通过正当途径获得救助时，主动或者被动地寻求犯罪组织的帮助，从被害人走向涉黑。从我国现实情况看，处于触黑发展阶段的企业应该是企业有组织犯罪化数量最多的形态，但由于其有组织的犯罪性色彩不十分明显，因此被查处的概率最低。处于触黑阶段的企业还不是一个犯罪组织，仅仅具有了功能异化的特征，在组织方面仍然符合合法企业的基本特征，仍属于正常企业的范畴。例如，山西省太原市司法机关曾打掉两股以东北籍人员为主的黑恶团伙，他们长期驻扎太原，经常受雇于山西各地的一些矿老板，为其聚众斗殴、寻衅滋事，摆平矿上的各类冲突、纠纷，俗称"摆场子"。这时煤矿企业还是以正常合法经营为主，其与犯罪组织之间仅为"雇"与"受雇"的关系。但是当犯罪组织与资本合二为一时，企业由部分功能的异化转向企业组织的异化，从而由企业触黑阶段进入企业涉黑的发展阶段。

第二阶段，企业涉黑阶段，即指触黑的企业在内部形成黑恶组织的过程，也称为企业的染黑阶段。在这一发展阶段，企业组织的一些结构或因素出现了由"白"而"黑"的倾向，企业不再满足于和有组织犯罪的外部勾结，遂通过将社会闲散人员、两劳人员等吸收进入企业，成立"保安队"或者"护矿队"等企业部门，为企业排挤竞争对手、消除外部干扰、牟取非法利益提供暴力支持。这时的企业尽管仍有合法生产经营活动，甚至仍以正当的生产经营为主业，但是企业的行为方式和企业文化已经发生了根本性转变，开始积极主动地走向有组织犯罪化的道路。处于这一发展阶段的企业已经是犯罪组织的一部分,是有组织犯罪结构的部分内容,承载着犯罪组织的部分功能,例如利益输送、资助组织的发展等。以因云南泸西煤矿爆炸案所揭发出来的郑春云涉黑团伙案为例:郑春云是泸西县金马镇人,在20世纪90年代纠集一帮人开始混社会,通过开设赌场"放水"从中抽头渔利,积累了一些财富。后来,郑春云投资经营娱乐城,注资收购陡凹子煤矿、虎城宾馆等经济实体,并以这些经济实体为依托,纠集刑满释放人员、解除劳教人员、社会闲散人员等,逐渐形成以郑春云为首,以尚红波等8人为骨干成员,以王建华等10人为参加者,组织严密、内部分工明确、结构稳定、层次分明的黑社会性质的组织。该犯罪组织在泸西县及周边地区大肆实施聚众斗殴、抢劫、故意伤害、敲诈勒索、妨害公务、强迫交易、毁坏财物、非法采矿、开设赌场、赌博、非法占用农用地、插手经济纠纷等严重暴力违法犯罪活动,称霸一方,在社会上形成了较大规模的非法影响力和控制力,对矿区形成非法控制。① 观察郑春云黑社会性质组织成长历程不难看出,郑春云经营的煤矿和企业还是有正常营业的,从某种意义上讲,虽然后来组织、领导以其为首的黑社会性质组织,但是这一组织的存在还只是企业追逐利润的辅助工具,企业本身还是一个正当的市场主体。只是这个时候的企业内部已经具有了相当的黑社会性质组织的因素,犯罪组织与企业深度结合,处于企业涉黑的发展阶段,与初级阶段的企业触黑有着显著区别。

在企业有组织犯罪化发展的中级阶段,企业仍然存在相当规模的正常营业,还不属于完全意义上的犯罪组织,但是在企业内部存在着相当数量的犯罪组织的结构或机体,承载了相当一部分犯罪组织的功能。例如,主动承担着为犯罪组织输送经济利益以资助犯罪组织的成长或有组织犯罪的实施,相当一部分企业管理人员成为犯罪组织的骨干成员。

第三阶段,企业纯黑阶段,即企业完全成为真正的犯罪组织的发展阶段。这一阶段是企业有组织犯罪化的高级阶段。在这一阶段企业的主要架构、营业都是围绕着有组织犯罪展开,所追逐的利润都是犯罪组织

---

① 储皖中:《云南开审泸西"十一·十八"爆炸枪击案》(http://www.mzyfz.com/cms/zongzhiweiwen/fazhitiandi/jishizixun/html/750/2011 - 11 - 03/content - 201263.html),2011年11月3日。

发展的经济基础，企业的组织结构和功能完全有组织犯罪化了。纯黑阶段的企业是纯粹的犯罪组织，企业的功能也转变成为服务于犯罪组织的生存和发展。

由于企业在谋求经济利益方面具有极大的能力，因此企业的有组织犯罪化往往最终是以高级阶段的形态存在。尽管有组织犯罪发展到最后往往是以企业的面目呈现于外的，但是企业并不一定是最经济的生产方式，企业的组织成本、运行成本以及社会责任都会成为企业的负担，因此，处于有组织犯罪化高级阶段的企业仍然会使用有组织犯罪的传统手段，如暴力、威胁、敲诈、收买等违法犯罪手段，去积极地实施不正当竞争，排斥竞争对手，破坏政府的市场管制，抢占市场，谋求垄断，以谋取巨额非法利益。正因如此，企业与犯罪组织深度结合而不断企业化，就成为有组织犯罪的发展归宿。

尽管在理论上将有组织犯罪企业化的基本路径概括为上述两种基本情形，但是在实践中其具体表现形态并非完全单一的，不只是凭借某个单一的途径进行，往往是多种途径同时并进：既有社会的合法组织或企业演变为犯罪组织，使犯罪组织仍具有"合法"的身份；又有为组建黑社会性质组织而成立合法组织或企业，以合法身份招募犯罪组织成员；还有将犯罪组织改头换面，以犯罪组织为基础成立"合法"的组织或企业；更有将犯罪组织"嫁接"到合法组织或企业，借合法组织或企业之名行违法犯罪之事。

第二节 我国有组织犯罪组织管理的企业化

企业化的有组织犯罪改变了对暴力等手段的过分依赖，借鉴现代企业制度建立了分工明确、协调配合的组织结构，并根据需要设置了相应的职位、部门，呈现出企业化的组织管理模式。

一 企业的概念、组织结构要素与组织结构

（一）企业的定义及其特征

现代经济社会由政府、消费者和企业所构成。如果说家庭是社会的细胞，那么，企业就是经济细胞，在现代经济社会中起着不可替代的作用。企业不是从来就有的，而是随着经济社会的发展而逐步发展起来

的，因此，企业是一个历史的概念，经历了家庭生产时期、手工业生产时期、工业生产时期和社会化生产时期等发展阶段。到今天，企业已经成为物质生产部门和非物质生产部门从事生产经营活动或者服务性活动的基本经济单位的普遍称谓。

从现代意义上看，企业是指由一定数量的生产要素所组成的以营利为目的，有计划、有组织、有效率地从事生产经营或者服务性活动的经济组织。① 这个概念包含有以下几个方面的具体含义：其一，与行政、事业单位等其他组织不同，企业必须是从事生产、流通和服务等经济活动的组织。其二，企业是一个营利性组织。营利是企业的本性，企业生存的前提和发展的动机就在于"创造利润"，它将人、财、物集中一起，以一种统合的力量扩大这三种构成要素的原有价值，使整体的价值增高；其三，企业在盈利的同时还要满足一定的社会需求，承担一定的社会义务；其四，企业必须自主经营、自负盈亏、自我发展和自我约束，通过参与市场竞争来获得利润，维持自身的生存，保证企业的健康、有序发展；其五，企业应当依法成立，符合法律的要求，如要有一定的组织机构、有自己的名称、办公和经营场所、有组织章程等要素，并由此具有民事权利能力和民事行为能力。

企业是社会经济组织的一种形式，因而也要具备组织的一般特征：第一，企业必须有目的性。任何组织的存在都是为了一定的目的，而且，为了这个目的，必定有其特定的结构和功能。同时，这个目的也成为组织成员的共同目标，从而维系着组织的形成与发展。第二，企业必须具有一定的组织结构。从系统论观察，企业是一个具有特定功能的有机整体，是一个系统，因而必须具有系统的基本特征。即企业不是由各个要素的简单结合而成，而是按照一定规则组成的有着整体性、相关性、层次性、环境适应性的内在联系的有机结构。第三，企业必须有一定的内部规范。作为一个组织，只有依据总体性要求才能协调组织内部各个要素之间的相互关系，从而达到系统整体功能的最优化状态。而如制度规范、道德规范、文化规范等内部规则统一了企业员工的思想和行为，并使得各个要素融合为一体、相互依存，形成一个有机的整体系统。

---

① 张士元、王瑞、李丹宁编著：《公司与企业法》，立信会计出版社2015年版，第2页。

（二）企业组织结构的要素

企业组织是一个人机系统，因而具有明显的系统性特征。在这个系统中，企业会像人体一样进行着"输入"到"输出"的"能量交换"。企业输入的是从事生产经营所必需的要素资源，通过运用物理的、化学的或生物的生产经营方法，按照预定的目标向社会消费者提供商品或服务，实现物质交换和价值增值，从而获得经济利益。也像一个活的有机体一样，企业也具有不可或缺的构成成分，即构成要素。例如，有需求性的产品或劳务，有足量的资金，有有能力的管理人员，有明确的目标，有适中的位置，有适当的制度，有适当的组织形态；等等。概括起来，主要包括人力的、物力的、财力的和信息的等方面的资源。也有学者将企业组织的要素总结为七项：目标、协同、人员、职位、职责、相互关系、信息。其中，目标是前提要素，协同是效率要素，人员、职位、职责、相互关系、信息是结构要素（见图4-2）。①

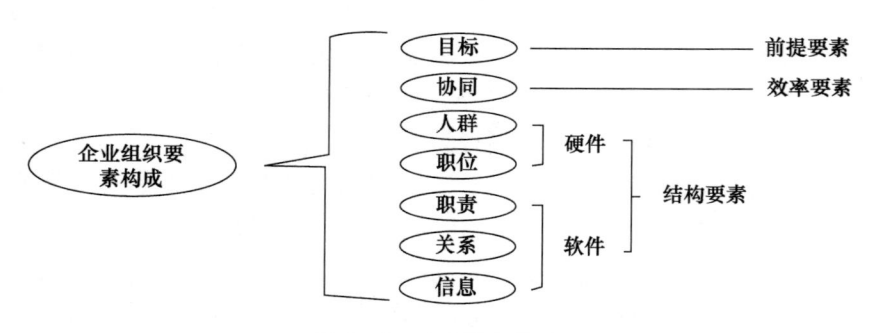

图4-2 企业组织要素

第一，作为前提要素的"目标"。组织中所有有效的管理，都从组织制定目标开始。没有明确的目标，企业营业就会失去方向。如果企业的管理人员本身就没有目标方向，则他们对自己行为的意义不知所以然了。因此，企业必须根据目标制定相应的政策，这项政策成为企业管理人员以及所有员工的行动指南，引领着企业经营的方向。可以说，目标是任何组织最重要的要素，建立一个企业首先必须确定目标，而且这个目标能够得到所有成员的认同。企业的目标是多方面的，不同类型的企

---

① 郑海航：《企业组织论》，经济管理出版社2004年版，第7—12页。

业在不同时期、不同环境下都会有各种不同的具体目标。但是，作为企业，其最根本的目标只有两个，即企业自身的经济效益目标和社会效益目标。企业是一个经济组织，它的首要目标就是实现利润最大化。而企业的社会效益目标，就是以提供产品和服务的方式满足社会需求，承担一定的社会责任。从整体上看，这两个目标是一致的，企业向消费者提供满意的商品或服务，而消费者对这种产品或服务的购买，最终使企业获得利益，社会也满足了需求。

第二，作为效率要素的"协同"。所谓协同，就是指组织的各个组成部分之间以及组织成员之间协调一致、共同努力的意愿和行动。首先，企业的管理系统的总体具有可分性，即将企业管理工作按照不同的业务需要可分解为若干个不同的分系统或者子系统，使各个分系统、子系统相互衔接、协调，形成协同效应。其次，企业的目标与企业成员的目标往往是一致的，但也会存在冲突。当二者是一致的时候，就出现协同效应；而当二者相背离的时候，就是不协同，从而产生行动的不一致，阻碍效率的发挥。因此，在企业中，领导者和管理者一个重要的工作就是运用一切方法协调企业成员与企业总体目标的一致性，努力将组织成员个人的目标和企业的目标统一起来、紧密联系起来，形成企业与个人的利益共同体。

第三，作为结构要素的"人员、职位、职责、关系、信息"。人员是指企业组织中的管理者和被管理者。人员是组织中最重要的资源，也是企业组织的最基本的要素资源，它包括诸如机器操作人员、技术人员、管理人员和服务人员等。人员是企业的主体和灵魂，人员的数量与质量往往左右着企业经营的成败。在企业的人员组成中，起着至关重要作用的是管理人员特别是企业家，他们能制定各项目标和政策，而且也有能力完成这些目标，执行这些政策。企业的成功，有赖于有效的企业规划、工作协调能力和组织管控能力，而这些就是管理人员的主要职责。除了人员外，职位也是基本的结构要素之一。所谓职位，就是指企业所有人员被任命的职务或者被指定的岗位。职位就像一个个关键的连接点，将企业的所有人员通过不同岗位的职责设定连接起来，形成了一张"大网"或者体系。在企业中，每个成员都有自己的位置，而且在各自不同的位置上承担着不同的职责，发挥着不同的作用。其中，职位就起到纽带、桥梁、组合作用，在不同岗位上的人员通过信息的上传、下达，使得企业成员和企业的各个子系统产生工作上的关联,在共同目标的指引下发挥着协同运作的效率。可见,企业通过对人员的职位安排,将职责、关系和信息要素有机地结合起来,形成了高效的组织协同系统。

(三) 企业的组织结构

企业的组织结构是指企业内部的机构设置和权力的分配方式。组织结构将企业管理要素配置在一定的方位上,确定其活动条件,规定其活动范围,形成相对稳定的科学管理体系。[①] 企业采取何种组织结构,是受组织的人数规模以及组织者、领导者的能力所决定的。企业的领导者个人的精力、体力和能力是有限的,这决定了其能够实现有效控制的幅度也有一定量的制约。当组织的人数规模还处于一定量的时候,领导者可以实施直接的管理和控制,因而组织的层级较少。但是当组织的人数超过这个有限的量的时候,领导者就会出现控制管理上有效性的降低,就需要在组织内部设立更多的行政等级,增加组织的层级结构。概括而言,企业的组织结构和管理幅度与层次密切相关。即当人数一定时,组织的层次与幅度成反比关系,组织的管理幅度越宽,组织的层级就越少;组织的管理幅度越窄,组织的层级就越多:

$$幅度 \times 层次 = 规模$$

根据这个原理,管理层级的多寡可以从外在形状上反映出组织结构的特征。当管理层级多时,就意味着组织呈现高耸型结构或金字塔型结构(见图4-3);相反,当管理幅度加宽以后,管理层级就相应地减少,就形成了倾向于扁平型的组织结构(见图4-4)。扁平型结构与金字塔型结构相比,优劣各不相同:首先,扁平型结构的优点是信息沟通渠道短,授权程度高;缺点是各级领导者的负担过重,对管理人员能力的要求过高,存在对组织失控的危险。其次,金字塔型结构的优点是便于监督和控制,上下级之间沟通多,能更准确地解决问题;缺点是上级干涉下级过多,管理层级过多造成信息传递慢,效率不高,管理成本较大,最高层和最底层距离过远。

当下,企业的组织结构形式复杂多样,主要有直线制组织结构、职能制组织结构、直线职能制组织结构、事业部制组织结构("U"型结构)和矩阵制组织结构等。根据管理层级的情况,均可以分别归类为扁

---

① 贾长松:《企业组织系统》,北京大学出版社2014年版,第89页。

平型结构和科层型结构。

图 4-3 科层型组织结构

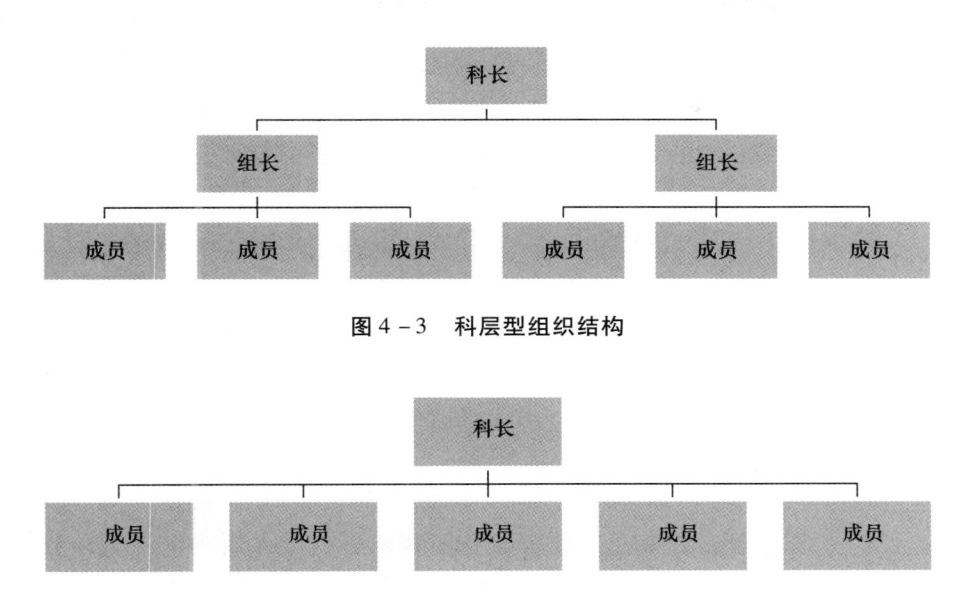

图 4-4 扁平型组织结构

二 有组织犯罪的组织结构要素

有学者指出,研究有组织犯罪问题有必要借助系统论的理论。[1] 系统论的观点认为,应把所研究的客体看作一个整体系统,而这个整体系统是由若干个相互联系和相互作用的要素所组成。莫洪宪教授也是按照系统论来给有组织犯罪界定概念的:有组织犯罪是以追求经济利益为基本目标,采取暴力和贿赂为主要手段,具有组织机构的层次性、组织功能的分解协调性、组织指令的规范性和组织成员的稳定性、组织形态由低到高的有序性,实施犯罪行为的犯罪组织整体系统。[2] 对此,我们深表赞同,认为有组织犯罪不仅是一个人的集合体,在本质上更是指由多人围绕一个目标、按照一定组织结构和行为规范而组成的力量协调系统(或有机体),只不过它是一个反社会的力量协调系统。从这一层面理解,有组织犯罪与企业在很多方面呈现同样的表现形态,至少是在组织

---

[1] 郭子贤:《黑社会(性质)组织形成研究》,知识产权出版社 2006 年版,第 151 页。
[2] 莫洪宪:《有组织犯罪研究》,湖北人民出版社 1998 年版,第 34 页。

要素、组织结构和力量整合等方面类似。所以，我们就不难理解为什么国外学者经常性地将有组织犯罪界定为一个"企业"①。将有组织犯罪视为一个企业，不仅是指有组织犯罪最终会发生企业化的转型发展，而且也是指有组织犯罪在组织结构、组织管理、行为目标、行为模式等诸多方面类似于或者借鉴现代企业的模式。因此，本课题用企业的视角来分析观察有组织犯罪企业化的发展趋势，就有了相当的合理性和可行性。

既然是一个"力量协调系统"，作为人类组织形式之一的有组织犯罪就具有共同目标、相关结构和共同规范等组织特征，也和企业的组织形式一样具有组织要素。

（一）有组织犯罪的目标要素

目标是一个组织最重要的要素，如果没有目标或者失去目标，这个组织就名存实亡，失去了存在的必要。② 对此，有组织犯罪也不例外。有学者曾经对组织目标与组织生存时间的关联问题作出了统计分析。该论者在对55个犯罪组织进行统计分析后观察到，具有明确组织目标的有28个，占50.91%。其中具有长期目标（一年以上）的有8个，占14.55%；没有明确组织目标的有27个，占49.09%。通过交互分类，可以看出组织目标的明确程度与组织生存时间的关系（见表4-2）。

表4-2　　　　组织目标明确程度与组织生存时间交互分类表③

组织存在时间	1—2年	3—4年	5年以上	合计
具有长期目标 （一年以上）	1 3.33%	3 23.08%	4 33.33%	8 14.55%
具有短期目标 （一年以下）	7 23.33%	8 61.54%	5 41.67%	20 36.36
没有目标 （或目标不明确）	22 73.34%	2 15.38	3 25.00%	27 49.09%
合计	30 100.00%	13 100.00%	12 100.00%	55 100.00%

---

① 关于国外学者将有组织犯罪界定为一个企业的观点，在前文已经有较多介绍，此处不再赘述。

② 郑海航：《企业组织论》，经济管理出版社2004年版，第9页。

③ 参见周伟编《黑社会调查——当代中国黑恶势力揭秘》，光明日报出版社2001年版，第40—41页。

根据表4-2显示，有长期目标的8个组织中，存在5年以上的就有4个。在30个只存在1—2年的组织中，只有1个具有长期目标；没有目标或目标不明确的却有22个，占比73.34%。可见，论者的这一研究结论证实了组织目标对于组织发展的重要性。

在现代社会中，有组织犯罪可视为典型的经济怪兽，通过在一定时期内有计划的行为，希望在最短时间内获取最大的经济利益，是所有有组织犯罪的最主要或者最终目的。可以说，有组织犯罪的基本目标是追求经济利益[1]，这一观点在域内外学界基本达成了共识。这一基本目的不仅决定着有组织犯罪的对象选择和行为方式选择，而且也决定着其组织模式的形成，同时这也是与恐怖组织犯罪的基本区别。虽然有组织犯罪也有对势力范围与社会影响力的追求，但其终极目的仍然还是为了在更大范围或更高平台上获取暴利。

（二）有组织犯罪的协同要素

如前所述，协同是指组织成员之间协作努力的意愿和行动。一个组织是由一个个个体组成，难免会出现个人目标和组织目标不一致的地方，因此组织的发展和组织是否有效率，协同起着关键作用。

从原始状态考察，犯罪最初形态或者最基本形态是"孤立的个人反对统治关系的斗争"。但随着人类生产力发展与社会生活的需要，具有相同利益关系的人出于共同的利益追求而实现特定的社会结合。犯罪也是一种社会活动形式，因此，自然也会借用社会组织的形式与国家和社会相对抗。当孤立的个人基于共同的目标组成一个整体性系统时，个体与整体的矛盾关系就需要通过某种制度安排来实现每个个体在整体范围内的协同运作，从而实现从"个体"到"整体"、从"量变"到"质变"的跃升。组织的协同造就了"新的力量"，这种力量和它的一个个力量总和有本质的不同。正是由于这种协同，使得犯罪组织从无到有、从粗疏到严密，就像个体生产走向企业化生产一样，是犯罪走向"高效

---

[1] 莫洪宪：《有组织犯罪研究》，湖北人民出版社1998年版，第29页。当然也有学者予以反对。如有学者指出："我们认为，尽管有组织犯罪通常是以获取经济利益为主要动机的，但把获取经济利益作为一切有组织犯罪的唯一动机的观点是不妥当的。这里，且不说作为有组织犯罪之一的恐怖活动组织犯罪主要是出于政治动机，追求的是权力目标；即便是就一般的有组织犯罪而言，其动机也极可能是非单一的。"参见冯殿美、周长军、于改之、周静《全球化语境中的有组织犯罪》，中国检察出版社2004年版，第63页。

率"的标志。而且也正是如此，有组织犯罪的犯罪能量和破坏力远远大于单个人的犯罪或者普通的共同犯罪，所以才需要特殊的治理措施。

（三）有组织犯罪的结构因素

就像"砖、木、砂、石、灰"是构建建筑物的基本要素一样，"人、位、责、系、讯"就是组织这个"大厦"的基本构件。其中人员和职位是构成组织的"硬件"，而各个职位的职责、职位之间的相互关系和信息交流，则构成了组织的"软件"。出于研究的需要，在此只谈"硬件"要素，即犯罪组织的人员要素和职位要素。

首先，有组织犯罪的组织是一个多个人的联合体，因此，像其他任何组织一样，犯罪组织一定会把人放在首位，十分重视人的重要性。组织的人员要素主要体现在质和量两个方面。其一，在组织人员的"量"即组织人数上，虽然国内外都有一些观点主张有组织犯罪可以有二人或二人以上实施，如美国加利福尼亚州刑法将有组织犯罪界定为"二人或者二人以上在长期目标的基础上从事一种或多种如下行为……"[1]，但是目前普遍的观点是认为只有三人以上才能构成所谓有组织犯罪的组织，不论是作为有组织犯罪低级发展形态的犯罪团伙，还是作为高级形态的犯罪集团、黑社会性质组织和黑社会组织。而且，这一认识已经在2000年联合国第55届大会通过的《联合国打击跨国有组织犯罪公约》（《巴勒莫公约》）获得确认，即有组织犯罪集团是指由三人或三人以上所组成的组织。其二，在组织人员的"质"即人员能力上，犯罪组织也关心成员个人是否会服从犯罪组织的目标，是否对组织忠诚，是否有相应的犯罪能力和技术等。数据统计显示，在有组织犯罪成员中两劳人员、有犯罪前科人员比重较大，尤其是其中的核心成员几乎都有违法犯罪和被处罚的经历，其在加入犯罪组织后，会更加忠诚于组织的目标，更加长期以犯罪活动维持其生计。而且，相对于一般犯罪人，他们的犯罪技能熟练，应对查缉的能力强，具有比较牢固的犯罪自我形象和犯罪价值观。这一点已经获得众多的实证研究证实，体现在有组织犯罪中犯罪人的前科劣迹、成员的年龄和文化程度等方面。例如，陈世伟教授对我国西南地区（贵州、云南、四川和重庆）所做的调查分析显示，西南地区黑社会性质组织成员中有累犯记录的占有犯罪前科总人数的

---

[1] 转引自莫洪宪《有组织犯罪研究》，湖北人民出版社1998年版，第2页。

63.9%，组织成员中初中文化以下人数占样本总人数的 80.5%；[1] 靳高凤教授对全国 327 件案件进行调查分析后发现，有 43.44% 的组织者、领导者有违法犯罪经历，而且骨干成员一般也多有违法犯罪经历。[2] 课题组在前文对 431 件企业化有组织犯罪案件的数据统计显示，在我国东部、中部和西部地区有两劳人员和犯罪前科人员的犯罪组织占比分别达到 71.57%、63.23% 和 71.43%。

其次，组织的职位要素在有组织犯罪中体现为组织成员的等级，即是有组织犯罪的组织者、领导者，还是骨干成员、积极参加者和一般参加者，这主要是根据成员在组织的建立、发展过程中所起到的作用来划分的。当然，在传统的、典型的有组织犯罪中，也会有各种职位的明确设置，甚至有不同职位的名称。例如，美国的 3K 党的首脑叫"大巫"，下设大区、州、县，头目分别叫"大龙头""大头目""巨人""独眼龙"等；我国当代黑帮的职位设置和称谓对传统帮会有继承，对国际黑帮也有借鉴，如设"堂主""龙头大哥""主帅""副帅""军师""红棍""黑根"等，还有一些特有的称谓，如"书记""参谋长""队长"等。一般而言，犯罪组织成员分为帮主、军师、骨干、一般成员和外围人员。帮主主持组织内的一切大权，是组织活动的最终拍板者和总指挥；军师则是帮主的左膀右臂，出谋划策，拟订工作计划；骨干既充当活动的"先锋"，有时也充当组织的"执法者"和监督其组织成员的"密探"。在科层型的组织结构中，职位之间等级森严，下级绝对服从上级，全帮服从帮主，实行集权专制的家长式管理。[3]

三 我国有组织犯罪组织管理结构的企业化表现

如果按照生产活动中的功能来划分，企业组织可以分为两大类，即生产组织和管理组织。前者是以人为主，由人、劳动手段、劳动场所、劳动对象等生产要素有机组成的生产单位和部门；后者是围绕企业的正

---

[1] 陈世伟：《黑社会性质组织犯罪的新型生成及法律对策研究》，法律出版社 2016 年版，第 250—251 页。

[2] 靳高凤：《当前中国有组织犯罪现状与对策》，中国人民公安大学出版社 2012 年版，第 26—27 页。

[3] 沈湘平编：《当代中国黑社会考察》，金城出版社 1998 年版，第 50—52 页。

常运转、行使企业经营管理功能的组织。① 企业生产组织是特定历史阶段上生产力水平的体现，又是那个历史阶段一定生产关系的体现，其经历了单个人生产发展而来的"手工作坊"组织→商业资本为核心的"联系生产组织"包买商制度→精细分工的生产组织"手工工场"→科学的人机生产组织"机器工厂"的渐进发展过程。这一发展过程既受组织规模扩张的影响，反过来又对因组织规模扩张所带来的组织管理形式提出了新的要求，从而带动了企业管理组织结构模式上的变迁。

就有组织犯罪而言，逐利性本质决定了有组织犯罪向企业化趋势发展的基本方向，而组织规模的扩张又对有组织犯罪企业化发展起到了推动作用。换言之，企业化是有组织犯罪发展到一定阶段的产物，凡是具有企业化发展趋势的有组织犯罪组织（集团），其相较于一般的犯罪团伙、有组织犯罪集团或黑社会性质组织，在组织规模、经济基础、协同能力等诸方面均有明显提升——成员人数较多、有相当经济积累和有相对高效的"协同"系统。

除了在组织目标上犯罪组织和企业具有很强的趋同性外，犯罪组织不断适应外部环境的变化，借鉴企业制度广纳人才、改造组织结构、创新组织领导体制与管理模式，以提高逃避司法打击、拓展组织生存空间的能力，同时提高犯罪效率，增强经济实力。因此，在有组织犯罪向着企业化趋势发展时，企业化的犯罪组织与合法企业在人员构成、职位设置、组织结构、组织管理以及经营活动等方面具有高度的相似性，呈现出企业化的特点。

（一）人员构成的企业化

企业化的犯罪组织人员众多，这一点不言而喻。例如，课题组的数据统计显示，在我国东部地区、中部地区和西部地区成员人数达到11—20人的企业化犯罪组织占比分别为40.56%、49.77%和50.00%；成员人数达到21—30人的企业化犯罪组织占比分别为20.28%、11.37%和25.00%；甚至还出现成员人数超过100人的企业化犯罪组织。更为重要的是，企业化的犯罪组织的成员在"质量"上会更进一步。企业化犯罪组织的人员质量可以体现在三个方面：

其一，组织领导者（"企业家"）和组织成员的文化程度。组织人

---

① 郑海航：《企业组织论》，经济管理出版社2004年版，第24页。

员的文化程度高低能够直观地反映组织人员的"质量"高低。有学者统计，在20例涉黑"民营企业家"犯罪案件中，大学文化程度的8人，占40%；高中文化程度的4人，占20%；初中文化程度以下的7人，占35%。[①] 据本课题组统计数据显示，在我国东部、中部和西部企业化的有组织犯罪中，成员中具有初中文化结构的犯罪组织占比分别达到82.29%、72.97%和82.61%；成员中具有高中文化结构的犯罪组织占比分别达到37.50%、24.32%和65.22%；成员中具有大学文化结构的犯罪组织占比分别为7.29%、9.46%和21.74%。而在总体有组织犯罪中，组织成员的文化程度普遍偏低。这一数据对比，反映出企业化的犯罪组织在人员"质量"因素方面总体较高。

其二，组织领导者（"企业家"）的"政治身份"。"政治身份"虽然不能完全与个人的业务素质和道德品质高低相对应，但往往也能反映出个体工作能力和业务素质的高低，因为品德高尚、能力突出、贡献大的人，更容易获得社会和官方的认可，更易获得更多的荣誉称号和"政治身份"。因此，犯罪组织领导者（"企业家"）的"政治身份"有无或者多少，可以作为衡量企业化犯罪组织人员质量高低的标准之一。作为一个企业，应该承担着更多的社会责任，企业家本应有更高的社会责任意识和规则意识。企业化的犯罪组织中所谓"企业家"不仅具有高比例的参政热情，而且也往往拥有不同的"政治身份"，但是其获得"政治身份"不是为了更好地服务于社会，而更多地是为了突破行业壁垒以获得稀缺垄断资源牟取暴利，或者是将"政治身份"作为"保护伞"以掩盖自己的犯罪行为。可以说，拥有"政治身份"，表明了犯罪组织人员的"质量更高"，企业化犯罪组织的犯罪能力更加强大。有学者统计，在20位涉黑"企业家"中，15人曾拥有人大代表、人大常委会委员、政协委员或者行政职位的"政治身份"，占总数的75%。[②]

其三，企业化犯罪组织成员构成。如前文所述，人员是组织的基本构成要素之一，而作为一个组织的人力资源要素，则由人员的数量和质量两个方面构成。人员的数量决定了组织规模的扩张，而人员的质量决定了组织层次的提升。传统的有组织犯罪依靠暴力打天下，牟取非法利

---

① 袁琳、佘杰新：《民营企业家涉黑犯罪风险防范研究》，《江海学刊》2016年第4期。
② 袁琳、佘杰新：《民营企业家涉黑犯罪风险防范研究》，《江海学刊》2016年第4期。

益的方式也主要采取暴力掠夺，因此，为了急速扩张组织规模，不需要对成员的来源有特殊要求，只需考虑成员对组织是否忠诚以及是否有犯罪经历或经验。而社会闲散人员、吸毒人员等社会边缘人群无疑为有组织犯罪的规模扩张提供了强大的人员储备，正因为他们没有更多的谋生手段，所以对犯罪组织的依赖性更强，对组织更为忠诚，实施犯罪更加坚决。同时，实施暴力性犯罪需要有犯罪经历或犯罪经验的人员，因而两劳人员和有犯罪前科人员更易被犯罪组织所吸收，他们的犯罪能力正是有组织犯罪发展所急需的。例如，根据前文统计，在有效样本中，成员中有闲散人员的犯罪组织占比为58.5%，成员中有两劳人员的犯罪组织占比为18.1%，成员中有犯罪前科人员的犯罪组织占比为25.1%。可见，社会闲散人员、两劳人员和有犯罪前科人员仍然是犯罪组织的主要来源人群。同时，也正是由于传统的有组织犯罪在吸收成员时更加侧重于对犯罪经历和忠诚度的考量，因而其吸收成员的范围往往在熟人之间，如具有宗族血缘关系、来自同一地域等。但是，随着有组织犯罪的企业化发展，有组织犯罪开始渗透合法经济领域，有些甚至已经将触角伸向金融、网络、计算机等高端经济领域，犯罪形式日趋多样化和智能化。此时，仅仅依靠文化层次低的社会边缘人员难以满足犯罪发展的需求，因而越来越多的犯罪组织开始从社会上招募成员，不再局限于宗族或者地域关系，组织中的血缘、地域因素在减弱。例如，自2012年以来，河南省淮阳县郑某成立并经营白癜风医院和淮阳县商贸有限公司，在社会上招募郑晓磊、刘华、王兴旺、刘静等人为公司员工。为了牟取更大利益，郑某以该公司为依托，非法吸收公众存款，采取签空白合同、低收高放的方式向社会不特定人员放贷。为了保证高息等非法利益顺利回收，拉拢公司员工郑晓磊、刘华、王兴旺、刘静等人，纠集笼络有前科劣迹人员、社会闲散人员以及雇用残疾人加入该组织。在郑某的领导下，该组织成员不断增加，势力不断扩大，逐步形成了一个结构严密、层次分明、骨干成员基本固定、管理有序的黑社会性质组织。[1]

（二）职位设置的企业化

有组织犯罪的企业化发展使得组织规模日益扩大，犯罪领域日益多

---

[1] 周口市中级人民法院：《法网恢恢不疏不漏 黑社会组织终覆灭》（http://www.hncourt.gov.cn/public/detail.php?id=175957），2018年11月22日。

元，依靠传统模式已经无法进行有效管理和控制，于是开始借鉴现代企业制度，建立起分工明确、等级分明、协调配合的组织结构，根据犯罪需要和"市场"需求模仿企业设置了相应的岗位、部门和层级管理，在组织管理模式上呈现出企业化态势。

在企业化的犯罪组织中，企业的日常经营与违法犯罪活动交织在一起，犯罪组织的管理与企业的组织管理重叠在一起，所以从外表上看，企业经营模式与正常的企业没有很大的区别。从组织机构设置看，企业化的犯罪组织中职能系统与正规合法的公司颇为近似，也设有董事长、总经理、副总经理、部门经理、业务员、会计、出纳等职位，犯罪组织的领导者同时又是企业的法人代表，组织成员同时又是企业员工。然而从企业的内部看，这些职位的职权与合法的企业大相径庭，职权完全与组织成员在犯罪组织中的身份地位相对应，董事长、总经理、人事、财务主管、部门经理等职位对应着组织的内部层级，实际上也无所谓职级编制，往往是因人定岗。另外，企业化的犯罪组织与合法企业还有一个明显不同，犯罪组织结构内部通常设有一个暴力部门和所谓的"司法部门"，通过经常性地实施暴力维持组织的稳定和领导者的权威，保证组织成员行动的一致性和组织性。以王某黑社会性质组织案为例，该组织头目王某系伟一公司的法人代表，王某之下的三名组织核心成员担任公司高管，分别负责公司的人事、财务、技术及外围。高管之下另设多名部门主管，直接管理各游戏厅的经理、副经理，组织的所有成员均是公司员工，层级更加清晰，分工更加具体。该组织在进行其他违法犯罪活动时，成员之间的地位也遵循了公司中职务的高低，逐级上报，服从指挥，各部门之间不能相互打听，不能越级汇报。再比如，在山东省聂磊黑社会性质组织犯罪案件中，聂磊及其黑社会性质组织为取得经济支撑，成立全濠实业有限公司，由刘峰玉负责经营管理，先后开发、购置如意大厦、明珠花园等多处房地产，攫取了巨额经济利益；开设新艺城夜总会，由李某负责经营管理，杨天施、蔡森森等协助，组织妇女异性陪侍、卖淫，非法经营夜总会获利数千万元；开设地下赌场，由姜元、卢某某负责并纠集钟东、谢龙，组织刘勇、王群量、沈国栋、赵德善等人进行管理，牟取暴利。"聂磊公司"老大是聂磊，第一层级人员是李某、卢某某、安某某、钟东、钟方、钟伟、刘峰玉、吕传波、王青、谢龙、姜元、史某某、王某等人；第二层级人员是任某和石刚、薛宗辉、王健、李方强；第三层级是陈英、程祥生等人。组织中的第一层级、第二层级人员都有各自的手下。聂磊不让其手下相互联系，所有人只受他的控制、单线联系；聂磊从不组织全部人员开会安排事务，都是单独安排事情，也不让互相打听，让手下之间互相猜疑，以确保他的威严。①

企业化犯罪组织的职位设置如图4-5所示。

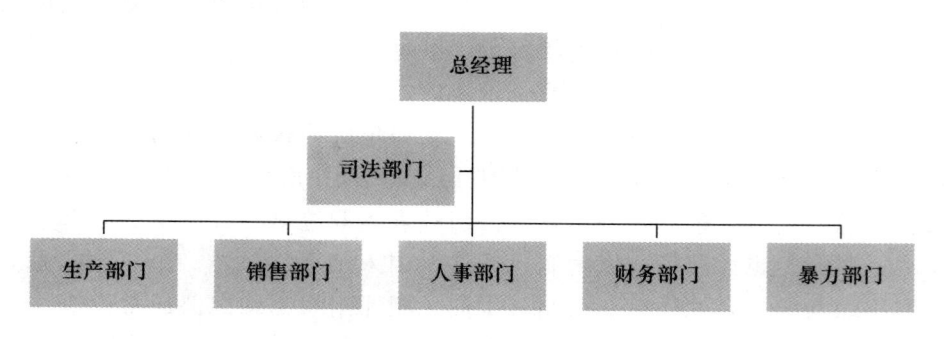

图4-5 企业化犯罪组织职位设置

（三）组织结构的企业化

所谓组织结构，就是指组织内部对工作的正式安排。企业的组织结构是指企业的部门设置、职能规划等最基本的结构，具体是指组织中各职能部门的排列方式。企业常见的组织结构有"U"型结构、"M"型结构、"H"型结构、矩阵制结构和模拟分权制结构等。②

有组织犯罪是从单个人犯罪→共同犯罪→集团犯罪逐渐演变而来的，因此，犯罪的组织结构形式也随之发展演变。在有组织犯罪的低级形态——团伙犯罪阶段，由于组织的规模较小，组织活动尚不复杂，组织的领导者尚有能力对组织进行有效的控制和指挥，因而组织往往采取

---

① 参见（2011）青刑一初字第48号"聂磊等犯组织、领导、参加黑社会性质组织等罪案刑事附带民事判决书"。

② 百度百科："企业组织结构"词条（https：//baike.baidu.com/item/%E4%BC%81%E4%B8%9A%E7%BB%84%E7%BB%87%E7%BB%93%E6%9E%84/1049181？fr = aladdin），2019年4月13日。

扁平型组织结构形式，这样有利于组织内部信息的传达和业务的往来传递。但是当犯罪组织规模逐渐增大且活动日益复杂广泛时，采取扁平型组织结构就会使组织的领导者陷入繁杂的事务之中，不利于组织活动的有效开展和对组织的控制、管理。特别是当组织犯罪迈向企业化发展阶段时，组织的规模明显扩张，组织的活动领域更加广泛，组织的管理成本和生存成本成倍增加，基于领导者的个人素质以及有效管理组织开展活动的原因，就需要摒弃传统犯罪团伙的简单分工状态，而采取现代企业常用的"U"型结构即科层型组织结构。这样更加有利于领导者对组织的有效管理。在这种组织结构模式中，上层主要负责战略决策，管理幅度要窄些，下层为日常事务和操作管理，管理幅度可以宽一些。

"U"型结构（科层型结构）保持了直线制的集中统一指挥的优点，并吸收了职能制发挥专业管理职能作用的长处，适用于市场稳定、产品品种少、需求价格弹性较大的环境。但是，从20世纪初开始，企业的外部环境发生了很大的变化，"U"型结构的缺陷日益显露，一些企业开始采用"M"型结构、"H"型结构、矩阵制结构和模拟分权制结构等多种结构形式。由于企业化的犯罪组织在本质上是一个暴力性的犯罪集团，它仍是以暴力、威胁或者贿赂等违法犯罪手段寻求行业、地域非法控制来牟取暴利，并不存在现代企业因市场竞争需要而改变组织结构的急切性，且科层型组织结构更加利于组织者、领导者对组织的控制和指挥，因此，当前世界范围内的企业化的犯罪组织在组织结构上仍是以"U"型结构即科层型结构为主。

当然，正如有学者指出的那样，由于传统的科层型结构上下级关系密切，组织的防护能力受到挑战，随着社会组织形式的日益多元化，我国实践中采取扁平型结构的犯罪组织也开始出现和增加。[1] 我们认为，犯罪组织采取扁平型的组织结构尽管有规避打击、增强自我保护的考虑，但主要还是因为其发展阶段较低、组织规模不大的原因。在扁平型组织结构下，犯罪组织存在结构相对松散、层次简单、等级不明、管理不严等缺陷，不利于以社会化大生产的方式参与市场竞争与扩大"企

---

[1] 张远煌：《中国有组织犯罪发展状况及立法完善对策思考》，载《第四届当代刑法国际论坛——全球化时代有组织犯罪的惩治与防范国际学术研讨会会议论文集》，北京师范大学刑事法律科学研究院，2011年，第92—106页。

业"规模，不论这种市场是合法市场还是非法市场。但是也不排除在企业化过程中为了缩短上下联系渠道、提高信息畅通和指挥效率，而采取扁平型组织结构的情况。当实现了完全企业化甚至组成了大型企业集团时，科层型组织结构仍是其主要组织结构形式，我国的刘涌黑社会性质组织和刘汉黑社会性质组织即为明例（见图 4-6）。国外的一些明显企业化的有组织犯罪集团，如意大利西西里黑手党（见图 4-7）、意大利神圣王冠联盟（见图 4-8）、俄罗斯黑手党（见图 4-9）、日本雅库扎（见图 4-10）等，大多采用的就是科层型组织结构。[①] 但是也不能否认，随着有组织犯罪发展到企业化的成熟阶段，只要有利于牟取更大经济利益，其组织结构形式也会逐渐多样化，借鉴现代企业制度而采用"M"型结构、"H"型结构、矩阵制结构、模拟分权制结构等多种结构形式的情形会逐渐增多。

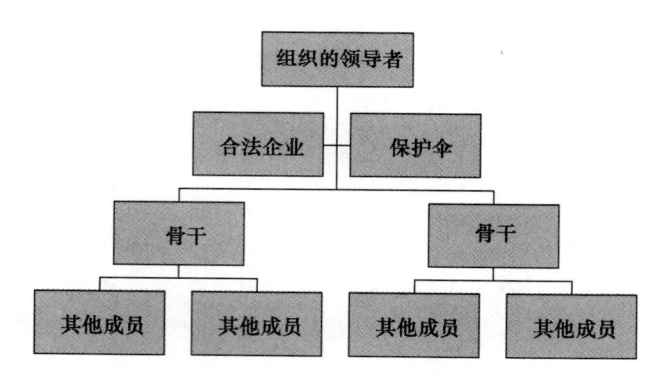

图 4-6 我国结构严密型的有组织犯罪集团组织结构

（四）管理模式的企业化

"管理具有生产力属性"[②]，管理就是效益。在企业生产中，在具有相同的人员素质和相同的物质、技术设备的条件下，企业的管理水平就决定了企业的生产效益。在不同国家间，同一国家的不同企业间，企业管理模式均存在着因社会背景的不同和企业规模、技术构成、产品特

---

① ［美］保罗·兰德：《有组织犯罪大揭秘》，欧阳柏青译，中国旅游出版社 2005 年版，第 55/75/85/95 页。

② 郭跃进：《管理学》，经济管理出版社 2003 年版，第 24 页。

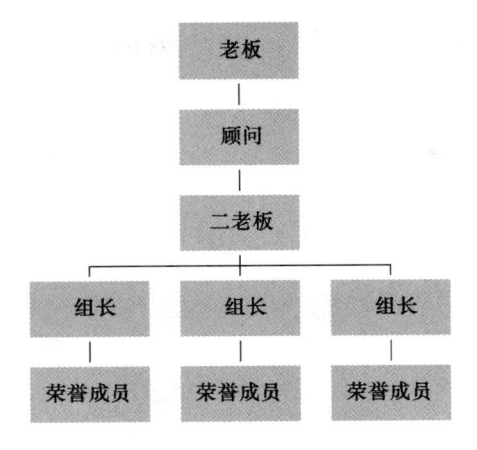

第四章　我国有组织犯罪企业化的路径及表现分析 | 213

图 4-7　意大利西西里黑手党组织结构

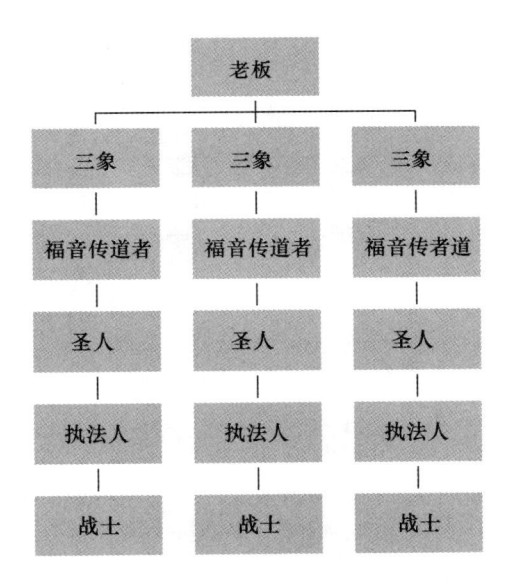

图 4-8　意大利神圣王冠联盟组织结构

点、生产方式、组织结构、职工构成、领导作风及企业传统的不同而导致的差异。[①] 在影响企业的经济效益的众多因素中，人是最重要的因

---

① 韩双林、马秀岩主编：《证券投资大辞典》，黑龙江人民出版社 1993 年版，第 8 页。

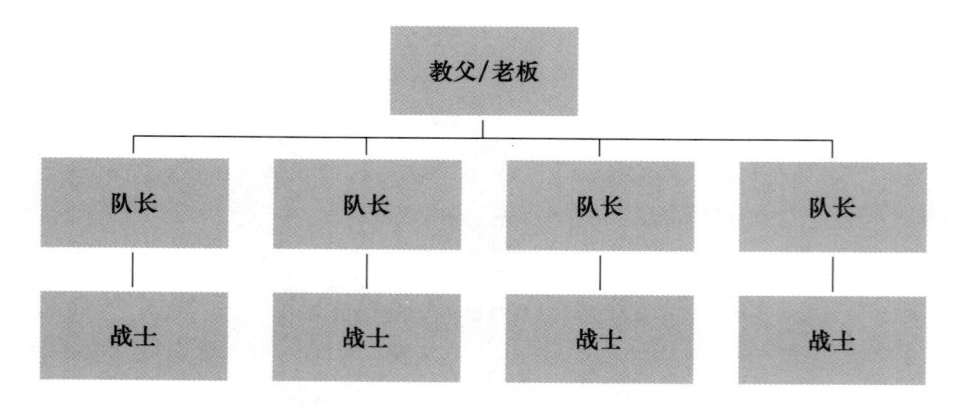

图 4-9 俄罗斯黑手党组织结构

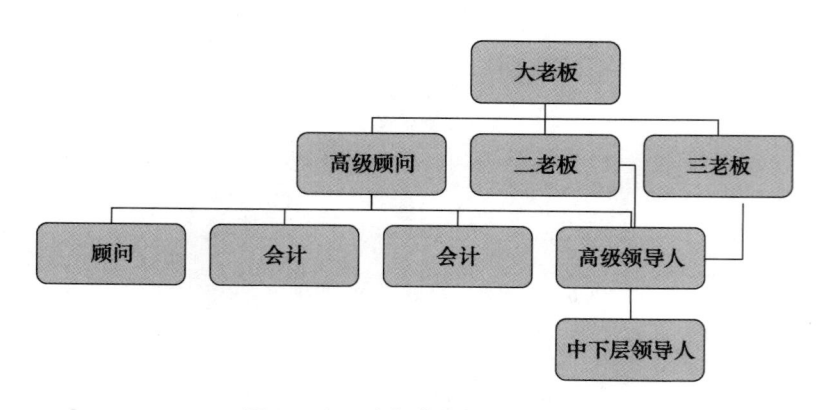

图 4-10 日本雅库扎组织结构

素，因此，"管理的特点是强调以人为中心的管理"①。为了提高人员的积极性，企业创制了多种管理模式：其一，亲情化管理模式。亲情化管理模式其实就是家族企业的管理模式，即企业采取家族血缘式的管理方法。在企业发展的初期阶段，家族式的管理模式能够体现非常强的内部聚合功能，但是在一定时期或者一定条件下，就显示出致命性的弱点——内耗功能。其二，友情化管理模式，是指以朋友的友情化为原则来处理企业中的各种关系的管理模式。这种模式在企业初创阶段确实有积极意义，但是当企业发展到一定规模时，就会产生负面效应。其三，

---

① 俞文钊：《管理心理学》，甘肃人民出版社 1989 年版，第 3—4 页。

温情化管理模式,即强调人情味的人性化管理模式。这种模式更多地调动人性方面的内在作用,但也有一定不足。其四,随机化管理模式,即没什么规则可循。这种随机化管理模式在民营企业等组织中有一定土壤,但是不利于企业成长。其五,制度化管理模式,是指按照一定的已经确定的规则来进行企业管理。其六,系统化管理模式,即以制度化管理为主的多元管理模式。在现代企业管理中,一般会采取系统化管理模式,建立公司规章制度、员工守则等规范,约束公司管理及员工的行为。企业化的犯罪组织的犯罪活动,是一种特殊的"产业"活动,同样存在管理问题,而且其管理水平同样是决定犯罪效益的最重要因素之一。

传统的有组织犯罪或者处于发展初期阶段的有组织犯罪往往以暴力为后盾,多采取亲情化管理模式、友情化管理模式或者随机管理模式对组织进行管理。这一点可以具体体现为有组织犯罪成员多来自具有血缘或者地缘关系的人群。因此,在处于低级阶段的传统犯罪组织中有比较具体、清晰的管理规定的很少,而把这些管理要求予以明文规定的则更少,更多地以不成文的"行帮文化"和"哥们义气"来稳固组织。例如,我国有学者在 2000 年左右曾对此做过调查:发现在 55 个犯罪组织中有比较具体、清晰的纪律或规定的只是小部分,仅占 23.67%;而把这些纪律、规定写成文字的更少,仅占 14.55%;在 20 世纪 80 年代至 90 年代初期,有严格的文字要求的组织寥寥无几。[1] 但是到了 20 世纪 90 年代末,情况发生了明显变化。随着有组织犯罪的企业化发展,一些犯罪组织开始模仿现代企业管理模式,结束了仅靠"帮规"约束的时代。

借鉴、模仿企业化的管理模式体现在两个方面:一是将组织的纪律要求明文化、制度化、明确化。这种明文规定的纪律实际就是制度化的组织规范的一种形式,它对组织成员的约束是明确而具体的。而且这种明确而具体的纪律常常是十分严厉的。比较典型的是四川省宜宾市的狄绍伟黑社会性质组织,他们制定的《员工手册》共四章十七条,俨然成为组织的"刑法"。内容包含对出卖、背叛、损害组织利益,不服从命令的处以割舌、挖眼、切指、断双手、断双腿等处罚,直至处死;并

---

[1] 周伟编:《黑社会调查——当代中国黑恶势力揭秘》,光明日报出版社 2001 年版,第 50 页。

且 "不准酗酒、烂醉，酒后 5 小时之内不得外出"，"不得无故擅自外出，外出必须讲明去向"，"公共场所必须衣冠整洁，礼仪端正"等。① 组织纪律的书面化程度体现了组织的正式化程度和组织的成熟度，也和组织的企业化程度相一致。二是管理手段出现"两极化"倾向，"去暴力""软暴力"加强，暴力不再是企业化的犯罪组织必须手段，模仿企业制定严格的企业日常行为规范，健全人事、财务、管理、奖惩等制度，借助于"公司章程""企业管理规章""绩效管理制度""工作流程""考核管理制度""员工培训手册"等现代企业制度形式来规范成员的行为，并且学习企业中的奖惩机制提高成员的积极性，建立高效的企业化运行机制，从而提高企业化犯罪组织的活动效率。以王某涉黑案为例，该组织以公司名义定期组织成员开会，统一思想，加强管理，组织头目制定出了"三不准：不准打架，不准酗酒，不准打机子""三不用：吃软饭的不用，吃里爬外胡说八道的不用，吸毒的不用""三防：防公安，防媒体，防水电气"等规章制度，在会议上传达。在成员控制方面，该组织要求成员进入公司之时扣押身份证原件、登记本人及家庭的详细信息，根据任职岗位不同缴纳金额不等的押金，由公司财务人员统一保管。如有成员违反规定，轻则辱骂，重则殴打，并向公司写下数十万元的巨额欠条，防止再犯或轻易脱离。除此之外，该组织还引用了现代企业管理中的激励机制，对表现好的成员以派发股份的形式进行奖励，将在组织活动中表现突出者晋升至管理层。② 通过企业化的管理使组织更加稳固，成员更加稳定。

但是，不论企业化的犯罪组织如何借鉴、模仿现代企业的管理方式，其在组织内部管理上仍是以暴力作为最后的基本手段。例如，重庆市的岳村黑社会性质组织制定了"三要两不"（要忠诚、要听招呼、要懂事，不惹事、不怕事）、"三刀六洞"（违反家法，要被刺三刀，每刀刺穿、贯通，三刀共六洞）、"不求知、不应知"（不该打听的不要打听，不该知道的不要知道）、"五条禁令"（禁止藏毒、贩毒、吸毒、涉毒；严禁参与赌博；严禁酗酒闹事和工作时间饮酒；严禁出卖公司机密、假公济私；严禁

---

① 周伟编：《黑社会调查——当代中国黑恶势力揭秘》，光明日报出版社 2001 年版，第 51 页。
② 姜杰、李宝玲：《公司化黑社会性质组织犯罪的特征及认定》，《中国检察官》2014 年第 5 期。

欺压弱势群体、打架斗殴）等"规章制度"约束成员。[①]

第三节 我国有组织犯罪行为方式的企业化

有组织犯罪的企业化使得犯罪组织在运营机制、经营管理等方面，在表面上看与一般企业、公司无异，体现出明显的企业化特征和运作模式。通过这一企业化模式的假象，以假乱真、迷惑社会，以公司、企业的名义从事非法或合法经营，承揽国家各类建设项目，大肆涉足社会经济领域，从中谋取巨额非法经济利益。

一 企业经营与企业经营机制

企业经营是指企业为了实现经济利益最大化，以市场为对象，以商品生产和商品交换为手段，用最少的物质消耗创造出尽可能多的能够满足人们各种需要的产品的经济活动。企业经营是依据企业内部能力和外部环境而从事的商品经济活动。企业的内部能力包括企业的人力、物力、财力、技术力量和其他各种可能条件；企业的外部环境包括企业外部的各种客观因素和国家法律规定等。企业与经营是形式与内容的关系，表现为相互依存、相互促进的一体化进程。企业组织形式的存在与发展，取决于企业经营内容的适应性与进步性。在现代商品经济日趋发达的条件下，人们把企业建立起来是一回事，而企业是否能生存与发展则是另一回事。人们建立企业的成败关键在于怎样从事企业的经营活动。经营活动成功，企业就发展；经营失败，企业就破产、倒闭。

企业经营具有下列主要特征：第一，企业经营是生产过程和流通过程的结合。企业经营把生产过程和流通过程结合起来，是商品经济高度发展的客观要求。企业经营是以营利为目的的，力图通过减少经营活动中间环节的各项费用支出，获得更多的利润，从而促进企业把生产过程与流通过程结合起来。这样做的结果，有助于提高整个社会的经济效益，符合商品经济高度发展的客观要求。第二，企业经营是内部能力与外部环境的结合。企业经营就是要有效地运用与协调企业的内部能力，

[①] 于松：《岳村：帮规是套用警队"禁令"13 项指控认 8 罪》（http://news.sohu.com/20091218/n269036859.shtml），2009 年 12 月 18 日。

包括对人力资源、机器设备、物质设施、原材料、资金、科研技术力量和其他各种条件的运用,对人员之间的关系、单位之间的关系以及组织系统中的纵向和横向关系的协调。这是企业经营事业取得成功的立足点。第三,企业经营是整体战略和具体战术的结合。在企业经营过程中,既不能片面强调整体战略的安排,也不能片面强调具体战术的确定;既不能孤立地进行整体战略的安排,也不要孤立地进行具体战术的确定。而是应当按照企业经营目标的要求,把整体战略的安排和具体战术的确定适度地结合起来,以整体战略指导具体战术,以具体战术落实整体战略。只有这样,才能保证企业经营活动全过程的顺利进行。

企业作为自主经营、自负盈亏、独立核算的经济主体,要求其必须建立一套适应市场需要的运营机制即经营机制,以不断满足市场需要,增强自身竞争能力。因此,企业的经营机制就决定着企业经营的"好"与"坏",影响着"经济势能"。"机制"一词本来意指机器的构造或者运行原理,当被引入经济学领域后,就具有丰富的含义。所谓企业经营机制,是指有关制约企业生产经营活动行为的各种内外因素相互作用所体现出来的内在机能和运营方式。如果我们将企业理解为人格化的主体时,它也是一个能够吐故纳新、自我发展的有机体,因而也会存在类似于自然人的生命系统。在这个系统中,不仅需要内部各个子系统的配合与衔接,更需要内外各种因素的相互联系和相互作用,从而产生能够推动自我发展的功能和力量。

企业经营机制存在于一切企业之中,且其主要机能包括相辅相成的两个带向量的力:动力和约束力。动力是指企业向前、向上发展的驱动力,左右着企业经营的积极性和创新性。约束力又包括外部约束和自我约束。其中,适度、合理的外部约束既能够保障企业经营长远目标的实现,又能确保企业在一定的轨道内运营。但是如果外部约束管控过于机械和死板,又将会极大地扼杀企业的内在积极性和发展动力,使其丧失活力。自我约束是一种内部约束力量,是指企业应当自觉遵守国家法律法规,正确处理国家与企业、企业与职工的关系,建立自己的约束和监督机制,规范自己的行为。动力和约束力是两个不同方向的力量,二者形成合力,共同作用于企业为实现奋斗目标而努力经营。

企业经营机制同企业动力、约束力、企业奋斗目标的关系如图4-11所示。

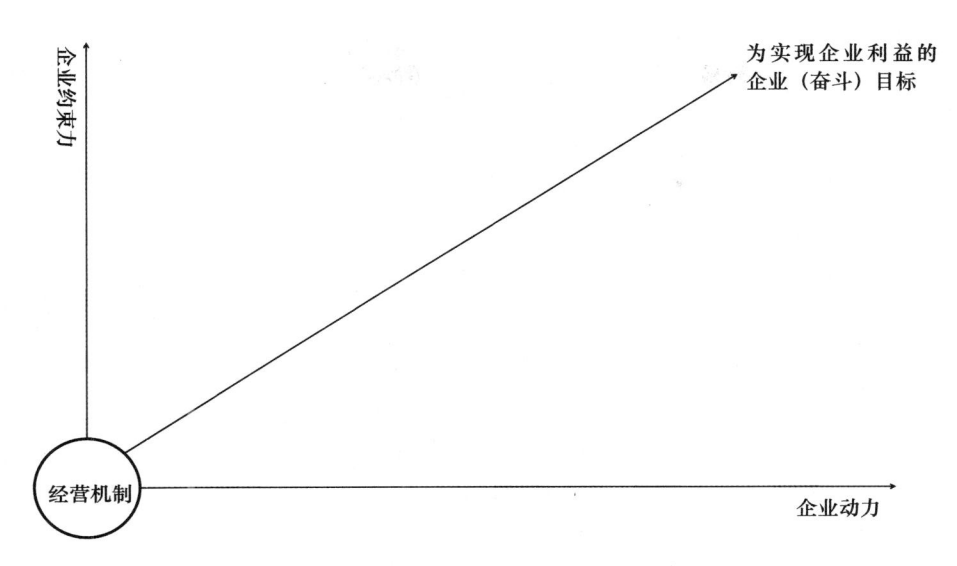

第四章 我国有组织犯罪企业化的路径及表现分析

图 4-11 企业经营机制同企业动力、目标、约束力关系

二 有组织犯罪的传统行为模式

从根本上讲，有组织犯罪是一种以暴力、威胁作为后盾和保障的、以牟取经济利益最大化为目的的犯罪形式。因此，有组织犯罪活动的传统行为手段是暴力、威胁和贿赂腐蚀。即犯罪组织通过内部成员之间的分工合作，运用暴力、威胁、贿赂等方式从事各种犯罪活动。

首先，犯罪组织成员之间分工从事犯罪行为，是有组织犯罪的基本特点之一。组织成员接受领导者的指挥，依照组织层级，彼此分工、各司其职，形成层级式的管理结构模式，因而有组织犯罪通常为个体难以独立完成，或者相较于个体其犯罪活动的范围更大。

其次，暴力、威胁和贿赂腐蚀是基本手段。在传统的有组织犯罪中，暴力是一个人成为组织成员的必备条件。有组织犯罪组织在选择其成员时，将实施暴力的能力作为条件之一，一方面是检验成员的犯罪能力和忠诚度；另一方面是以此将该成员拉上一条不归之路。这也是有组织犯罪组织（集团）成员中两劳人员、有犯罪前科人员所占比重较大的原因之一。传统类型的有组织犯罪的形成和扩充，基本上都是依靠暴力的整合而壮大。例如，一些传统类型的有组织犯罪组织频繁进行抢劫、敲诈勒索、收取保护费、强买强卖等，离开了暴力行为的实施将一无所获、一事无成。至于给有组织犯罪组织带来大量利润的非法经济行业，如贩毒、赌博、卖淫等，为了实现对这些行业的垄断，犯罪组织之间也是依靠暴力进行斗争，争夺垄断权。同时，为了加强规避司法打击的能力，有组织犯罪也会尽量减少暴力色彩，更多时候运用威胁的手段获取经济利益。如当前大量出现的"软暴力"，其实就是利用有组织暴力所产生的恐惧力量而采取的"非暴力化"手段。因此，传统类型的有组织犯罪组织在实施各种犯罪行为时，都会表现出犯罪手法的基本特征，即以暴力、威胁为主要手段。在当今社会，有组织犯罪的普遍存在和兴盛，最终还是要取决于它为使其活动得到保护而能够与相关公权力机关及其工作人员建立关系，为此有组织犯罪将贿赂腐蚀作为经常采用的行为方式之一，通过贿赂建立起"保护伞"，编织"保护网"。另外，贿赂腐蚀还有利于犯罪组织建立在价格、原料、质量及商业秘密方面进行不正当竞争的优势，取得更大非法利润。

最后，传统的有组织犯罪活动都是直接以暴力的方式实施或者以暴力为后盾实施，主要体现为两种犯罪形式：其一，直接实施暴力犯罪。为了聚敛钱财或者争夺扩大势力范围，犯罪组织直接实施绑架人质、杀人越货、抢劫、敲诈勒索、威胁恐吓等暴力犯罪活动。另外，犯罪组织为了加强管理，维护组织的"威严"，对内也使用暴力或以暴力为后盾执行组织纪律。其二，以暴力为后盾实施犯罪。提供非法商品和非法服务牟取暴利，是传统类型的有组织犯罪组织最主要的经济来源。但由于提供非法商品和非法服务是违法犯罪行为，得不到政府和法律的保护，当自己的利益受到损失时，只能凭借暴力去解决。即使在低端的合法经济领域，犯罪组织也会经常性地实施暴力手段来排斥竞争对手，控制、垄断市场。

尽管企业化的有组织犯罪也会使用暴力和威胁等传统的行为模式，但传统的有组织犯罪暴力表现得更为疯狂、更为外显、更为经常，因此一直是司法上重点打击的目标。

三 我国有组织犯罪行为方式的企业化表现

企业的经营活动是为了谋求最大的经济利益，而适当的经营机制有利于节约市场运行成本，提高经营效益，实现谋取利润的最大化。可以说，交易费用的节省是企业产生、存在以及替代市场机制的唯一动力。从为了牟取利润最大化的目标考虑，犯罪组织和企业有着同样的动力，因此它们在组织活动（经营活动）方式上有着相似性，表现为企业化的犯罪组织在违法犯罪活动方面具有企业的特点。这具体又体现在以下四个方面：

（一）有组织犯罪在行为手段上具有营利性

犯罪组织与企业逐利遵循同样的市场规律，最大限度地降低犯罪成本，提高犯罪收益，追求犯罪利润的最大化，是两者共同的盈利方式。但是在具体的手段方面企业和犯罪组织又各有侧重。

首先，降低成本。成本是生产者为了生产一定的产品而必须支付给生产要素供给者的市场报酬，是生产一定数量产品所投入的生产要素价值。简单说，成本就是为换取产品而付出的投入。犯罪成本是指犯罪者为了实现犯罪目标而进行的投入，这些成本有的是显性的，有的是隐性的。犯罪组织在实施犯罪行为之前需要为计划的实施投入人力物力，在运行企业的情况下企业购买生产资料，支付工资，这些都是显性的成本。隐性成本是一种隐藏于企业总成本之中、游离于财务审计监督之外的成本，是由于企业或员工的行为而有意或者无意造成的具有一定隐蔽性的将来成本和转移成本，是成本的将来时态和转嫁的成本形态的总和。有组织犯罪组织在从事某些类型犯罪活动的时候，同时也就放弃了从事另一些犯罪的机会，所以，犯罪组织会把有限的资源投入对自己利润相对较高的行业。在显性成本中有些成本是或然存在的，如企业会因侵权违约的发生导致索赔，或者有组织犯罪也有被破获而被判刑罚的风险。这种风险对于犯罪组织来说比企业承担的风险更加致命，所以犯罪组织要么在牟利水平和风险承担方面进行比较，找出均衡；要么寻求保护伞，降低犯罪风险成本。

其次，提高利润。企业和犯罪组织提高利润大致有三种途径：一是利润可以通过提供差别产品或服务获得。企业作为经济组织，主要依靠其业务在市场上的竞争力而发展。企业的主营业务多种多样，但在本质上都是向市场提供产品或服务，企业市场竞争力主要来自企业产品/服务在成本、质量和功能（差异化）上优于竞争对手的能力，即提供差异化的产品或服务。与合法企业不同的是，犯罪组织从事的色情、毒品、赌博等产品和服务是合法市场所不能够提供的，产品的稀缺性导致有组织犯罪所获取的利润就会大大高于合法经营。在非法行业内部，不同犯罪组织的产品和服务也存在差别，这种差别在合法的企业中也同样存在，比如以优质的产品和服务从而获得高于正常的利润。二是利润可以通过降低成本、提高效率获得。利润也可以是通过企业或犯罪组织的领导者组织生产而获得。从利润的概念上可以看出，只有用最低的成本生产最大的产量，才能获得最大的利润。而与个人不同的是，犯罪组织的领导者通过决策、指挥、协调、控制达到了比个人实施犯罪活动更高的效率。三是利润也可以通过承担风险获取。企业所获得的利润中有一部分是企业通过承担风险而获得的。如果承担了潜在的经济损失又没有经济补偿，那么就没有企业愿意从事风险活动。有组织犯罪相对于合法经营来说风险偏好更强，也就使得犯罪组织获得超额利润回报的机会更多。

（二）有组织犯罪在权力控制上呈现企业化特点

股东、企业债权人、经营者和工人共同构成了企业组织，并形成各自分工。企业的所有权在股东手中，企业的所有权和经营权分离，这种权利分配形式既涉及股东和经营者之间的委托——代理关系的确立，也确立两者之间的权力和利益的分配，决定其行为的效用最大化。现代企业理论认为，所有权者与经营者在订立契约的时候由于不能准确预知和描述与交易有关的所有未来可能出现的状态，以及每种状态下契约双方的义务，所有权者与经营者之间所订立的契约是不完全契约，这样就产生了剩余索取权和剩余控制权。剩余索取权主要表现为在收益分配优先序列上"最后的索取权"，控制权主要表现为"投票权"，即契约中没有说明的事情的决策权。由于所有权者和经营者之间信息不对称，代理关系的本质体现为各方经济利益关系，委托人和代理人之间各有不同的"个人利益"，一系列沟通、激励、协调代理关系的管理机制促使代理人采取适当的行动，最大限度地增加委托人的利益。

以黑社会性质组织犯罪为例，组织由领导者、组织者和参与者组成，组织结构与企业极其相似。在黑社会性质组织直接以企业为组织形式的情况下，企业的领导者或者实际控制人就是黑社会性质组织的组织者或领导者，其控制的原理与企业控制权理论契合。即使黑社会性质组织没有采用企业的组织形式，从实际情况来看黑社会性质组织犯罪与一般团伙犯罪也是不同的，除触犯组织、领导黑社会性质组织罪名外，组织者或领导者未必直接参加犯罪集团的其他犯罪活动，也未必直接指挥手下实施犯罪活动，而是由其代理人、其他参与者直接进行具体犯罪的实施。黑社会性质组织成员在组织意志以内为组织的利益实施犯罪行为，可以理解为对组织剩余控制权的获得。如果领导者和组织者直接参与犯罪行为，则情况更加简单，黑社会性质组织的领导者和组织者同时拥有剩余索取权和控制权。犯罪所得利益扣除对具体成员的利益后大部分归属领导者和参与者，这也与企业中的剩余索取权对利益的分配有相似性。

（三）有组织犯罪在外部行为方式上与合法企业具有趋同性

市场竞争是指在市场经济条件下，商品生产者、经营者借助于市场为争夺有利的生产、销售条件，从而获得更多经济利益而进行的斗争。竞争是资本市场的重要特征，具有利己性、强制性、排他性、自发性、风险性和残酷性等特点。在一定时期和一定地域，市场的容量是有限的，因此，为了争夺市场和用户以获取更多经济利益，不论是合法企业还是本质为犯罪组织的"非法企业"，都要在不同程度、不同范围参与竞争。竞争就意味着适者生存、优胜劣汰。为了实现利益最大化，参与市场竞争的主体就会通过不同的手段，包括合法的和非法的，去尽力谋求对市场份额的最大化占有。一些企业在通过合法的生产经营去占领市场的同时，也会通过诸如贿赂政府官员、权钱交易等违法犯罪手段去限制竞争，谋求经济上的优势。例如，自2003年至2013年，广东省中山市某投资发展有限公司、中山市某新天投资有限公司在开发房地产项目和竞拍、转让土地使用权、土地规划等过程中，为谋取经营优势，企业老总林某生多次向时任中山市副市长的邓某、时任中山市土地规划局局长的张某行贿，数额高达数亿元。[1]

这种现象在企业化的犯罪组织中更是频频出现。"有组织犯罪的战略核心是力求以最小的风险获取最大的利益，为此他们选择以贿赂、腐蚀国家公职人员的手法，作为其整体战略规划的一部分。"[2] 与企业类似，企业化的犯罪组织具有相当的"行为理性"，有自己的发展规划，为了取得对各个活动领域的控制，会利用贿赂建立"保护伞"，以创造有利的外部环境。在他们看来，贿赂是具有价值的投资，是合情合理的"管理费"，有利于"事业"的发展。例如，在贵州省颜某黑社会性质

---

[1] 《中山市委原副书记、政法委原书记邓小兵泄内幕与人牟利5.2亿，自己分2.5亿!》（https://www.sohu.com/a/411820255_784720），2020年8月6日。

[2] 莫洪宪：《有组织犯罪研究》，湖北人民出版社1998年版，第107页。

组织犯罪案件中，为了实施违法犯罪的便利，颜某在结识贵州省凯里市公安局副政委邢某后就建立了良好关系，通过吃请等方式认识了凯里市公安局辖区内的部分派出所所长、刑侦队长王某、郑某、高某等，之后通过行贿、合伙做生意、向派出所等部门提供"赞助"等方式，得到了邢某等人对颜某黑社会性质组织的保护和支持。2012年，颜某为了维护自身利益、扩张犯罪势力，遂向邢某"举报"其他赌场，借用邢某的权力打击开设赌场的竞争对手。此后，颜某又伙同他人先后开设了多个赌场，形成独大的垄断局面。2012年初，颜某和邢某等人共同出资开设倒土场牟利，在邢某等的保护支持下形成了在此行业的非法控制力。

但是，与合法企业主要利用体制不健全、制度存在漏洞和通过贿赂、腐蚀等手段力争获得市场生存空间不同，企业化的犯罪组织更多的是动用有组织犯罪的力量即暴力，在合法经济领域挤占市场份额，在非法经济领域谋求垄断控制。不管怎样，合法企业与有组织犯罪的非法企业采取不正当手段获取市场竞争的优势地位，都严重违反了公平竞争的市场法则，违背了市场经济运行的客观规律，严重阻碍了市场经济秩序的良性构建。

（四）有组织犯罪在经营发展模式方面具有企业色彩

企业在竞争中获得经济利益，同时，竞争反过来又会促使企业经营发生转变和发展。企业不仅面临行业内现有企业间的竞争，而且还要面对潜在竞争者的竞争和替代产品的竞争等。某一行业或者领域潜在进入者一旦进入该行业或者该领域，就会使整个行业的利润空间大大压缩。潜在进入者对现有企业的威胁程度如何取决于行业进入的障碍大小，主要有经济规模大小、产品差异优势如何、资金需求量的大小、销售渠道是否通畅、国家的限制政策；等等。为了提高企业的竞争力，扩大经济规模、增加资金投入、提供差异化产品、扩展销售渠道就成为维系经营发展、获取稳定经济利益的必然选择。这迫使企业改变经营方向，努力获取先进的技术或稀缺资源，采取企业联合或者合作的方式扩大企业规模，开发新的产品或市场，实现关键资源的优势互补。竞争的压力使得企业经营从封闭式的、孤立的状态向开放的、联合经营的方式过渡，不断向专业化协作方向发展，各个企业间也逐渐实现了联合，大型的企业集团和跨国企业联盟不断涌现。

在有组织犯罪领域也存在着企业所面临的竞争压力。一方面，随着国家对有组织犯罪打击力度的加大，犯罪组织的生存空间受到极大的挤压，犯罪力量被严重削弱；另一方面，在一定地域内新的犯罪组织生成并发展壮大，必然对现有的犯罪组织形成资源上的竞争。为了维持并扩大经济实力，企业化的犯罪组织也意识到合作的重要性，在向外扩张的过程中寻求与其他犯罪组织的合作。例如，山东省的黑社会性质组织"海泉帮"在发展过程中，先后与四川省的"龙凤帮"、福建省的"神鹰帮""雪山帮"等犯罪组织展开合作，不断拓展活动空间和犯罪领域，以开设咖啡厅、发廊、旅店等为幌子，以暴力为支撑从事拐卖人口、贩卖淫秽物品、走私香烟等犯罪活动。除了面临生存的压力而被迫走向合作之外，和企业受社会分工协作的影响而结成联合体一样，受制于资源稀缺和分工限制，本来互不隶属的多个犯罪组织为了共同的目的而主动展开分工合作，形成协调一致的犯罪链条。例如，制造、贩卖、运输毒品或者其他管制物品，往往是一个组织所无法完成的，需要多个犯罪组织在多个环节上分工配合，从而实现效益最大化。目前，我国已经出现有组织犯罪联合体的雏形。当这种犯罪联合体从松散走向稳定、从国内走向国际时，就会像企业一样形成大型的跨国犯罪集团或者犯罪托拉斯。

企业化犯罪组织间的合作主要体现在两个方面：其一，为了扩大组织规模，开拓新的市场，拓展非法牟利的空间和销售非法商品与服务的渠道，实现优势互补，在更广的空间进行企业合作或战略协作；其二，通过合作创制新的产品和服务，满足特殊消费者的不同需求，并通过提高产品的差异优势来解除替代产品的威胁。可见，企业化发展使得有组织犯罪在经营发展模式上有着强烈的企业色彩：为了实现一定的经营目标，在外部环境或内部条件发生改变时适时调整犯罪活动方向；为了实现非法利益最大化，变革犯罪方式，拓展犯罪领域，为开拓市场而开展组织间的合作，尽量减少竞争、降低成本，尽力提高产品差异优势，针对不同需求生产、提供满足消费者需要的产品和服务；随时注意调整活动策略，以适应外界环境的变化，追求组织的长久稳定和"可持续发展"。

第四节　我国有组织犯罪组织文化的企业化

有组织犯罪是一种极端的、独特的犯罪现象，有组织犯罪文化是指在犯罪组织形成、发展过程中，组织成员形成的共有的价值观、思想意识和行为模式体系，包括组织成员共有的价值观、人生观、道德观、理想、信念、期望、态度和行为准则等。①"犯罪不是别的，不过是文化的一个侧面，并且因犯罪的变化而发生异变。如果不懂发生犯罪的文化，我们也不会懂得犯罪。"② 因此，较之于政治或经济因素，文化对犯罪的影响更显得持久：一方面，文化因素是有组织犯罪产生和发展的至关重要的因素；另一方面，有组织犯罪的不同发展形态又会形成不同的犯罪文化。企业化发展是有组织犯罪向更高级形态发展的必经阶段，因此，企业化的犯罪组织在犯罪文化认同方面也呈现出越来越明显的企业化倾向。

一　企业文化的概念、特点、功能及其表现形态

文化是一个社会集团内部成员共同拥有的，通过学习得来的意识、行为方式和价值观。③ 文化无所不在，文化对人类的影响也无时无处不在。"我们创造了文化，文化反过来又创造了我们。因此，我们就不再是毫无希望地听凭环境摆布了。"④ 可见，文化的功能极其广泛而强大。仅就文化对组织的功能而言，文化能够为社会集团提供整合的基础，能够满足社会集团成员个人的各种需要并提供生活方式。受限于本课题的研究主题，本部分仅就企业文化含义、特点、功能和表现作简单介绍。

何谓企业文化，目前仍没有一个统一的定义。有学者认为："企业文化是一种从事经济活动组织内部的文化，它所包含的价值观念、行为准则等意识形态和物质形态均为组织成员所认可。"⑤ 还有学者认为：

---

① 张爽：《有组织犯罪文化研究》，中国人民公安大学出版社 2012 年版，第 9—10 页。
② 谢子传：《试论文化与犯罪》，《中央政法管理干部学院学报》1999 年第 2 期。
③ 风笑天：《社会学导论》，华中理工大学出版社 1997 年版，第 56 页。
④ ［美］伊恩·罗伯逊：《社会学》，黄玉馥译，商务出版社 1990 年版，第 69 页。
⑤ 陈亭楠编：《现代企业文化》，企业管理出版社 2003 年版，第 11—12 页。

"企业文化是指企业在生产经营实践中自觉形成的一种基本精神和凝聚力,是企业全体员工认同信守的价值观念、理想信念、企业风尚和道德行为准则。"[1] 从不同的概念中,我们至少可以发现它们存在以下共同点:企业文化是客观存在的,而且其核心是企业的价值观;企业文化起到推动企业建设和发展的作用,因而也是一种管理文化和生产经营文化。因此,企业文化是企业在长期发展中形成的一系列价值观念和行为准则,是企业体制的重要组成部分,渗透进企业的一切生产经营和管理活动之中。根据这个定义,企业文化可以划分为经营性企业文化和管理性企业文化两个部分。

企业文化是在企业生产经营和管理过程中长期积淀形成的,因而和其他社会文化相比有自己的特点:其一,因为是社会文化的一种,企业文化必然具有群体性,是企业这个群体所共有的价值观和行为准则;其二,企业是由人支配的,而企业中的每一个人都有自己的民族属性,企业文化来源于民族文化和社会文化,因而具有民族性特点;其三,企业文化既包含有价值观、企业精神、经营观念等内在的成分,也需要有企业环境、商品口碑、产品品质、规章制度等外在的载体,因而具有内外统一性特点;其四,作为一种文化形式,企业文化的形成非一朝一夕,是在长期的生产经营和管理活动中从无到有发展而来,因而具有稳定性特点;其五,企业文化虽然具有稳定性特征,但是又不是一成不变的,随着时代的变迁和企业发展的需要,其具体内容和表现形式是不断调整、变化的,因而具有可塑性特点;其六,企业文化能够促进企业内部的协调稳定,也能和外部产生双向互动,因而具有功能性特点。

企业文化对企业的经营和管理发挥着至关重要的作用,通过独特的企业文化,可以明显地将该企业与其他企业区分开来,从而具有识别的功能。不同的企业具有不同的文化,不同的文化又对企业发挥着不同的功能。当然,这种功能既有能促进企业发展进步的作用,又有阻碍企业发展的可能。前者是正功能,后者是负功能。企业加强文化建设的目的就在于发扬文化的正功能,极力抑止文化的负功能。就正功能而言,企业文化的功能主要体现在以下方面:其一,具有规范、导向功能。尽管

---

[1] 陈荣群主编:《企业经营与管理》,西北大学出版社2014年版,第80页。

企业文化是无形的、非强制性的，但是对企业和企业员工都能起到规范的作用。对企业而言，企业文化指引着企业生产经营的基本方向，促使企业对社会承担责任义务，从而保证了企业在合法的轨道内有序运营。对企业员工而言，企业文化通过归属、责任、情感等思想培育，将员工的思想与企业的发展目标统一起来，从而将每个员工的言行纳入企业要求的轨道之中。其二，具有凝聚、整合功能。企业文化在注重生产经营目标实现的基础上，还兼顾了员工的个人利益诉求，将员工的个人目标与企业的发展目标统一在一起而成为共同目标，从而建立起员工与企业的共生共荣、相互依存的关系，将员工个人的言行和利益与企业的经营成败紧密地嵌合在一起，凝聚成一个整体，整合成一种无形的合力，使他们能够发自内心地为企业的共同目标而奋斗。其三，具有约束、激励功能。企业文化像一只"看不见的手"，对员工产生无形的约束力，保证他们的思想至少是行为不能脱离企业的基本要求。员工一旦出现与企业文化相背离的情形时，就会受到舆论上的谴责和感情上的压力。当然，企业文化不仅仅凭借约束功能来统一员工的思想和行为，还要采取激励措施激发员工的进取心和奉献精神。企业往往采取内部文化与外部制度相结合、约束机制与激励机制相配合的方式，鼓励员工努力工作。其四，具有辐射、传播功能。企业文化不仅对内发生作用，还会与外部进行互动。企业优良的作风和精神面貌展现于外时，一方面对社会文化是一个有益补充，另一方面也能促进社会对企业的认同，进而在产品销售、购买服务等方面增加企业的美誉度，同时提高了人力资源的竞争力，增加了企业员工的自豪感和优越感。[①] 当然，不良的企业文化会给企业带来消极影响，如使企业不图革新而故步自封，导致企业内部矛盾重重而各自为政，最终使得企业要么走向越轨而偏离社会主流价值，要么使企业效率低下而发展停滞甚至走向破产。

关于企业文化的表现形态或者说所具体包含的内容，在理论上有不同的看法，主要有三层次说和四层次说两种观点。前者认为企业文化由物质、制度和精神三个层面构成；后者认为企业文化由物质、行为、制度和精神四个层面构成。两种观点基本上一致，只是四层次说将行为单独拿出来，作为一个独立的表现形态。相对于三层次说，四层次说对企

[①] 罗长海：《企业文化学》，中国人民大学出版社 2006 年版，第 51—57 页。

业文化的表述更为具体。

四层次说认为，企业文化从四个层面由浅及深地表现出来：第一个层次，企业的物质文化。企业的物质文化是企业文化的最表层表现形式，是指企业中能够凝聚企业文化精神的生产经营活动和产品、设施等，例如企业生产的产品、提供的服务、生产经营场所的环境、厂房设施、机器设备、广告、产品包装、员工的福利待遇；等等。第二个层次，企业的行为文化。企业的行为文化是指以企业员工的行为状态为表现形态的文化，具体包括企业员工的行为和企业的人际关系行为。其中，在企业家的行为方式和企业中模范人物的行为事迹中，能够展现出一个企业的独特文化特征。例如，企业家的敢闯敢干展现出企业的创新和冒险精神，模范人物勤恳奉公的行为展现企业忠诚奉献的精神。尽管企业员工不如企业家和模范人物的影响大，但是当员工个体的行为整合为群体行为时，企业的整体风貌得以展现于外，也能很好地表现出独特的企业文化。第三个层次，企业的制度文化。企业的制度是通过职权控制和程序规则对企业员工的行为从外部施加的规范作用。企业的制度将企业文化的内在要求通过文字固定下来并展示于外，规范员工行为，统一员工思想，因而在企业文化建设中起着重要作用。企业的制度包括企业的管理制度、组织制度和领导体制等。其中，管理制度通过规定"令行禁止"来倡导或者遏制某种文化或思想，表现出强烈的强制性；组织制度协调企业内部各组成部分的关系，与企业管理体制、外部环境、发展目标、生产水平及员工的文化素质密切关联。在企业的制度文化中，组织制度异常重要。企业组织制度文化主要就是企业权力结构体系文化，无论是金字塔型等级结构、指令链式管理结构，还是纵横交错的矩阵管理以及民主自治管理，都是一种组织制度文化。如果说企业组织制度文化在某种意义上是企业权力形成和维护文化，那么，企业决策制度文化就是企业权力使用文化。第四个层次，企业的精神文化。企业的精神文化是企业群体意识的集中表现，是企业文化的核心，也是最深层次的文化。企业的精神文化主要包括企业的精神、企业的生产经营哲学、企业的价值观、企业的伦理观、企业形象；等等。

在企业文化的四个层次中，企业的物质文化和行为文化是企业文化的外在表现和载体，企业的制度文化是基础，而企业的精神文化是灵魂和核心，其一旦形成，便形成一种群体心理定势，促使企业员工关注企业的前途和命运，全身心地投入企业发展中。企业的四个层级文化紧密联系，它们共同作用于企业内部，并将企业的形象展现于外，推动企业内部因素和外部环境的互动。

二　我国有组织犯罪的传统文化表征

"犯罪文化是指犯罪群众在犯罪活动中逐渐形成的，与社会文化相悖的，与犯罪有关的社会亚文化的总称。"① 犯罪文化具体表现为与犯罪群体有关的道德观念、组织形式、规则、仪式、文化心理、文身以及与犯罪有关的手势、图像等非语言符号；等等。犯罪文化与犯罪同步产生，并伴随经济社会的发展而形成。有组织犯罪是一个特殊的社会群体，其在文化方面的表现不同于正常组织，有着自己独特的表现。考察我国有组织犯罪的发展历史，可以发现这一犯罪组织亚文化的渊源主要有两个：一是传统的封建帮会文化；二是暴力文化。

帮会是形形色色秘密社团的概称，是指那些按照秘密宗旨或教义进行地下活动的底层民间团体。帮会一般具有三个特征，即非法性、神秘性和反社会性。② 帮会在我国的发展由来已久，虽然在 20 世纪 50—70 年代我国大陆地区的各种封建帮会被铲除、消灭，但由于其与有组织犯罪天然的内在联系性，在 20 世纪 70—80 年代有组织犯罪在我国大陆地区死灰复燃就有帮会流毒因素的影响。可见，我国有组织犯罪同帮会文化在精神气质上有天然相通的一面，有组织犯罪是帮会组织形式、功利价值和行为方式在新形势下的翻版，就其实质而言，完全是一个现代化了的帮会。③ 我国当下的有组织犯罪，大多从帮会文化中汲取了"营养"，并将其作为组织发展的依托。帮会文化的源头是家族宗法文化，是西周以来确立的族长传统和父权制家族观念的延续和变异。在家族中，族长居于家族架构的最顶端，是家庭成员行为、观念或思想的典范，家族成员必须要遵守"孝"和"忠"的观念，敬畏并绝对地服从族长的统治，不得僭越和背叛。在发展的过程中，帮会文化巧妙地将家族观念扩大化，把"义"的观念纳入进来，从而使得家族文化与帮会

---

① 严励：《有组织犯罪与犯罪文化》，《政法学刊》1997 年第 4 期。
② 李锡海：《帮会文化与有组织犯罪》，《法学论坛》2004 年第 5 期。
③ 李锡海：《帮会文化与有组织犯罪》，《法学论坛》2004 年第 5 期。

第四章 我国有组织犯罪企业化的路径及表现分析 | 231

文化融为一体。具体做法就是通过"歃血为盟""拜把子"等仪式大搞异姓结拜,将来自不同地方的人员拉拢在一起,组成一个"大家庭",由此而形成一种虚拟的血缘家族。所以,这种传统的有组织犯罪的文化核心是"忠义"思想,其行为准则也是基于"忠义"观念而设立。"忠义"文化在有组织犯罪的方方面面表现得非常明显,例如将"为兄弟两肋插刀""替天行道""路见不平、拔刀相助""劫富济贫""不出卖朋友"等作为组织成员的行为规范,将"忠义"文化通过诸如盟书誓词、入会仪式、诗词问答、茶碗阵、组织标识、文身、行话等展现于外。

从外在行为方式上看,无论犯罪手段如何改变,有组织犯罪仍是一个暴力性的犯罪,因此,崇尚"暴力"就成为有组织犯罪的传统文化依托。暴力文化"是一种社会现象,是指通过各种文化的样式和表现手法,肆意渲染美化暴力行为,从而使社会和受众深受其害的文化"[1]。崇尚暴力并运用暴力,是有组织犯罪的特点之一。一方面,组织依靠暴力进行内部管理,对那些不按"规矩"行事的成员经常性地使用暴力手段加以处罚;另一方面,对外实施犯罪行为时更是以有组织的暴力作为基本手段。在这个亚文化群体中,暴力文化熏染着组织成员,使其不再信奉正义,不再尊重法律,不再敬畏自然,每个人都有着用暴力手段解决问题的牢固信念。

因此可以说,帮会文化和暴力文化所构成的有组织犯罪亚文化是犯罪组织滋生、发展到壮大的决定性精神力量。

三 我国有组织犯罪文化认同的企业化表现形态

犯罪文化的内容随着社会的发展必然要发生相应的变化[2],有组织犯罪对这些变化的内容既能充分体现,又可随其发展。例如,进入20世纪以后,在资本主义的入侵以及文化冲突的影响下,经济发达地区如上海、广州、天津形成的帮会组织转型较为明显,组织文化也有较大改变。这时的帮会从事的行当非常多,如扒窃、贩卖人口、码头帮派活动等。同时,帮会还挂着"合法"招牌,却干着烟、赌、娼等非法勾当

---

[1] 廖莎莎、韦毅嘉:《暴力文化对青少年价值观的影响及其预防措施》,《四川理工学院学报》2005年第1期。

[2] 康树华主编:《当代有组织犯罪与防治对策》,中国方正出版社1998年版,第200页。

的营生。典型的如青帮，该组织在上海的实业公司三鑫公司控制了数万家烟馆和零售土行，形成了庞大的集团，其经营所得是帮会运营的重要资金来源。此时的帮会文化在其传统的"忠义"思想外加入了贪利的思想观念，许多有组织犯罪所指向的目标是金钱财物，犯罪组织成员已把金钱财物当成他们满足反社会的个人需要。反过来，犯罪组织也以创造经济价值为目标，通过拟制的辈分关系维系帮会的等级，依托暴力进行组织内部管理和对外实施犯罪行为。

大量事实表明，组织文化随着组织的发展而得以创新和完善。自改革开放以来，伴随着域外有组织犯罪向我国内地的渗透和价值观念的传输，其价值观念、行为规范、犯罪方式、管理方法等帮派亚文化对我国有组织犯罪的形成和壮大影响较大，一些犯罪组织内部的入会仪式、学习戒律、行话等亚文化的表现形式深深地打上了域外特别是我国港澳台地区有组织犯罪文化的烙印。同时，伴随着经济社会的快速发展进步，受西方兴起的以"消费主义"为首的主流文化倡导追逐消费、诱惑消费、炫耀消费等思想影响，逐步异化出"个人利益至上""拜金主义""享乐主义"等亚文化。在这些亚文化的综合影响下，在缺乏合理、合法的上升途径时，一些人就倾向于通过违反法律、违背道德伦理等手段获得金钱，改善生活状况和社会地位，众多作为有组织犯罪初级形态的犯罪团伙由此出现。在有组织犯罪的快速发展期和活跃期，在继续秉承"忠义""暴力"传统帮会文化的基础上，犯罪组织的逐利性的价值观念日益显露，有组织犯罪更加热衷于从事最有利可图的行业，从而逐渐出现有组织犯罪企业化的发展趋势。

企业化的犯罪组织虽然仍然以帮会文化和暴力文化为依托，发挥"忠义"思想的纽带作用，以"忠义"和"暴力"维系组织的差序格局，但是吸收借鉴了现代企业文化作为补充，体现出传统与现代结合的新的文化特征，即以传统帮会文化和暴力文化为内在本质，以企业文化为外在表现，实现了帮会文化与企业文化相结合，也即有组织犯罪在组织文化上的企业化。

如前文所述，在企业文化的多层次表现形态中，精神文化是企业文化的核心。我国有组织犯罪在企业化发展的过程中，基于其牟利性本质属性所决定，在精神文化层面除了在传统的帮会文化、暴力文化的基础上补充增加了利润最大化的价值追求之外，其他与传统的有组织犯罪并无太大改变。对超额利润的追求以实现利益最大化，可以说是现代企业创新发展的出发点和原动力，是所有企业最本质的内在价值追求，也是企业家精神的基本依托。但是，近些年来现代企业为了持续发展的需要，日益认识到"人本"思想和承担社会责任对企业可持续发展的重要性，逐渐开始承担更多的服务社会、回报社会的企业责任。因此，越来越多企业化的犯罪组织借鉴模仿现代企业的文化构建形态，开始在组织文化中加入"以人为本"的亲情主义元素，通过各种场合表现出对组织成员、企业员工及其家庭的关心；将承担回馈社会的责任作为组织责任的一部分，一些以"企业家"面目出现的组织领导者、组织者或者骨干积极从事社会捐赠或者慈善事业。

制度文化是企业文化表现形态的重要组成部分，也是企业文化的关键所在。企业化的犯罪组织一般都有企业、合作社等组织作为依托，特别是企业化程度比较高的犯罪组织往往成立有公司，为了在约束组织成员的同时以"合法"掩饰、隐藏非法，往往在用组织内部的忠诚、沉默、信任、惩罚及规范约束成员外，还参照企业模式制定有公司章程以及其他规章制度等约束成员的商业行为。例如，湖南省长沙市唐友斌黑社会性质组织成立的"赌博公司"，为了加强组织管理，唐友斌多次开会强调"三大纪律"，即内部人员不准玩赌博，不准吸毒贩毒，不准帮人了难。同时，为了严格纪律，唐友斌团伙为规范上班（看场子）的工作纪律，还制定了书面制度。唐友斌也多次公开要求："表现不错的就奖点钱，表现不好的就口头批评一下。对于不遵守我在会上讲的要求的，就开除。"[1] 企业化犯罪组织的企业规范往往有"明""暗"两部分组成。其中，"暗"的规范是非正式约束，"明"的规范是正式约束。非正式约束是人们在长期交往中无意识形成的行为规则，主要体现为各种文化价值观念和道德观念，也包括各种习惯和传统。非正式约束是有组织犯罪制度构成的主要形式，组织成员的行为主要靠非正式约束来规定和制约。所以，在企业化的犯罪组织中，传统的帮会文化、暴力文化和贪利、享乐思想就是非正式约束的制度形式，是企业化有组织犯罪的主要文化表现形式。但是，企业化发展使得正式约束得到加强，增加了

---

[1]《涉黑团伙规定三大纪律 内部人员不准吸毒贩毒》（https://www.chinanews.com/sh/2010/09-15/2532996.shtml），2010年9月15日。

犯罪组织的企业化特征，进而增强了犯罪组织的迷惑性和有组织犯罪行为的掩饰性。企业化有组织犯罪提供的制度在正式约束层面主要是以各种"帮规""戒律"形式存在，有些表现为企业的各种规章制度，只不过这种规章制度在组织的发展中只起到辅助作用，掩盖了有组织犯罪传统文化的本质面目。

　　有组织犯罪在文化表现形态上的企业化扩张了犯罪组织的触及范围，也在一定程度上更新了有组织犯罪的犯罪方法，使得一些犯罪组织的结构形式发生转变，因此披上了合法外衣，使得有组织犯罪更具掩饰性和隐蔽性，大大混淆了合法企业与非法企业的界限，增加了犯罪识别和查处难度。例如，2014年查处的刘汉、刘维黑社会性质组织就是非常典型的企业化的有组织犯罪集团。该犯罪组织以"汉龙集团"为组织形式，在企业文化方面体现出极强的企业化痕迹。四川汉龙集团有限公司成立于1997年3月，注册资本3.8亿元人民币，涉足能源电力、化工产业、生物医药、基础设施建设、地产开发、矿业开发、旅游开发、食品酒业、生物工程、通信传媒产业等多个领域，总资产超百亿元人民币，拥有全资及控股企业30多家，其中5家为上市公司，集团在四川省境内已经连续四年上缴税金超过2亿元人民币。可见，该犯罪组织已经完全企业化发展了，俨然一个大型现代化的企业集团。汉龙集团有自己的产品和服务，有现代化的厂房设备，职工总人数约为20000人，注册涉及建材、啤酒饮料、手工器械、橡胶制品、运输储藏等多个领域的商标总数为37个，在企业的物质文化方面丝毫不亚于多数大型现代化的企业公司。汉龙集团借鉴现代企业管理经验，构建了现代企业的管理结构，制定了严格的企业规章制度，实施了现代企业的管理模式和运作模式，在制度文化方面体现出极强的企业化特征。汉龙集团还着力打造所谓的"黄金工程"，加强企业产品的质量控制。如在企业承建一所学校教学楼时，刘汉向经办工程的负责人提出："亏什么不能亏教育，这次你一定要把质量关，要是楼修不好出事了，你就从公司里走人吧。"后来的事实证明，汉龙集团承建的这座楼宇的确质量较好，在大地震中邓家汉龙小学无一人死亡，成为奇迹。刘汉还频频高调捐资助学，汉龙集团捐资千万建设500所"留守学生之家"，从事慈善事业累积超过2亿元人民币，积极响应四川省委、省政府号召捐资1亿元人民币发起设立"天诺慈善基金会"，用于民族地区贫困县的教育、卫生、基础设施建设等。可见，刘汉有组织犯罪集团在精神文化方面也具有极强的现代企业化文化特征。但是不管企业化的犯罪组织在企业文化上如何表现，其有组织犯罪的本质没有任何改变。虽然刘汉在接受审讯时自我辩护"'敢打敢冲'等有助于认定黑社会性质组织的规约，都是不存在的"，但是公诉人以大量事实证据予以反驳，指出："汉龙集团作为正规企业，有正常的企业文化。汉龙集团的广大员工是守法的。但大量证据证实，刘汉身边的保镖、工作人员大多好勇斗狠、身负命案，是暴力文化的感染者。这种黑色文化被刘汉企图以正常的企业文化所掩盖和混淆。"[1]

这些犯罪组织表现出来的文化本身可能是中性甚至是有益的企业文化，但是当帮会文化、暴力文化与其结合，就使得犯罪组织更加隐蔽、犯罪手段更加智能及犯罪触手无孔不入。

---

[1] 参见《刑事审判参考》总第107集【第1158号】"刘汉等人组织、领导、参加黑社会性质组织案"；(2014) 刑五复41836051号"刘汉等组织、领导、参加黑社会性质组织案刑事裁定书"。

第五章　企业化发展趋势对当前我国有组织犯罪刑事治理的挑战

第一节　当前我国有组织犯罪的刑事治理机制考察

有组织犯罪的快速发展演变，严重威胁了全人类的利益。广泛发生的有组织犯罪通过满足人们的非法需求而获取巨额经济利益，既对正常的社会秩序造成了破坏，诱发了多种犯罪的发生，又严重妨碍了国民经济的正常运行。有组织犯罪以暴力为后盾，犯罪组织为了取得巨额经济利益肆意实施暴力伤害、威胁等违法犯罪行为，犯罪组织之间为了争夺地盘追求垄断经常性地进行火并，严重损害了他人的人身权利和财产权利，造成社会秩序的混乱。有组织犯罪的存在以某些政府官员的腐败为前提，而有组织犯罪的不断发展又使得社会上的腐败现象更加严重。犯罪组织还通过洗钱的方式使得大量"黑钱"洗白，进而又投入合法经济领域以牟取暴利，破坏了国家的金融管理秩序，加大了打击、制裁有组织犯罪的难度。面对有组织犯罪造成的上述危害，各国都积极地采取政治的、经济的、法律的、社会的、文化的、科技的手段，加大对有组织犯罪的治理力度，竭力预防和遏制有组织犯罪的蔓延。在这些手段中，刑事手段无疑是最重要也是最常用的手段，在各国有组织犯罪的防控体系中占据重要地位。

一　当前我国有组织犯罪刑事治理模式的考察

犯罪治理是对犯罪进行预防、控制和惩罚的基本策略和具体方法。"当一国（地区）的人们在一定时期内，对有关犯罪治理的价值理念、制度安排、方法选择等一系列从主观到客观、从宏观到微观、从抽象到具体的问题，形成一整套相对稳定的信念并进而将其付诸实践时，我们可称其为一种犯罪治理模式。"① 所以，犯罪治理模式是统领犯罪治理具体措施的基本理念，其整合了实践中各种运作方式的主要特征，是犯罪治理的基本方式。关于犯罪治理模式的类型，目前主要有运动型治理模式和常规性治理模式的分类。前者是指在特定时间内针对特定对象集中投入司法资源和社会资源而进行的高强度、高效率、强打击的应急治理模式；后者是指以法律的制定与实施为正式治理方式，综合运用多种控制手段而进行的价值取向中立、治理手段稳定、治理程序规范的常态治理模式，其以犯罪治理的长效化为目的、以刑事立法的协调性和刑事司法的多元化为基础、以对犯罪的日常治理为主要形式。②

犯罪治理模式是对多种治理措施的理性选择与重构，刑事治理措施是犯罪治理模式的主要组成部分。针对有组织犯罪的发展及其危害，我国长期以来形成了一套相对稳定的刑事治理模式。该模式以刑事制裁为主要手段，以周期性行动为主要方式，根据犯罪态势对有组织犯罪进行集中打击。因这种模式强调对犯罪的惩处，因此我们称之为"周期性的惩罚模式"。对照上述犯罪治理模式的两种类型，"周期性的惩罚模式"属于运动型治理模式之一种。

自 20 世纪 80 年代有组织犯罪开始在中国大陆滋生并发展以来，我国即对该种严重的刑事犯罪行为给予了高度关注，对其进行严厉打击贯穿始终。概括 30 年来的打击和惩治有组织犯罪的立法和司法实践，我国主要采取"严打"和"打黑除恶"（"扫黑除恶"）专项斗争两种形式来治理有组织犯罪行为。

1. 两次"严打"。我国的第一次"严打"开始于 1983 年，结束于 1987 年。在这一时期，我国境内黑恶势力的主要形式还只是犯罪团伙，因而 1983 年"严打"的主要目的是"打击强奸、盗窃、流氓等犯罪团伙"。在第一次"严打"之后，犯罪团伙开始向两种犯罪形态演变：一是一部分向组织化程度更高、成员更为固定、分工更为明确的集团犯罪演变，出现了一大批职业性从事盗窃、抢劫、毒品、走私等犯罪活动的

---

① [德] 克劳斯·罗克辛：《德国刑法学》（总论），王世洲译，法律出版社 2005 年版，第 50 页。
② 侯艳芳：《中国环境资源犯罪的治理模式：当下选择与理性调适》，《法制与社会发展》2016 年第 5 期。

专业犯罪集团；二是一部分犯罪团伙发展成为地方流氓恶势力而横行乡里。地方流氓恶势力带有自发性、纠合性和区域性的特征，主要以暴力犯罪为手段，大肆攫取各种社会资源，已经满足了黑社会性质组织犯罪的一些基本条件。针对第一次"严打"出现的现实问题，在1996年开始的第二次"严打"活动中，即明确"严打"的主要任务之一便是"坚决打击带有黑社会性质的犯罪团伙和流氓恶势力"①。1996年"严打"的矛头更多的是针对杀人、抢劫、强奸等严重暴力犯罪、流氓犯罪、涉枪犯罪、毒品犯罪、流氓恶势力犯罪等各种具体的严重刑事犯罪。

2. 两次"打黑除恶"专项斗争。在第二次"严打"之后，我国在立法上正式明文规定了"黑社会性质组织犯罪"。伴随着该罪名的确立，我国转变了主要依托"严打"的形式打击涉黑团伙犯罪的刑事战略，转向以开展"打黑除恶"专项斗争的方式有针对性地集中打击和惩治有组织犯罪行为。根据中央部署，从2000年开始在全国范围内连续开展了两次大规模的全国性专项斗争，即2000年12月至2003年4月开展的"打黑除恶"专项斗争和2006年2月开始的"打黑除恶"专项斗争。第一次专项斗争以"打黑除恶"为龙头，分三个阶段在三条战线上展开。第一个阶段从2000年12月至2001年5月，在开展"打黑除恶"专项斗争的同时，迅速启动整体的"严打整治"斗争。第二个阶段从2001年6月至2002年6月，同时在全国范围内组织三条战线的严打斗争：第一条战线，以深入开展全国性的"打黑除恶"为龙头，抓紧组织开展打击严重暴力犯罪和多发性侵财犯罪专项斗争行动；第二条战线，在全国范围内开展治爆、缉枪专项行动；第三条战线，整顿和规范市场经济秩序，深入打击经济领域犯罪。第三个阶段从2002年7月至2003年4月，对社会治安状况进行深入检查，发现社会治安的重点问题和治安仍然较差的地区，进一步组织"打黑除恶"专项斗争。

距离第一次"打黑除恶"专项斗争不到3年的时间，有组织犯罪又发生了新的变化，出现了一些新的苗头和动向。2006年2月，中央再次部署在全国范围内开展"打黑除恶"专项行动，目的是依法严惩黑

---

① 公安部：《关于1996年第二季度全国严打斗争方案》。

恶势力犯罪，建立健全"打黑除恶"长效工作机制，推进各项社会治安工作，实现社会治安持续稳定，为"十一五"规划的顺利实施、为全面建设小康社会创造良好的社会环境。在此次"打黑除恶"专项斗争中，公安机关按照中央的要求，坚持"打早打小，露头就打"的方针和"黑恶必除、除恶务尽"的要求，重拳出击，大大遏制了黑恶犯罪的发展蔓延势头。

3. 一次"扫黑除恶"专项斗争。由于近年来我国的黑恶犯罪现象仍然比较突出，出现了新的发展动向，如黑恶势力向基层政权渗透、"软暴力"现象突出、出现以"合法"掩盖非法并向合法经济领域发展的趋势等。为了彻底扫除黑恶，中共中央、国务院于2018年1月发布了《关于开展扫黑除恶专项斗争的通知》，决定在全国范围内开展为期三年的扫黑除恶专项斗争。此次专项斗争的对象比较明确，直接指向涉黑涉恶问题突出的重点地区、重点行业、重点领域，强调在斗争中坚持依法严惩、打早打小、除恶务尽的基本方针。

二 当前我国有组织犯罪刑事治理政策的考察

犯罪治理模式是治理主体对犯罪问题所采取之一切行动的规则、标准与方向，是包括犯罪治理政策、治理机制与治理措施等在内的分析框架。因此，有组织犯罪的刑事治理模式又与刑事治理政策密切相关，后者是前者的价值指引，前者是后者的价值皈依。同时，惩治有组织犯罪的刑事立法、刑事司法以及有组织犯罪的预防、管理和控制机制，归根到底可以从刑事治理政策上得到说明。

总结我国有组织犯罪刑事治理政策的发展变迁，可以将有组织犯罪的刑事治理政策分为基本政策和专门政策两个类型。

（一）我国有组织犯罪刑事治理的基本政策

随着犯罪形势的发展变化和刑事治理重点的不同，我国在不同的历史时期实施了不同的犯罪治理的基本政策。在20世纪80年代以前，先后主要实施了镇压与宽大相结合的刑事政策和惩办与宽大相结合的刑事政策。

进入改革开放初期（20世纪70年代末），随着我国政治、经济、社会和文化环境的改变，作为有组织犯罪发展雏形或者初级阶段的团伙犯罪开始大量出现，并随后快速地向恶势力团伙犯罪和黑社会性质组织犯罪转化。鉴于社会治安的持续恶化，从 1983 年开始，中央决定在全国范围内开展严厉打击严重刑事犯罪分子的斗争。基于当时同严重犯罪作斗争的需要，党和国家提出了依法"从重从快"打击犯罪的指导方针，我国犯罪的刑事治理政策随之作出重大调整，"惩办与宽大相结合"的刑事政策被"严打"刑事政策所取代，其标志是 1983 年 8 月 25 日中共中央作出的《关于严厉打击刑事犯罪活动的决定》。可以说，从 1983 年开始，我国进入了长达 20 余年的"严打"时期。"严打"的刑事政策也当然地成为这一时期我国打击和治理黑社会性质组织犯罪及其他犯罪集团、恶势力的基本政策。

及至 2004 年 12 月，时任中共中央政法委书记的罗干同志在中共中央政法工作会议上指出："正确运用宽严相济的刑事政策，对于严重危害社会治安的犯罪活动严厉打击，绝不手软，同时要坚持惩办与宽大相结合，才能取得更好的法律和社会效果。" 2005 年，罗干同志在召开的全国政法工作会议上再次提及"宽严相济"的刑事政策。至此，"宽严相济"刑事政策取代"严打"的刑事政策，成为我国新时期治理犯罪的基本政策。"宽严相济"刑事政策的提出被认为是对我国实施 20 余年"严打"刑事政策深刻反思的结果，是对"惩办与宽大相结合"刑事政策的继承和发展。在随后的十余年间，在我国开展的历次"打黑除恶"专项斗争和"扫黑除恶"专项斗争中，基本上秉承了"宽严相济"的政策要求。比如，在 2006 年 12 月通过的最高人民检察院《关于在检察工作中贯彻宽严相济刑事司法政策的若干意见》和 2010 年 2 月 8 日最高人民法院发布的《关于贯彻宽严相济刑事政策的若干意见》中，都对在惩治黑社会性质组织犯罪司法活动中如何贯彻"宽严相济"刑事政策问题作出了明确的规定。特别是在 2018 年 1 月中共中央、国务院发布的《关于开展扫黑除恶专项斗争的通知》中，再次明确提出了"要严格贯彻宽严相济的刑事政策"。

（二）我国有组织犯罪刑事治理的专门政策

"刑事政策是法律领域中的一个重要命题。它反映着立法者的基本思想，也紧密地联结着立法与司法实践，在整个法律运行过程中起着导向与调节的作用。其中的重点是运用刑事法惩罚与预防控制犯罪的实践：它既是治理犯罪的宏观战略、指导思想，也是预防犯罪的具体方法、制度措施。"① "宽严相济"是我国当下犯罪治理的基本政策,当然也是有组织犯罪刑事治理的基本政策。但是如何基于我国本土特点有效地、有针对性地打击和治理有组织犯罪,需要确立专门的政策。由于在世界范围内的各个国家和地区,其有组织犯罪滋生、发展的原因和特点各不相同,没有可资借鉴的成熟经验。伴随着我国 30 余年来同有组织犯罪作斗争实践经验的积累,才得以不断深化总结出治理有组织犯罪的专门政策,即坚持对有组织犯罪实行"打早打小、露头就打""黑恶必除、除恶务尽"和"依法严惩、区别对待"的刑事治理政策。

其一,"打早打小、露头就打"。从发展规律来看,"黑社会(性质)组织的发展是一个由低级到高级的发展过程"②。其中,犯罪团伙(恶势力团伙)是有组织犯罪的最低级阶段,也是处于高级阶段——黑社会性质组织的雏形或者后备队,有相当一部分犯罪团伙将会最终发展成为黑社会性质组织。正是基于对此种规律的认知,自 1993 年以来,我国司法机关就在"反黑"斗争中采取了"打早打小、露头就打"的方针③,强调"对于黑社会性质的犯罪,必须坚决打击,一定要消灭在萌芽状态,防止蔓延"④。"打早打小"的本来含义可以从"早"和"小"两个方面解读,其中,"早"主要针对违法犯罪组织形成的时间而言的,"小"主要针对违法犯罪组织的存在规模而言的。"打早打小"意指在违法犯罪组织形成初期或者规模较小尚不成气候之时就给予彻底地打击,以达到"露头就打"、严防"坐大"的效果,将其遏制于萌芽状态。可见,"打早打小、露头就打"包含有"防早防小"的精神内涵,其目的在于运用法律和其他一系列抗制犯罪的手段,及时、及早地有效抑制和预防有组织犯罪。

其二,"黑恶必除、除恶务尽"。2009 年,中央召开全国深入推进"打黑除恶"专项斗争电视电话会议,会议要求坚持"黑恶必除、除恶

---

① 莫洪宪、周娅:《〈巴勒莫公约〉之若干刑事政策解读》,《犯罪研究》2003 年第 6 期。
② 何秉松:《中国有组织犯罪研究》第 1 卷,群众出版社 2009 年版,第 174 页。
③ 从历史上看,"打早打小"是在总结 1983 年以来"严打"斗争经验基础上提出的惩治犯罪、优化社会管理的战略思想,并非打击黑恶犯罪的专属政策。2006 年 2 月,中央政法委部署全国"打黑除恶"专项斗争时,将"打早打小、露头就打"作为各级党委政府和政法机关必须坚持的原则方针。
④ 参见王汉斌 1997 年 3 月 6 日在第八届全国人民代表大会第五次会议上所做的《关于〈中华人民共和国刑法(修订草案)〉的说明》。

务尽"的原则。同年,中央政法委出台《关于深入推进"打黑除恶"专项斗争的工作意见》,认为当前和今后一个时期,我国黑恶势力犯罪活动仍然比较活跃,特别是受金融危机的影响,各种社会消极因素和矛盾明显增多,在一定程度上会助长有组织犯罪的滋生和发展,因此,要积极应对有组织犯罪的新动向、新变化,深入推进"打黑除恶"专项斗争。2011年9月,中央政法委召开全国进一步深化"打黑除恶"专项斗争电视电话会议,强调对黑恶犯罪保持"严打"的高压态势,敢于碰硬,除恶务尽,又要结合加强和创新社会管理,加强对有组织犯罪的打防体系建设,努力铲除其赖以生存的土壤。2018年,中共中央、国务院发布的《关于开展扫黑除恶专项斗争的通知》中也强调:"坚持依法严惩、打早打小、除恶务尽,始终保持对各类黑恶势力违法犯罪的严打高压态势。"可见,"黑恶必除、除恶务尽"是我国各级部门针对有组织犯罪的治理所长期坚持的专门政策之一。

其三,"依法严惩、区别对待"。早在1997年修订刑法时,全国人民代表大会常务委员会副委员长王汉斌同志在《关于〈中华人民共和国刑法(修订草案)〉的说明》中指出:"对于黑社会性质的犯罪,必须坚决打击。一定要消灭在萌芽状态,防止蔓延。"王汉斌同志的这一表态,就意味着立法机关对于有组织犯罪确立了"从严"打击的基本策略,从此,"依法从严"成为历次"打黑除恶"("扫黑除恶")专项斗争的基本思想。2009年7月15日,最高人民法院、最高人民检察院、公安部在北京召开座谈会,形成的《办理黑社会性质组织犯罪案件座谈会纪要》主张对不同类型组织成员的立功情节应区别对待,以收分化瓦解犯罪分子、提高破案效率之功效。可以说,在此"座谈会纪要"中,除了一以贯之地强调对黑社会性质组织犯罪"从严"惩处的要求外,还专门提到"从宽"处理的情况,逐渐体现出"该严则严、当宽则宽、区别对待"的政策观念。2015年9月17日,最高人民法院在广西壮族自治区北海市组织召开了全国部分法院审理黑社会性质组织犯罪案件工作座谈会,形成了《全国部分法院审理黑社会性质组织犯罪案件工作座谈会纪要》,要求在深入推进"打黑除恶"专项斗争中毫不动摇地贯彻严惩方针,"在严格把握黑社会性质组织认定标准的基础上始终保持对于此类犯罪的严惩高压态势",同时还要认真贯彻落实"宽严相济"刑事政策,"要依照法律规定,根据具体的犯罪事实、情节以及人身危险性、主观恶性、认罪悔罪态度等因素充分体现刑罚的个别化。同时要防止片面强调从宽或从严,切实做到区别对待,宽严有据,罚当其罪"①。由此,"依法严惩、区别对待"的思想内涵得到进一步明确,其指导我国治理有组织犯罪专门政策的地位也得到进一步巩固。

三 当前我国有组织犯罪刑事治理法律体系的考察

建立健全法律体系,是犯罪治理政策观念得以落实的主要方式和途径。伴随着预防和惩治有组织犯罪经验的积累以及现实需要,我国当前已经逐渐形成了独具特色的、防治有组织犯罪的刑事法律体系。概括起来,我国预防和惩治有组织犯罪的刑事法律体系采取"以刑法典、刑事诉讼法典为基础,以反洗钱法、刑法修正案、立法解释、司法解释以及相关部门的法律文件为补充,同时通过加入国际公约的方式履行国际义务"的形式构建。

其一,刑法典、刑事诉讼法典是基础。1979 年颁布实施的《中华人民共和国刑法》没有对有组织犯罪作出明确规定。在 1997 年全面修订刑法时,基于打击和惩处有组织犯罪的实践需要,在《中华人民共和国刑法》第 294 条增设了有组织犯罪的规定,设置了三个有组织犯罪的罪名,即组织、领导、参加黑社会性质组织罪、入境发展黑社会组织罪以及包庇、纵容黑社会性质组织罪。为了打击和惩治黑社会性质组织犯罪等严重犯罪的下游犯罪,织密刑事法网,《中华人民共和国刑法》第 191 条设置了洗钱罪,将黑社会性质组织犯罪作为洗钱罪的上游犯罪之一,意在阻隔有组织犯罪的经济来源,进而铲除其物质基础。1997 年刑法除了在分则中明确规定专门惩治有组织犯罪的罪名外,在总则第 25 条对共同犯罪作出了规定,第 26 条对犯罪集团作出了规定。1997 年刑法建立了我国治理有组织犯罪的基本刑法制度,为后来开展的诸次"打黑除恶"专项斗争提供了法律标准和支持,也将我国预防和惩治有组织犯罪的活动引入了常态化、法治化的轨道。

同样,在 1996 年修订的《中华人民共和国刑事诉讼法》并没有对有组织犯罪的特别程序作出规定,特别程序的规定主要体现在后来的立法解释和司法解释中。1998 年 1 月颁布实施的《最高人民法院、最高人民

---

① 参见《全国部分法院审理黑社会性质组织犯罪案件工作座谈会纪要》的规定。

检察院、公安部、国家安全部、司法部、全国人大常委会法制工作委员会关于刑事诉讼法实施中若干问题的规定》和 2001 年 8 月颁布实施的《最高人民法院、最高人民检察院、公安部关于依法适用逮捕措施有关问题的规定》中，分别对黑社会性质组织犯罪的逮捕和会见的条件作出了规定，这是有组织犯罪法律制度在程序上的一个突破。2012 年 3 月 14 日，第十一届全国人民代表大会第五次会议通过的《关于修改〈中华人民共和国刑事诉讼法〉的决定》，对此前我国刑事诉讼法中的相关规定进行重大修改完善，从而使我国惩治有组织犯罪的刑事诉讼制度更加完善。

其二，反洗钱法、刑法修正案、立法解释、司法解释和相关部门的法律文件是补充。2006 年 6 月 29 日，《刑法修正案（六）》增加规定了掩饰、隐瞒犯罪所得、犯罪收益罪；2006 年 10 月 30 日，全国人大常委会颁布了《反洗钱法》，对反洗钱行为及调查程序进行了详细的规定。由此，加之刑法典对反洗钱犯罪所作出的规定，我国已经建立起了相对完善的反洗钱法律制度，并成为预防和惩治有组织犯罪法律体系的重要组成部分，也是不可或缺的一部分。同时，针对 1997 年刑法实施中存在的问题以及我国有组织犯罪的发展情况，为了进一步加大对黑社会性质组织等犯罪的惩治，修改完善刑法规定，2011 年 2 月 25 日通过了《刑法修正案（八）》，从五个方面对有关黑社会性质组织犯罪的立法进行修订。[①] 另外，根据我国有组织犯罪形势的变化，立法机关和司法机关及其他相关部门又相继通过制定立法解释、司法解释乃至发布座谈会纪要、指导意见等形式，对预防和惩治有组织犯罪的法律体系不断地进行完善。例如，2000 年最高人民法院颁布了《关于审理黑社会性

---

① 《刑法修正案（八）》将刑法第 294 条修改为："组织、领导黑社会性质的组织的，处七年以上有期徒刑，并处没收财产；积极参加的，处三年以上七年以下有期徒刑，可以并处罚金或者没收财产；其他参加的，处三年以下有期徒刑、拘役、管制或者剥夺政治权利，可以并处罚金。境外的黑社会组织的人员到中华人民共和国境内发展组织成员的，处三年以上十年以下有期徒刑。国家机关工作人员包庇黑社会性质的组织，或者纵容黑社会性质的组织进行违法犯罪活动的，处五年以下有期徒刑；情节严重的，处五年以上有期徒刑。犯前三款罪又有其他犯罪行为的，依照数罪并罚的规定处罚。黑社会性质的组织应当同时具备以下特征：（一）形成较稳定的犯罪组织，人数较多，有明确的组织者、领导者，骨干成员基本固定；（二）有组织地通过违法犯罪活动或者其他手段获取经济利益，具有一定的经济实力，以支持该组织的活动；（三）以暴力、威胁或者其他手段，有组织地多次进行违法犯罪活动，为非作恶，欺压、残害群众；（四）通过实施违法犯罪活动，或者利用国家工作人员的包庇或者纵容，称霸一方，在一定区域或者行业内，形成非法控制或者重大影响，严重破坏经济、社会生活秩序。"

质组织犯罪的案件具体应用法律若干问题的解释》，2002年全国人大常委会颁布了《关于〈中华人民共和国刑法〉第二百九十四条第一款的解释》，2009年12月三部委联合下发了《办理黑社会性质组织犯罪案件座谈会纪要》，2015年最高人民法院发布《全国部分法院审理黑社会性质组织犯罪案件工作座谈会纪要》、2018年最高人民法院、最高人民检察院、公安部、司法部发布《关于办理黑恶势力犯罪案件若干问题的指导意见》和2019年最高人民法院、最高人民检察院、公安部、司法部连续发布《关于办理恶势力刑事案件若干问题的意见》《关于办理"套路贷"刑事案件若干问题的意见》《关于办理黑恶势力刑事案件中财产处置若干问题的意见》《关于办理实施"软暴力"的刑事案件若干问题的意见》；等等。

其三，批准加入的有关国际公约是重要组成部分。为了顺应国际社会打击跨国有组织犯罪的需要，促进和加强各项措施以便更加高效而有力地预防与打击腐败和跨国有组织犯罪，联合国大会分别于2000年和2003年正式通过了《联合国打击跨国有组织犯罪公约》和《联合国反腐败公约》，我国均批准并加入这两个"公约"，在经过全国人大常委会审议通过后，其内容对我国发生效力。《联合国打击跨国有组织犯罪公约》和《联合国反腐败公约》有关有组织犯罪的规定，当然地成为我国治理有组织犯罪刑事法律体系的重要组成部分。

四 当前我国有组织犯罪刑事防控机制的考察

犯罪是一种社会现象，其产生是由多种因素综合作用造成的，因而对犯罪的防控也是一项宏大的社会系统工程，同时也决定了犯罪的防控措施是多层次、多领域的，包括政治、经济、社会、文化、行政、教育、法律等各种手段策略的综合运用。刑事防控则是犯罪防控体系的一个有机组成部分，具体包括刑事预防机制和刑事控制机制。前者重在对犯罪的预防是不言而喻的，而后者则侧重于犯罪后的打击和惩处，实际上是刑事责任机制。二者相辅相成，共同发挥着犯罪治理的功用。

（一）当前我国有组织犯罪的刑事预防机制考察

有组织犯罪的预防是整个犯罪预防的组成部分，因而从属于整个犯罪预防体系，具体的预防措施仍需宏观性的策略和原则作为指导。意大利犯罪学家菲利曾经指出:"对于社会弊病,我们要寻求社会的治疗方法。"① 有鉴于此,综观我国当前对于有组织犯罪预防和控制的总体安排,社会综合治理是预防有组织犯罪的总策略。具体来说,我国对有组织犯罪的预防采取"加强社会治安综合治理,打防结合、预防为主"的方针。这一总体原则在 2018 年中共中央、国务院发布的《关于开展扫黑除恶专项斗争的通知》中得到明确确认:"坚持综合治理、齐抓共管。有效整合部门资源力量,综合运用法律、经济、行政等多种手段,形成强大工作合力。"

对社会治安实行综合治理,是党的十一届三中全会以来在改革开放和现代化建设的历史进程中逐步确立的指导方针。这一思想在 1979 年6 月中共中央宣传部等八个单位发布的《关于提请全党重视解决青少年违法犯罪问题的报告》中首次提出。1991 年 2 月 19 日和 3 月 2 日,中共中央、全国人大常委会和国务院分别作出了《关于加强社会治安综合治理的决定》,把社会治安综合治理作为指导方针确定下来,并纳入法制化轨道。2015 年 4 月中共中央办公厅、国务院印发的《关于加强社会治安防控体系建设的意见》也规定:"坚持系统治理、依法治理、综合治理、源头治理,健全点线面结合、网上网下结合、人防物防技防结合、打防管控结合的立体化社会治安防控体系。"

回顾近 30 年来的社会治安综合治理工作,归纳起来具有以下几个特征:第一,社会综合治理的主体是全方位综合主体,由国家、社会、公民综合组成。国家主体包括执政、参政的政党和各级权力机关、行政机关、司法机关;社会主体包括社会组织、社会团体;公民包括各行各业的人。各种主体之间分工合作,形成全方位的综合性主体体系。第二,社会综合治理要运用多种方法和措施。治理和预防犯罪不仅要对违法犯罪人进行处理和制裁,而且要对普通公民进行思想道德教育和法制教育,因此在司法机关和专门机关协调配合的同时,还必须综合运用政治、经济、行政、文化、教育等多种手段和措施。第三,社会综合治理的目标是治本。治标可以在短时间内取得明显效果,而治本则能针对犯

---

① [意]菲利:《犯罪社会学》,郭建安译,中国人民公安大学出版社 1990 年版,第71 页。

罪产生的深层次原因精准施策,起到预防和减少犯罪发生的作用。[1]

自改革开放以来,我国对于有组织犯罪的预防和控制,都是在社会治安综合治理战略方针指导下进行的。我国把社会治安综合治理的基本内容归纳为六个方面:打击、防范、教育、管理、建设、改造。这六个方面体现了我国社会治安综合治理的系统性、全面性,囊括了治理犯罪的基本面,同时也反映了综合治理的程序性、逻辑性。[2] 从总体上讲,我国有组织犯罪的刑事预防机制如果围绕"综合治理"六个方面构建,就能充分体现"标本兼治、重在治本,打防结合、预防为主,城乡结合、以城为主,条块结合、以块为主,整建结合、以建为主"的原则,充分发挥刑事预防机制的综合效应,从而将会使我国有组织犯罪的发展受到根本性制约和控制。

(二)我国有组织犯罪的刑事控制机制

犯罪现象是一种反社会的行为,如果不加以控制,必将泛滥,对社会秩序产生强大冲击。所谓犯罪控制,是指"以准确的犯罪信息为依据,运用限制犯罪人任意发展的多种措施组成一个有机系统,对犯罪进行有针对性的调节与制约的一系列宏观工作过程"[3]。

犯罪控制与犯罪预防的目的都是在一定程度上抵御和减少犯罪的发生,这是二者的共同点。但是,二者也有不同:第一,主体不同。犯罪控制的主体只能是国家机关,即负有犯罪控制职责与职能的国家防控职能部门;而犯罪预防的主体不仅包括国家机关,还包括社会团体和个人。第二,客体不同。犯罪控制主要指向犯罪的发案数、增长率及个案对社会的危害程度;而犯罪预防的客体主要指向导致犯罪的各种因素,通过根除这些因素来减少犯罪的发生。第三,目的和侧重点不同。犯罪控制的主要目的是将犯罪数量及危害程度控制在一定范围内;而犯罪预防的目的是从根本上铲除犯罪的原因因素,进而减少犯罪。第四,措施不同。犯罪控制只需采取严厉打击、调整政策等宏观措施来实现;而犯罪预防主要采取操作性强的微观措施去实施。[4] 从犯罪控制的概念和特

---

[1] 陈明华:《有组织犯罪问题对策研究》,中国政法大学出版社2004年版,第320—321页。
[2] 汪力等编:《有组织犯罪专题研究》,人民出版社2007年版,第202页。
[3] 莫洪宪:《犯罪学概论》,中国检察出版社1999年版,第325页。
[4] 张国琦:《黑社会性质犯罪研究》,中原农民出版社2007年版,第163页。

点可以看出，犯罪的刑事控制机制主要是指刑事责任机制，意在对犯罪人的打击和惩处，即国家专门机关通过刑事立法、刑事司法、刑事执法活动打击犯罪，惩罚犯罪人的过程与方式。

经过数十年"严打"和"打黑除恶"（"扫黑除恶"）专项斗争的开展，我国已经建立了打击和惩治有组织犯罪的刑事立法体系，形成了以建立打击有组织犯罪常态化机制为目标、配合实施运动式的周期性惩罚模式的刑事司法模式，正在探索并建立中央统一领导的、以公安机关、检察机关、审判机关为主的多部门分工负责、协调联动的刑事执法机制。

第二节 应对有组织犯罪企业化之刑事治理观念存在的问题

自20世纪80年代以来，历经多次"严打"和"打黑除恶"专项斗争，我国的有组织犯罪仍然向企业化方向快速发展转型。这种"边打边发展边转型"的现象折射出我国当前治理有组织犯罪的刑事观念存在一定偏差，值得我们关注和反思。这些问题具体表现在刑事治理模式和刑事治理政策两个方面。

一 有组织犯罪的企业化发展反映出我国刑事治理模式存在问题

总结我国目前对有组织犯罪的治理模式，不论是"严打"还是各种"打黑除恶"（"扫黑除恶"）专项斗争，都可被归属于"周期性的惩罚模式"，即当有组织犯罪已经严重威胁公民的人身、财产权利，或者严重影响到经济社会秩序时，国家就动用公检法等全部力量在全国范围内采取疾风骤雨般的"严打"和专项斗争，在特定期限内对特定犯罪（包括黑恶团伙等有组织犯罪）进行专项治理和重点打击。"周期性的惩罚模式"的主要特点体现为周期性的"严打"和专项斗争。这种模式在我国刑事犯罪比较严重、犯罪团伙加速向黑社会性质组织转变、黑社会性质组织向黑社会组织转变的过程中发挥了应有的作用：依法从重从快、严厉打击严重刑事犯罪的专项斗争不但摧毁了大量涉黑组织的经济基础，对数量众多的组织成员定罪处罚，甚至打掉了"保护伞"，对有效地打击黑社会性质组织等有组织犯罪活动起到立竿见影的效果，社会治安在一定时期有所好转。客观地讲，由于我国正处于经济社会发展的重要转型期,社会结构和文化观念出现多元化的剧烈变动,各种腐败现象仍然十分严重,政策、法律制度尚未健全和成熟,存在着有组织犯罪滋生、发展、壮大的土壤,因此,以高压态势动用国家全部力量集中打击和惩治有组织犯罪有其必要和可行的一面,仍不失为当前迫不得已的一种战略选择。

但是,犯罪的原因是多方面的。如前文所述,有组织犯罪的滋生及其向企业化的发展,归根结底是由政治、经济、社会、法律、文化等多种因素所致,"从重、从快、从严"的运动式、周期性打击特点决定了只能治标,但不能治本,无法从深层次彻底消除有组织犯罪生成到升级转型的外部条件和内部动因。所以,尽管自 20 世纪 80 年代以后我国开展了多次"严打"和"打黑除恶"专项斗争,但是有组织犯罪企业化的发展趋势没有被阻止,反而愈发呈现加速之势。历史实践表明,虽然刑罚具有一定的犯罪预防和控制功能,但它绝不是灵丹妙药,其对犯罪的威胁力是有限的;过分迷信刑罚的威慑力,尤其是迷信重刑对未然之罪的遏制效果以及对已然之罪的矫正功能的观点是不足取的。[①] 因此,当前我国频繁开展的"严打"和"打黑除恶"专项斗争均存在着本身所不能克服的诸多问题,必须建立"打、防、建"一体化的长效机制,通过系统治理、综合治理、依法治理、源头治理,彻底铲除有组织犯罪滋生、发展的条件和土壤:

第一,犯罪治理的长效性不足。"周期化"的"严打"和专项斗争的运动化、阶段性和周期性的特点,注定了有组织犯罪不可能从根本上得到遏制,"严打"和专项斗争的实际效果并不显著。从现实情况看,往往在"严打"之后犯罪团伙的数量会出现暂时的减少,但在不长的时间内有组织犯罪和严重刑事犯罪却又会呈现出急剧增长的态势[②],许多黑恶势力又死灰复燃继续危害社会,甚至促使部分犯罪组织借助各种掩护和条件加速向更高阶段的有组织犯罪转化。例如,越来越多的黑社

[①] 陈兴良:《刑法哲学》,中国政法大学出版社 1997 年版,第 301 页。
[②] 比如,在 1983—1986 年开展的第一次"严打"中,全国查获各种犯罪团伙 30476 个,成员 114452 人;但在该次"严打"之后,犯罪团伙数量不减反增,1987 年查获犯罪团伙 36000 个,成员 138000 人;到 1990 年,查获犯罪团伙 100527 个,成员 368885 人。参见何秉松《中国大陆黑社会(性质)犯罪的演变过程、规律及其发展趋势》,《政法论坛》2001 年第 1 期。

会性质组织想方设法获得合法的形式外衣，通过开办公司、企业等经济实体来掩盖违法犯罪活动，逃避打击。

第二，犯罪治理的整体性不强。在"严打"和各种专项斗争中，司法机关往往只看"树木"而看不到"森林"，对有组织犯罪的渐进发展过程和整体态势无法把握，对黑社会性质组织等实施的犯罪"就个案论个案"的单案处理，不去分析和预测单个严重刑事犯罪之间的联系和犯罪组织的发展规律，没有抓住案件线索去深挖细查，没有能够使整个犯罪组织浮出水面，错失打击、阻断有组织犯罪企业化转型发展的绝佳机会。同时，更为重要的是，如果刑事治理的重点领域、重点目标定位不准或者方法不当，就会严重影响犯罪治理的效果。例如，在历次"严打"和"打黑除恶"专项斗争中，多数将打击的重点集中于暴力外漏的黑社会性质组织犯罪，而对经常性地采取"软暴力"或者以企业为掩护的犯罪组织关注不够，打击和防控的方法不科学，从而导致近年来有组织犯罪企业化发展加快，有组织犯罪出现新的发展动向。

第三，犯罪治理的预防功能不足。由于"严打"和专项斗争并非常态性政策，而更多的具有规模性、针对性、阶段性等特点，因而"严打"导致了"重打轻防"，其效用也只能在"严打"期间发挥，"严打"过后必然伴随着"宽打"——一个"宽松"的司法环境又会相对刺激犯意，导致犯罪的回潮。虽然2000年以来的两次全国性"打黑除恶"专项斗争改变了之前数次"严打"针对性不强、效果不明显的缺陷，但是频频开展的专项斗争使得部分公安机关等司法部门乃至其他社会力量患上"专项斗争依赖症"，将打击严重刑事犯罪和有组织犯罪的希望寄托于由中央各部门统一部署的"严打"和专项斗争，上面有部署就打，没有部署就等待。盲目的和过多地进行"严打"和专项斗争会造成司法资源的严重浪费，也是导致"重打轻防"倾向的主要因素，不利于形成良性的内在生成机制，极大地阻碍了打击有组织犯罪长效机制的构建。

第四，对程序法治产生冲击。在"严打"期间，由于一味地强调"从重从快"打击刑事犯罪，以重刑来压制犯罪，刑事案件的重刑率急剧提升，因而会造成重刑主义泛滥，既不符合经济原则，也不利于人权保障。以2000年12月启动的专项斗争为例，当时确定的办案原则是"基本事实清楚，基本证据充分"，而刑事诉讼法上对定案的要求是

"事实清楚，证据充分"，这种降格以求的证据标准，导致了大量同罪不同罚、量刑前后不一的案例发生。从结果上看，这样既不能保证办案质量，亦难以保障公民权利。由于企业化的有组织犯罪与合法成立企业的单位犯罪存在外观上的诸多相似性，在"严打"或"打黑除恶"专项斗争开展期间受制于"办案时间从快"和"处理结果从重从严"的要求，司法机关往往很难查清具体的犯罪事实和财产状况，导致一些合法企业实施的普通单位犯罪被"拔高"认定为有组织犯罪予以打击，造成企业的合法财产被错误地没收、追缴和处置，从而导致企业破产，侵犯了企业及相关人员的合法权益；与此同时，也会出现部分企业化的犯罪组织被"降格"认定为普通的公司企业犯罪，从而放纵了有组织犯罪的发展。另外，在"严打"或专项斗争之后，无论是司法部门还是其他部门，都会不经意地松懈下来，以罚代处、降格处理的情况时有发生，导致"严打"的成果无法巩固，各种犯罪行为会迅速反弹。"严打"和专项斗争出现的两种极端化倾向，都不利于人权保障和社会秩序的保护，无法实现法律效果和社会效应的统一。

二 有组织犯罪的企业化发展反映出我国刑事治理政策的贯彻落实存在不到位之处

有组织犯罪具有组织化程度高、组织规模大、隐蔽性强、活动领域广泛、危害性大等特点，理应成为刑事打击的重点，我国更是接二连三地开展"严打"和"打黑除恶"专项斗争，力求"从重、从快、从严"打击各种类型的有组织犯罪，遏制其向高级阶段的发展演进。然而，从目前我国有组织犯罪发展的态势来看，特别是近年来有组织犯罪企业化发展增速不减的态势，这些治理措施的实施效果并不十分有效。

如前文所述，促使我国有组织犯罪企业化发展的原因很复杂，既有有组织犯罪天然的内在决定性因素，又有适合企业化发展的外部环境和制度空间。前者主要是指有组织犯罪和企业一样具有牟利本性，而且其自身的存续与发展也亟须经济基础作为支撑；后者主要是指市场经济的发展为有组织犯罪企业化提供了时代背景，而经济体制和法律制度不健全则为有组织犯罪的企业化发展提供了制度机会。影响有组织犯罪企业化发展原因的复杂性决定了预防和遏制有组织犯罪企业化发展并非某一单一措施所能奏效，必须依赖社会综合治理，注重正本清源，从源头上消除有组织犯罪企业化发生、发展的土壤和条件。而铲除有组织犯罪企业化发展的经济土壤、制度土壤和文化土壤，必须加强市场、行业和社会的管控，加大反洗钱和惩治"保护伞"的力度，打财断血，打伞破网，摧毁助其发展的经济基础和政治庇护，切实做到"打防并举、打防并重"，从而起到"防患于未然"的作用。

刑事政策的基本含义是指打击和预防犯罪的对策①，因此打击和预防是刑事政策的两个基本内容，相辅相成，不可偏废。自 20 世纪 70 年代末开始，我国有组织犯罪治理的刑事政策经历了从"严打"到"宽严相济"的转变，这是我国有组织犯罪刑事治理实践的重大进步，符合国际社会犯罪治理发展的大趋势，也契合了《联合国打击跨国有组织犯罪公约》的基本精神。《联合国打击跨国有组织犯罪公约》要求在对跨国有组织犯罪进行严厉打击和惩处的同时，对有组织犯罪的预防也极为注重，将其视为控制有组织犯罪的基础，强调"打防并举、以防为主"。但是，由于自改革开放以来我国的社会治安形势严峻，不论是在理论还是在司法实践中，都往往强调对严重犯罪的控制和打击，而对于犯罪的预防则在更多时间流于口头，未能切实践行。

众所周知，长期以来我国法律在理论上一直强调犯罪是孤立的个人反对统治关系的斗争。有关犯罪本质的这一论断主张既然犯罪是对全体人民基本人权和国家根本制度的危害，那么出于报应，国家理应动用在和平时期的全部暴力"以暴制暴"。对于犯罪的预防，更多的是寄希望于刑罚的威吓作用。在这种犯罪观之下，刑罚被寄予重托是必然结果，在某些时候，刑罚被当成控制犯罪的唯一手段。作为公认的最为严重的犯罪之一，对于有组织犯罪危害性的忌惮致使国家无暇顾及预防，只想尽早、尽快将之消灭，所以我国对有组织犯罪的预防相对说来没有给予足够的重视。"偏重打击、轻视预防"的结果使立法上仍欠缺控制有组织犯罪发展的综合法律机制②，司法上控制有组织犯罪的思路不明、措施不当，防控上尚未形成全员参与、多部门协调联动、多行业共同监管的有组织犯罪立体防控机制。因此，我国开展的历次"严打"和"打

---

① 赵秉志、杨诚主编：《〈联合国打击跨国有组织犯罪公约〉与中国的贯彻研究》，北京师范大学出版社 2009 年版，第 29 页。

② 虽然我国针对国内治安形势已经形成了比较成熟的"社会治安综合治理"方针，但是针对特殊犯罪类型的有组织犯罪尚未建立综合预防机制。

黑除恶"专项斗争均未有效地遏制有组织犯罪的滋生、发展,我国有组织犯罪仍处于各种形态并存、低级形态不断向高级形态演变、社会危害性不断增强、企业化发展趋势日趋严重的状况之中。

第三节 有组织犯罪企业化对我国有组织犯罪刑事立法体系的挑战

1997年刑法规定了三个有组织犯罪罪名,标志着我国反有组织犯罪的刑事法律制度已经初步建立,这些法律规定对于随后开展的系列"打黑除恶"专项斗争以及2018年在全国范围内展开的"扫黑除恶"专项斗争具有规范引领意义,保证了近20年来我国治理有组织犯罪的实践始终未脱离法治化轨道,其实施效果也非常明显。但是,近年来有组织犯罪在历经多次集中严打后仍快速发展演变,社会危害性仍在增强,反映出现有法律制度存在一定的弊端或者不足。特别是企业化的发展趋势意味着有组织犯罪向高端形态的快速发展演变并未受到根本性抑制,也表明我国应对有组织犯罪的刑事立法体系仍存在些许不足。

一 企业化发展反映出我国反有组织犯罪的立法模式存在缺陷

立法是法治的基础,是开展刑事司法实践的前提和保障。各个国家和地区不同的犯罪情势需要采取不同的刑事立法模式和构建不同的刑事立法体系,而不同的立法模式和立法体系又会产生不同的效果。总结世界各国反有组织犯罪的经验和教训,发现其相关刑事法律制度无一不是对本国预防和打击有组织犯罪实践经验的总结和归纳,在不断地试错中建立起反映本国国情、符合本国实际需要的立法模式和体系。

综观世界各国打击和惩治有组织犯罪的立法例,大致采取隐含式、法典式、专门立法式和综合式四种立法模式。[①] 隐含式立法模式往往是那些有组织犯罪尚处于形成、发展期的国家所采用的,这时的有组织犯罪活动范围有限,向经济领域和政治领域渗透尚不明显或者渗透不深,因此尚没有进行专门规定的必要性。而当有组织犯罪已经形成并初具规模,显示出强大的反社会性和危害性时,是采取法典式立法还是专门立

---

① 卢建平主编:《有组织犯罪比较研究》,法律出版社2004年版,第60—61页。

法或综合式立法，除了受制于各个国家和地区的立法习惯外，更多地考量犯罪情势和抑制犯罪的需要，如我国的香港地区、澳门地区和台湾地区均采取专门立法的模式，德国、意大利等国采取综合立法的模式，俄罗斯、法国、瑞士、泰国、奥地利等国采取法典式立法模式。其中俄罗斯已经起草了《反有组织犯罪法（草案）》，但至今此立法草案仍未获得批准实施。

当前，我国已经初步建立了反有组织犯罪的法律体系：在刑法总则中规定了共同犯罪、犯罪集团条款，在分则中规定了有组织犯罪的三个罪名和洗钱罪，在假释、累犯制度中增加了有关黑社会性质组织犯罪的规定等；在刑事诉讼法中规定了一些能够适用于反有组织犯罪的程序性规定，如电子监控、隐匿身份侦查、证人保护等；单独专门制定了《反洗钱法》；批准加入《联合国打击跨国有组织犯罪公约》《联合国反腐败公约》，其规定内容除提出保留外，均可适用于我国。由此，加之出台大量的立法解释、司法解释和指导性意见，它们共同构筑了我国反有组织犯罪的法律制度体系。可见，我国采取的是法典式立法模式，即仅在刑法典分则中规定了有组织犯罪的条款，除此之外没有单独制定专门性的反有组织犯罪的法律。

我国采取法典式立法有历史和现实的原因：一方面，我国有组织犯罪滋生发展于20世纪七八十年代，在有组织犯罪的形成期，犯罪的基本样态还是以街头暴力、流氓团伙、寻衅滋事等一般共同犯罪为主，还没有充分显露出有组织犯罪的本质特征和发展趋势。我国有组织犯罪的这一发展状况使得立法者对有组织犯罪缺乏科学认知，仍将其作为普通的共同犯罪或者集团犯罪看待。到了90年代，随着有组织犯罪进入快速发展期，犯罪组织不断地向高端形态诸如黑社会性质组织发展演变，从而引起了立法者的极大关注，于是在1997年修订刑法时在分则第294条规定了组织、领导、参加黑社会性质组织罪、包庇、纵容黑社会性质组织罪和入境发展黑社会组织罪；但是作为一个"组织体"的犯罪形态，其特殊的本质特征、社会危害以及发展趋势仍未得到体系性地观察，因此在立法上仍将其作为众多特殊犯罪集团之一种仅在刑法典中加以规定；另一方面，法典式立法具有利于维护法律规定的完整性与权威性以及便于司法操作的优势，因此一直是我国立法采取的传统模式。即使在当下有组织犯罪的特殊性已经获得普遍认同的情况下，仍有很多学者主张在不改变现有立法体例结构的情况下,通过刑法修正案的形式对我国有组织犯罪相关立法进行局部修改和完善。

如果说法典式立法仍能对处于低级发展形态的有组织犯罪作出有效应对的话,那么当有组织犯罪不断向高级形态演变特别是向企业化转型时,其模式弊端就逐渐显露,出现应对疲软无力、针对性和系统性不强的缺陷。有组织犯罪向着企业化发展是基于多种原因的,既有组织本身的内在决定性和组织成员的个人因素,也有多元的外部原因,更有存在着适合有组织犯罪企业化发展的外部条件。多元的原因决定了对有组织犯罪治理需要多元施策,对有组织犯罪发展态势的有效遏制需要刑事实体法、刑事程序法、行政法、经济法、民事法乃至国际法等方面多元法规的配合适用和综合处置,因而在立法上就需要对这些相关内容作出集中的规定。我国现有的法典式立法模式仅能在刑法中规定相关有组织犯罪的刑事实体规范,其他相关制度散见于立法解释、司法解释、国际公约、部门规章以及相关指导性或者政策性的文件之中,各种制度、措施之间不可避免地存在相互冲突、叠床架屋的情况,也会存在制度缺失、制度漏洞和制度不衔接的问题,非常不利于我国有组织犯罪企业化综合治理效果的发挥和相关制度措施的司法操作。另外,法典式立法模式虽然在一定程度上维护了刑法典的统一性、体系性和权威性,但又由于基本法的属性而导致其过于僵硬、刻板,失去立法的灵活性,不能随着有组织犯罪情势的变化和刑事治理的需要及时补充、修改、废止和完善相关法律规定。

针对有组织犯罪组织结构、犯罪活动、社会危害的特殊性以及其形成、发展和演进的特殊规律,美国、德国、意大利等国家采取综合式立法及"包裹立法"的立法模式,形成了综合性的立法体系,对实体法、程序法、行政法、经济法及犯罪控制和预防等诸多法律问题做了一揽子的集中规定,这为完善我国应对有组织犯罪企业化的法律制度提供了一个可资借鉴的立法模式思路和体系范例。

二 企业化发展暴露出我国有组织犯罪立法在法制化方面的弊端

为了预防和控制有组织犯罪的形成和发展,特别是为了准确适用法律打击和惩治有组织犯罪行为,我国在刑法立法的基础上,颁布了一系列立法解释、司法解释、规范性文件以及政策性文件。其中,立法解释有：全国人大常委会于 2002 年 4 月 28 日对刑法第 294 条的有关规定以及如何认定黑社会性质组织的法律特征作出了立法解释——《全国人大常委会关于刑法第 294 条第一款的解释》，对黑社会性质的组织应具备的特征作了四个方面限定，将国家工作人员对黑社会性质组织的包庇或者纵容作为选择性特征。司法解释有：2000 年 12 月 10 日最高人民法院发布了《关于审理黑社会性质组织犯罪的案件具体应用法律若干问题的解释》，对刑法第 294 条规定的黑社会性质组织进行概括性细化，从四个方面明确了黑社会性质组织的法律特征。带有解释性的规范性司法文件有：2009 年 12 月最高人民法院、最高人民检察院和公安部联合下发了《办理黑社会性质组织犯罪案件座谈会纪要》，对黑社会性质组织的"四个特征"作了更为具体、明确的规定，针对司法实践中出现的具体问题也作出了具体回应，如黑社会性质组织如何认定、办理黑社会性质组织犯罪案件的其他问题如何处理等；2012 年 9 月最高人民法院、最高人民检察院、公安部和司法部联合发布了《关于办理黑社会性质组织犯罪案件若干问题的规定》，就办理黑社会性质组织犯罪案件中的管辖、立案、强制措施与羁押、证人保护、特殊情况的处理、涉案财产的控制与处理、律师辩护代理、刑罚执行等综合问题作出规定；2015 年 9 月最高人民法院发布《全国部分法院审理黑社会性质组织犯罪案件工作座谈会纪要》，就 2009 年下发的《办理黑社会性质组织犯罪案件座谈会纪要》未作规定或者有关规定尚需进一步细化和完善的问题，如方针政策把握、黑社会性质组织认定、刑事责任和刑罚、审判程序和证据审查、涉案财产处置等，形成共识并作出规定；2018 年 2 月最高人民法院、最高人民检察院、公安部、司法部联合下发《关于办理黑恶势力犯罪案件若干问题的指导意见》，就开展"扫黑除恶"专项斗争中的重要问题，如总体要求、黑社会性质组织犯罪的认定和惩处、恶势力犯罪、软暴力、非法放债讨债、保护伞、涉案财产处置等，作出说明和阐释；2019 年 4 月最高人民法院、最高人民检察院、公安部、司法部联合下发《关于办理恶势力刑事案件若干问题的意见》《关于办理"套路贷"刑事案件若干问题的意见》《关于办理黑恶势力刑事案件中财产处置若干问题的意见》《关于办理实施"软暴力"的刑事案件若干问题的意见》，就四个方面的相关问题作出阐释。政策性文件有：2018 年 1 月中共中央、国务院下发的《关于开展扫黑除恶专项斗争的通知》；2018 年

7月中共中央办公厅、国务院办公厅下发的《全国扫黑除恶专项斗争督导工作方案》；2018年2月中央纪委发布的《关于在扫黑除恶专项斗争中强化监督执纪问责的意见》；2006年3月国家工商行政管理总局发布的《关于深入开展打黑除恶专项斗争的通知》；2002年4月最高人民法院发布的《关于开展"打黑除恶"立案监督专项行动的实施意见》；等等。还有其他类型的文件，如2010年4月最高人民法院刑三庭下发的《在审理故意杀人、伤害及黑社会性质组织犯罪案件中切实贯彻宽严相济刑事政策》，对在审判黑社会性质组织犯罪案件中如何贯彻宽严相济刑事政策问题作出简要阐释。

总结概括这些立法解释、司法解释、规范性文件以及政策性文件，其核心要旨在于如何在国家方针政策的指引下准确地适用法律，以及建立社会主体广泛参与、多部门分工负责、联动配合的预防、控制有组织犯罪的立体性、综合性防控体系。应该说，这些文件涵盖范围广泛，涉及领域和参与部门较多，照顾到了预防、控制和惩处有组织犯罪各个节点的方方面面，特别是对于有组织犯罪企业化发展的治理方针和措施，作出了较多制度安排和程序设计。例如，在这些文件中，广泛涉及了有组织犯罪防控的指导思想和基本原则，建立健全有组织犯罪综合治理、齐抓共管的工作机制和体制，规定了深挖黑恶势力的"保护伞"、加强基层组织建设以铲除有组织犯罪滋生土壤的具体措施，明确了各部门协调配合预防有组织犯罪的职责和责任，统一了"打财断血"切断有组织犯罪经济基础的财产处置程序和方法；等等。这些规定中有不少是因为有组织犯罪企业化发展等新动向促生的，而一些规定也切中有组织犯罪企业化发展的要害，能有效地消除和消灭有组织犯罪企业化的原因和条件，预防和遏制有组织犯罪向企业化的转型升级，同时也对如何惩治企业化的犯罪组织及其资产处置作出了明确规定。

但是，采取制定一系列文件的形式来规定有组织犯罪的治理体制和措施，也存在着一定不足：其一，这些文件制定和颁行的机关不同，适用领域和范围也各异，有规定重复甚至冲突的地方，客观上造成了司法操作上的疑惑。如2009年与2015年的两个"座谈会纪要"和2018年的"指导意见"，其某些规定相互之间就存在冲突，使人无所适从。其二，由于制定和颁布的机关不同，这些规范性文件的性质也会不同，当然在法律效力上也会有很大差异。除了立法解释和司法解释之外，其他的文件不具有法律解释的性质，因而其效力如何就存在争议，实施效果会大打折扣。其三，众多规范性文件虽然在实践中实际起到指导司法适用的作用，但其本身又没有法律规范的属性定位，难免让人产生是否符合法治原则的疑问。其四，这些文件涉及刑事实体、刑事程序、行政责任、民事责任、社会防控等多个领域的规定，因此从规定的内容上看是综合性规定。当把这些综合性的规定分别置于多个属性不同的文件中，不利于司法操作与执行，发挥不了良好的预防和控制有组织犯罪的功用。

本来，连续出台的规范性文件是为了因应预防和打击有组织犯罪的需要，但这种不统一、不成体系的文件形式会严重影响到这些规定的实施效果。我们认为，应当将系列文件的内容进行梳理、整合和吸收，形成整体性、系统性规定，使其规范化、体系化，及时将系列规范性文件中预防和控制有组织犯罪发展尤其是企业化发展的规定上升为立法，或者通过立法解释或者司法解释的形式明确下来，从而将相关刑事治理对策和措施纳入法制化、规范化的轨道。

三 企业化发展凸显了我国防治有组织犯罪配套法律制度的不协调、不健全

有组织犯罪的企业化发展必然要通过"洗钱"方式，掩盖、隐瞒其依靠血腥暴力掠夺和从事非法经济活动获得的违法所得及其产生的收益，将其转变为"合法"收入。洗钱将犯罪收益与合法所得融为一体，掩盖了犯罪所得的非法来源，使得犯罪收益得以逃避没收的命运，从而使犯罪组织具有了强大经济实力同其他组织或者合法企业展开竞争。除了被用于维持组织的运转和发展之外，洗白后的犯罪收益还被广泛地用于贿赂和腐蚀政府官员，或者向合法经济渗透，通过重新投入合法经济领域以牟取更大经济利益。一项洗钱行为的完成，往往要经历众多公司企业和金融机构，因此，举办公司企业，参与市场交易，成为有组织犯罪洗钱的主要方式。有鉴于此，在有组织犯罪企业化发展的防范对策中，反洗钱首当其冲，担当着遏制有组织犯罪发展的首要之责。同时，腐败与有组织犯罪具有"共生关系"，政治腐败为有组织犯罪的滋生提供了"肥沃"的土壤，并且在向企业化的发展转型中促进了有组织犯罪的扩张。每一个企业化的有组织犯罪的背后，都有腐败官员撑起的张

张"保护网",离开腐败官员的包庇和纵容,有组织犯罪将无处遁形。腐败是有组织犯罪寻求自保和谋求发展的主要依靠,因而反腐败也就成为遏制有组织犯罪企业化发展的主要途径。有组织犯罪从本质上是暴力性犯罪,所以即使实现了企业化发展而向合法经济领域渗透,也很难依靠自身的经济实力、经营管理水平、专业技术以及业务能力与合法企业展开竞争,必须主要依托暴力、威胁或者贿赂等违法犯罪手段进行不正当竞争,寻求行业和地域内的垄断地位,牟取巨额利润。有组织犯罪的企业化发展破坏了社会公平,扰乱了自由竞争的市场经济秩序,因此必须有效打击和防范有组织犯罪的不正当竞争。

由上可知,洗钱、腐败和不正当竞争三者在有组织犯罪企业化发展过程中具有重要意义:腐败保护着洗钱,洗钱滋养着腐败,而洗钱为企业化犯罪组织的不正当竞争提供经济支撑,腐败则直接保护着或者直接促生不正当竞争形成垄断;三者共同作用,最终助长和扩大了有组织犯罪企业化的进程与规模。防治有组织犯罪企业化发展,必须加强、完善反洗钱、反腐败、反垄断和反不正当竞争的配套法律制度建设。换言之,有组织犯罪的企业化发展对反洗钱法、反腐败法、反垄断法和反不正当竞争法等配套法律制度的体系化、协调化提出了更高要求。

我国刑法第191条将明知毒品犯罪、黑社会性质组织犯罪、走私犯罪等犯罪的违法所得及其产生的收益而掩盖、隐瞒其来源和性质的行为,规定为洗钱罪;第312条规定了掩饰、隐瞒犯罪所得、犯罪所得收益罪;第349条规定了窝藏、转移、隐瞒毒品、毒赃罪。2009年9月,最高人民法院颁布《关于审理洗钱等刑事案件具体应用法律若干问题的解释》,对刑法第191条第(5)项关于"以其他方法掩饰、隐瞒犯罪的违法所得及其收益的性质和来源"行为作出明确的规定。经过长时期的持续立法努力,以1997年刑法规定的洗钱罪、掩饰、隐瞒犯罪所得、犯罪所得收益罪和2006年通过的《反洗钱法》为主干,形成了相对完备的预防和遏制洗钱犯罪的法律体系,基本实现了把国际公约文件规定在国内法上的转化。然而,为了规避打击,当前有组织犯罪的洗钱方式日益多样化,除了利用金融机构提供金融服务的监管漏洞洗钱之外,还有利用空壳公司、网络、伪造商业票据、签订虚假合同、进行虚假交易、投资兴办公司企业、进行合法博彩、慈善捐赠等任何形式进行洗钱。因此,反洗钱是一个系统工程,而不仅仅是金融部门的责任,需要多部门、多环节的配合，如需要完善税法、银行法、海关法、公司法等相邻立法，也要完善"巨额财产来源不明罪""隐瞒境外存款罪"等周边罪名，更要国际社会的反洗钱合作，从而实现对洗钱犯罪在立法上的围堵。然而，我国现有反洗钱的法律法规缺乏体系性构建，相关规定之间的区分界线不够清晰，配套立法体系尚未建立，对有组织犯罪企业化发展的遏制效果得不到充分发挥。

我国历来重视反腐败问题，在现行刑法立法中，有关惩治腐败犯罪的规定占据着很大篇幅：在刑法分则第八章，设专章规定了"贪污贿赂罪"；在刑法分则第九章，设置"渎职罪"专章；在刑法分则第三章"破坏社会主义市场经济秩序罪"中，在"妨害对公司、企业的管理秩序罪"一节规定了非国家工作人员行贿罪、受贿罪以及对非国家工作人员行贿罪、对外国公职人员、国际公共组织官员行贿罪等系列腐败犯罪罪名。同时，全国人大常委会还于 2005 年审议了《联合国反腐败公约》，除对第 66 条第 2 款声明保留外，其他条款予以批准。应该说，加上其他若干有关反腐败的法律法规，我国反腐败的法律制度已经比较健全了。但是，我国现有的反腐败法律制度在面对有组织犯罪企业化发展时仍出现应对乏力的问题，亟待完善：第一，我国治理腐败的法律仍集中于刑法、刑事诉讼法等领域，"在观念上更多的是关注和惩罚已然的腐败犯罪，即通过事后惩罚腐败犯罪的方法来治理腐败"[1]。腐败是有组织犯罪滋生、成长的土壤，腐败促生了包庇、纵容有组织犯罪的"保护伞"和"关系网"，腐败是促成有组织犯罪企业化发展的重要因素和外部条件。因此，反腐败应当树立和坚持注重预防的观念，更多地从预防的角度转变和创新法律制度，这样才能铲除和消除有组织犯罪向企业化发展转型的土壤与条件。第二，反腐败的刑法规定之间也存在不协调之处。课题组在对我国黑社会性质组织犯罪案例进行梳理时发现，自 1997 年刑法规定包庇、纵容黑社会性质组织罪以来，以该罪判决的案件寥寥无几，而判决书则显示黑社会性质组织往往具有"保护伞"，存在"权力寻租"和"以权护黑"的现象。这种奇怪现象反映出刑法第 294 条包庇、纵容黑社会性质组织罪的规定与其他腐败犯罪的规定存在

---

[1] 陈光中主编：《联合国打击跨国有组织犯罪公约和反腐败公约程序问题研究》，中国政法大学出版社 2007 年版，第 25 页。

不协调之处，如何在司法实践中适用这些规定，尚有界限上的模糊。另外，当国家工作人员加入甚至领导黑社会性质组织，其包庇、纵容行为构成何罪，也存有很大分歧。第三，在课题组调研时，很多处于"扫黑除恶"第一线的司法人员反映，在侦查、起诉和审判黑社会性质组织的"保护伞"时，公安机关、检察机关、审判机关以及纪检监察机关之间的职责分工不够明确，缺乏多部门间顺畅的协调、衔接、沟通和信息反馈机制，从而导致"深挖保护伞""打黑除伞""打财断血"的效果不尽如人意。第四，分散立法的形式造成我国反腐败法律制度上不成体系，对《联合国反腐败公约》国内法上的贯彻执行仍存在差距，不利于有效预防和打击包庇、纵容有组织犯罪企业化发展的腐败行为，应当尽快制定综合性的专门法律。

有组织犯罪向企业化发展，一方面使其能够在合法经营活动的掩护下进行违法犯罪活动；另一方面能够依靠非法手段保护其进行所谓的"合法经营"。当其在合法经济领域遭遇到强有力的竞争对手时，暴力本性就显露出来，企业化的犯罪组织就采取暴力、威胁手段排斥竞争对象，控制和垄断市场牟取暴利。所以说，通过不正当竞争谋求垄断是有组织犯罪企业化发展的必备手段和途径。为了促进社会主义市场经济健康发展，鼓励和保护公平竞争，制止不正当行为，1993年我国制定了《反不正当竞争法》，并于2017年和2019年两次修正。为了预防和制止垄断行为，保护市场公平竞争，2007年制定了《反垄断法》。《反不正当竞争法》主要关注市场上企业间的相互竞争行为，目的在于制止不正当竞争行为；《反垄断法》关注竞争者之间的协调行为，目的在于防止市场上形成排除竞争或者严重限制竞争的局面。两部法律相互配合，共同起到了制止不正当竞争和预防、制止垄断的作用。但是这两部法律均围绕一般市场主体的市场行为设立，重在对垄断行为或者不正当行为的界定以及明确监管部门的职责，而对如何预防不正当竞争和垄断行为关注较少，难以有效预防和遏制有组织犯罪的企业化发展及"企业化"活动，无法与其他反有组织犯罪的法律制度一起形成协调、统一、健全的法律治理体系。

四 企业化发展暴露了刑事立法相关规定应对有组织犯罪的乏力

"准确认识有组织犯罪的特殊危害性，是在刑事政策上确定对其采取特别的查缉和惩罚措施的重要基础。"① 然而,"必须清醒地看到,现行立法与司法与有组织犯罪的实际存在状况已经严重脱节"②,刑事立法在应对有组织犯罪时呈现较多不足。基于本文的研究主题,本部分仅讨论有组织犯罪企业化背景下,刑事立法中的相关规定出现应对乏力的问题。

(一) 刑法中的法定概念无法涵盖有组织犯罪的所有类型

目前,我国惩治有组织犯罪主要适用刑法总则第 25 条、第 26 条关于共同犯罪和犯罪集团,以及刑法分则第 294 条有关黑社会性质组织犯罪的规定。共同犯罪是指两人以上的共同故意犯罪;集团犯罪是指三人以上为共同实施犯罪而组成的较为固定的犯罪组织所实施的犯罪。这两种犯罪形态均无特别的指向对象,不是专门针对某一种或某几种特殊的共同犯罪或集团犯罪类型。而一般认为,黑社会性质组织犯罪属于集团犯罪的高级形态,是一种特殊的集团犯罪,具体是指符合刑法第 294 条规定的黑社会性质组织所实施的犯罪。可见,在我国现行刑法立法中,"有组织犯罪"尚非法定概念。

由于对有组织犯罪存在各种不同的理解和认识,因此迄今为止世界范围内还没有形成一个比较科学的、公认的统一概念。但在我国长期实施的预防和打击有组织犯罪的斗争实践中,逐渐形成了多种称谓——犯罪团伙、恶势力、恶势力犯罪集团和黑社会性质组织。其中,犯罪团伙、恶势力和恶势力犯罪集团均非法定概念,在实践中它们有进一步发展为黑社会性质组织的可能性,但并非全部都能演变为黑社会性质组织。关于犯罪团伙,学者们提出了多种多样的定义。如有学者认为团伙就是犯罪集团;有学者认为犯罪团伙是介于一般共同犯罪与犯罪集团之间的共同犯罪形式;有学者认为犯罪团伙是犯罪集团和犯罪结伙的合称;还有学者认为犯罪团伙就是共同犯罪,包括犯罪集团与一般共同犯罪。③ 我们赞同何秉松教授的观点,认为犯罪团伙是指 3 人以上为了多次实行犯罪而结合起来的、组织形式灵活多样、结构松散、成员不完全

---

① 张远煌:《犯罪研究的新视野:从事实、观念再到规范》,法律出版社 2010 年版,第 213 页。

② 张远煌:《犯罪研究的新视野:从事实、观念再到规范》,法律出版社 2010 年版,第 214 页。

③ 何秉松:《中国有组织犯罪研究》,群众出版社 2009 年版,第 184—186 页。

固定，只有一个或几个核心成员的、组织化程度很低的犯罪结伙。[①] 从各国有组织犯罪发展的阶段来看，有组织犯罪一般历经犯罪团伙→犯罪集团→黑社会组织的逐渐发展的过程。团伙犯罪是有组织犯罪的低级形态，集团犯罪是有组织犯罪的中间阶段，黑社会组织犯罪则是有组织犯罪的最高级阶段。就我国而言，由于特殊的国家体制、国家强力打击以及有组织犯罪滋生较晚的缘故，目前尚不存在严格意义上的黑社会组织，但是却大量存在黑社会性质的组织和处在低级形态的恶势力犯罪团伙以及中间形态的恶势力犯罪集团。其中，恶势力犯罪团伙和恶势力犯罪集团是黑社会性质组织的雏形和后备队，它们中将有相当一部分最终会发展演变为黑社会性质的组织。

企业化发展是有组织犯罪升级转型的重要途径，犯罪组织成立企业介入合法经济，又成为有组织犯罪迈向高级形态的标志。实践表明，但凡存在以"合法企业"为依托的犯罪组织，都会借鉴现代企业的组织管理模式，在组织结构上往往具备了多层级的科层结构，组织结构严密，成员较多，经济实力雄厚，在某一地域或行业形成非法控制或造成重大影响。可见，这类犯罪组织构成刑法第294条所规定的黑社会性质组织。但是，企业化也不是一蹴而就的，它必然先由处于低级发展形态的犯罪组织进行原始积累或者从事非法经济活动积累财富开始，往往历经一个漫长的逐渐转型发展的过程。当恶势力犯罪团伙或恶势力犯罪集团开始迈向非法经济领域，通过提供非法商品和非法服务牟取利益时，就表明该犯罪组织的违法犯罪行为是以牟取经济利益为目的，符合有组织犯罪的目的性构成特征，从而成为有组织犯罪的一部分。因此，企业化发展决定了犯罪团伙和犯罪集团的发展方向，是其与普通犯罪团伙和一般意义上的犯罪集团分野的主要标志，表明该犯罪团伙或犯罪集团正式归属有组织犯罪集团的行列。

综上所述，有组织犯罪必然包括但不限于以下三种发展形态：黑社会性质组织犯罪、企业化发展的恶势力犯罪团伙或者恶势力犯罪集团犯罪。但是，在我国刑法上仅仅明确规定了黑社会性质组织犯罪，无法涵盖所有有组织犯罪的发展形态，当应对不属于高级形态的有组织犯罪时，刑法规定就陷入尴尬境地：一方面无法适用刑法第294条规定按照

[①] 何秉松：《中国有组织犯罪研究》，群众出版社2009年版，第186页。

黑社会性质组织犯罪惩处，只能被迫适用刑法第 25 条或第 26 条规定按照普通共同犯罪或犯罪集团惩处；另一方面"与一般的共同犯罪和集团犯罪相比，有组织犯罪具有更为独特的典型特征与极强的反社会性倾向，社会危害性巨大"，"因此，仅依据一般共同犯罪的刑罚罚则惩治有组织犯罪，无论是从行为的社会危害性和行为人的主观恶性考量，还是从行为人的人身危险性角度观察，均有悖于罪刑均衡的量刑原则，无法实现报应刑和目的刑的初衷"①。

（二）罪刑规定的缺陷导致无法精准遏制有组织犯罪的企业化发展

自 1997 年以来经过 20 余年的刑法立法演进，我国已经建立了相对完整的惩治有组织犯罪的罪刑制度。然而，相较于国外以及我国港澳台地区有组织犯罪的刑法立法，我国现行刑法立法仍存在较大的体系性问题，相关规定粗糙且不严密，留下了很多法律漏洞，不利于有组织犯罪企业化发展的预防和遏制。例如在我国台湾地区和香港地区，经过长期的发展完善，有组织犯罪的刑法立法已经从特别立法演进到专门立法再到步入关联立法阶段。② 在关联刑法阶段，有组织犯罪的规定不再是在孤立于刑法某一或某几个条文中规定某一个或某几个犯罪罪名，与其他犯罪乃至刑法总则规定没有任何衔接与配合，而是在深入认识犯罪现象的基础上树立的整体犯罪观指引下，对有组织犯罪的预防、惩处和打击所作出的整体性（立体性）刑法安排。

仅就有效应对有组织犯罪企业化发展而言，我国现有刑法立法主要存在以下问题③：

其一，没有在刑法总则犯罪体系和刑事责任体系中对有组织犯罪作出特别的制度设计，"黑社会性质组织犯罪"的刑法定性及认定标准的规定仍然忽视了有组织犯罪的发展规律，大大束缚了对有组织犯罪企业化发展趋势的预防和遏制；

其二，除了《刑法修正案（八）》对强迫交易罪、敲诈勒索罪和寻

---

① 蔡军：《我国惩治有组织犯罪的实践困境与立法对策》，《华东政法大学学报》2013 年第 4 期。

② 李仲民：《两岸四地黑社会（性质）组织犯罪比较研究》，西南政法大学，博士学位论文，2015 年。

③ 前四项主要参见蔡军《我国有组织犯罪刑法立法 20 年的回顾、反思与展望》，《河南大学学报》2017 年第 6 期。

衅滋事罪等进行修改外,没有进一步规定严厉打击与有组织犯罪相牵连的其他犯罪行为,如接受带有黑社会性质组织贿赂的受贿罪、妨害对带有黑社会性质组织调查的犯罪行为、有组织高利放贷行为、资助有组织犯罪的行为等,也没有对有组织犯罪集团习惯实施及赖以生存的洗钱犯罪作出详细的规定;

其三,由于企业化的有组织犯罪集团具有特殊的组织性结构和掩饰性极强的行为模式,因此对其有效打击必须内外结合,注重从组织的内部进行分化瓦解,这也能体现宽严相济刑事政策精神,而现行刑法并没有鼓励单纯参加犯罪组织者自动退出的规定;

其四,未规定严厉打击有组织犯罪集团所实施的其他犯罪行为,因为有组织犯罪最根本的危害和特征就是犯罪的"组织性",其危害远非个人犯罪或者基于个人犯罪的共同犯罪所能比拟;

其五,有组织犯罪向企业化的发展会造就有组织犯罪与单位犯罪"一体双构"(犯罪组织和企业相互勾结而同时并存)的情况,但现有刑法没有将单位规定为黑社会性质组织犯罪的主体,会造成客观上纵容有组织犯罪的企业化发展;

其六,尽管在《刑法修正案(八)》中将"没收财产"设定为组织、领导、参加黑社会性质组织罪的财产刑,但由于该罪的犯罪主体仅为自然人,因而没收的对象和范围是组织者、领导者和积极参加者的财产,对于黑社会性质组织(企业化时表现为"公司""企业")以及与黑社会性质组织相勾结的单位的财产将无法适用没收财产的附加刑,不利于"打财断血"以切断组织发展的经济基础;

其七,随着企业化趋势的发展,犯罪组织与企业的联合将愈发严重,一些合法成立的企业会出于利益需求不断地向犯罪组织输送经济利益以资助组织的发展,而犯罪组织则为企业提供非法暴力的保护,二者相互勾结而实现"共生"。根据我国刑法第31条规定,对犯罪企业财产上的法律制裁只有罚金刑,而仅仅以单一的罚金刑难以切断有组织犯罪发展的经济来源。因此,有组织犯罪企业化发展暴露了刑法立法在刑罚设置方面前瞻性的不足。

(三)缺乏系统有效的有组织犯罪涉案财产处置制度

有组织犯罪的根本目的在于追求经济利益,其向企业化发展无非是想通过更加安全、隐蔽的方式长期获得巨额经济利益。因此,剥夺有组织犯罪的涉案财产是对这种目的的合理回应，只有这样才能防止其死灰复燃。同时，由于企业化导致合法企业行为与有组织犯罪行为、合法企业财产与非法所得、犯罪单位或组织的合法财产与非法所得之间存在模糊甚至混同之处，在查封、扣押、冻结、追缴、没收、返还、赔偿等各个涉案财产的处置环节均存在疑难之处，急需设置相应程序制度予以规定，确保涉案财产的合法、有效处置。

当前，我国刑法第64条规定了涉案财物的特别没收制度，但该规定比较抽象，没有对普通刑事犯罪和有组织犯罪在涉案财产处理上加以区分，不能满足处理有组织犯罪涉案财产的需要。在我国刑事诉讼法中，对刑事涉案财物的查封、扣押、不起诉案件财物的处置、涉案财物的保管和移送等规则作出了一定规定，但这也是针对一般刑事案件而言，并没有对有组织犯罪制定特殊规则。当前，在"扫黑除恶"专项斗争的背景下，完善有组织犯罪涉案财产处置制度具有很强烈的迫切性，最高人民法院、最高人民检察院、公安部、司法部联合印发的《关于办理黑恶势力刑事案件中财产处置若干问题的意见》中，也再次强调要进一步实现有章可循。虽然在刑事诉讼法的司法解释和相关部门颁布的《关于办理黑恶势力刑事案件中财产处置若干问题的意见》等规范性文件中对涉黑恶犯罪财产处置问题作出不少细化规定，但是没有上升到法律层面，且更多的是规范司法层面的具体操作问题，属于解释性条文。

鉴于我国刑事法律规定的现状，并基于预防和遏制有组织犯罪发展特别是向企业化发展的需要，建立系统有效的有组织犯罪涉案财产处置制度迫在眉睫。

第四节　有组织犯罪企业化导致我国惩治有组织犯罪的刑事司法疑难问题

作为一种特殊类型的犯罪集团，有组织犯罪为刑事司法活动带来了诸多挑战，具体表现在惩治有组织犯罪刑事政策的理解与适用、黑社会性质组织的认定、有组织犯罪与相关犯罪的界分、犯罪组织的组织者、领导者、参加者的认定及其刑事责任分配以及有组织犯罪的罪数形态等方面。而有组织犯罪向着企业化发展，更是混淆了企业化犯罪组织与合法企业的界限，使得有组织犯罪与单位犯罪、犯罪组织成员与公司企业人员、有组织的犯罪行为与合法经营行为、犯罪组织资产与合法财产、犯罪所得与合法经营收益等难以界定和区分，有组织犯罪的涉案财产难以准确认定和处置，从而使刑事司法陷入困境。

一 企业化的有组织犯罪与公司企业犯罪的界分问题

企业本质上是一种营利性组织，其行为选择必然符合"实现利益最大化"这一基本规律。在牟利本性的支配下，作为企业组织形态的公司、企业，必然会在生产经营乃至管理的过程中实施危害社会的行为，如果由此触犯了我国刑法有关单位犯罪的规定，应当成立公司、企业犯罪。当前，我国刑法规定公司、企业作为犯罪主体的罪名比较多，主要涉及危害公共安全罪、破坏社会主义市场经济秩序罪、侵犯公民人身权利、民主权利罪、妨害社会管理秩序罪以及贪污贿赂罪等。其中，作为营利性组织，公司、企业涉破坏社会主义市场经济秩序罪最为普遍，如公司、企业生产、销售伪劣产品、走私、伪造货币、高利转贷、金融诈骗、逃税抗税、非法经营、强迫交易、行贿；等等。

如前文已述，向着企业化发展使得越来越多的有组织犯罪模仿、借鉴企业模式组建或改造犯罪组织，作为掩饰、隐藏违法犯罪行为的实体依托，其与合法的公司、企业无论是在外在形式还是在内部结构方面均存在越来越强的趋同性：首先，二者在组织结构上都采取了科层型组织结构，而且随着外部环境的变化和组织发展的需要，其组织结构形式也发生着有利于组织活动开展需要的改变。其次，二者都是由一个个自然人通过一定的制度安排形成的组织体，组织的一切行为都是通过自己的管理机关和委托代理人来实施的。只不过在合法的公司企业中法定代理人是董事会等决策机构，委托代理人主要是企业的员工，而作为有组织犯罪企业的管理、决策机构实质上是组织的领导者，所成立的"董事会"等决策机构仅仅是一个掩饰犯罪的招牌或幌子。再次，二者的行为方式也存在极强的相似性，都会实施诸如生产、销售伪劣产品、走私、伪造货币、高利转贷、金融诈骗、逃税抗税、非法经营、强迫交易、行贿等犯罪行为。一些民营企业出于生存的需要或者谋求更大经济利益，也会经常性地行走在灰色地带，游走于合法经济与非法经济之间从事犯罪行为，甚至会借助于有组织的犯罪势力获取超额利润。最后，二者在活动领域上存在一定的重叠。企业化的有组织犯罪除了占据非法经济领域之外，越来越多地渗透合法经济领域，与合法的公司、企业在市场上展开竞争，且行为方式趋向"去暴力化"或者更多地使用"软暴力"，在竞争中实施的行为手段和触犯的罪名同样多样与广泛。例如，根据前文的统计数据，企业化的有组织犯罪主要涉及侵犯财产罪、侵犯公民人身权利、民主权利罪、妨害社会管理秩序罪、破坏社会主义市场经济秩序罪、贪污贿赂罪和危害公共安全罪等类罪中的 38 个具体罪名。

企业化的有组织犯罪与公司企业犯罪的相似性，使得公司、企业被蒙上一层厚厚的"面纱"，极难准确识别其"面纱"背后的真实面目。在司法认定时，公司、企业为了谋求垄断地位而实施的违法犯罪行为，很容易被作为证成有组织犯罪的目的特征、组织特征和非法控制性特征的依据，从而被错误地认定为企业型的有组织犯罪。可见，有组织犯罪的企业化发展，使得在司法中准确界分有组织犯罪与公司、企业犯罪成为重大的疑难问题。

尽管有组织犯罪的企业化发展导致"非法企业"与合法企业难以区分，但是二者是在本质上不同的组织，企业化的有组织犯罪与单位犯罪也是性质各异。[①] 有组织犯罪不论是否企业化，其本质上仍属于有组织的暴力性犯罪，具有极大的社会危害性，因此在司法认定时二者绝不能被混同，亟待刺破公司、企业的"面纱"。

二 企业化有组织犯罪涉案财产的范围界定问题

有组织犯罪的企业化使得犯罪组织拥有较多的资产，在违法犯罪或者"合法经营"过程中，也会存在各种各样的交易行为，因而财产的来源、性质、用途和归属各不相同。所以，在处置涉案财产时，首要任务就是要对涉案财产的范围予以准确界定：哪些是犯罪分子违法所得的财物，哪些是违禁品和供犯罪所用的本人财物，哪些是犯罪分子个人财产，哪些是犯罪分子家属所有或者应有的财产，哪些是犯罪分子所负的正当债务。根据我国刑法第 64 条规定，对于犯罪分子违法所得的一切财物，应予以追缴或者责令退赔；对被害人的合法财产，应当及时返还；违禁品和供犯罪所用的本人财物，应当予以没收。根据我国刑法第

[①] 关于二者的相异之处，具体可以参见牛燕《非法企业与合法企业比较研究——以我国有组织犯罪企业化为视角》，河南大学，硕士学位论文，2016 年。

59 条、第 60 条规定，没收财产是指没收犯罪分子个人所有财产的一部分或者全部；在判决没收财产的时候，不得没收属于犯罪分子家属所有或者应有的财产；没收财产以前犯罪分子所负的正当债务，需要以没收的财产偿还的，经债权人请求，应当偿还。可见，查封、扣押、冻结以及特别没收、一般没收、追缴、返还、赔偿等一切财产处置的前提是界定清楚涉案财产范围、数量、归属和性质。

企业化发展使得有组织犯罪集团出现"一体双构"和"一体两面"的现象，即犯罪组织既有合法经营的公司企业，又有非法经营的公司企业。典型的如刘汉、刘维黑社会性质组织，刘汉 1997 年成立汉龙集团，持有境内外上市公司 5 家（其中国内 1 家，境外 4 家），拥有全资及控股企业 30 余家。而且，相当多的有组织犯罪集团往往是原本合法经营的企业在经营过程中逐渐有组织犯罪化，其资产中既有合法取得的财产，又有违法犯罪所得财产，还会出现用合法取得的财产去支持犯罪组织的犯罪活动及发展的情况。企业化的过程就是"以黑护商"或者"以商养黑"的过程，资产状况错综复杂，财产性质、归属及用途犬齿交错、相互混同，从而难以界分并成为司法上的一大难题。

正如有学者所言："只要贴近审判实践就不难发现，黑社会性质组织及其成员的财产中，犯罪所得与犯罪工具往往难以区分，犯罪对象物和犯罪生成物也往往处于交融状态。"[①] 正是由于司法界分的难度极大，因此在司法实践中会出现随意查封、扣押财产导致侵犯合法财产的情形：在侦查阶段，不管财物是否与犯罪有关，也不论是否合法经营，公安机关对组织的所有财产予以查封、冻结或扣押，甚至直接采取措施对企业予以托管。涉案财产范围界定不清，会造成财产处置范围的扩大或者缩小，都不利于有效预防和惩治有组织犯罪，甚至会侵犯公民的合法权利。例如，自 2002 年以来，曾先后担任过辽宁省本溪市政协委员和鞍山市人大代表的袁诚家采取非法手段将触角伸向辽宁本溪、鞍山和云南香格里拉的矿山开采、选矿加工、房地产开发、房屋建筑等领域，至案发前，实际控制 22 家企业，总资产累计达 20 亿元。2014 年，辽宁省营口市中级人民法院一审以组织、领导黑社会性质组织罪、故意伤害罪等六项罪名，判处袁诚家 20 年有期徒刑，同时判决追缴、没收袁诚

---

① 王利荣：《涉黑犯罪财产之没收与追缴》，《中国刑事法杂志》2011 年第 5 期。

家所控制的22家企业以及这些企业的资金和企业车辆30余台。2015年11月，该案二审判决在维持袁诚家定罪量刑的同时，调整了涉案财产部分的判决。二审法院认为，已有证据无法证明袁诚家17家企业及其账户上的资金被用于违法犯罪活动，企业及其账户上的资金与黑社会性质组织犯罪的关联性也未能充分证明，将这些企业以及账户上的资金、车辆及其他冻结资金予以追缴、没收不当，应当由查封、扣押、冻结机关依法返还；袁诚家和其家人名下的合法财产以及非涉案企业的各类财产，包括存款、现金和股金等，也要依法返还。此外，由于袁诚家的黑社会性质组织成立于2003年，在此之前的企业生产经营活动尚属合法，因此判决袁诚家于2003年之前已经拥有的2000万元资产也要依法返还，其中包括几百箱茅台酒等贵重物品。2017年8月11日，辽宁省公安厅发出《国家赔偿决定书》，对袁诚家支付6.79亿元人民币。但是，由于袁诚家和辽宁省公安厅在涉案财产的认定、处置、返还和赔偿上产生分歧，其向公安部提请复议并提出国家赔偿，要求返还被扣押、冻结的其余财产，赔偿因处置不当造成企业的损失等，共计37亿元人民币。①

司法机关对袁诚家黑社会性质组织犯罪案件的处理过程，非常清晰地将企业化有组织犯罪涉案财产调查、认定和处置的疑难展示出来。在本案中，袁诚家的企业涉黑的司法定性并没有任何改变，袁诚家与司法机关的分歧点就在于财产认定和处置方面。其中情况复杂之处主要在于袁诚家的企业本来是合法成立的，后来出现逐步有组织犯罪化的发展过程。在此过程中，企业财产和个人财产、企业的合法经营所得与企业的违法犯罪收益、袁诚家的个人财产与其家人的财产等如何界分，成为司法认定的难题。同时，此案的审理过程也表明，如果对企业化有组织犯罪涉案财产界定范围过大且处置不当，会造成民营企业的亏损或破产，从而严重侵犯公民和企业的合法权益。当然，当涉案财产的范围界定过小时，将无法彻底摧毁犯罪组织的经济基础，无法实现"打财断血"来切断犯罪资金链条，客观上纵容了有组织犯罪向企业化方向进一步发展演变。

---

① 《创纪录：辽宁黑老大袁诚家获6.79亿元国家赔偿》（https://news.china.com/domestic/945/20170907/31313397_all.html），2017年9月7日。

三 企业化的犯罪组织中参加者和企业员工的区分问题

在惩治有组织犯罪的司法实践中，有关犯罪组织中组织者、领导者、骨干成员、积极参加者和一般参加者的认定，是保证准确适用刑罚的重要前提，往往也是司法认定的疑难问题，因此在我国历来颁行的众多"司法解释""座谈会纪要""指导意见"以及其他规范性文件中多次予以强调和说明。但是，当有组织犯罪向企业化发展转型之后，企业化的犯罪组织中参加者与普通企业员工的区分和界定即上升为一个重要司法问题，需要予以重视。

与传统的以暴力为主要手段的有组织犯罪不同，企业化发展使得犯罪组织向公司企业模式靠拢，借鉴现代企业制度改变着犯罪组织的本来面貌，从而披上了"神秘面纱"，极大地模糊了犯罪组织与正常合法企业的界限。在企业化的犯罪组织中，除了为实施犯罪的需要和便利，一些重要部门的重要管理岗位必须由犯罪组织的骨干成员控制之外，为了维持一个公司企业的正常运转，往往还需要一些专业技术人员，比如，财会人员、销售人员、采购人员、服务人员等。观察有组织犯罪企业化的进程发现，企业化发展转型越是完全、企业化程度越高的犯罪组织，其招募的专业技术人员或者服务人员就会越多，非组织参加者所占企业员工的比例也会越高。特别是那些由合法企业涉黑逐渐转型到有组织犯罪的企业更是如此。由此产生一个问题，即在审理有组织犯罪案件时如何认定、区分组织的参加者并施以刑罚。

对于有组织犯罪组织成立企业后，如何准确区分企业员工和犯罪组织成员的问题，我国司法实务机关已经作出了相关的规范性解释。2009年最高人民法院、最高人民检察院、公安部发布的《办理黑社会性质组织犯罪案件座谈会纪要》指出："只要行为人知道或者应当知道是从事违法犯罪活动的组织，仍对该组织及其成员予以包庇，或者纵容其实施违法犯罪活动，即可认定本罪。至于是否明知该组织系黑社会性质组织，不影响本罪成立。"2015年最高人民法院发布的《全国部分法院审理黑社会性质组织犯罪案件工作座谈会纪要》更是明确指出："以下人员不属于黑社会性质组织的成员：1. 主观上没有加入黑社会性质组织的意愿，受雇到黑社会性质组织开办的公司、企业、社团工作，未参与或者仅参与少量黑社会性质组织的违法犯罪活动的人员；2. 因临时被纠集、雇佣或受蒙蔽为黑社会性质组织实施违法犯罪活动或者提供帮助、支持、服务的人员；3. 为维护或扩大自身利益而临时雇佣、收买、利用黑社会性质组织实施违法犯罪活动的人员。"综合概括这两个文件，实际上是强调将主观明知作为界定是否为组织成员并承担刑事责任的依据。但是，在司法实践中，如何界定"主观明知"，仍然是一个司法疑难问题。另外，有关主观明知的具体内容，在理论和实践上也均存在很大的争议。

四 企业化的有组织犯罪涉案财产处置中存在的问题

受"重打击轻预防""重人权保护轻财产权保护"以及"司法经济化"传统思维的影响，有组织犯罪的企业化发展必然给涉案财产的处置带来系列难题。在当前我国有组织犯罪案件刑事司法实践中，关于涉案财产处置所存在的不足主要表现为两个方面：一方面是涉案财产处置中追缴、没收不足，未能充分剥夺犯罪组织的经济基础；另一方面是财产处置在实体、程序上存在不少缺陷。前者与有组织犯罪涉案财产的范围界定问题密切相关，前文已有所述，在此不再过多涉及。就后者而言，具体有以下几个方面：

第一，相关法律规定不明确、不具体，导致侦查环节对涉案财物范围的理解不一，对财产的查封、扣押、冻结措施过于随意。有组织犯罪涉案人员多，涉及罪名也很多，情况复杂，特别是那些企业化发展的犯罪组织往往以成立公司企业、投资入股等方式使得违法犯罪所得与合法经营所得相混同，造成如前文所述的区分、界定困难。但是目前法律规定较为原则，实践中出现的各种复杂情况亟待统一认识。特别是在侦查阶段，由于案件事实没有梳理清晰，司法机关的认定具有较大的操作空间。"目前，我国在立法上对扣押、冻结款物的范围没有统一规定，理论界和实务界对其理解更是见仁见智。实践中常常由侦查机关自行认定，导致适用无限扩大化，随意决定强制措施对象和范围。"[1] 由此，在司法实践中会出现两个问题：一方面查封、扣押、冻结的涉案财物范围过小，难以切断有组织犯罪的经济基础从而放纵了犯罪，客观上助长

---

[1] 龚举文：《论扣押、冻结款物强制性措施的司法控制》，《中国刑事法杂志》2009 年第 8 期。

第五章　企业化发展趋势对当前我国有组织犯罪刑事治理的挑战 | 273

了有组织犯罪的企业化发展；另一方面当查处的财产范围过大时，就会侵犯企业或公民的合法财产权。

第二，涉案财产的移交、管理、处置较为混乱。2012年《刑事诉讼法》修改了查封、扣押、冻结财物的规定，增加了"制作清单、随案移送"制度。2015年，中共中央办公厅、国务院办公厅发布了《关于进一步规范刑事诉讼涉案财物处置工作的意见》。随后，最高人民检察院、公安部先后印发了《人民检察院刑事诉讼涉案财物管理规定》和《公安机关涉案财物管理若干规定》，对严格规范查封、扣押、冻结程序，严格规范涉案财物审前返还先行处置程序作出了明确规定。但是在实践中，多数司法机关没有专门规范的涉案财物保管场所，涉案财物由各办案部门自行保管，极易造成物品遗失、损毁和贬值；由于涉案财物往往作为物证使用，在刑事案件办理过程中，需要在侦查、公诉和审判机关之间进行流转，由于保管机制不健全，在移转过程中更是存在不规范之处，涉案财物移送的随意性大，手续不完备、不规范；在处置环节，处置程序不公开、不透明，处置过程过于冗长，造成涉案财物的贬值；被害人合法财产的审前返还、特殊财产的审前处置缺乏独立第三方的居中裁决，难免有失客观公正。

第三，受刑事审判长期以来重定罪、轻量刑和重主刑、轻附加刑的观念影响，有组织犯罪涉案财产部分的法庭调查、判决认定及说理不足。由于程序性规定不具体明确，在法庭调查程序中，对于出示有关涉案财产的客观证据往往以言词证据的形式出现，或者虽然出示了相关证据，但是此类证据与有组织犯罪的关联性论述不充分。由于在侦查过程中对涉案财产关系到定罪、量刑、执行的问题重视不足，公诉人举证也很少就涉案财产问题单独举证，法庭调查偏重对定罪事实及主刑量刑事实的调查，而对附加刑以及特别没收措施的适用缺乏重视。在刑事判决书中，或者直接判决追缴、没收，或者含糊其词，并不指明追缴、没收的具体内容及数额，说理性也不足，进而导致刑事判决的财产部分难以执行到位，大大影响了摧毁有组织犯罪的经济基础、惩处有组织犯罪分子的效用发挥。

上述问题的出现，都是和有组织犯罪涉案财产处置程序不健全、不规范有关，严重影响了预防和遏制有组织犯罪企业化发展的法律效果和社会效果。

第五节　有组织犯罪企业化对我国有组织犯罪防控机制的挑战

有组织犯罪向着企业化转型发展有其深刻的经济、政治、社会、文化和制度上的原因，因此，很难仅通过某一方面的措施就能对这一发展趋势进行预防和遏制，其必然对我国现有有组织犯罪的防控体制、机制带来巨大的挑战，特别是全球化背景下的社会交往模式更是增加了防治有组织犯罪企业化的艰巨性。

一　有组织犯罪的企业化发展暴露出我国监管制度漏洞

近年来，有组织犯罪在众多经济领域齐头并进、快速渗透的犯罪态势，暴露出我国在预防和控制有组织犯罪企业化发展过程中监管制度存在较多不足甚至漏洞，亟待弥补。主要体现在以下方面：

首先，社会经济管理存在漏洞。我国建立社会主义市场经济体制时间不长，在法制建设、社会管理等方面不可避免地出现与市场经济发展要求不相适应的地方，给了有组织犯罪生成、发展的土壤和条件。许多犯罪组织打着经商办企业的合法旗号进入经济领域，逐渐向企业化方向发展，达到用合法身份去掩盖违法犯罪行为的目的。在市场化过程中，市场经济打破了城乡二元化结构，冲破了原有的土地制度、户籍制度、票证制度的制约，使得政府对整个经济活动的管理大大削弱，而新的适应市场经济需要的管理体制尚未完全建立、健全，就给了有组织犯罪企业化发展的机会。另外，由于传统的经济与管理格局的改变，旧的管理制度逐渐废止而新的制度没能很快地弥补到位，留下了大量"真空地带"，出现某种程度管理上的失控，从而在客观上为有组织犯罪的迅速企业化提供了空间。例如，在企业改制期间，由于制度缺失和管理不严，出现了一些集体所有制企业甚至国有企业被黑恶势力逐渐蚕食并逐渐"黑化"的现象。再比如，由于在经济和社会管理上存在"死角""遗漏"或者打击不力，导致地下经济活动猖獗，大量有组织犯罪团伙和集团积极占领非法或者"灰色"经济领域，依靠严密的组织性和暴力优势迅速积累大量非法经济利益，实现企业化的初步转型，为向合法经济领域进军提供了雄厚经济基础。

其次，市场监管不力。有组织犯罪渗透的合法经济领域非常广泛，既有准入门槛比较低的建筑工程、服务娱乐、集贸市场、矿产资源、交通运输等传统行业，也有准入门槛比较高的金融信贷、电子网络、共享经济等新兴行业领域。不论哪个行业领域，如果市场法制健全、监管得当的话，有组织犯罪在这些领域行业很难有所作为。但是从前文统计的情况看，大多数犯罪组织向低端的经济领域渗透，一方面是由于这些领域准入门槛低，技术含量、资金数量和管理水平的要求不高；另一方面还是因为这些领域相关部门监管存在懒政思维，监督管理不到位，措施不得力，导致市场管理混乱、失序。市场管理的僵化和无序，正好为有组织犯罪披上合法外衣提供了机会，犯罪组织可以仅仅依靠暴力和腐蚀等不正当手段就能轻松进入市场，并取得市场份额进行垄断，获取巨额经济利润，加快了企业化发展进程。同时，由于市场监管和行业监管不力，也导致犯罪组织攫取的大量"黑金"很轻易地通过企业化发展或商品交易等形式进行"洗白"，转而再次投入经济领域赚取高额利润。

最后，社会监管不到位。刑满释放人员、社会闲散人员等是我国有组织犯罪组织成员的主要来源。① 这些人处于社会底层，文化素质低，家庭贫困，没有谋生技能，工作生活长期得不到保障，因此很容易被犯罪组织纠集、利用。例如，在黑龙江省的"乔四"黑社会性质组织中，受过刑事处罚的人员占组织成员总数的72%。因此，相关部门、基层组织应该密切配合、加强监管，减少和杜绝这部分重点人群沾染犯罪恶习、加入有组织犯罪组织的机会。同时，旅馆业、文化市场、娱乐场所等容易藏污纳垢，是滋生有组织犯罪的温床，应当重点控制和管理；枪支、爆炸物、毒品、色情制品等是有组织犯罪经常性物品，更要加强管理和控制。预防和遏制有组织犯罪的企业化发展，需要从源头加以治理。虽然2018年最高人民法院、最高人民检察院、公安部、司法部联合下发的《关于办理黑恶势力犯罪案件若干问题的指导意见》第2条要求，相关部门要加强对黑恶势力犯罪突出的重点地区、重点行业和重点领域的监控、监管，但是全方位、多层次、多手段的社会监管机制仍未

---

① 根据对我国东部、中部和西部地区企业化犯罪组织成员来源结构的统计分析，成员中有社会闲散人员的犯罪组织占比都很高，均接近有效样本的90%。这一数据表明，社会闲散人员是企业化犯罪组织的主要来源人群。

建立，对有组织犯罪的社会监管仍存在不到位的情况。

二 有组织犯罪企业化发展显示出我国犯罪治理机制协调联动不足

企业化的有组织犯罪具有极强的掩饰性和迷惑性，往往是暴力行为、非暴力的违法犯罪行为（软暴力）甚至合法行为混合并用，在暴力犯罪、非法经济及合法经济领域同时并存发展。有组织犯罪企业化发展要求司法机关、行业监管部门、社区和街道等基层组织、行业组织等全社会各种力量积极参与进行综合治理。其中，公安、检察、法院等司法机关负有打击和惩治有组织犯罪的主体责任，金融监管、市场监管、海关、税务、运输等部门负有预防和监管有组织犯罪向行业渗透发展的主体责任，基层组织、社区、街道、村镇等负有有组织犯罪的防范、预警的主体责任。

但是，由于长期以来我国对有组织犯罪发展趋势没有准确认知，仍持有狭隘而刻板的犯罪观念，即将有组织犯罪仅理解为传统的、以暴力犯罪为主的黑社会犯罪，从而在政策观念上将有组织犯罪和旧观念上的黑社会犯罪混为一谈。[①] 刻板、僵化的犯罪观念不仅造成立法上的滞后，而且也因严重脱离当下我国有组织犯罪发展的实际状况，进而造成犯罪治理机制和措施的严重不足：第一，治理观念上重打击轻预防，将公安、检察、法院等司法机关视为治理有组织犯罪的唯一责任主体，其他责任主体的参与度不高；第二，各个部门之间协调配合不足，即使司法机关内部也存在信息沟通不通畅、责任分工不明确、配合机制不健全的情况；第三，没有建立统一指挥、协调有组织犯罪治理的专门机构，也没有建立收集、整理、研判、联通、共享的信息情报分析系统；第四，全民参与有组织犯罪的防范与治理观念尚未养成。总之，目前我国缺乏以预防为主、社会广泛参与、多部门分工负责、协调联动的有组织犯罪治理机制，有组织犯罪的快速企业化与此缺陷不无关系。

三 有组织犯罪企业化发展表明了我国市场经济制度存在不完善之处

市场经济制度本身虽然并非有组织犯罪产生的根源，但一定是有组

[①] 张远煌：《犯罪研究的新视野：从事实、观念再到规范》，法律出版社 2010 年版，第 212—214 页。

织犯罪生成、发展的制度土壤，市场经济制度的不完善及其负面影响促进了有组织犯罪的产生以及企业化发展。反过来，有组织犯罪企业化发展越快、程度越高，就越能说明我国市场经济制度存在不完善之处。

市场经济是竞争和合作兼容的经济，而规范有序的市场竞争秩序包含的内容涉及市场体系的完善性、市场结构的竞争性、市场的公平性、市场的透明度、市场的自由度、市场的开放度、市场的组织性、信用关系的可靠性以及市场调节信号的完善和准确性。[①] 完善的市场经济要求产权制度明晰、要素的市场化配置完善、公平竞争市场环境有保障、各类企业市场主体地位平等、政府宏观调控完善等诸多条件。经过几十年的建设发展，我国社会主义市场经济已经基本确立，但是仍然存在一些不足和问题，亟待完善和解决。例如，在某些行业，仍处于政府行政主导之下，行政垄断、行业垄断等仍然存在，自由、规范、有序竞争的市场环境还没有完全建立起来；产权制度仍需完善，各类市场主体产权的平等保护仍有一定差距；市场的公开透明度不够，仍存在信息不完全、不对称的情况；市场机制不健全，缺乏完善的市场准入和退出机制。我国现阶段市场经济制度的不完善、不健全，导致一些市场秩序混乱问题，如市场上假冒伪劣盛行，以致出现"劣币驱逐良币"现象；市场主体地位不平等，民营企业难以获得平等保护因而触发大量违法犯罪；一些市场管理行为缺乏透明度，加之行政垄断、行业垄断尚未破除，容易出现权力寻租、权钱交易现象；市场监管、行业监管、金融监管不到位，某些市场领域缺乏监管，违法犯罪行为频发；某些行业领域市场准入标准过低，存在乱象。总的说来，我国市场失序的现状是由于市场规则的缺失，具体说是竞争规则的缺失和制度规则的缺失。[②] 竞争规则即保障充分竞争的规则，我们现在所见到的许多市场秩序混乱现象，可以由充分竞争的市场自行克服。制度规则的实质是规范竞争秩序，在没有制度规则的约束下，人们的行为往往会发生变异。我国正在发展的市场经济是从计划经济脱胎而来的，自然经济的残余也很严重，各种保护和垄断严重压抑市场经济的发展，在很多方面不存在竞争，所以现阶段存

[①] 洪银兴：《市场秩序和规范》，格致出版社、上海三联书店、上海人民出版社2015年版，第5页。

[②] 洪银兴：《市场秩序和规范》，格致出版社、上海三联书店、上海人民出版社2015年版，第123—125页。

在的市场秩序混乱在很大程度上是市场经济没有发育完全、市场经济制度不健全所致。

有组织犯罪依赖于市场经济规则的不完善和市场秩序的混乱，得以"合法企业"的身份掩护介入市场，通过违背市场公平自由竞争、自主经营的规则寻求垄断，排斥自由竞争，操纵市场，从而牟取巨额经济利润。反过来，企业化的有组织犯罪又通过提供假冒伪劣商品或者违法商品，以及提供带有暴力、威迫性质的劣质服务，进一步扰乱市场秩序，加重了市场的无序、混乱状态。

四　有组织犯罪企业化发展暴露出我国在基层政权建设方面存在不足

政治权力的腐败与有组织犯罪之间存在着密切的关系，它为有组织犯罪的存在与发展提供了客观基础，而有组织犯罪则为政治权力的腐败提供了一种最经济的方式。所谓政治权力的腐败，往往包括两种情形：一是政治权力的缺位，即在政治权力应当存在的空间中却制度性地缺乏政治权力的作用；二是政治权力效能低下，即政治权力在其存在的空间没有发挥应有的效能。①当前，我国正经历从计划经济向社会主义市场经济的转型，政治权力的缺位或者效能低下也不同程度地在某些地方存在。而且从我国当前致力于反腐败的实践来看，两种情形都比较突出。特别是在我国基层政权建设比较薄弱的地方，政治权力的缺位或者效能低下将给有组织犯罪的产生、蔓延和发展提供了机会土壤。例如，我国一些地方出现的形形色色的"拆迁公司""讨债公司""地下出警队""地下法庭"等。有组织犯罪向企业化转型发展的重要阶段——向地下经济领域（如地下黑市）渗透，即表明基层政权建设存在不足。

基层政权建设存在不足可能有多方面原因，如人员、技术、资金、措施、经验、环境等客观原因，但更多的是犯罪组织为了牟取经济利益向基层政权渗透，通过贿赂腐蚀手段拉拢、收买政府官员和执法人员，以获得他们的保护和合作，从而使得个别政府官员和执法者有选择性地滥用权力、少用权力或者不用权力。例如，浙江温岭的张畏黑社会性质组织一案牵涉到的党政干部、司法干部、金融机构干部共计达67名，他们对张畏的关怀可谓"无微不至"，张畏在温岭的别墅围墙上甚至有

---

① 张彩凤主编：《有组织犯罪的经济学研究》，哈尔滨出版社2004年版，第119页。

一块写着"温岭市公安局重点保护单位"的牌子。①

为了牟取更大巨额利润,一些犯罪组织将触角伸向越来越多的经济领域。为了在这些领域获取超额利润,犯罪组织积极收买这些领域的政府部门官员,指望他们徇私舞弊,放纵违法犯罪活动,或者在项目投资、税收等环节给予特殊关照,通过不正当手段将其他竞争对手排挤出去,或者容忍他们在有关领域欺行霸市、肆意妄为。例如,全国闻名的辽宁省刘涌黑社会性质组织的发展壮大,与部分党政机关腐败分子的纵容、庇护密不可分。在刘涌黑社会性质组织实施违法犯罪活动期间,多名公安人员一直充当着刘涌的"保护伞",使其在实施故意伤害等严重暴力犯罪后仍能逍遥法外。为了将沈阳市市中心一块价值 3.5 亿元人民币的土地无偿收归己有,刘涌先后向时任沈阳市常务副市长的马向东行贿 200 万元,最终其所控制的嘉禾集团达成所愿。刘涌向时任沈阳市市长的慕绥新行贿 10 万美元,极力腐蚀拉拢,此后慕绥新屡屡为刘涌黑社会性质组织提供帮助。在刘涌黑社会性质组织发展的初期,沈阳市和平区原劳动局副局长高明贤、局长陵德秀为刘涌黑社会性质组织的发展、壮大保驾护航,将劳动局下属企业百佳自选商场由集体企业转制为民营企业,以"零买断"的方式将该商场的产权转让给刘涌,从而为该组织的发展奠定了坚实的基础。除上述人员之外,还有时任沈阳市人民检察院检察长刘实、时任沈阳市政协副主席焦玫瑰等,也为刘涌黑社会性质组织充当"保护伞"。②刘涌黑社会性质组织在向企业化转型发展过程中,将其关系网编织到沈阳市、区的许多部门,通过腐败分子的权力滥为或不作为,形成了规模巨大的企业化的有组织犯罪集团。

近年来,一些黑恶犯罪势力也加紧向农村基层政权组织渗透,或者一些基层干部利用手中掌握的权力为非作歹、残害群众,逐渐蜕变为黑恶势力,将国家公权力为己所用,追逐非法利润,将违法犯罪活动积极向经济领域拓展,极大地助推了有组织犯罪的企业化发展进程。这些情况暴露了我国一些基层政权组织及执法队伍在应对有组织犯罪发展时,存在制度不健全、能力跟不上的缺陷。

---

① 刘星:《黑恶势力,离黑社会只差一步》,《北京青年报》2001 年 1 月 12 日。
② 何秉松:《黑社会犯罪解读》,中国检察出版社 2003 年版,第 40—48 页。

五 有组织犯罪企业化发展也预示着我国需进一步加强国际合作

全球化是当今世界的一个重要的发展特点，意味着商品、劳动、资本、信息等元素大量流动。全球化在极大地扩展了人们交流范围的同时，也给有组织犯罪特别是企业化发展带来了更多机会。巨大的利润空间促使跨国有组织犯罪集团和国际有组织犯罪协作的产生，犯罪组织为了追逐暴利而不择手段，竭力参与国际法所禁止的贸易活动，包括贩卖非法商品、提供非法服务，以攫取巨大经济利益。正如第十届联合国预防犯罪和罪犯待遇大会秘书长在其题为"全世界犯罪和刑事司法状况"的报告中指出的那样："全球化造成了一个为新的和扩大化形式的犯罪创造了成熟条件的环境。贸易、金融、通信和信息结构的变化帮助促成了使犯罪活动突破国家界限的一种环境。犯罪活动越来越多地跨越国界，在许多情况下具有全球性质。犯罪组织以类似于公司企业一般的结构从事犯罪活动，运用高技能人才和机制协助谋取利润和隐藏利润。还有一点也是同合法经济中的组织十分相似，犯罪组织完全能够不断作出调整，使自己适应市场变化，迎合公众对商品和服务的需要。""过去十年内，有组织犯罪集团利用了新出现的犯罪市场。这样一来，它们在全世界扩大了活动，对国际社会造成了真正威胁。犯罪集团在本国国内和国外都建立了自己的网络，力图在合法和非法市场开展更为有效活动。它们现在已经能够渗透到世界各国的金融、经济和政治系统。它们采用了尖端的犯罪技术，包括雇佣具有高技能的人例如律师和会计师，使执法人员穷于应付层出不穷的新犯罪形式。"[①]

在有组织犯罪全球化趋势愈加明显、社会危害性越来越严重的情况下，打击跨国有组织犯罪活动，遏制非法国际贸易，就能够限制甚至摧毁有组织犯罪发展的经济利益来源，削弱有组织犯罪的力量。但是，由于各国司法制度的差异无疑将造成很多权力的空缺和真空状态，各国单凭自己的力量已经不足以控制和打击这类犯罪，加强国际合作以图遏制正日益成为国际公认的最有效方法。为此，联合国大会以及联合国的其他有关部门对有组织犯罪问题进行了持续深入研究，针对有组织犯罪的

[①] 转引自张彩凤主编《有组织犯罪的经济学研究》，哈尔滨出版社2004年版，第279—280页。

特点、性质、发展趋势提出了一系列预防和打击策略，形成了《联合国打击跨国有组织犯罪公约》《联合国反腐败公约》等一系列公约文件。一些国家也在一定区域内展开区域性合作，建立了诸如欧洲区域合作、美洲区域合作等区域合作体系。还有一些国家在双边范围内展开合作。

我国近年来也非常重视预防和打击有组织犯罪的国际合作，先后批准、加入了《联合国打击跨国有组织犯罪公约》《联合国反腐败公约》等国际公约，通过修订本国法律的形式努力践行公约规定义务。但由于我国有组织犯罪发展程度相对较低，企业化发展趋势也是在 20 世纪末才开始显现，且规模一般不大，因此在国际合作以及区域合作方面无太多经验，制度建设上还有较大不足。特别是如何防治和控制有组织犯罪在经贸领域、洗钱领域的违法犯罪行为，如何开展国际间反有组织犯罪的刑事司法协助等，在国际合作方面仍有进一步发展的潜力。另外，在我国几个特定区域间反有组织犯罪的合作，如我国大陆地区与香港特别行政区、澳门特别行政区以及我国台湾地区间，仍缺乏相应规定。可以预见，随着有组织犯罪企业化程度的提高，加强国际合作是有效防控有组织犯罪转型发展的必由之路。

第六章 我国应对有组织犯罪企业化趋势的刑事治理对策完善

第一节 域外应对有组织犯罪企业化趋势的刑事治理对策考察

从世界范围内有组织犯罪发展的历史与现状来看，企业化发展是全球有组织犯罪发展的一个共同趋势。为了应对这一发展趋势，各个国家和地区在政策、立法、司法以及防控机制等方面采取了相应的应对措施，联合国的若干公约也对此作出了具体回应的建议性规定。这些针对有组织犯罪企业化发展趋势的刑事治理对策，既有反映世界范围内有组织犯罪发展大趋势的具有共同性的一面，也有各个国家和地区针对有组织犯罪发展本土特点作出特别处置的一面，对其介绍和梳理，可以为我国制定、完善防控有组织犯罪企业化发展的刑事治理对策提供参考和借鉴。

一 全球有组织犯罪企业化发展的状况及联合国的刑事治理对策考察

（一）全球有组织犯罪企业化发展的总体状况考察

"世界各国执法机关一致认为，有组织犯罪正呈上升的趋势，它与恐怖主义相结合，已构成了对世界秩序的严重威胁……犯罪活动正在疯狂地蔓延。"[①] 正如美国学者保罗·兰德在调研全球有组织犯罪发展状况后指出的那样，当前世界范围内有组织犯罪活动范围越来越广，规模越来越大，犯罪收入金额越来越多，危害也越来越严重。根据联合国

---

① ［美］保罗·兰德：《有组织犯罪大揭秘》，欧阳柏青译，中国旅游出版社2005年版，第11—12页。

2001年的一项国际有组织犯罪的研究，估计有组织犯罪收入的总金额为1.6万亿美元，而且这是保守估计，实际上有2万亿—3万亿美元，如果按利润为50%多估算，每年国际有组织犯罪的利润应在1万亿—1.5万亿美元以上。[1] 有组织犯罪在全球均有分布，主要集中在欧洲的意大利、德国、英国、俄罗斯、阿尔巴尼亚、土耳其、前南斯拉夫地区，亚洲的日本、东南亚及我国的港澳台地区，非洲的尼日利亚、北非、加勒比地区，北美洲的美国、墨西哥，南美洲的哥伦比亚、秘鲁、玻利维亚等国家和地区。20世纪70年代以前，有组织犯罪活动范围还具有明显的地域性色彩，主要在某一国家或地区范围内活动。但是自80年代开始，诸如意大利的黑手党和日本的暴力团等主要有组织犯罪集团开始走向全球。有组织犯罪的这种国际化发展与世界经济的全球化相伴而生，因为全球化在促进经济社会变革的同时，也为有组织犯罪的发展提供了新的机会和环境。有组织犯罪在全球范围内从事经济诈骗、贩卖人口、走私、贩运毒品等活动，不仅严重影响着政治稳定和经济、社会的顺利发展，而且也严重威胁着整个人类生存的安全。

随着社会的变迁，为在各国政府的高压政策下求得生存与发展的空间，犯罪组织也在"与时俱进"，悄无声息地进行着脱胎换骨的"改革"，不断以新的面目示人。"有组织犯罪活动天然的不可预测，它们总能敏捷地应对市场条件的变化，并且从不放过合法社会里出现的任何一个赚钱机会。"[2] 所以，有组织犯罪发展中一个明显趋向就是日益迈向企业化，即借助于公司、企业的形式与架构积累能量、聚敛财富、伪装自己、对抗侦查。由于有组织犯罪都会经历一个由弱到强、由低级阶段向高级阶段的发展过程，因而为了牟取更大经济利益，其必然首先向准入门槛低、公权力控制性不强的非法经济领域渗透发展，从而实现由简单、低级的暴力掠夺向弱暴力、软暴力甚至非暴力的转化。

现代工业社会的有组织犯罪成型于20世纪20年代的美国禁酒时期，其作案手法包括跨国走私来满足市场的需求，利用各国司法系统的差异为犯罪活动服务，建立地下分销网络等。当禁酒令废除之后，一方

---

[1] Joseph D. Doudlass Jr., "Russian Organized Crime and Financial Markets", *Counterterrorism & Security Reports*, Vol. 8, No. 6, p. 4.

[2] [美]保罗·兰德：《有组织犯罪大揭秘》，欧阳柏青译，中国旅游出版社2005年版，第8页。

面有组织犯罪开始介入合法的商业，从事所谓的合法的经营活动，如他们与销售威士忌的酒厂商定了专属的销售合同；① 另一方面有组织犯罪集团迅速调整战略，在世界范围内从事其他各种违禁物品的非法交易。② 在第二次世界大战以后，世界范围内有组织犯罪介入经济活动特别是介入合法经济领域的趋势得到加强，并且一直持续到今天，尤其以美国、意大利、德国、日本以及后来的俄罗斯等国家最为活跃。

与以往有组织犯罪活动主要局限于抢劫、赌博、敲诈勒索、走私、毒品等传统非法行业不同，伴随着全球政治、经济的变化以及通信技术、计算机、网络技术的发展，当前的有组织犯罪则大多加强了向合法经济领域的渗透发展，将利用暴力犯罪所得的原始资本和从事非法经济活动攫取的非法收益进行多方位投资，犯罪活动领域更加广泛，组织形式更加隐蔽，犯罪手段日趋智能化、多样化。例如，一些有组织犯罪集团放弃了传统的作业方式，转而利用网络进行线上交易，通过计算机互联网进行洗钱和金融、证券犯罪。从全球范围来看，目前世界各国的有组织犯罪集团不但从事着传统的贩毒、色情、赌博、走私、拐卖人口、伪造货币、生产销售伪劣产品等违法犯罪活动，而且开始广泛地向建筑工程、房地产、影视娱乐、商业、文化、旅游等领域渗透。特别是在近些年来，逐渐向电信、金融等高端行业发展。例如，日本的暴力团在美国夏威夷、澳大利亚黄金海岸等地购买饭店、高尔夫球场和旅游设施，或者从事金融和工业生产，甚至参与股市交易；意大利的黑手党为了拓展犯罪空间，更为了大规模地进行走私、贩卖毒品等犯罪活动，利用全球经济一体化和科技进步的机会大肆进军国际市场，开拓新的商业和金融领域；俄罗斯的有组织犯罪起步晚但发展快，利用国家政治、经济体制重大转型和政治腐败的机遇，很快控制了全国的商业银行、大型企业、矿产资源等经济行业；西班牙的有组织犯罪集团主要从事洗钱活动，把大量"黑钱"投入建筑工程、娱乐城和投资公司等行业领域；印度的有组织犯罪集团多在奢侈品和盗版行业活动。可以说，当前有组

---

① 冯殿美、周长军、于改之、周静：《全球化语境中的有组织犯罪》，中国检察出版社2004年版，第92页。
② [美] 保罗·兰德：《有组织犯罪大揭秘》，欧阳柏青译，中国旅游出版社2005年版，第28页。

织犯罪已经将触角深入经济和社会的各行各业。① 而且，随着有组织犯罪活动空间的拓展和牟取经济利益最大化的需要，犯罪组织也逐渐走向联合，充分利用各自的优势进行分工合作，组建区域性或全球性犯罪网络来实现犯罪资源的优势互补，在降低犯罪风险和成本的同时提高工作效能，力图取得更大的市场份额以攫取更多非法利润。

总之，有组织犯罪通过合法企业进行犯罪行为是全球有组织犯罪发展的新趋势，也是有组织犯罪集团头目及成员洗掉犯罪身份的一种主要方式。

（二）联合国对有组织犯罪企业化发展趋势在刑事治理对策上的回应

为了加强打击有组织犯罪的国际合作，世界各国和国际组织一起作出了不懈的努力。联合国从1975年第五届联合国预防犯罪和罪犯处遇大会开始就高度重视有组织犯罪问题，先后提出和通过了一系列的打击和预防有组织犯罪的国际性措施：其一，制定多边国际公约，力促各国共同承担惩治有组织犯罪的义务。1994年11月，"有组织跨国犯罪问题世界部长级会议"在黑手党最为猖獗的城市——意大利的那不勒斯举行，会议以建立国际间共识和应对有组织犯罪措施为目的，形成了"1994年那不勒斯宣言"，对世界各国制定关于防治有组织犯罪措施和进行国际及区域合作具有深远的影响；2000年联合国大会第五十五届会议通过了《联合国打击跨国有组织犯罪公约》，对有组织犯罪集团、有组织犯罪行为的类型、各国应采取的打击和预防有组织犯罪的措施、法人责任、刑事程序、没收和扣押财产、被判刑人员的移交以及司法协助等内容进行了规定。其二，促进各国有组织犯罪情报信息资料的收集与交换，并进一步促进国际合作和国际司法协助。其三，促进各国加强反有组织犯罪的立法和司法。

在上述众多应对有组织犯罪的对策措施中，《联合国打击跨国有组织犯罪公约》无疑是世界各国共识最广、规定最为全面、措施最为得力和集中的一个国际公约，其中有组织犯罪集团的概念、刑事治理的政策理念以及相关实体法、程序法规定，对推动全球范围内共同开展反有组

---

① ［美］保罗·兰德：《有组织犯罪大揭秘》，欧阳柏青译，中国旅游出版社2005年版，第59页。

织犯罪工作及国际合作提供了直接依据和对策建议。就有组织犯罪企业化的应对策略而言，《联合国打击跨国有组织犯罪公约》作出了以下规定：

第一，针对有组织犯罪的发展趋势，主张打防并举、重视预防的刑事政策观念。《联合国打击跨国有组织犯罪公约》在严密和明确法律规制措施的同时，对有组织犯罪的预防极为注重，将其视为控制有组织犯罪的基础。例如，《联合国打击跨国有组织犯罪公约》第1条明确规定："本公约的宗旨是促进合作，以便更有效地预防和打击跨国有组织犯罪。"同时，《联合国打击跨国有组织犯罪公约》还规定了预防跨国有组织犯罪的一系列措施，诸如建立公共记录、国家记录、剥夺资格等。

第二，专设预防性条款，要求各缔约国应努力开发和评估各种旨在预防跨国有组织犯罪的国家项目，并制订这方面的政策和实施方案，减少有组织犯罪参与合法市场的机会。例如，《联合国打击跨国有组织犯罪公约》第31条第2款规定："缔约国应根据其本国法律基本原则，利用适当的立法、行政或其他措施努力减少有组织犯罪集团在利用犯罪所得参与合法市场方面的现有或未来机会。这些措施应着重于：（a）加强执法机构或检察官同包括企业界在内的有关私人实体之间的合作；（b）促进制定各种旨在维护公共和有关私人实体廉洁性的标准和程序，以及有关职业，特别是律师、公证人、税务顾问和会计师的行为准则；（c）防止有组织犯罪集团对公共当局实行的招标程序以及公共当局为商业活动所提供的补贴和许可证不正当利用；（d）防止有组织犯罪集团对法人作不正当利用，这类措施可包括：1. 建立关于法人的设立、管理和筹资中所涉法人和自然人的公共记录；2. 宣布有可能通过法院命令或任何适宜手段，在一段合理的期间内剥夺被判定犯有本公约所涵盖的犯罪的人担任在其管辖范围内成立的法人的主管的资格；3. 建立关于被剥夺担任法人主管资格的人的国家记录；4. 与其他缔约国主管当局交流本款（d）项1目和3目所述记录中所载的资料。"

第三，重视多种措施的整合运用，没有将刑罚作为处理有组织犯罪的唯一手段，而是为打击和预防有组织犯罪规定了一系列措施。这些措施不仅有刑罚的，还有非刑罚的；不仅有刑事的，还有行政的、经济的、社会的以及教育的多种手段。这些综合的、多元整合的措施构成了一个全面监控的、多层次、多维度、多方位的预防和打击跨国有组织犯罪的综合法律体系①，大大强化了国际刑法预防有组织犯罪的功能。

第四，对有组织犯罪的关联行为作出规制，有针对性地预防和遏制有组织犯罪向企业化发展。《联合国打击跨国有组织犯罪公约》第6条、第7条规定了洗钱行为的刑事定罪和打击洗钱活动的措施，第8条、第9条规定了腐败行为的刑事定罪和反腐败措施，第10条规定了法人责任。这些规定都会对有组织犯罪集团通常实施的有助于其企业化发展转型的关联行为作出防控性规制，大大遏制了有组织犯罪集团采取洗钱、腐败手段向经济领域渗透发展，同时也对法人参与有组织犯罪集团的活动规定了相应法律责任。

第五，对有组织犯罪的涉案财产处置作出规定，有利于削弱有组织犯罪企业化发展的经济基础。《联合国打击跨国有组织犯罪公约》第12条、第13条对有组织犯罪的犯罪所得、财产、设备和工具规定了没收和扣押措施，以及没收事宜的国际合作；第14条规定了没收的犯罪所得或财产的处置措施。

除了上述与抗制有组织犯罪企业化发展直接相关措施的规定外，《联合国打击跨国有组织犯罪公约》还在第23条、《贩运人口议定书》《偷运移民议定书》以及《枪支议定书》中，分别对妨害司法的犯罪、贩运人口的犯罪、偷运移民的犯罪、非法制造和贩卖枪支及其零部件和弹药的犯罪等作出规定，有力地配合了《联合国打击跨国有组织犯罪公约》对有组织犯罪企业化发展的预防和遏制，使之综合性的立体防控体系得以建立。

二 美国有组织犯罪企业化的现状及其刑事治理对策考察

（一）美国有组织犯罪企业化发展现状

美国的有组织犯罪始于19世纪末，是由意大利黑手党传入而形成的，但是更具当代有组织犯罪特点的犯罪组织却是在美国形成和发展起来的。② 具体而言，美国的有组织犯罪真正开始发展，是在20世纪20

---

① 杨宇冠、张凯：《聚合国际司法力量惩治跨国犯罪之全球法律框架——〈联合国打击跨国有组织犯罪公约〉评介》，《信阳师范学院学报》2005年第1期。

② 谢勇、王燕飞主编：《有组织犯罪研究》，中国检察出版社2004年版，第317页。

年代颁布禁酒令以后。禁酒令的颁布为有组织犯罪提供了一个有利可图的大市场,之后美国的有组织犯罪开始快速发展蔓延,犯罪活动逐渐扩大到全城市、全国甚至国际范围。犯罪组织没有错失禁酒令这一天赐良机,它们悉心经营非法酒类业务,迅速地完成了资本的原始积累。

1933 年,随着罗斯福政府取消禁酒令,美国有组织犯罪集团——黑手党利用其在禁酒令实施期间积累的财富、丰富的犯罪经验以及所培养的大批熟练的管理人员,迅速转移经营方向,大肆向赌博业、卖淫业、合伙敲诈、毒品走私、放高利贷等非法经济领域发展。特别是 20 世纪 30 年代,制贩毒品行为被美国法律犯罪化之后,又为美国有组织犯罪的发展提供了一个获取暴利的行业——贩卖毒品。该市场为美国有组织犯罪提供了一个长期、稳定的牟取非法利润的机会,为犯罪组织财富的迅速积累提供了一个稳定的渠道。时至今日,"黑手党最大的赚钱行业仍然是毒品走私和赌博"[1]。到了 20 世纪 50 年代,美国的有组织犯罪无论从政治影响还是从经济实力上看都十分强大,存在于社会各个领域,其日趋多样和扩张的势头仍然十分明显。[2]

借助于毒品的泛滥,美国黑手党在 20 世纪六七十年代获得了飞跃式发展的机会,到了 80 年代,已经成为一个队伍空前庞大的组织,而且在组织上也发生了较大变化:虽然组织的骨干仍有白人和意大利背景,但是任何种族的人都可以加入;组织结构与合法企业的组织结构在很多方面是相同的,唯一区别在于后者是从事合法业务的企业,而前者是从事犯罪活动的企业。[3] 为了适应美国新的政治、经济形势的变化,特别是自 80 年代开始执法部门持续的严厉打击,传统的有组织犯罪集团为了逃避打击并保护非法收入和既得利益,开始实施有组织犯罪的企业化战略,将违法犯罪披上合法外衣,利用这些表面合法的企业或准商业组织,将从事赌博、卖淫、毒品走私中获得的大量原始积累资金投入到合法的商业活动中,其中主要包括建筑、金融、劳务市场等行业。时

---

[1] [美]杰伊·罗伯特·纳什:《有组织犯罪百科全书》,纽约帕拉贡出版社 1992 年版,第 376 页。转引自陈华明《有组织犯罪问题对策研究》,中国政法大学出版社 2004 年版,第 42 页。

[2] James D. Calder and William S. Lynch, "From Apalachin to the Buffalo Project: Obstacles on the Path to Effective Federal Responses to Organized Crime 1957 – 1967", *Trends Organ Crime*, Vol. 11, 2008, p. 209.

[3] 陈华明:《有组织犯罪问题对策研究》,中国政法大学出版社 2004 年版,第 43 页。

任美国司法部长罗伯特·肯尼迪曾指出，"隐藏的令我担忧的事情是非法商人进入合法企业的数量日益增加"；美国总统调查委员会报告也显示，美国有组织犯罪继续获取和操控合法企业，从赌场到大公司不等。[1] 到如今，美国有组织犯罪活动日益多样化，从事贩毒、走私、洗钱、销赃、敲诈勒索、开设赌场、放高利贷、组织卖淫等非法经济行为；同时犯罪活动也更加隐蔽，通过开办经营合法产业的形式，不断地把从各种非法活动中获得的非法收入转投其所经营的合法产业中，进行洗钱活动，将非法收入合法化。近年来，美国有组织犯罪也出现了一些新的发展动向，例如向能源或者其他战略经济部门渗透，利用美国或国际金融系统转移非法资金，操作证券交易或实施高技术欺诈；等等。这些迹象表明，美国有组织犯罪的企业化发展也在逐步提升。

（二）美国应对有组织犯罪企业化发展趋势的刑事治理对策

美国是世界上最早制定惩治有组织犯罪法律的国家之一，其刑事治理措施在同有组织犯罪的长期斗争中不断修正和完善，逐渐形成了自己的鲜明特色。

基于对有组织犯罪发展规律的认识，美国多采取制定法的方式对其进行治理，如1958年通过的《综合犯罪控制和城区安全法》、1968年制定的《犯罪控制与街道安全法》[2]、1970年制定的《有组织犯罪控制法》、1970年制定的《银行秘密法》、1984年制定的《犯罪综合控制法》、1986年议会通过的《洗钱控制法》、1992年制定的《Annunzio-Wylie洗钱法》、1994年制定的《禁止洗钱法》、2000年制定的《非法交易和暴力的被害人保护法》；等等。在这些控制有组织犯罪的法律中，1970年制定的《有组织犯罪控制法》以及作为其重要组成部分的《反勒索及受贿组织法》（RICO）无疑是最为重要的一部法律，其奠定了美国严厉打击有组织犯罪的基本法律框架，对于指导预防、遏制有组织犯罪企业化发展的司法实践具有重要意义。

---

[1] ［美］埃德温·萨瑟兰、［美］唐纳德·克雷西、［美］戴维·卢肯比尔：《犯罪学原理》第11版，吴宗宪等译，中国人民公安大学出版社2009年版，第318页。

[2] 《犯罪控制与街道安全法》是美国第一部关于有组织犯罪的成文法律，也是唯一一部对有组织犯罪作出较明确界定的法律。根据该法，有组织犯罪是指从事提供非法商品和服务的高度组织化和纪律化的犯罪集团所属成员实施的非法活动，包括但不限于赌博、卖淫、放高利贷、贩毒、敲诈勒索以及其他集团成员所实施的非法活动。

《有组织犯罪控制法》（The Organized Crime Control Act）集程序与实体规定于一身，是一部针对美国有组织犯罪常见类型进行打击的专门法案，它的实施有效地遏制了美国有组织犯罪的发展势头。该法的主要内容有：其一，规定了证人豁免权及保护制度；其二，扩大了联邦司法机构针对非法赌博以及与赌博相关的腐败行为的执法权限；其三，就特定的严重犯罪规定了更重的刑罚措施；其四，将收入或者来源于敲诈行为的收入向参与跨州交易的企业进行投资的行为规定为非法；其五，规定刑罚措施不仅是指罚金和监禁，同时还包括查封和没收财产。

《有组织犯罪控制法》中包含了同样是1970年制定的《反勒索及受贿组织法》（The Racketeer and Corrupt Organizations Act，简称"RICO"）。RICO被列为《美国联邦法典》第18编第96章，包括定义、禁止行为、刑罚、民事补救措施、诉讼法和传票、诉讼中应急事项、作证及民事调查令等内容，从实体和程序两方面对有组织犯罪行为作出了体系性规定。RICO被认为是美国联邦法律中打击经济犯罪、有组织犯罪最具威力的刑事法律，也被认为是迄今为止最为完备的反组织犯罪法案。

针对有组织犯罪向合法经济领域疯狂渗透的发展状况，该法案对有组织犯罪企业化的发展趋势采取了从严治理的政策，主要目标是从合法经济组织中清除有组织犯罪的腐蚀渗透，极力遏制有组织犯罪对合法企业进行投资。例如，根据RICO规定，任何人接收直接或间接的敲诈勒索活动所得或通过收集该人作为《美国联邦法典》第18项第2条所指的当事人参与的非法债务而获得收入，直接或间接使用该等收入的任何部分或该等收入的实收所得或将其投资于任何从事影响州际或外国商业活动的企业的股权收益或组建或经营以获取利益的均属违法；任何人通过敲诈勒索活动或收集非法债务，直接或间接获得或维持从事影响州际或外国商业活动的企业的收益的，均属违法；任何被从事影响州际或外国商业活动的企业所雇佣或有关联的人，直接或间接执行或参与敲诈勒索活动或收集非法债务有关的企业事务，即属违法；任何人通过敲诈勒索活动或收集非法债务，获得或维持的收益的，均属违法。

为了加大惩治有组织犯罪企业化的力度，RICO还规定了十分严厉的刑罚，特别是广泛适用财产刑。按照该法的规定，对于有组织犯罪的被告人可处以最高20年的监禁刑，并处最高25万美元的罚金；对法人犯罪，可处 50 万美元以下罚金或非法所得或利润 2 倍以下的罚金；对于被告人违法所得的一切财物及其收益，必须一律予以没收；此外，有组织犯罪的被害人还可以提出赔偿请求，赔偿额可以高达所受损失额的 3 倍。相比以前的法律，RICO 规定的刑罚措施已经十分严厉，在打击和遏制有组织犯罪企业化发展时起到了极为重要的作用。

除了刑事处罚措施之外，RICO 还对民事救济问题作出规定。例如，根据 RICO，美国联邦地区法院有权通过发布适当的命令来防止和限制违反本法第 1962 节的行为，包括但不限于：命令任何人直接或间接地放弃其在任何企业中的任何利益；对任何人未来的活动或投资进行合理限制，包括但不限于禁止任何人从事与某些企业相同类型的活动，这些企业所从事的活动影响州际贸易或外贸活动；或者责令解散、重组企业，对无辜者的权利作出适当规定。

RICO 所规定的权力范围广泛，尽管在其颁布后的几十年间适用很少，但是它起到了对有组织犯罪企业化发展的预防和遏制作用。如果没有这部法律，美国有组织犯罪的防控状况将不可想象。同时，此法也为意大利、英国、德国以及日本等不少国家所借鉴、参考。

三 意大利有组织犯罪企业化的现状及其刑事治理对策考察

（一）意大利有组织犯罪企业化发展现状

在世界范围内，意大利的有组织犯罪历史最为悠久，主要犯罪组织"黑手党""卡莫拉""圣冠联盟"等在意大利的活动非常活跃。其中，黑手党作为一个组织，最早诞生于 1282 年；到 19 世纪中叶，逐渐蜕变为以犯罪为职业的有组织犯罪集团。

黑手党组建初期，主要实施抢劫、杀人、伤害、诈骗、毁坏财物、敲诈勒索、绑架勒索等行为。但到了 19 世纪末 20 世纪初，意大利黑手党获得了极大发展，开始染指经济领域，他们在不同行业中自成一体，控制着面粉加工、马车出租、屠宰和肉市、果品销售、码头搬运等，并从事一些欺行霸市的犯罪活动。虽然第一次世界大战期间黑手党受到了打击，但是第二次世界大战又为黑手党的发展提供了一个东山再起的大好机会。第二次世界大战结束后，黑手党调整了发展战略思路，把活动范围从农村转移到城市，并向政治领域渗透。在政治保护伞的庇护下，黑手党积极占领非法经济领域，垄断了所有黑市彩票的发行、军火走私、操纵卖淫和赌博业、贩卖毒品等，攫取巨额非法利益。同时，为了规避打击、牟取更大经济利益，黑手党不断向合法经济领域渗透，披上合法企业外衣，越来越频繁地把巨额资金投到产业、股票等行业及渗透到财政、建筑、贸易、进口、制造业等各种合法领域。例如，黑手党萨科家族就控制着贝利切河中上游治理联营公司，该公司掌握着总投资400亿里拉的河流改造工程，萨科的女婿、儿子、侄子、儿子的岳父分别担任公司的理事长、理事或其他职务，牢牢掌握着公司的经济大权。

到了20世纪90年代，黑手党在走私、贩毒等非法经济领域获得的庞大利益更加强化了它的经济实力，且逐渐腐蚀了意大利的金融和经济，开始广泛地渗透到经济和社会组织中，把"黑钱"洗成"白钱"，对金融市场施加影响。据统计，在1990年，黑手党的"年营业额"达到千亿美元，至少占意大利国民生产总值的1/10。[①] 黑手党广泛的"营业"遍及整个意大利，开办有汽车运输公司、建筑公司、工厂等，此外还打入肉类和蔬菜等供应部门。

目前，有组织犯罪已经渗透到了意大利的各个经济领域。特别是近几年来，犯罪组织对绿色产业饶有兴趣，在风力发电产业领域加深介入，显示出有组织犯罪向高端、智能经济领域发展的趋势。

（二）意大利应对有组织犯罪企业化发展趋势的刑事治理对策

为了同有组织犯罪作斗争，意大利建立了系统的法律制度，除了对黑手党犯罪规定了严厉的刑罚和监禁措施的刑法外，主要的专门法律还有：1956年制定的《反黑手党法》、1982年制定的《同黑手党犯罪作斗争紧急措施法》、1990年制定的《黑手党型犯罪防止法》、1992年通过的《反黑手党法案》和2011年通过的《反黑手党及预防措施法》。《反黑手党法》主要是扩大了警察局长、检察官、法官的调查、扣押、没收权限。《同黑手党犯罪作斗争紧急措施法》扩大了适用对象，不但适用于黑手党，还适用于其他犯罪组织和集团。《黑手党型犯罪防止法》主要解决政府部门打击黑手党型犯罪效果并不理想以及法官在打击过程中被害的问题。《反黑手党法案》则规定允许便衣警察打入犯罪集团内部，且在调查时可以使用窃听设备；允许警方的线人在作证时不亲自到庭；认定贿选及行贿为有组织犯罪，以避免黑手党利用行贿操纵政

[①] 康树华、魏新文：《有组织犯罪透视》，北京大学出版社2001年版，第29—30页。

治、经济生活。当然，意大利政府还在这些法律中规定了预防黑手党的措施以及反洗钱的措施，将洗钱犯罪的范围扩大到了涵盖所有严重犯罪的收益。

在上述法律制度中，2011年通过的《反黑手党及预防措施法》对于预防和遏制有组织犯罪企业化发展非常有意义。该法是一部综合性的法律，共分为四编。第一编规定了个人预防措施、财产措施、查封或没收资产的控制、管理与处置、效力以及制裁措施和最终条款；第二编主要就反黑手党法律法规的新规定、反黑手党的通信、信息以及建立国家统一信息数据库作出规定；第三编规定了打击有组织犯罪的信息和调查活动、国家机构对有组织犯罪中的财产查封和没收资产的管理与处置；第四编规定了对刑法、刑事诉讼法和刑事法规的修改、废除以及相关条款的协调问题。其中，在第一编第2章的财产预防措施中，对适用程序、上诉、没收财产的撤销、没收以外的财产措施、优先处理程序等问题作出明确规定；在第一编第3章的被扣押和没收财产的管理、经营和处置中，对被扣押和没收财产的管理机构及管理人职责、扣押和没收财产的管理机制、没收财产的目的、对扣押或没收的资产征税等问题作出详细规定。应该说，这些规定进一步丰富和健全了意大利预防和遏制有组织犯罪企业化发展的刑事治理体系。

当然，除了上述立法制度之外，意大利还在防控体系上有所建树，成立了反黑调查局，建立了多层级、纵横交错的反有组织犯罪机构体系，建立了专门的调查和证人保护制度，也适时开展了全国性的反黑肃贪专项行动。自20世纪80年代末以来，意大利的黑手党受到重创，反有组织犯罪活动取得了初步效果。

四　日本有组织犯罪企业化的现状及其刑事治理对策考察

（一）日本有组织犯罪企业化发展现状

日本是一个有着黑帮文化传统的国家。300多年前，日本社会中的浪人、赌徒、剑客等时代的落伍者靠赌博起家，结成帮伙，立规矩、分师徒，逐渐形成帮派，被人们称为"雅库扎"，即日本最早的黑社会组织。但是，日本现代意义上的有组织犯罪诞生于第二次世界大战后的混乱时期。日本在战败投降后，政府对社会的控制力减弱，为了借助黑社会的力量加强社会控制，在政府的默许下，黑社会组织遂在日本站稳脚跟并合法存在。

日本有组织犯罪企业化的进程可以分为几个阶段：

第一阶段，20世纪40年代中期到50年代中期，有组织犯罪介入非法经济阶段。第二次世界大战结束时，日本就有了一些新的犯罪组织，如聚赌团伙和暴力犯罪团伙。第二次世界大战结束后，日本社会处于极度混乱时期，青少年犯罪集团兴起，它们从事着种类繁多的犯罪活动，如控制黑市、贩卖兴奋剂、控制各种娱乐行业。这一时期是日本吸食兴奋剂的高峰时期，据日本警视厅统计，日本每年的兴奋剂经营额至少一兆日元，其中90%与有组织犯罪有关。[①] 因而在随后近十年的时间里，日本警方在打击有组织犯罪时侧重打击黑市和兴奋剂犯罪活动。例如，为了控制具有暴力化倾向的组织，日本于1946年颁布101号法令，该法令在1949年被《组织控制法令》所取代。

第二阶段，20世纪50年代中期到60年代中期，"暴力团"犯罪活跃阶段。这一时期，传统的聚赌团伙、暴力团伙和青少年犯罪团伙不断融合，三者间的活动相互关联，相互间的区别已经不太明显，因而被人们统称为"暴力团"。在这个时期，街头暴力活动时有发生，社会潜存着一系列较为严重的问题。在将近十年的时间里，暴力团成员的数量持续增加，到1963年时达到高峰期。他们所从事的暴力活动规模更大，手段也更残忍。

第三阶段，20世纪60年代中期到70年代中期，规避打击、寻求发展机会阶段。随着有组织犯罪的日益扩张，手段越来越残忍，日本加大了打击有组织犯罪的力度，逮捕了大批头目、骨干和成员，也解散了一些大的犯罪组织。系列打击使得那些地方性、小规模、仅靠非法手段筹集资金的小型犯罪团伙受到削弱，而那些大的犯罪集团则乘机大举扩张，吞并其他团伙，积极拓宽筹资渠道，建立下属组织和成员逐级敛财的体系，巧妙地躲过了警方的打击。其中，拓宽筹资渠道就包括扩大毒品交易的规模，大规模参与针对大企业高级行政人员的敲诈勒索活动。也是在这一时期，有组织犯罪组织开始通过暴力活动介入居民的日常生活。

第四阶段，20世纪70年代中期到90年代初期，迈向企业化发展阶

---

① 刘尚煜：《黑社会犯罪与对策》，群众出版社1997年版，第259页。

段。在警方的连续打击及居民的积极配合下,有组织犯罪分子整体上数量有所下降,他们传统的筹资方式也受到打压和重创。为了继续牟取暴利,犯罪组织加强内部管理,增加筹资渠道,方式更加狡猾。整个 20 世纪七八十年代,日本有组织犯罪大举渗透合法经济领域,纷纷挂起了"公司、企业"的招牌,利用各种非法及合法市场机会获得大量收入,由此成了日本"经济暴力团"的"黄金时期。"据 1987 年日本警方的一项调查表明,黑社会组织开办合法企业的收入已经上升到总收入的第三位,占总收入的 16.8%。① 这一阶段,有组织犯罪成员已经越过传统犯罪行业(如开设赌场、妓院、走私贩毒等)的界限,做起了不动产买卖,经营房地产、金融生意,生产工业品,插手工艺品市场,打入交易所做股票生意,成了经营有方的经济联合体成员。

第五阶段,20 世纪 90 年代至今,企业化程度提升、涉足领域拓宽阶段。90 年代初,伴随着有组织犯罪集团间的兼并和扩张,日本有组织犯罪活动异常猖獗,直接促使日本于 1991 年制定了《暴力团对策法》。例如,据 1991 年的一项统计,作为日本最大暴力团的山口组在东京拥有 55 个企业事务所,且大多挂着不动产业或者金融业的招牌,伪装成合法企业。据日本警视厅调查,山口组所属的这些企业大多数从事放高利贷、土地买卖、交通事故谈判、公司倒闭的整理等获得不法资金较多的行当。② 自第二次世界大战以后,日本的黑社会组织与政界、商界一直存在着千丝万缕的联系,犯罪组织也是在和政府、企业的互动过程中迅速发展。但从 90 年代开始,日本社会改变了长期以来对暴力团等有组织犯罪的纵容态度,加大打击有组织犯罪的力度。形势的变化迫使有组织犯罪抛弃靠赌博、走私、敲诈和组织卖淫等犯罪特征过于明显的牟利手段,开始"去暴力化"而走上"漂白"之路,纷纷披上了企业外衣,大举向合法经济领域渗透,经营企业、投资股票或涉足房地产等行业,被指为"带枪的高盛"。据有关资料统计,大约 50 家属于黑社会组织的公司在日本股市和纳斯达克股市上市;另据日本警察厅调查,黑社会组织还拥有约 1000 家非上市公司。③ 日本警察厅于 2008 年 7 月

---

① 刘尚煜:《黑社会犯罪与对策》,群众出版社 1997 年版,第 264 页。
② 康树华、魏新文:《有组织犯罪透视》,北京大学出版社 2001 年版,第 56 页。
③ 王俊彦:《日本为何黑社会合法存在而社会相对稳定》,《中日关系史研究》2013 年第 2 期。

中旬发表的《2007年版警察白皮书》显示，有组织犯罪过去以不动产、金融业等为主要筹资渠道，近年则伸展到人才中介、警备和废弃物处理等领域，而且多以一般企业为掩护来取得资金，以公司名义介入证券交易市场。该白皮书还指出，2006年检举的28417名暴力集团组员当中，因传统的恐吓勒索、走私贩毒、赌博、诈骗等犯罪被逮捕的只占3成，其他都是采取公司企业的名义实施犯罪。[①] 有组织犯罪企业化程度的提升，使得日本警方侦查和取证越来越困难，已成为其他企业和经济发展的隐忧。除此之外，近年来日本的有组织犯罪组织积极与其他国家的犯罪组织开展国际合作，实施跨国有组织犯罪活动，在合法生意的掩盖下通过洗钱使其非法利益合法化。

（二）日本应对有组织犯罪企业化发展趋势的刑事治理对策

自第二次世界大战以后，日本就存在多种形式的有组织犯罪，但是尚未形成针对有组织犯罪的专门立法，司法部门往往以刑事法和刑事诉讼法为依据对有组织犯罪活动进行惩处。直到20世纪90年代，日本开始加强对有组织犯罪的预防和打击，并推动了相关专门立法的制定。到目前为止，主要的刑事立法有：1991年通过的《暴力团对策法》，1991年颁布的《麻药二法》(《毒品及精神药物取缔法等的部分修改法》和《修改关于在国家合作之下防止助长与管制药品相关的非法行为的毒品以及精神药物取缔等特例法令的法律》)，在1991年、1993年和1995年三次修改的《枪炮持有取缔法》，1999年通过的《电话窃听法》《刑事诉讼法部分修改法》和《打击有组织犯罪及控制犯罪所得法》，2008年开始全面实施的《犯罪收益转移防止法》，2009年通过的《暴力团排除条例》。在前述若干法律中，《暴力团对策法》和《打击有组织犯罪及控制犯罪所得法》对于遏制和预防有组织犯罪企业化至关重要。

《暴力团对策法》虽然是对日本以往相关法律作出的修改补充，但该法规范了"暴力团"的活动，弥补了此前法律不能遏制暴力敲诈行为的法律漏洞，打击了传统的敲诈行为，为遏制有组织犯罪活动起到了积极作用。《暴力团对策法》对暴力团的成立及其活动范围作出了严格规定，将其纳入法治的轨道进行治理，体现出日本不同于世界其他国家的鲜明治理特色。《暴力团对策法》的实施迫使有组织犯罪集团相应地

---

① 贾宇：《黑社会如何"漂白"自己》，《人民论坛》2010年第8期（下）。

调整其活动领域和活动策略，行为的暴力色彩在减弱，"去暴力化"增强，加紧向合法经济领域渗透。但是，当有组织犯罪向企业化发展转型并以合法企业作为掩护时，《暴力团对策法》就显得无能为力。例如，仅规定没收与犯罪活动相关收益不足以摧毁有组织犯罪的经济基础；难以将犯罪收益与合法收入区分开；等等。实践证明，随着有组织犯罪向企业化发展，《暴力团对策法》对遏制有组织犯罪的实施成效相当有限，难以触动犯罪组织的主要活动领域，也难以应对有组织犯罪的企业化转型。

为了弥补《暴力团对策法》在面对有组织犯罪发展新动向时应对不力的缺陷，1999年日本通过了三部预防有组织犯罪的重要法律，即《电话窃听法》《刑事诉讼法部分修改法》和《打击有组织犯罪及控制犯罪所得法》。其中，《打击有组织犯罪及控制犯罪所得法》更是旨在更有效地没收有组织犯罪的非法财产，起到遏制有组织犯罪企业化发展的作用。该法在第1条"立法宗旨"中明确规定："由于有组织犯罪对社会生活的安全健康的危害最大，犯罪所得助长了有组织犯罪，利用犯罪所得干预企业经营管理对稳健良好的经济秩序有重大危害，本法对有组织的杀人罪和其他有组织的犯罪行为进行从重处罚，对隐瞒和收受犯罪所得以及利用犯罪所得控制法人和其他经济实体的管理的犯罪行为进行处罚，对没收犯罪所得以及其他收益和追缴犯罪所得以及其他收益的等价物的特别程序和对报告可疑交易和其他事项的特别程序进行规定。"

与此同时，为了能及时获取线索，调查犯罪收益的来源和去向，切断犯罪分子清洗黑钱的渠道，日本内阁会议于2008年3月1日起全面实施了《犯罪收益转移防止法》，进一步完善洗钱犯罪中义务主体的可疑交易报告的规定，逐步建立了完善的可疑交易报告制度。2009年制定的《暴力团排除条例》还禁止企业和个人向有组织犯罪集团及其关系者提供各种名义的保护费和资助，禁止与有组织犯罪集团的企业做生意。

总体而言，为了预防和遏制有组织犯罪及其企业化发展，日本建立了以法律为根本，以制度为主干，再以专门机关和社会力量为重要补充的对策体系。首先，在法律制度方面，日本建立健全了若干法律制度，例如严格惩治洗钱犯罪，将利用犯罪收益的行为作为洗钱罪处罚；建立可疑交易报告制度和犯罪收益的没收、追缴、保全制度，加大对与有组织犯罪相牵连的犯罪行为的刑罚范围和力度；等等。其次，在刑事治理机制方面，日本一向采取依犯罪形势的变化而采取不同措施的治理策略：从开始以打击黑市和兴奋剂犯罪为主到惩治暴力犯罪，再到重点打击介入民生的有组织犯罪；从以警方打击为主到全国动员，再到设立反有组织犯罪的专门机构；从简单警务活动到出台法律，再到开展严厉打击的专项行动。最后，在刑事治理观念方面，自20世纪90年代以后，日本治理有组织犯罪的观念发生很大转变，即从事后对犯罪形势变化的紧跟追逐转变为提前的预防阻拦。例如，采取多种方式防止犯罪组织吸收新成员并扩大规模，对有组织犯罪的全部收益进行收缴，加大犯罪预防全社会的参与度①等。

五 俄罗斯有组织犯罪企业化的现状及其刑事治理对策考察

（一）俄罗斯有组织犯罪企业化发展现状

尽管普遍认为俄罗斯有组织犯罪早在苏联时期就埋下祸根②，且在20世纪90年代以前就具备了有组织犯罪的全部特征，但1991年苏联解体以后，由于法律松弛，有组织犯罪获得了十分有利的发展空间，又发展到一个新的阶段，即出现经济型犯罪组织与刑事类犯罪组织相互融合为一个统一的犯罪集团的趋势。这些犯罪集团利用政府官员以及执法部门的腐败迅速积累财富、壮大力量，从而形成了由腐败官员、经济型犯罪集团和刑事类犯罪集团构架而成的三者结合的俄罗斯有组织犯罪新模式。③ 这种新模式其实也就是独具俄罗斯特色的有组织犯罪企业化发展模式。

关于当代俄罗斯有组织犯罪的发展过程，我国有学者曾经作出四个

---

① 受日本警方的推动，在都道府县各级排暴中心排暴活动的影响下，企业界也开展了排暴行动。1991年6月经团联制定了排除暴力团企业行动宪章；日本证券业协会提出了纠正证券、金融不正当交易的基本对策。1993年11月29日，由日本警察厅、都道府县警察、都道府县中心主办召开了第一次全国清除暴力运动中央大会，进一步推动各行业排暴，使弹子游戏业、饮食业等敢于公开拒绝暴力团索要保护费、强迫购买工艺品等不正当要求。

② [美]保罗·兰德：《有组织犯罪大揭秘》，欧阳柏青译，中国旅游出版社2005年版，第85页。

③ 于文沛：《俄罗斯有组织犯罪及其合法化路径分析》，《俄罗斯东欧中亚研究》2013年第4期。

发展阶段的划分。① 但考察俄罗斯有组织犯罪企业化的进程，基本可以分为两个发展阶段，即 1990—1995 年的原始积累阶段和 1996 年至今的犯罪资本及其所有者的合法化阶段。

第一个阶段，有组织犯罪资本的原始积累阶段（1990—1995 年）。20 世纪 90 年代初，俄罗斯社会正经历巨大变迁和社会转型，国家权力处于弱化状态，对社会的正常有效控制被削弱，因而有组织犯罪乘虚而入，成为国家权力的替代品。特别是 1992—1995 年开始的俄罗斯私有化进程，是少数人参与的为私利而进行的大规模私有化，它为寡头政治创造了有利条件，从而促使经济私有化的犯罪性特征形成。私有化进程的犯罪性使得俄罗斯有组织犯罪演变成社会特有的政治经济现象，使得部分政权代表参与到有组织犯罪中，成为其代表或者参与者，从而形成腐败官员、经济型犯罪集团和刑事类犯罪集团的结合。从 1992—1995 年，不少人利用这种手段在私有化进程中营造金融金字塔体系，并借助金融金字塔快速富裕起来，成为所谓的俄罗斯新贵。由此可见，俄罗斯的私有化为有组织犯罪渗透社会各个层面攫取非法利润提供了大量机会；犯罪组织在私有化进程中勾结金融机构、商业银行和各大公司，完成了资本的原始积累，强化了经济地位，为后来有组织犯罪全面渗透合法经济领域以及深入权力层提供了金融保障。根据俄罗斯的统计显示：1995 年，犯罪组织控制了 41000 个经济实体；1996 年，犯罪组织在莫斯科控制了 860 个公司、40 个企业、550 个银行和 700 个市场。②

第二阶段，犯罪资本及其所有者的合法化阶段（1996 年至今）。在完成资本的原始积累后，犯罪组织开始向俄罗斯合法经济领域渗透，在这些领域谋求更大的经济利益和利润。犯罪组织建立的金融体从事证券、基金、投资、控制期货市场等活动，甚至采掘石油、天然气、金属和微矿物等能源，盗取了许多新企业，进一步完善了金融金字塔。尤其是普京当选总统后，有组织犯罪头目意识到从事非法生意的危险性，于是有组织犯罪开始大规模地介入合法经济领域，建立合法实体，减少暴力手段的使用，以达到掩盖其从事犯罪活动的目的。根据俄罗斯内务部官方统计数据显示，苏联解体初期犯罪组织所实施犯罪的 80% 左右是

---

① 张杰：《俄罗斯有组织犯罪形势综述》，《国际资料信息》2005 年第 3 期。
② 张杰：《俄罗斯有组织犯罪形势综述》，《国际资料信息》2005 年第 3 期。

盗窃、抢夺、抢劫、勒索以及其他普通刑事犯罪；而从 2003 年开始，经济犯罪比重开始大幅度增长，2004—2006 年经济犯罪占 45%，2007—2008 年此比重则高达 60%。①

总体而言，受俄罗斯特殊国情的影响，其有组织犯罪向企业化发展开始的时间较晚，却是速度快、规模大、介入广、程度高，现在几乎是无孔不入、无所不包，广泛地渗透社会生活的各个领域，对国家政治、经济、社会、文化的影响十分深远。概括起来，俄罗斯有组织犯罪的企业化发展主要有如下几个特点：其一，俄罗斯有组织犯罪企业化的主要趋向是合法的经济领域，特别是属于国家经济命脉的能源、资源、金融领域，而其他国家有组织犯罪是向非法经济领域和合法经济领域同时渗透发展。正如俄罗斯前总统叶利钦所忧虑的那样："黑社会头目的主要目的是要控制所有物资原料的分配和国家的经济。"② 其二，有组织犯罪企业化发展与俄罗斯国家权力弱化以及政治腐败密切相关。俄罗斯有组织犯罪集团与政府官员的勾结十分紧密，政治、经济与有组织犯罪势力高度融合。它们利用国家和社会管理方式方面的漏洞以及官员的腐败，成功地操控和影响国家及各联邦主体部分措施及立法法案的通过与执行，犯罪组织与腐败官员相互勾结、相互促进，推动了有组织犯罪企业化的快速转型。在俄罗斯，没有"保护伞"庇护的商业几乎是不存在的。一般情况下，大型经济实体主要依靠"红色保护伞"的保护，小型企业依靠"蓝色保护伞"保护，中小型企业则两种"保护伞"兼顾照应。③ 其三，俄罗斯有组织犯罪还向世界各地渗透发展，在不到 20 年的时间里，俄罗斯有组织犯罪就遍布整个欧洲和北美地区。它们不仅与境外有组织犯罪相勾结，而且与其他国家的合法经济主体之间也存在密切联系。其四，随着俄罗斯有组织犯罪集团的物质基础不断雄厚，其成员的职业化程度也越来越高。俄罗斯黑手党头目建立起缜密的犯罪组织，完全可以同权力机构相抗衡，其成员能力和装备甚至优于国家的执法部门。

---

① 庞冬梅：《全球化时代俄罗斯有组织犯罪及其法律对策研究》，《俄罗斯东欧中亚研究》2011 年第 2 期。
② 蒋廷瑶、何显兵：《俄罗斯有组织犯罪的新特征》，《公安研究》2003 年第 7 期。
③ 于文沛：《俄罗斯有组织犯罪及其合法化路径论析》，《俄罗斯东欧中亚研究》2013 年第 4 期。

（二）俄罗斯应对有组织犯罪企业化发展趋势的刑事治理对策

目前，俄罗斯联邦正在推进刑事政策的自由化方针，在对轻罪施以更轻刑罚的同时，对有组织犯罪、恐怖主义犯罪、毒品犯罪以及腐败犯罪加大了处罚力度。[①] 和我国一样，当前俄罗斯践行针对有组织犯罪的惩罚性刑事政策主要是通过制定和修改刑法典的方式实现，并没有应对有组织犯罪企业化的相关专门规定。但是，我们可以从刑法典的一般规定以及相关单行法律的规定中，管窥俄罗斯应对有组织犯罪企业化发展趋势的刑事治理对策。

一般认为，俄罗斯打击有组织犯罪的刑事立法起始于1996年《俄罗斯联邦刑法典》。在该法典中，设置专门条款对组建犯罪集团的行为规定了相应的刑事责任，同时也揭示了犯罪集团的特征要件[②]，其中设置的一个罪名是"组织或参加犯罪集团（犯罪组织）罪"（第210条）。同时在刑法典其他相关条款中，将"有组织团伙实施"要素规定为某些犯罪的加重责任构成要件或者特别加重责任构成要件，在分则中共计有100多个罪名把"团伙实施犯罪"规定为加重或特别加重责任构成要件。近年来，俄罗斯也出台了一系列法律文件对有组织犯罪的某些法定刑进行了修订，法定刑在总体上呈现加重的趋势。同时，为了鼓励犯罪组织中的那些不稳定分子积极主动配合执法部门侦破、起诉、审判案件，俄罗斯在立法上也增加了相应的刑事责任和刑罚免除条款，以及自动中止犯罪等制度。

除了对《俄罗斯联邦刑法典》和《俄罗斯联邦刑事诉讼法典》不断进行修订之外，又先后通过了与预防和打击有组织犯罪密切相关的《反洗钱法》（2001年）、《证人保护法》（2004年）和《反腐败法》（2008年）。到目前为止，俄罗斯已经形成了以刑法、刑事诉讼法为基础，以相关刑事单行法为补充的反有组织犯罪刑事法律体系。

这里需要指出的是，关于是否制定反有组织犯罪专门法律的问题，俄罗斯学者进行了广泛争论。"一种意见是要制定一部统一的、综合性的联邦法律——《反有组织犯罪法》，不仅要包括打击有组织犯罪刑事

---

① 庞冬梅：《俄罗斯有组织犯罪的企业化路径及对策研究》，《上海政法学院学报》2018年第5期。

② Полный курс уголовного права: В 5 т. /Под ред. А. И. Коробеева. Т. 1：Преступление и наказание. – СПб.：Юридическийцентр Пресс, 2008. С. 75.

法律方面的内容，还要包括行政、民事法律、刑事诉讼、刑事执行和其他方面。""反对者则认为，《反有组织犯罪法》将会与《俄罗斯联邦刑法典》和《俄罗斯联邦刑事诉讼法典》不一致，将会损害人权，因为该法对一类人设置了特殊的、比现行审判制度更为严格的诉讼条件，违背法律面前人人平等的原则。另外，制定综合性的跨部门的法律不符合俄罗斯现行的法律制度。"[1] 1995年11月22日，《俄罗斯反有组织犯罪法（草案）》获国家杜马通过，但最终被俄罗斯总统以侵犯人权为由否决，至今未能实施。综观《俄罗斯反有组织犯罪法（草案）》，其内容相当丰富，对基本概念、反有组织犯罪的基本原则、反有组织犯罪的主体和组织、特别预警措施、反有组织犯罪业务侦查活动的开展、赔偿损失和消除有组织犯罪活动的其他后果等问题均作出了规定。其中的一些规定对预防和遏制有组织犯罪企业化发展大有益处，值得我国借鉴。

俄罗斯除了在刑事立法上完善了预防和打击有组织犯罪的刑事法律制度之外，还建立了专门的反有组织犯罪国家机构即有组织犯罪总局，1998年该局又变为"反有组织犯罪总局"。2000年，俄罗斯政府决定在内务部系统内成立联邦刑事警察勤务，打击有组织犯罪、恐怖主义、贩毒和其他严重犯罪，实行垂直管理。2001年，反有组织犯罪总局被纳入俄罗斯内务部刑事警察勤务，2004年改为内务部反有组织犯罪和恐怖主义司。[2]

六 德国有组织犯罪企业化的现状及其刑事治理对策考察

（一）德国有组织犯罪企业化发展现状

德国是一个社会规范相当健全的国家，社会秩序和社会治安一直较好。在第二次世界大战后德国经济复苏过程中，德国采取了自由开放的经济制度，在此情况下犯罪者与犯罪活动快速渗入德国，造成有组织犯罪的兴起与发展。德国在20世纪六七十年代一直忽视本国的有组织犯罪问题，但是到了80年代特别是90年代，人们才普遍认识到，德国已经存在有组织犯罪，而且发展非常迅速。尤其是民主德国和联邦德国统一之后，德国国内犯罪率明显上升，有组织犯罪更为猖獗，且内外勾结

---

[1] 崔熳：《俄罗斯有组织犯罪研究》，中国政法大学，博士学位论文，2009年。
[2] 崔熳：《俄罗斯有组织犯罪研究》，中国政法大学，博士学位论文，2009年。

进行跨国犯罪。近几年，德国每年摧毁的有组织犯罪团伙都在600个以上，涉及犯罪分子约1万人，其中90%的组织涉及跨国犯罪。

德国有组织犯罪的传统形式主要有：其一，贩卖毒品。毒品已经成为德国有组织犯罪集团的主要经营对象，为其带来巨额非法利润。其二，操纵卖淫业。在有组织犯罪集团的操纵下，卖淫业在德国空前发达。其三，敲诈勒索。敲诈勒索是德国有组织犯罪的传统牟利方式，据德国警方统计，有组织犯罪集团向80%以上的意大利和南斯拉夫餐馆勒索过保护费。其四，盗窃。德国有组织犯罪集团盗窃汽车、文物、有色金属等物品财物，仅1990年，德国被盗文物损失就达320万马克。其五，实施其他犯罪，如暴力抢劫、伪造货币、贩卖军火等。

近年来，德国有组织犯罪对经济的渗透非常广泛，涉及的行业主要是休闲娱乐业、金融业、货运与客运业、中介业、买卖与进出口业、饮食业、时装业、珠宝与古董业、新闻业、建筑业与垃圾处理业等。不少犯罪组织在这些公司安置组织成员充当负责人，有时也会成立合法团体来掩饰非法商业活动和资金流向。可见，在德国，有组织犯罪合法与非法的商业活动较为频繁，且紧密相连，有组织犯罪的企业化发展趋势较为明显。

（二）德国应对有组织犯罪企业化发展趋势的刑事治理对策

为了应对日益严重的有组织犯罪，从20世纪90年代开始，德国逐渐完善了预防和打击有组织犯罪的法律制度。其主要法律制度有：1992年通过的《打击违法毒品交易和其他有组织犯罪表现形式法》（"有组织犯罪法"），1993年通过的《严重犯罪所得利润追查法》（"洗钱法"），1994年通过的《刑法、刑事诉讼法和其他法律修改法》（"打击犯罪法"），1998年通过的《完善打击有组织犯罪法》。在这四部打击有组织犯罪的法律中，只有《严重犯罪所得利润追查法》是单行法，其他三部法律是以"包裹立法"的形式对刑法、刑事诉讼法及其他法律进行的一揽子修改，其内容被纳入所修改的相关法律之中。除此之外，相关法律还有：1997年通过的《打击腐败法》，2001年通过的《打击非法避税法》，以及2002年通过《第34次刑法修正案》对《德国刑法典》的总则进行完善，增加设置"参加犯罪集团罪"。经过20世纪90年代的大规模修改法律以及21世纪以来的进一步完善，德国已经形成了较为完备的预防和打击有组织犯罪法律体系。

上述法律制度的相关规定，对预防和遏制有组织犯罪的企业化发展有一定帮助。例如，1994 年通过的《刑法、刑事诉讼法和其他法律修改法》将职业型犯罪、企业型犯罪以及团伙实施的犯罪作为一个法定的加重处罚情节予以规定，并大幅度增加其刑罚处罚，使得惩治有组织犯罪的罪刑关系更加平衡；增设洗钱罪，极大地打击了有组织犯罪向企业化发展的经济基础；增加财产刑和扩展对犯罪所得的追缴范围，有力促进了对有组织犯罪的犯罪所得和财产性利益的剥夺；而打击腐败和非法避税行为，对预防和遏制有组织犯罪企业化时惯常实施的行为大有助益。

七　我国台港澳地区有组织犯罪企业化的现状及其刑事治理对策考察

（一）我国台湾地区有组织犯罪企业化发展现状及刑事治理对策考察

1. 我国台湾地区有组织犯罪企业化发展现状

有关我国台湾地区有组织犯罪的起源，是一个有争议的问题。目前，主要有三种代表性观点：一是认为是在台湾光复以后形成和发展的；二是认为发源于日据时代的浪人组合；三是认为发源于清朝的天地会。① 何秉松教授在考证后得出结论：我国台湾地区的有组织犯罪与清朝黑帮有直接或间接的源流关系。关于我国台湾地区有组织犯罪起源的考证有很大价值，事关正确理解现在台湾地区有组织犯罪及其未来发展的问题。但是，鉴于本课题研究的主题，我们因繁就简，在此问题上不予纠缠，对我国台湾地区有组织犯罪企业化发展状况的考察遂从蒋介石执政台湾时期开始。

现代台湾地区有组织犯罪的发展大致经历了四个时期，即 1945 年至 1954 年的暴力时期，1955 年至 1984 年的寄生时期，1985 年至 1990 年逐渐迈入共生时期，1991 年至今的共生时期。②

在 1945 年至 1954 年期间，台湾地区帮派发生演变，一些流氓分子组织起来成为帮派，且流氓与帮派并存，成为台湾地区有组织犯罪的一

---

① 何秉松：《中国有组织犯罪研究》第 2 卷，群众出版社 2009 年版，第 47—48 页。
② 许皆清：《台湾地区有组织犯罪与对策研究》，中国检察出版社 2006 年版，第 121—128 页。

个特点，一直持续至今。在这一时期，这些帮派总是力求扩大自己的实力，金钱是它们追求的主要目的，也是组织赖以存在的基础，而暴力是其牟利的主要手段；帮派的活动范围主要在赌场、应召站、妓院、酒家、舞厅、理容院、茶室、歌厅等娱乐色情场所，进行聚赌抽头、收取保护费、代为讨债或者恐吓、敲诈勒索等行为。

1955 年至 1984 年间，伴随着台湾地区社会快速转型，社会财富也日渐积累，各种非法、半非法（以合法掩护非法）的营业快速成长。借助这一社会背景，帮派趁机介入操纵，大肆敛财发展组织，组织规模迅速扩张。这一时期帮派向非法经济领域发展，并开始向合法经济领域暴力介入，如经营地下钱庄、讨债公司、期货公司、建筑公司，涉足演艺圈，进行工程围标、绑标，甚至暴力介入股票市场。

1985 年至 1990 年间，各个帮派组织坐大，且促成犯罪组织的重组与变质。有组织犯罪开始走向串联化、公开化、多元化，并积极参与政治，借以形成与合法社会的共生。这一时期，有组织犯罪逐渐转型，开始全面渗透合法经济领域。除了继续从事传统的敲诈勒索、霸占地盘、组织卖淫、开设赌场等行业外，更是以合法掩护非法，从事贩卖走私枪械毒品，经营地下钱庄、传播公司、期货公司、大型赌场或签注站，绑标围标公共工程，敲诈勒索，成立讨债公司，组织偷渡及进行洗钱等活动，而且有日益加重之势。同时，渗透合法经济领域，进入合法政经体系，从中获取不当利益。

1991 年至今，我国台湾地区有组织犯罪形成了组织化、企业化发展之势，以有计划、有组织的集团领导模式全方位、多层次地介入经济，将犯罪的触角伸展到了各行各业，无所不为。除了继续从事日常惯用的不正当行业之外，正当合法行业也被有组织犯罪大量介入，如股票上市公司、房地产、职棒赌博、宗教等领域都有犯罪组织的身影。特别是重要的工程项目、地方基层建设等，有组织犯罪也从中攫取相当巨额的经济利益。有组织犯罪同时积极渗入政治领域寻求"保护伞"，导致在台湾地区政经体系上出现"权力""金钱""暴力"三者共生的现象。

2. 我国台湾地区应对有组织犯罪企业化发展趋势的刑事治理对策

由于政治原因，我国台湾地区在不同时期对犯罪治理特别是对有组织犯罪治理的基本立场不同，缺乏统一的、一贯的战略方针和政策原则，只是到了20世纪90年代后面临有组织犯罪快速发展的压力，才逐渐形成专门的应对思想和策略。例如，在蒋介石、蒋经国父子统治时期，他们对有组织犯罪是纵容与利用，并不十分重视反有组织犯罪工作；在李登辉时期，迫于压力不得不开展多次扫黑行动，遂开始有了初步的战略策略思想和规划；陈水扁时期以后，针对当时的社会治安状况，开始研讨专门对策，采取具体措施打击有组织犯罪，提出"全民拼治安"和"侦防并重，预防优先"的战略思想。[1]

在法制建设方面，我国台湾地区反有组织犯罪的立法主要成熟于20世纪90年代后期。鉴于有组织犯罪发展的形势，1996年台湾地区当局开展了一次以"扫除黑金"为目标的名为"治平专案"的扫黑行动，同时在"刑法"之外修订了"检肃流氓条例"，颁布了"组织犯罪防制条例"，为打击有组织犯罪、扫除"黑金政治"提供了法律依据。随后，又制定了与有组织犯罪有关的"洗钱防制法""毒品危害防制条例""枪炮弹药刀械管制条例""证人保护法"等。其中，在预防和打击有组织犯罪方面，最为重要和最为系统全面的法律是"组织犯罪防制条例"。在该条例中，规定了有组织犯罪的界定、定罪、处刑、证人保护、污点证人以及刑罚减免等制度。目前，"组织犯罪防制条例"已经取代"检肃流氓条例"，成为台湾地区打击有组织犯罪最为常用的法律依据。由此可见，我国台湾地区的反有组织犯罪法律制度经历一个逐渐完善的过程。一方面通过"刑法""刑事诉讼法"的修订逐步完善；另一方面通过单行立法的方式规定预防和打击有组织犯罪的具体措施，及时将防控有组织犯罪的经验和措施法制化，以建立常态的有组织犯罪刑事治理机制。

在这些法律制度中，实体法、程序法以及行政处罚等方面的规定，都起到了预防、截断和遏制有组织犯罪向政治、经济领域渗透的效用，阻止其向企业化发展。例如，"组织犯罪防制条例"第7条规定犯发起、主持、操纵或指挥犯罪组织者，或者犯参与犯罪组织者，"其参加之组织所有之财产，除应发还被害人者外，应予追缴、没收。如全部或一部不能没收者，追征其价额"，"对于参加组织后取得之财产，未能证明其合法来源者，除应发还被害人者外，应予追缴、没收。如全部或

---

[1] 何秉松：《中国有组织犯罪研究》第2卷，群众出版社2009年版，第254—259页。

一部不能没收者，追征其价额"。这些规定不但对犯罪组织的财产实行没收，而且对犯罪组织成员在参加组织后所取得的财产也实行没收，以此来摧毁犯罪组织的经济基础，削弱其企业化发展的能力。同时在财产认定上，采取"举证责任倒置"，如果犯罪组织成员不能证明其参加组织后所取得的财产是合法的，就推定该财产为犯罪所得的财产，予以没收。这些规定再配合对资助犯罪组织者定罪处罚的规定、"洗钱防制法"和"毒品危害防制条例"等关联法律，意在截断有组织犯罪的经济来源和资金流向，彻底摧毁其赖以生存和发展的经济基础，从源头上阻止犯罪组织将资金投入合法经济领域，共同筑起了预防、遏制和惩处有组织犯罪企业化的法律体系。

除了健全法律体系之外，伴随着我国台湾地区有组织犯罪形势的恶化，警方迫于压力不断发起扫黑行动，竭力铲除有组织犯罪的经济基础。具体的措施有：不断发起扫黑"专案"；净化选举治安；打击黄赌毒；严惩"洗黑钱"；成立专职机构，发挥民众力量。这一系列措施的实施效果并不理想，未能有效摧毁有组织犯罪的经济基础，致使其尾大不掉。例如，在20世纪80年代的"一清专案"以后，一些黑社会组织反而加快迈向企业化发展道路。像竹联帮老大陈启礼通过泉安企业机构、承安实业公司来投资经营企业；"军师"张安乐拥有的韬略集团包括20余家企业；四海帮在20世纪90年代初陆续办起了建筑公司、营造厂、煤气批发公司、运输公司等，形成了"以企业养兄弟"的模式。

（二）我国香港地区有组织犯罪企业化发展现状及刑事治理对策考察

1. 我国香港地区有组织犯罪企业化发展现状

我国香港地区一直是有组织犯罪比较严重的地区，该地区最大的黑社会组织"三合会"自香港开埠以来就一直存在。因此，在香港地区黑社会又被称为"三合会"。虽然香港地区的有组织犯罪具有深远的历史渊源，但是现代意义上的黑社会组织，大部分是在辛亥革命以后形成和发展起来的。辛亥革命以后，大量三合会组织失去了政治的领导和动力，开始逐渐转化和蜕化为黑社会组织，形成各自的势力范围，进行各样的街头犯罪活动，经常性地实施趁火打劫、为非作歹、经营黄赌毒业等违法犯罪行为。直到1974年，三合会仍是以参与传统的犯罪活动为主，包括非法赌博、色情事业、毒品犯罪、高利贷、操控公共小巴路线、向商户和小贩收取保护费等。三合会通过对非法行业和服务提供保护而获取金钱利益，同时亦向警察与其他政府有关部门行贿以换取方便和非法保护。

　　1974年，香港廉政公署成立后，展开大规模的肃贪倡廉运动，警察队伍中的贪污集团被摧毁，从而切断了三合会与警方的勾连和共生关系，三合会由此失去了"保护伞"。在失去"保护伞"以后，三合会被迫改变组织形式和犯罪方式，同时这一时期香港经济开始迅速发展，三合会很快获得了进一步发展的空间和机会，组织和行为转向隐蔽，为后来向着企业化转型发展奠定了基础。在香港回归之前，三合会的经济收入主要来自从各自控制的势力范围内收取的保护费。但是，除了传统的黄赌毒和敲诈勒索等犯罪以外，三合会也开始渗透一些高利润、低风险的服务业，如制造、贩卖伪劣商品、盗版、贩卖色情光盘、售卖未完税香烟及汽油、向娱乐场所提供保安及泊车服务、电影制作、楼房装修、地产行业、高利贷及代人收取债务等，同时也会利用这些非法收入投资合法行业。例如，自20世纪80年代中期开始，和合图、新义安、14K及其他三合会组织已经投资渗入电影业。正是由于政治、经济的变化以及警方的打击，80年代中期以后，香港三合会的组织管理形式和活动方式发生很大变化：在组织上，从传统的严密科层型组织结构向淡化等级转化；在管理方式上，从严格明文的帮规帮纪向公司、企业管理模式转化；在活动方式上，从公共群体活动向秘密松散活动转化。这些变化表明，香港地区的有组织犯罪已经出现了企业化的发展趋势。

　　自20世纪90年代起，三合会利用香港地区房地产业的兴旺发展，大规模地进军房地产业，垄断房产买卖、房屋装修等，赚取巨额垄断利润；越来越多的三合会开始投资经营合法企业，特别是娱乐业的酒楼、卡拉OK、酒吧、夜总会、游戏机中心及电影公司，利用这些表面上合法的企业对非法所得进行"漂白"，并将其再次投入合法经济领域牟取利益。目前，香港地区大约有50多个三合会组织，仍在活跃的有十几个，他们在主要从事毒品、色情、赌博三大非法生意外，投资经营一些"合法"企业。

　　另外，自20世纪70年代我国内地实行改革开放以后，香港地区的有组织犯罪开始向内地发展渗透，进行走私贸易和组织偷渡，同时也以投资建厂的方式进行企业化经营。

2. 我国香港地区应对有组织犯罪企业化发展趋势的刑事治理对策

自20世纪50年代开始，香港地区的司法部门开始重视应对有组织犯罪问题，第一次强化对有组织犯罪的打击，成立"'三合会'调查科"，专门负责反有组织犯罪工作。但是自1967—1978年，我国香港地区对有组织犯罪的打击工作陷入低谷，因而这一时期有组织犯罪获得发展壮大的机会。1983年至1993年，香港地区的司法部门第二次强化对有组织犯罪的打击。1983年改组"扑灭罪行委员会"，进一步扩大打击犯罪的范围和权限；1983年，警察总部在香港、九龙、新界三个大区组建反黑总部；1984年，成立"有组织罪案组"；1990年，又决定指派"有组织及严重罪案调查科"探队，专门负责调查、处置与三合会有关的有组织犯罪。在香港回归祖国之前近十几年，港英当局先后开展多次"打黑"专项斗争。同时，截断犯罪组织的经济来源，没收其犯罪收益，是最有效打击有组织犯罪的方法。香港地区警方长期部署和开展特别行动，打击赌博、卖淫、走私、贩毒、高利贷、盗版光盘等不法行为，以截断有组织犯罪的主要收入来源。此外，香港地区警方还成立"财富情报组"，对目标犯罪集团展开财富调查，了解其经济实力和财富分布状况，在组织成员被检控时冻结犯罪收益，防止资产转移或隐藏，依法没收犯罪收益。

在预防和打击有组织犯罪的立法方面，香港地区有关有组织犯罪的法律制度经历了一个逐步完善的过程：第一阶段，《社团条例》的制定。1949年，为了打击日益猖獗的三合会活动，港英政府制定了《社团条例》，将大部分的三合会视为非法组织进行打击。后来又根据犯罪情势以及打击需要，进行了多次修改。第二阶段，制定和完善《有组织及严重罪行条例》。随着三合会逐步向企业化发展，原有的法律已经难以适应与其作斗争的需要，1994年，港英当局制定了《有组织及严重罪行条例》，加大了打击力度。该条例增加了执法人员调查有组织及严重罪行的权力，授权法庭可针对某些罪行加重刑罚，没收犯罪所得并将清洗黑钱定为刑事罪行。该条例的制定，大大增强了警方打击日趋隐蔽的三合会活动的能力。第三阶段，制定《证人保护条例》。为了有效打击和彻底摧毁有组织犯罪，对证人的保护就成为必须考虑的问题。2000年，我国香港特别行政区政府制定并颁布了《证人保护条例》，为保护证人计划提供了法律基础。

在上述主要法律中,《有组织及严重罪行条例》无疑对于预防和遏制有组织犯罪企业化发展十分重要。三合会和其他有组织犯罪组织一样,牟取利益最大化是其根本目的和行为指针,因此,通过设置调查和资产处置等相关法律程序,截断三合会的经济来源,对于从源头上预防和遏制有组织犯罪企业化发展至关重要。而《有组织及严重罪行条例》的立法宗旨就是:"增设侦查有组织罪行和其他罪行及某些犯罪的犯罪得益的权力;就没收犯罪得益作出规定;就某些犯罪者的判刑订定条文;增订关于犯罪得益或关于代表犯罪得益的财产的罪行;及就附带及相关事宜订定条文。"该条例对没收犯罪收益、没收令的执行等设专章作出了详细规定。

(三)我国澳门地区有组织犯罪企业化发展现状及刑事治理对策考察

1. 我国澳门地区有组织犯罪企业化发展现状

一般认为,我国澳门地区的有组织犯罪萌芽、形成于19世纪中后期到20世纪初期,并在20世纪前半期发展壮大起来。20世纪50年代初期,澳门地区的黑社会组织及成员猛增,有组织犯罪相当活跃。但到了60年代,澳门地区的有组织犯罪陷入低潮。70年代以后,由于澳门地区经济得到一定的发展,作为澳门经济支柱的赌博业更是得到长足的发展,使得主要依附于这些行业生存的有组织犯罪又重新泛滥起来。进入90年代,澳门地区的有组织犯罪仍有扩大之势。尤其是在1995年到1999年澳门回归之前,澳门地区社会治安持续恶化,有组织犯罪也异常猖獗。

由于澳门地区的经济社会发展水平总体不高,并有相当强的殖民地经济特色,经济支柱主要为赌博业,因此使得澳门地区的有组织犯罪更多地存在于一些有组织犯罪的传统领域,例如非法赌博、放高利贷、勒索、暴力、卖淫、贩毒、非法出入境等。而对于一些合法领域的渗透并不十分显著,不像香港地区和台湾地区那样已经形成了专门的领域。对于一些新兴犯罪领域,如洗钱、制造伪钞和信用卡等犯罪,虽然有发展的趋势,但是目前还不见增多的迹象。[①] 在1999年澳门回归后,澳门特别行政区政府加大了对有组织犯罪的打击力度,一些传统的黑社会组织也在纷纷转型,所从事犯罪活动的隐秘性正在不断增强。

[①] 康树华、魏新文主编:《有组织犯罪透视》,北京大学出版社2001年版,第189页。

2. 我国澳门地区应对有组织犯罪企业化发展趋势的刑事治理对策

澳门政府针对有组织犯罪严重的局面,采取了一系列防控措施,包括刑事立法、刑事司法国际合作以及社会控制等各个方面。

就刑事立法而言,澳门惩治有组织犯罪的法律规范体系主要由《有组织犯罪法》《澳门刑法典》《澳门刑事诉讼法典》及其他单行刑事法律与国际公约组成。其中,《有组织犯罪法》是目前澳门地区惩治有组织犯罪的核心法律。该法是一部综合性法律,包括刑事实体、刑事程序以及行政处罚的规定。该法规定了不法资产或物品的转换、转移或掩饰,群联的不法赌博,法人的刑事责任,附加资格刑,依法成立的社团或公司的解散、物及权的扣押等制度,对于预防和遏制有组织犯罪的企业化发展有一定效果。

就刑事司法而言,在澳门回归之后,澳门特别行政区政府采取了一系列有效的刑事司法措施打击有组织犯罪,诸如设立对付有组织犯罪的专责小组,合并治安警察和司法警察,加强警察队伍内部纪律,加强反贪污反腐败力度,将"反贪污及反行政违法性高级行署专员"易名为"廉政公署"等,取得了良好效果。

此外,为了预防和打击有组织犯罪,澳门特别行政区政府也采取了一系列综合治理措施,但仍有需要完善之处。

八 域外有组织犯罪企业化发展及其刑事治理经验的概括总结

(一) 域外国家或地区有组织犯罪企业化发展情况总结

就域外各主要国家和地区有组织犯罪企业化发展的情况看,可以归纳出以下几个规律性特点:

第一,在有组织犯罪企业化发展的时间方面有一定的规律性。从世界各主要国家和地区有组织犯罪企业化发展的时间来看,可以归纳出两个特点:其一,尽管各个主要国家和地区有组织犯罪向非法经济领域渗透发展的时间早晚不同,但往往是在有组织犯罪生成后不久就开始介入非法经济,以提供非法商品和非法服务牟取利益。例如,美国有组织犯罪出现于19世纪末20世纪初,但是在20世纪20年代禁酒令颁布之后即进行非法酒类的走私业务,即使在禁酒令取消之后,也主要是向赌博业、卖淫业、合伙敲诈、毒品走私、放高利贷等非法经济领域发展。意大利黑手党组建初期,主要实施一些抢劫、杀人、伤害、诈骗、毁坏财物、敲诈勒索、绑架勒索等行为；但到了20世纪初，开始染指经济领域，欺行霸市，敲诈勒索，收取保护费；特别是第二次世界大战结束以后，在政治保护伞的庇护下黑手党积极占领非法经济领域。日本的有组织犯罪从20世纪40年代诞生初期就积极介入非法经济。这一现象也出现在其他主要国家以及我国的香港、澳门和台湾地区。由此可见，有组织犯罪的发展似乎与非法经济的发展相伴而生，这也从另一个角度证明了有组织犯罪具有强烈的牟利性本质特征。其二，有组织犯罪向合法经济领域的渗透大都发生于20世纪七八十年代以后。例如，受执法部门严厉打击的影响，美国有组织犯罪于20世纪80年代开始实施企业化战略，将大量原始积累资金投入到建筑、金融、劳务市场等合法的商业活动中；意大利黑手党虽然在"二战"以后就有向合法经济领域渗透的零星表现，但是大规模的企业化发展却是在20世纪90年代以后；日本有组织犯罪自20世纪70年代中期开始迈向企业化发展阶段，到20世纪90年代以后企业化程度明显提升；俄罗斯有组织犯罪企业化发展开端于20世纪90年代；德国、我国台湾地区和香港地区有组织犯罪的企业化发展转型，也基本上开始于20世纪90年代。

第二，有组织犯罪企业化发展的路径基本一致。从前文对世界各主要国家和地区有组织犯罪企业化发展的状况梳理来看，有组织犯罪在生成、发展的初期，往往主要是以实施暴力伤害、毁坏财物、敲诈勒索等带有明显暴力色彩的传统犯罪为主，从而实现非法财富的原始积累。随着有组织犯罪规模的扩大和国家或地区政治、社会、经济、法律形势的变化，为了获取更多非法财富维系组织的生存、发展和扩张，有组织犯罪会积极进军并占领非法经济领域，通过贩卖毒品、走私非法商品、操纵卖淫、组织赌博、放高利贷、控制黑市等攫取巨额非法利润。在受到政府的严厉打击时，同时借助"二战"以后特别是20世纪六七十年代后世界经济快速发展的机会，有组织犯罪逐渐向合法经济领域渗透，以"合法"企业为掩护并积极借鉴现代企业制度，实现有组织犯罪向企业化的转型发展。可见，世界范围内的有组织犯罪基本都经历这样一个企业化发展路径：暴力掠夺→非法经济→合法经济。在这样一个渐进的发展过程中，尽管暴力手段一直会伴随始终，但是暴力方式随着企业化的发展而逐渐退居幕后，暴力色彩在逐渐淡化。同时，有组织犯罪的企业化发展并非真正地向合法化发展，往往是暴力、非法经济和合法经济同时并存、混合并用；即使有部分的合法商业行为，但也必然伴随有以暴力、贿赂等非法乃至犯罪手段的使用，以实现在合法经济领域的垄断地位，获取巨额经济利益。

第三，有组织犯罪的企业化发展都受外部因素的影响。从世界各主要国家和地区有组织犯罪企业化发展的状况明显看出，有组织犯罪的发展样态与这些国家或地区政治、经济、社会、文化以及法律发展状况密切相关，其企业化发展的阶段以及发展转型的时间，非常明显地受到这些外部因素的左右。例如，美国有组织犯罪向非法经济领域发展，很显然受到了20世纪20年代颁布的禁酒令和30年代后毒品犯罪化运动的影响；80年代后有组织犯罪向合法经济领域渗透转型，则受到美国加大对有组织犯罪有针对性的严厉打击政策和美国经济发展的影响。意大利和日本在"二战"以前都是处于军国主义的独裁统治时期，有组织犯罪活动空间受到极大挤压，其发展大多处于有组织犯罪发展的初级阶段；而随着"二战"后一段时期国家控制力的减弱，有组织犯罪获得了极大的发展空间，犯罪规模日益扩张，迅速介入和控制非法经济领域；伴随着20世纪六七十年代后经济的快速腾飞和国家对有组织犯罪特殊危害性认识的增强，有组织犯罪积极向着企业化转型，以达到掩饰、隐瞒犯罪行为和犯罪收益、牟取更大经济利益的目的。在我国的台湾地区和香港地区，有组织犯罪的企业化发展受到政治、经济、文化、法律等外部因素的影响，也是显而易见的。俄罗斯的有组织犯罪能够在20世纪90年代后迅速地实现企业化发展，也完全和俄罗斯在90年代国家经历社会、经济的重大转型有着直接的关联。

第四，企业化的有组织犯罪在活动领域方面大体一致。无论中外，除了受地理环境和物产差异的个别影响外，有组织犯罪在发展过程中其活动领域有着惊人的一致性。在有组织犯罪生成发展初期，街头暴力往往是有组织犯罪常见的犯罪景象，这一阶段的犯罪主要集中于杀人、伤害、抢劫、盗窃、敲诈勒索、绑架勒索、毁坏财物、诈骗等以简单暴力为主的犯罪领域。随着有组织犯罪的发展，逐渐向非法经济领域渗透，通过暴力、与腐败势力勾结等不法竞争手段划定势力范围，控制一定的行业领域。这一阶段的有组织犯罪往往活跃于黑市等国家控制力薄弱甚至缺失的领域，如毒品交易、非法商品走私、赌博业、卖淫业、高利贷、娱乐业、伪劣假冒商品等。只是由于不同国家和地区在经济发展和环境地理方面有一定差异，该国或地区有组织犯罪的具体活动领域才会有所不同，如美国在20世纪20年代有组织犯罪活跃于非法酒类的走私领域，俄罗斯的有组织犯罪活跃于军火走私、能源矿产领域，日本的有组织犯罪活跃于色情娱乐业和兴奋剂买卖领域，我国澳门地区有组织犯罪主要涉足赌博业领域；等等。到了有组织犯罪向合法经济领域渗透发展的阶段，有组织犯罪往往涉足准入门槛低、资金投入少、技术含量低、国家管控不足的领域，如建筑业、房地产业、工程建设、运输业、宾馆餐饮业、土地买卖、劳务市场与中介、演艺行业等，近年来也有向金融、计算机、期货等高技术含量领域渗透的趋势。从有组织犯罪主要活动领域的变化梳理中可以发现，有组织犯罪的活动领域范围从根本上是受到其牟利性本质所决定的，同时又受到自身的经济基础、业务能力以及国家政治、经济、社会发展等因素的影响和制约。

（二）域外应对有组织犯罪企业化发展的刑事治理经验总结

域外各主要国家和地区针对有组织犯罪企业化发展的具体情况，各自制定并实施了有针对性的刑事治理方案和措施，概括起来，有以下主要特点：

第一，在刑事治理观念方面。从对各个国家和地区针对有组织犯罪企业化的刑事治理对策梳理来看，在刑事治理观念和政策上都经历了一个从孕育发展到提升完善的过程。在有组织犯罪生成和发展的初期，各个国家和地区对有组织犯罪均未形成一个准确的认识，多数国家和地区在观念上仍将其视为共同犯罪和普通的犯罪集团，没有揭示出有组织犯罪滋生、发展的独特规律性以及刑事治理的复杂性。正是基于此种犯罪观念，长期以来有组织犯罪的概念界定和特征一直存在争议，从而影响到刑事治理政策和措施的制定与执行，并影响到刑事立法模式和具体内容，由此造成各个国家和地区对有组织犯罪的治理效果普遍不佳。随着对有组织犯罪生成、发展规律调查和研究的深入，以及在与有组织犯罪作斗争中经验的积累，有组织犯罪不同于一般共同犯罪或者普通集团犯罪的严重危害性和独特的发展特征，逐渐为各个国家和地区所认知，体现为对有组织犯罪的概念界定逐渐广义化，刑事治理政策逐渐本土化，刑事治理措施逐渐严厉化，刑事防控机制逐渐体系化。近年来，各个国家和地区在对有组织犯罪的生成原因、犯罪特点和发展规律有了深刻认知的基础上，纷纷调整了刑事治理政策，将以往注重"跟随打击"的被动惩处性刑事政策，转变为"提前预防""打防并举"的积极介入性刑事政策，并不断加强了预防和遏制有组织犯罪企业化发展的立法工作、司法工作和防控工作，意在最终形成打防一体、打防并重、注重预防的、综合性、协调性的防控体系与机制。

第二，在刑事立法方面。尽管各个国家和地区的法律习惯、法律文化及法律认同有很大不同，但是在有组织犯罪的立法上却保持着少有的共性。例如，美国、英国以及我国的香港地区属于普通法系，德国、意大利、俄罗斯、日本以及我国台湾地区属于大陆法系，他们却在预防和打击有组织犯罪的立法方面均采取了成文法形式，对相关实体和程序问题作出了明文规定。在立法模式上，各个国家和地区主要采取了三种模式：一是刑法典、刑事诉讼法典为主，其他法律、法规为补充的立法模式；二是单行法律为主，其他法律、法规为补充的立法模式；三是"包裹立法"的模式。立法模式的选择与各个国家和地区所属的法系、法律文化、法律制度及有组织犯罪发展的历史与现状密切相关。在立法过程方面，从各个主要国家和地区有关有组织犯罪法律制度的梳理来看，都经历了一个从无到有、从少到多、从形式分散到见诸各刑事法规再到单行立法或"包裹立法"的过程，法律体系呈现复杂化、多层次化、系统化的趋势。在立法内容上，各个国家和地区的立法越来越具有本土性和针对性，根据本国或本地区领域内的有组织犯罪企业化发展程度及表现，作出了有针对性的实体规定和程序安排。例如，由于美国有组织犯罪企业化发展比较早，因而其法律对策比较具体地体现了综合预防性的一面，为此制定专门的预防和遏制有组织犯罪向合法经济领域渗透的法律规定（如 RICO 法案等）。正是基于对有组织犯罪企业化发展规律的认知，近年来各个国家和地区纷纷就如何切断有组织犯罪的经济来源、制止洗钱和向合法经济领域投资渗透等摧毁犯罪组织的经济基础方面想办法，从而作出了大量制度性规定，如反洗钱措施、犯罪组织的财产调查与处置、刑事责任、刑罚设置、行政责任、综合治理等。可以看出，当前各个国家和地区应对有组织犯罪企业化的刑事立法更具针对性、综合性、完整性，相关的制度规定之间协调性、关联性在不断增强。

第三，在刑事治理措施方面。根据犯罪形势发展的不同状况，各个国家和地区在历史上均采取了形式不同的严厉打击有组织犯罪的专项行动，如美国在不同的历史时期多次采取了严厉整治黑社会的措施，特别是在20世纪80年代以后，展开了大规模反有组织犯罪的执法行动；意大利在20世纪20年代和30年代、80年代和90年代均采取了集中严厉打击黑手党的措施；俄罗斯运用军队力量打击有组织犯罪，开展了名为"虎魄""黄金"的专项打击行动；在我国台湾地区，分别在20世纪50年代、60年代和80年代对有组织犯罪展开了"伏妖专案""捕鼠专案""雷霆专案""迅雷专案""一清专案""二清专案"等数次扫黑行动。其他国家和地区，诸如日本、俄罗斯以及我国香港地区，均在不同历史时期多次对有组织犯罪采取了大规模的集中整治行动。但是这些国家和地区的实践表明，集中的专项打击并没有取得良好效果，反而促使有组织犯罪不断加快向更加隐蔽的企业化发展转型。基于实践经验，近些年来各个主要国家和地区不断加强立法、严格执法，力图建立起预防和打击相结合的常态化、综合性、立体化刑事治理机制。在这一方面，美国和日本走在了前面，他们的刑事治理经验值得借鉴。

第二节　我国应对有组织犯罪企业化趋势的观念重塑与政策调适

有组织犯罪具有远远大于个人犯罪和多人临时纠合犯罪的综合社会危害性，而且这种犯罪因其自身的一系列事实特征决定了具有难发现、难取证、难以彻底追诉与防治的特点，因而这一犯罪形式受到全球范围内的普遍关注。但是受传统犯罪观念的影响，我国对有组织犯罪仍缺乏科学性的认知，进而导致在刑事政策观念和刑事治理理念上存在偏差之处，需要重塑和调适。特别是当前世界范围内有组织犯罪普遍迈向企业化发展的道路，企业化发展又使得传统有组织犯罪无论在组织形式、行为模式、社会危害等诸多方面都出现新的变化和动向，更需要我们对之予以科学认知和谨慎对待。

一　我国应对有组织犯罪企业化趋势的犯罪观念重塑

（一）有组织犯罪严重危害性的再认识

准确认识有组织犯罪及其企业化发展趋势的社会危害，才能为科学确立应对有组织犯罪企业化的刑事治理对策提供坚实的事实依据和观念指引。因为域内外主要国家和地区惩治有组织犯罪的历史实践表明，低估有组织犯罪及其企业化的危害性程度,往往是一些国家和地区对有组织犯罪打击不力和应对迟缓的重要原因。例如,德国、法国、英国等国家在 20 世纪 80 年代以前一直忽视本国有组织犯罪带来的问题及其特殊危害,实际上间接纵容了有组织犯罪的快速生成和发展。再比如意大利在 1961 年召开的一次关于设立"调查黑手党委员会"的讨论中,执政的基督教民主党人士不但明确反对成立这样的机构,而且还将黑手党犯罪看成是当地传统社会对国家政权的控制进行抵制的暂时现象,同时认为只要这些地方的经济、社会得到发展,有组织犯罪就会自然消亡。[①]后来的事实证明,意大利黑手党在 20 世纪 60 年代以后快速发展壮大,有组织犯罪活动更加活跃。

从前文对我国有组织犯罪发展状况的梳理来看,自 20 世纪 80 年代以后我国有组织犯罪的发展日趋严重化:有组织犯罪分布地域广,几乎遍布全国所有省、自治区、直辖市;不仅从事传统的暴力掠夺,而且还积极占领地下经济领域,甚至还有向企业化发展并向合法经济领域渗透的趋势;犯罪的触角已经伸向各个领域,包括政治领域。对此发展状况,无论是在学术界还是在法律实务部门,对有组织犯罪特殊危害性的认识并不十分到位。仅就我国"打黑除恶"的政策目标而言,一直以来将"打黑除恶"的主要对象设定在社会治安层面的犯罪防控方面,即将有组织犯罪问题仅仅视为一个社会治安问题。这种关于有组织犯罪社会危害性的认识并不全面和深刻。"我们对有组织犯罪社会危害性的认识还存在视角上的盲区,主要关注的是有组织犯罪对社会治安方面的危害,追求的是压制黑恶势力的猖獗以保一方平安的低层次目标,也即关注的是有组织犯罪的一种浅层的显性破坏。如果对有组织犯罪社会危害性的认识仅停留于此,必然会导致政策方向上的失误和行动上的迟缓。"[②]

当前,我国有组织犯罪发展的严重状况和危害程度已经不容忽视,这也是 2018 年中共中央、国务院发布《关于开展扫黑除恶专项斗争的通知》的根本动因。因此,在有组织犯罪具有特殊的严重社会危害性的

[①] Felia Allum and Renate Siebert (eds.), *Organized Crime and the Challenge to Democracy*, Routledge, 2003, p. 198.

[②] 张远煌:《美国惩治有组织犯罪法治实践对我国的借鉴启示》,载赵秉志主编《刑事司法热点问题研讨》,北京师范大学出版社 2011 年版,第 50 页。

问题上，不应再固守原有陈旧观念：我国有组织犯罪还处于发展的低级阶段，在刑事治理时将大部分力量投入到处于组织犯罪低级形态的恶势力犯罪团伙或者恶势力犯罪集团的打击上。① 要正确认知当前我国有组织犯罪发展的新动向，即有组织犯罪已经开始向企业化发展转型，高级形态的有组织犯罪不仅在我国已经大量出现，而且其社会危害性会更加严重和显著；在有组织犯罪的刑事治理时，既要关注对处于发展低级阶段的有组织犯罪的打击，又要及时把握有组织犯罪发展的趋势和动向，动员全社会的力量，将更多的司法资源和社会资源投入高端形态即企业化有组织犯罪的预防和遏制方面。

（二）有组织犯罪基础观念的重塑

从我国有组织犯罪的立法模式及规范内容可知，我国在基础观念上仍是将有组织犯罪视为一般共同犯罪或者犯罪集团的一部分，即将其定位于特殊的共同犯罪形态或犯罪集团之一种。这种认识观念对我国有组织犯罪的刑事立法、刑事司法以及刑事治理有着直接影响：在刑事立法中除了在刑法分则中规定若干有组织犯罪罪名外，在刑法总则中没有专门的一般规定，而且在刑事诉讼法中也无针对有组织犯罪设计专门的诉讼程序和证据规则；在刑事司法中未设置和运用特殊的侦查手段和技术；在刑事治理方面，主要依靠传统的预防和控制犯罪措施来应对有组织犯罪，但事实上已经出现应对乏力和疲于应付的被动局面。

有组织犯罪传统观念的形成并非毫无根据，因为有组织犯罪与共同犯罪确实有着密切的联系。然而，长期以来人们只注意到有组织犯罪与共同犯罪的联系，却忽视了有组织犯罪不同于一般共同犯罪和普通集团犯罪的特殊性，此种犯罪观念正是造成前述我国治理有组织犯罪实践困境的根源所在。其实，与一般共同犯罪或普通的集团犯罪不同，"组织犯罪的组织，则是一种持续性、严谨结构性的人的组织关系，以这样的结构性，作为从事犯罪行为的背后支撑"；② "有组织犯罪所显示的却是一种群体性的社会恶势力，在这种犯罪组织中，组织成员不再是孤立无

---

① 我国开展的历次"严打"和"打黑除恶"专项斗争，其主要焦点基本上都是团伙犯罪，主要针对的都是我国城乡各地的犯罪团伙以及黑恶势力。

② 柯耀程：《抗制组织犯罪立法政策的思维》，载何秉松主编《全球化时代有组织犯罪与对策》，中国民主法制出版社2010年版，第343—355页。

援的个人，而是有强大的组织力量、组织纪律、组织措施提供支持"①，"是按照一定的纲领与系统结成的一种联合体"② 的犯罪。有组织犯罪与普通集团犯罪、一般共同犯罪区别的关键不仅在于犯罪参与人的数量及实施具体犯罪行为的差异，而更在于前者对既存的经济、社会生活秩序形成或意欲形成非法控制或者重大影响。总之，"有组织犯罪是一种将触角缠绕于社会各个领域以及政治体制的巨大破坏性力量"③。

有组织犯罪是一种组织结构复杂、行为方式多样、危害后果严重、以牟取经济利益为主要目的的犯罪形态。这种类型的犯罪通过非法行为以及非法使用暴力、欺诈以及腐败等方法在各种经济领域攫取资金，利用通过赌博、非法放贷、盗取财物和销赃、贩卖毒品、非法走私、操纵卖淫以及其他形式的社会剥夺所得到的资金来壮大自己的势力，再用这些资金和依靠暴力、贿赂等非法手段赢得势力影响向合法经济领域渗透，收买腐败的政府官员，同时为了寻求政治庇护而向政治领域渗透。有组织犯罪发展的方向就是其企业化的方向。企业化发展既是有组织犯罪生成发展的最终归宿，也是促进其加快从低级形态向高级形态发展演变的外在推动力量。有组织犯罪的企业化发展损害了国家经济体制的稳定，严重侵害市场主体的合法权益，妨碍了自由竞争的市场秩序，严重腐蚀和损害了国家政治制度，危及国家安全和国家与公民的公共福利，从而具有远远超越一般共同犯罪或集团犯罪的严重社会危害性。由此，我们必须重塑有组织犯罪的基础观念，将其视为不同于传统暴力犯罪的、危害更为严重的新型犯罪形态，创造性地建立和运用特别的立法、特别的执法制度与特别的防控体系、机制应对有组织犯罪及其企业化发展趋势。

（三）有组织犯罪防治观念的重塑

俗话说："冰冻三尺，非一日之寒。"既然有组织犯罪的企业化发展有其深刻的经济、政治、社会和文化的原因，那么，有组织犯罪企业化的防治也难以一蹴而就。因此，我们必须从思想观念上破除预防和遏制有组织犯罪及其企业化发展毕其功于一役的急躁冒进思想，必须转变观念，要充分认识到同有组织犯罪作斗争的复杂性、艰巨性和长期性。

---

① 谢勇、王燕飞主编：《有组织犯罪研究》，中国检察出版社2004年版，第37页。
② 陈明华：《有组织犯罪问题对策研究》，中国政法大学出版社2004年版，第17页。
③ Martin R. Haskell and Lewis Yablonsky, *Criminology: Crime and Criminality* (Third Edition), Houghton Mifflin Company, 1983, p. 374.

首先，有组织犯罪企业化发展的经济、政治、社会、文化原因决定了防治有组织犯罪企业化发展的复杂性。与普通的个体犯罪或共同犯罪不同，有组织犯罪及其企业化产生的原因是复杂多样多元的，因此，传统的犯罪治理模式对防治有组织犯罪企业化发展并没有什么效果。在普通犯罪中，我们很容易找到犯罪发生、发展的基本原因；而在有组织犯罪中，犯罪行为及其发展演变背后的原因往往难以归结为单一的因素。有组织犯罪及其企业化原因的多元化，使我们不能不对防治措施的复杂性有一个清醒的认识，应当根据原因的多元性探索出一种应对有组织犯罪企业化发展的综合战略和措施。

其次，全球化背景下社会交往模式增加了防治有组织犯罪企业化发展的艰巨性。全球化是当今世界的一个重要发展趋势，它意味着商品、劳动、资本、信息等元素大量流动、互通。全球化在极大地扩展了人们交流范围的同时，也给有组织犯罪的发展特别是企业化发展提供了更多的机会。例如，贩卖毒品、走私军火、倒卖人口、走私非法商品等，在全球化的市场中能给犯罪组织带来更多的利润；全球化促进了商品和金融流通，也给有组织犯罪转移"黑钱"、投资合法经济创造了市场空间和制度管制的间隙。全球化并不意味着会存在一个全球性的黑社会组织，但是全球化意味着存在针对不同地方的非法需求和市场的犯罪组织。这些组织在结构和犯罪手段上可能各不相同，因此，这也就意味着很难找到一个普遍的能够防治所有类型的有组织犯罪的通用方式。在不同的国家和地区，有组织犯罪的发展形态不同，行为模式和法律制度相异，企业化发展的程度和过程也不一样，因此，要求防治有组织犯罪企业化的战略应当具有针对性。其他国家和地区应对有组织犯罪企业化的刑事治理措施可以借鉴、参考，但绝不能简单地照搬、模仿、移植，否则将会事倍功半而毫无效果。

最后，有组织犯罪所体现的社会冲突决定了防治有组织犯罪企业化发展的长期性。从前文对有组织犯罪企业化原因的论述中可知，有组织犯罪所体现的不仅是对法律的违反，还有更广泛的社会关系的冲突。因此，不能仅从犯罪者个人因素，甚至不能仅停留在如何立法、执法这个层面来讨论有组织犯罪企业化的治理问题，其防治更应当注重解决如何协调社会矛盾和冲突、缓解社会紧张状态的问题。在社会、政治、经济、文化、法律制度等方面涉及有组织犯罪生成、生存和发展的土壤及外部环境问题不清除、不解决，很难对有组织犯罪予以有效遏制，更难于防范有组织犯罪的企业化发展。这些问题的解决需要长期的规划，更需要建立常态化、系统化的治理机制。自20世纪80年代以来，我国已经有针对性地开展了多次"严打"和"打黑除恶"专项斗争，这些集中整治行动对于维护社会稳定、保障经济与社会秩序起到了巨大的作用。但是，必须认识到仅仅靠"打黑除恶"专项斗争是不可能解决有组织犯罪及其企业化发展问题的，专项斗争应当与长期性防治行动结合起来，充分发挥其协调治理的社会效果。

二 我国应对有组织犯罪企业化趋势的政策观念调适

（一）树立"打防并举、预防优先"的政策观念

从犯罪学理论上讲，犯罪不可能被消灭，然而人们依然可以通过研究犯罪现象、分析犯罪原因，去努力寻求科学方案、制定合理对策以预防和控制犯罪，这是人类认识世界、改造世界能动性在治理犯罪现象方面的表现。所以说，人类的刑事法律活动本身，就自然涵盖着打击犯罪和预防犯罪的重任。

长期以来我国在治理有组织犯罪中所持有的"重打击、轻预防"的政策观念及其弊端，在前文已经有所论述。根据域外各主要国家和地区治理有组织犯罪实践经验的总结和《联合国打击跨国有组织犯罪公约》的倡导，在治理有组织犯罪时，不应只着眼于事后惩罚，而应从偏重打击逐渐过渡到预防和打击并重、以预防为本的轨道上来。打击有组织犯罪可以稳定局面，预防有组织犯罪可以巩固成果；以打促防，以防固打，打防并举，统一于解决有组织犯罪的需要，共同目标是遏制、减少有组织犯罪。

本来，有组织犯罪的滋生发展机制就不同于一般犯罪，对其查处又特别困难，而有组织犯罪向着企业化的发展演变，更是提高了查处和惩治有组织犯罪的难度。鉴于有组织犯罪企业化发展的原因复杂且多元，企业化的路径和模式不一，企业化导致有组织犯罪的组织结构和行为模式日益隐蔽化，行为方式和活动范围日益多样化，传统的以打击为主的政策观念显然无力应对企业化带给有组织犯罪的这些新变化，遂迫切需要转变刑事政策观念，树立"打防并举、预防优先"的思想，采取多种措施铲除有组织犯罪滋生、发展的土壤和环境，利用适当的立法、司

法或其他措施努力减少有组织犯罪向企业化升级演化的机会。为此，《联合国打击跨国有组织犯罪公约》可引以借鉴。[①]《联合国打击跨国有组织犯罪公约》采取刑事、行政、民事、经济、金融等多种措施控制有组织犯罪，将控制跨国有组织犯罪的国际合作从传统的、单一的国际刑事合作发展为刑事、行政、金融多重合作机制，形成了控制跨国犯罪的国际合作的综合法律机制。近年来，我国相续通过完善刑事立法、健全刑事司法、开展"扫黑除恶"等刑事执法措施，不断编织完善的、系统的治理有组织犯罪的体系、机制。但总的来看，与域外主要国家、地区以及联合国相关公约在预防有组织犯罪方面的最新发展趋势相比仍有差距，在预防观念和对策方面仍显得比较薄弱。换言之，我国有组织犯罪的预防工作多年来一直就处于先天不足、后天不良的境地。有鉴于此，我国在制定、实施应对有组织犯罪企业化发展的具体刑事对策时，应除了运用刑事措施之外，更需综合运用金融监管、行业监管、行政、民事、经济、政治等多种治理方式，多管齐下，提前防范，以促遏制有组织犯罪企业化之成效。

从经济学角度考虑，为了使预防有组织犯罪企业化的措施能发挥最佳效用，在预防措施的适用上还应坚持如下认识：其一，预防应以制度预防为优先。不健全的制度是滋生犯罪的土壤，对有组织犯罪企业化发展也是如此。只要不健全的制度存在，有组织犯罪就一直存在向企业化演化升级的空间和条件。其二，预防措施应是一个复杂的整体系统。首先，预防措施一定是由综合的一系列措施构成，其中既有强制性的，又有非强制性的；既有积极的，又有消极的；既有直接的，又有间接的。其次，预防措施一定是分层次的，各种预防措施在系统中所处的地位及有组织犯罪企业化的预防力均有不同。其三，预防的实施是相互整合性的过程。单纯依赖某一层的预防措施难以达到预防的目的，而预防措施系统在实施中的排列、组合与应用程序的混乱，也同样达不到预防的效果。[②]

[①] 例如，《联合国打击跨国有组织犯罪公约》有关防止有组织犯罪集团对法人作不正当利用的规定具有创新性，同时明确规定各缔约国应努力促进犯罪集团的犯罪人重新融入社会的规定具有极强的指导性，其他诸如洗钱犯罪、贿赂犯罪的规定也极具预防价值。

[②] 刘守芬、汪明亮：《黑社会（性质）犯罪预防论》，《贵州警官职业学院学报》2002年第4期。

(二) 贯彻落实"宽严相济,以严为主"的政策观念

自 2005 年开始,"宽严相济"在我国刑事立法、司法以及治理中基本政策的地位已经得以确立。"宽严相济"不仅更强调和侧重于"宽"的一面,而且也更加强调宽松刑事政策与严格刑事政策之间的"相济"即协调运作;①"宽严相济"刑事政策中的"严",包含了严密法网、严厉惩治、严肃执法之意,因而与单纯的"严打"有着较大区别。② 历史经验证明,对有组织犯罪一味强调"严厉打击",并不能取得明显效果,反而会造成有失司法公正、不利于保障人权和增加资源耗费、不利于社会和谐稳定等不利后果。③ 因此,在治理有组织犯罪企业化的活动中,一定要准确理解和贯彻落实"宽严相济"的基本刑事政策精神。

首先,有组织犯罪特殊的生成机制、严密的组织形式、隐蔽的行为模式及其严重的社会危害性决定了对其刑事治理必须以"严字当头"。鉴于有组织犯罪的严重性和特殊性,世界各个国家和地区对有组织犯罪基本上都采取了"严厉打击"的刑事策略,《联合国打击跨国有组织犯罪公约》也体现了这一政策精神。当然我国也不例外,集中开展的历次"严打"和"打黑除恶"专项斗争行动即为明例。只是在我国的刑事治理措施中,对"宽严相济"中的"严"有了一些更细化的观念认识:在刑法上从严惩处,在程序上从严从快处理,在措施上"打早打小"。在刑法上从严惩处有很明显的体现,如《中华人民共和国刑法》第 294 条规定了组织、领导、参加黑社会性质组织罪等三个罪名;在 2011 年《刑法修正案(八)》中对黑社会组织犯罪增设财产刑,提高了对"保护伞"的打击力度,加重了相关犯罪的法定刑幅度,对部分黑社会性质组织犯罪可以"限制减刑"或"不得假释",将黑社会性质组织犯罪由普通累犯调整为特别累犯。在我国"打黑除恶"("扫黑除恶")的司法实践中,往往要求各级司法机关依法"从重、从快、从严"打击各类黑恶势力犯罪。在具体打击策略上,公安机关早于 20 世纪 90 年代初就总结提炼出了"打早打小、露头就打"的工作思想,这一观念在 2009 年中央政法委发布的《关于深入推进打黑除恶专项斗争的工作意见》

---

① 赵秉志:《和谐社会构建与宽严相济刑事政策的贯彻》,《吉林大学社会科学学报》2008 年第 1 期。
② 赵秉志:《宽严相济刑事政策及其贯彻的基本问题》,《人民检察》2009 年第 17 期。
③ 王春林:《宽严相济刑事政策的时代意义》,《江苏大学学报》2009 年第 5 期。

中予以正式确立，作为后来治理有组织犯罪的专门具体政策。

"打早打小"的刑事策略虽然体现出"严厉"惩治的含义，但更能释放出重视预防的认识观念，其对于预防和遏制有组织犯罪的企业化发展具有强烈的针对性和实操性。有组织犯罪的企业化发展进程，其实是一个逐渐积累、从量变到质变的升级换代的过程。犯罪组织在通过暴力掠夺积累一定的犯罪原始资本后，为了获得更多的非法利益，会充分利用经济体制的不完善、经济法规的不健全等因素，采取各种手段和方法扩大自己的经济实力。他们往往改变以往使用暴力、胁迫等强取豪夺的做法，通过合法途径成立公司、企业等经济实体，并以此为掩护，进一步实施欺行霸市、非法经营、寻衅滋事等犯罪活动聚敛巨额非法财产，并逐步形成"以商养黑""以黑护商"的经营模式，从而使有组织犯罪日益膨胀、扩张。坚持"打早打小、露头就打"的政策观念，可以尽早地阻断有组织犯罪的原始积累过程，防止其在经济上的扩张，达到"打财断血"的目的，能够及早地清除有组织犯罪对经济社会生活的危害。

其次，"宽严相济，以严为主"更重要的是指要严密编织治理有组织犯罪的法网。有组织犯罪的治理是个系统工程，在立法层面上需要相关法律法规的协调配合，体系性、整体性、多层次性地发挥预防和惩治作用。从前文所述世界各个主要国家和地区预防和遏制有组织犯罪企业化的立法经验来看，严密编织应对有组织犯罪的法网是到目前为止被证明行之有效的措施之一。例如，美国在立法上就明显地体现出由近及远、逐步推进的立法特点；在联合国公约层面，也极其强调《联合国打击跨国有组织犯罪公约》《联合国反腐败公约》以及其他法律规定等综合配套法律体系的协调和完善。因此，在"严密法网"时，首要的是强化和完善有组织犯罪实体法规定，确立与之相对应的特别诉讼和司法制度，而后扩展至对有组织犯罪的衍生和发展关联度极高的洗钱犯罪和腐败犯罪的强力规制，进而再向决定和影响有组织犯罪企业化发展的金融监管、行业监管、市场监管、出入境监管等行政法律法规领域，以及反不正当竞争法、反垄断法、公司法、税法等经济、民事法律法规领域扩展。

同时，严密法网还表现在罪名设置上不仅应包括有组织犯罪的组织行为和实行行为，还应涵盖各类有助于有组织犯罪形成、发展和壮大的帮助行为和促成行为；在法律责任设置上不应仅仅设置个人的刑事责任，而且应当设置相应的单位责任以及个人的行政责任、民事责任等等。只有编织了严密的罪名体系和法律责任体系，才能有效预防和阻止犯罪组织收获和聚集反社会性资源。

（三）坚持"既要强化社会防卫，又要兼顾权利保障"政策观念

不可否认，在犯罪控制实践中，防卫社会和保障权利两种价值观不可避免地会发生冲突，二者之间如何协调或者选择已经成为刑事法制现代化过程中的一大难题。但是总的来讲，注意保持保障权利与防卫社会之间的平衡，是现代法治国家在考量与犯罪作斗争过程中可以采取的方式、手段和选择打击力度时应遵循的普识性原则。

就有组织犯罪而言，"由于其是通过暴力、威胁等手段攫取社会财富、漠视社会秩序、对抗国家法律，置平等、公平于不顾，因而其存在和发展就足以严重危及社会整体利益和多数人的基本权利……因此，控制有组织犯罪就是当务之急，在价值观念层面就需要充分考虑社会防卫的现实需要"[①]。但是，如果在刑事治理实践中过分强调防卫社会的价值目标，必然会造成权利保障功能的虚化，进而造成对公民合法权益的侵害。因此，在有组织犯罪的刑事治理中，应当坚持"既要强化社会防卫，又要兼顾权利保障"政策观念。

人身权和财产权都是人权的重要组成部分。当前，关于人身权的保障已经引起足够的重视，但无论是在立法还是司法中，对于财产权保护的观念明显弱于对人身权保护的观念。在国家本位观的影响下，当公民个人财产与国家、集体所有的财产发生冲突时，公民个人财产权的保护就会退居次要地位。特别是在应对有组织犯罪的企业化发展时，由于合法经营与非法经营相互交织，个人、家庭财产和组织财产相互混同，受保护的合法财产与应当被处置的非法财产之间就存在区分界别的困难。当这些企业主或者组织成员被追究刑事责任时，司法机关往往基于传统观念影响而忽视对个人和单位合法财产的保护，将所有经济利益不加区分地作为犯罪所得或收益予以追缴、没收或处置，造成严重侵害公民个人或者法人单位合法权利的后果。前文所述的辽宁省"黑老大"袁诚

[①] 蔡军：《我国反有组织犯罪刑事政策观念的检讨与重塑——基于对〈联合国打击跨国有组织犯罪公约〉立法精神的解读》，《刑法论丛》2012年第3期。

家的部分合法财产被司法机关错误查封、扣押,就是典型事例。

在兼顾权利保障方面,还有一个问题值得关注。在前文关于有组织犯罪企业化状况的梳理中,已经发现一个规律性的特点,即民营企业更容易"涉黑"。换言之,合法企业向有组织犯罪发展的绝大多数为民营企业,而国有企业触黑、涉黑、染黑的比例非常低。究其原因,民营企业的合法权利得不到公平保障是主要因素之一。在我国社会主义市场经济体制中,民营经济是社会主义市场经济的重要组成部分,对我国经济社会发展作出了突出贡献。但是,"制度洼地"造成了对民营经济的制度供给严重不足,使得它们往往无法获得与国有企业同等的待遇或者制度保障。① 受市场主体权利保护差异的影响,民营企业在市场准入、融资、法律保护等方面始终难以同国有企业相媲美。基于逐利的本性,处于"制度洼地"的民营企业在经济犯罪方面遥遥领先。为了突破"制度天花板"的约束以牟取暴利,民营企业甚至不惜与有组织犯罪组织相勾结,或者向有组织犯罪组织靠拢,因而在合法企业有组织犯罪化方面明显多于其他市场主体。所以,在应对有组织犯罪企业化发展时,应当建立起公平的市场竞争环境,切实做到对国有企业和民营企业等一切市场主体权利的平等保护。

三 我国应对有组织犯罪企业化趋势的刑事治理观念调整

(一)坚持"综合治理"的治理观念

有组织犯罪是一种社会综合征,其滋生、发展、壮大是受各种主观、客观因素相互影响、相互作用的综合结果。同时,有组织犯罪又会造成多领域、综合性的危害,因此,对其有效治理需要运用综合的社会治理手段,把各个方面的政策措施纳入社会的整治与预防上来。② 社会综合治理作为一项宏大的社会系统工程,具体环节复杂。细究起来,主要包括对犯罪态势的预测、具体的预防措施以及对犯罪人的惩处和改造。这几个环节相互关联,协调统一,构成了一个严密的网络体系。综合治理要求在各级党委和政府的统一领导下,各部门、各单位协调一致、齐抓共管,依靠广大人民群众,运用政治的、经济的、行政的、法

---

① 周建军:《中国民营企业犯罪治理的刑事政策研究》,《政治与法律》2012 年第 7 期。
② 陈明华:《有组织犯罪问题对策研究》,中国政法大学出版社 2004 年版,第 323 页。

律的、文化的、教育的等各种手段,预防有组织犯罪,维护社会治安秩序,保障社会稳定,实现对有组织犯罪的有效管控。综合治理不仅强调各种主体的全方位参与,更要求各个参与主体之间及其各种治理手段措施的联动配合、协调互动。

有组织犯罪的企业化发展绝对不是孤立的现象,绝对不是个别毒素的流淌,而是与整个社会环境都有着千丝万缕的联系,如果仅用严厉打击这一手,而社会综合治理的各项措施不能得到切实的落实,难免有"防不胜防""打不胜打"之患。① 由此,仅仅依靠司法机关的力量不可能彻底清除有组织犯罪滋生、发展、壮大的土壤,必须在党和政府的领导下整合相关职能部门的职责配置,加强在有组织犯罪渗透发展的重点行业和重点经济领域的监管,实现各有关部门与政法机关的协力互动。同时,我国"打黑除恶"的司法实践表明,对有组织犯罪的及时侦破、及时审判、严厉惩治,单靠政府职能部门还是远远不够的;"严打"本身只是针对有组织犯罪状况恶化的权宜之策,最多治标,但绝不能治本,很难从根本上有效遏制有组织犯罪向企业化发展。要治本还是要从整个社会的各方面入手,发动群众、依靠群众、走群众路线,充分发挥人民群众的作用,拓宽、疏通群众参与渠道和网络,鼓励社会组织积极参与,取长补短,协调推进,同时综合运用法律、科技、教育、经济、文化乃至政治等多种手段,才能做到事前预防与事后严惩。只有这样,才能从阻截经济来源、减少活动空间、堵塞犯罪机会、减少犯罪影响等方面防范有组织犯罪的企业化发展。同时,综合治理还要求治理手段运用的系统化、科学化、智能化、法治化,只有深化对有组织犯罪治理规律的认识,并善于运用先进的理念、科学的态度、专业的方法、精细的标准提升综合治理效能,才能增强有组织犯罪企业化刑事治理的整体性和协同性。

(二)重视"打财断血、切断经济来源"的治理观念

国家制定法律裁手段作为犯罪反应的抗制手段,在具体措施的设计上往往是基于对价性和对应性的考量。但是,由于犯罪形成的原因不同,犯罪行为的方式各异,对具体犯罪的处置方式也应当有所差异,不应该作一致性处理。例如,有些犯罪具有纯粹的破坏性质,对其处以单

---

① 贾宇:《黑社会如何"漂白"自己》,《人民论坛》2010年第8期(下)。

纯的自由刑就能收到惩治和预防的成效。而对于以获取利益目的而实施权利侵害的犯罪，如果仅对行为人处以自由刑或者资格刑，就忽略了对犯罪所得利益的剥夺，那么犯罪仍然是有利可图的，由此在阻绝犯罪者犯罪意图方面力道不够。因此，对于这一类型的犯罪应当设置一定的能够剥夺其犯罪所得或收益的处罚机制，那么，追缴和没收等财产处置措施就成为防控此类犯罪的有效治理方式。

有组织犯罪就是以牟取经济利益为主要目的的犯罪类型，一定或者较强的经济实力是有组织犯罪赖以存在和发展的基础。而且，有组织犯罪向着企业化发展，一方面是为了攫取更大的超额利润；另一方面雄厚的经济实力又能有力地促进和加快有组织犯罪的企业化进程。因此，预防和遏制有组织犯罪企业化的关键就在于是否能够有效截断有组织犯罪的经济来源，是否能够彻底摧毁有组织犯罪的经济基础。

自 1997 年刑法分则第 294 条规定有组织犯罪的三个罪名以来，我国对有组织犯罪的刑罚处罚不断加重，主要体现在组织、领导、参加黑社会性质组织罪法定刑的提升、黑社会性质组织惯常实施的几个犯罪处罚的加重，以及对有组织犯罪适用减刑、假释制度作出严格限制等方面，但对于"打财断血"以切断有组织犯罪的经济来源重要性的认识还不十分到位。尽管在《刑法修正案（八）》增加设置了没收财产刑和罚金刑，但这对于实现对有组织犯罪"打财断血"的目标仍有较大差距。在我国开展的"扫黑除恶"司法实践中，"打财难"已经成为制约深入开展有组织犯罪治理工作的"瓶颈"问题，亟待在刑事实体法和刑事程序法方面予以重点关注，应尽快建立健全有组织犯罪涉案财产的调查、认定规则和财产的处置制度。

第三节　构建精致应对有组织犯罪企业化趋势的刑事立法体系

除了在刑法分则中规定了有组织犯罪的三个罪名及一些相关规定之外，我国当前并没有形成非常完善的专门应对有组织犯罪的刑事法体系。向着企业化发展，是由有组织犯罪内在规律性所决定的，代表着这一特殊类型的犯罪由低级阶段向高级阶段的"蝶变"，从而构成了对社会各个领域的重大威胁和对现有法秩序的挑战。因此，在既有刑事法体系的基础上，构建精致应对有组织犯罪企业化趋势的刑事立法体系，就成为有效治理有组织犯罪的必要前提。在当前我国理论界，关于有组织犯罪刑事立法完善的研讨已经较为充分，因而基于本课题研究主题的限制，在本部分仅就如何在立法上完善治理有组织企业化的刑事立法问题作出集中讨论。

一　制定反有组织犯罪的专门法律，加强反有组织犯罪的法制化、体系化建设

（一）制定反有组织犯罪的专门法律

关于反有组织犯罪的立法模式，世界各个国家和地区形式不一，既有采取法典式立法模式，也有采取专门立法模式，更多的是采用综合立法模式。为了兼顾各种立法模式的优点，德国等国家以及《联合国打击跨国有组织犯罪公约》采取了"包裹"立法模式，在保持法律统一的基础上，将反有组织犯罪的实体法、程序法、国际合作以及犯罪预防等相关内容作出集中的规定。在前文中，我们已经对我国当前反有组织犯罪的法典立法模式及其优劣之处进行了详细比较和分析。总体而言，受制于法典式立法模式，当前我国反有组织犯罪的法律制度还很不健全，更缺乏体系性和协调性，同时也不利于满足实践操作的需要。

对有组织犯罪及其企业化趋势的治理，需要在社会综合治理的理念指导下运用综合性的措施，需要全社会参与和多部门协调联动，因而必然涉及众多法律制度的方方面面，不可能指望某一两个部门法就能解决问题。面对有组织犯罪日益普遍化、职业化、专业化、严重化和企业化的发展趋势，我国应当借鉴《联合国打击跨国有组织犯罪公约》和美国、德国等国家与地区的立法经验和立法模式，制定一部预防和惩治有组织犯罪的专门法律——《中华人民共和国反有组织犯罪法》。这部法律应该是一部反有组织犯罪的综合性的专门法律，绝不应是刑事单行法。其中应该涵盖所有关于预防、控制和惩治有组织犯罪的法律制度，既包括刑事实体与程序的规定，又包括行政法、民事法、经济法等规定；既主要规定法律的治理措施，又规定政治的、经济的、社会的、文化的、教育的治理手段；既规定刑事责任，又规定民事及行政责任；既有惩罚措施的规定，又有防范措施的规定；既强调事后惩罚，更强调事前防范；既有指导原则性的规定，又有具体措施的规定。

总而言之，这部专门的综合性法律应当定位为我国反有组织犯罪的基础法律，其对我国预防和惩治有组织犯罪的所有法律规定具有统领作用。① 当然，这部专门法律并非要将所有现在已经明确规定的法律制度再做重复规定，而是借鉴"包裹"立法的形式对未曾规定或者需要补充完善之处进行修改、补充和完善，进而形成反有组织犯罪法律的体系化和协调化，从而更加便于司法操作。

（二）加强反有组织犯罪的法制化、体系化建设

在我国长期与有组织犯罪作斗争的实践中，根据犯罪形势的发展和防控的需要，并在不断总结经验的基础上，制定并实施了大量治理有组织犯罪的制度性文件。例如，从1997年至今，我国不同机关已经制定颁布了一系列"立法解释""司法解释""座谈会纪要""指导意见""通知""意见"等规范性文件。这些文件大多是对实践经验的及时总结，满足了与各个时期、各种形式的有组织犯罪作斗争的需要，因而具有强烈的规范价值和实践意义，从制度上保障了我国有组织犯罪治理实践的顺利进行。但是，这些规范性文件存在系统性与体系性不足、法律根据不牢、制度设计不周全的缺陷，在一定程度上造成当前反有组织犯罪司法实践中的一些疑难问题。

通过制定反有组织犯罪专门法——《反有组织犯罪法》，可以将现有反有组织犯罪的规范性文件进行系统地归纳梳理，结合我国治理有组织犯罪的总体指导思想和刑事政策要求，在刑法、刑事诉讼法等基本法律规定的基础上，整合《反洗钱法》《反不正当竞争法》《反垄断法》等一般法律的相关规定，将上述一系列规范性文件有针对性地纳入专门法律中，从而形成统一的、体系的、协调的反有组织犯罪的法律体系。由此，一方面解决了现存系列规范性文件法制化不强的问题；另一方面又将预防、打击和惩治有组织犯罪的规定进行了系统性整合、完善、修改和补充，解决了配套法律制度间的不协调、不健全问题，起到了加强反有组织犯罪工作的法制化、体系化建设的作用。

当然，在这些规范性文件中，已经包含了预防和遏制有组织犯罪企业化发展的系列措施和规定。例如，2019年4月最高人民法院、最高

---

① 受中国法学会的委托，以本课题负责人蔡军教授和武汉大学莫洪宪教授为首席专家的立法团队已经对《反有组织犯罪法》的制定进行了大量的研究工作，于2019年7月完成了"学术建议稿"起草工作，并提交给了相关部门审阅参考。

人民检察院、公安部、司法部联合颁布的《关于办理黑恶势力刑事案件中财产处置若干问题的意见》，对于截断有组织犯罪经济来源、摧毁其经济基础具有重要规范价值。在《反洗钱法》等法律和一些行业规范中，也有专门应对有组织犯罪企业化发展的制度规定和行业规定，尽管有些并不具体完备，但是可以在整体治理战略思想和治理理念的框架内进行修改和补充，最终与各种法律制度一起形成协调配合、整体系统的治理有组织犯罪企业化的法律体系。

二 完善治理有组织犯罪的刑事实体法体系

（一）将"有组织犯罪"作为正式术语纳入法律框架

在我国，"有组织犯罪"只是一个犯罪学意义上的概念，尚未被纳入刑法等法律框架予以法定化。"有组织犯罪"这一概念的现实地位，导致了前文所述在我国现有司法体系内相关术语使用上的混乱，并进而导致对相应有组织犯罪形态的法律规制和司法认定陷入困境。

其实，不仅是在我国，在世界范围内"有组织犯罪"概念的法定化也是一个逐渐形成共识的过程。例如，在意大利早先使用的是"黑社会"和"犯罪集团"之类的传统概念，但随着对有组织犯罪现象认识的深化而历经变迁，最终采用了"有组织犯罪"这一专门术语；在日本、韩国以及我国台湾地区早先也没有"有组织犯罪"这一概念，但最后也是通过立法规定了"犯罪组织"这一专门概念。[1] 从目前来看，"有组织犯罪"概念的法定化已经成为世界范围内的一个共同趋势，联合国公约就是采用这一概念。近年来，在我国理论上"有组织犯罪"这一概念称谓基本上已经深入人心，但是就其具体内涵却存在巨大的分歧和争议，大概有广义说和狭义说的学术论争。[2] 从犯罪事实上看，当前我国有组织犯罪呈现出不同发展形态并存的格局。亦即，"与我国经济社会发展的不平衡性相对应，目前的有组织犯罪既有进入成熟期的典型形态，更有大量新出现的犯罪团伙和各种处于向典型有组织犯罪过渡阶段的发展中的犯罪集团"[3]。我国有组织犯罪多种形态交替演进、同

---

[1] 赵赤：《中外惩治有组织犯罪比较研究》，中国政法大学出版社2017年版，第389页。
[2] 在本书的第一章第一节对有组织犯罪的概念论争已作出介绍。
[3] 张远煌：《犯罪研究的新视野：从事实、观念再到规范》，法律出版社2010年版，第222页。

时并存的状况①，导致了唯一法定概念——"黑社会性质的组织"无法涵盖当前所有的有组织犯罪的组织形态，故而造成司法实践和规范性文件中频频出现"犯罪团伙""恶势力""恶势力犯罪集团"等不同术语称谓，进而造成司法认定的难题。

有组织犯罪企业化的发展进程，正好契合了有组织犯罪的不同发展形态，即从处于低级阶段的犯罪团伙使用暴力等方式进行资本原始积累，到规模壮大后形成较高级形态的犯罪集团或黑社会性质组织为了牟取巨额利润向经济领域渗透发展，再到最高级形态的、以"合法企业"为掩护的犯罪企业或犯罪"托拉斯"。然而，我国现有"黑社会性质组织犯罪"的法定术语是对高级形态有组织犯罪的归纳概括，无法全面涵盖有组织犯罪企业化的全部阶段和有组织犯罪的所有发展形态。"如果在立法观念上以模式化的有组织犯罪概念为参照，无视有组织犯罪规律在本土的客观表现，人为地割裂有组织犯罪各发展阶段之间的内在逻辑联系，在刑事制度设计上只专注于有组织犯罪演进的高端形态，放弃对有组织犯罪初级形态和中级形态应有的强力反应，不仅难以及时阻止有组织犯罪的恶性演进，而且还会加重这种趋势的发展。"② 只有将"有组织犯罪"纳入法律框架，才能将有组织犯罪企业化发展中的各个时期均纳入法律规制的射程，实现"打早打小、防早防小"的目的，有效预防和遏制有组织犯罪向高级形态的发展演化，同时也迎合了世界发展趋势，并符合联合国公约的规定。

因此，可以在刑法总则中和未来制定的专门法律中明确规定有组织犯罪的法律概念，并在刑法分则中代替"黑社会性质组织"的规定，为有效治理有组织犯罪及其企业化发展提供最大的立法保障。这一立法完善不仅有《联合国打击跨国有组织犯罪公约》的支持，而且符合对我国现阶段有组织犯罪基本规律的认识，也具有相当的立法前瞻性，将未来可能会出现的黑社会组织犯罪也囊括其中。

---

① 在当下我国，处于有组织犯罪初级形态的恶势力犯罪团伙基数庞大，中级形态的恶势力犯罪集团增长迅速，而处于高级形态的黑社会性质组织进入发展的活跃期。
② 张远煌：《中国有组织犯罪发展状况及其立法完善对策思考》，载于《第四届当代刑法国际论坛——全球化时代有组织犯罪的惩治与防范国际学术研讨会会议论文集》，北京师范大学刑事法律科学研究院，2011年，第92—106页。

（二）完善关联犯罪立法，实行全面犯罪化

有组织犯罪的生成、发展规律告诉我们，这一危害严重的犯罪形式不是一朝一夕地陡然产生，而是实施多种形式的犯罪行为、一般违法行为甚至是合法行为积累经济实力和犯罪能量、壮大组织的规模和影响力，一步一步地由低级阶段向高级阶段演变而来。因此，有组织犯罪的发展必然要和实施诸多的违法犯罪行为相关联。比如，为了有组织犯罪的顺利发展，犯罪组织会通过贿赂公务人员的方式掩护组织的发展和犯罪的顺利进行；为了"白化"有组织犯罪的"黑色"收益，犯罪组织会千方百计地进行各种洗钱行为；为了逃避打击，犯罪组织会采取暴力、威胁、恐吓、许诺、诱使等方式意图使相关人员提供虚假证言或者干扰证言或证据的提供，干扰司法或者执法人员对有组织犯罪执行公务；等等。这些关联犯罪行为一方面是有组织犯罪的重要组成部分，另一方面为有组织犯罪逃避打击和发展壮大发挥了巨大作用。正因如此，世界上多数国家、地区甚至联合国公约，都纷纷强化对关联行为的打击力度，实行全面的犯罪化措施。就我国刑法立法而言，也许由于长期以来犯罪观念上的落后，虽然多次对刑法的相关规定进行完善和修改，如2011年《刑法修正案（八）》所作的较大幅度修订，但对有组织犯罪关联行为的打击仍然有所欠缺：一是没有特别规定进一步严厉打击与有组织犯罪相牵连的犯罪行为，诸如贿赂腐败犯罪、妨害司法犯罪等；二是现有的立法规定仍需进一步完善，如洗钱犯罪的上游犯罪应进一步扩容，以迎合对有组织犯罪行为手段多样化等事实特征的认识观念；增加规定单位作为有组织犯罪的主体；将资助有组织犯罪的行为犯罪化；等等。

针对有组织犯罪企业化发展规律及其刑事治理的需要，我们认为可以在下列主要方面予以犯罪化：

第一，将单位增加设定为有组织犯罪的主体。在我国刑法总则中，虽然承认单位是与自然人相并列的犯罪主体，但单位却不是所有犯罪的主体，其成立犯罪的范围必须以分则明文规定为限。根据我国刑法第294条的规定，单位不能作为组织、领导、参加黑社会性质组织罪的主体。然而，在有组织犯罪企业化发展过程中，合法成立的企业、公司等单位逐渐"涉黑""触黑"进而有组织犯罪化，是有组织犯罪企业化的一个重要路径之一。而且从实践来看，受我国处于社会重大转型期利益多

元、制度体制不健全等因素的影响,在有组织犯罪滋生、发展和壮大的过程中,单位与犯罪组织相勾连的情况比比皆是。一些企业为了牟取暴利,往往借助黑恶势力的力量实现行业内的垄断或区域内的非法控制,实际上存在着"以黑护商""以商养黑"的双向互利的合作,这些公司、企业为有组织犯罪的成长、壮大提供了外在条件和经济支持,在客观上促进了有组织犯罪的企业化转型发展。对于这种单位和犯罪组织的合作,如果仅仅处罚单位中的自然人,将无法实现对有组织犯罪"打财断血"、摧毁其经济基础的效果。同时,随着有组织犯罪逐步采取"企业法人"式的管理形式,犯罪组织与合法企业有时亦难以区分,有组织犯罪的企业化发展混淆了单位犯罪与有组织犯罪的界限,导致司法认定上的疑难。因此,将单位排除于有组织犯罪主体之外也不利于对有组织犯罪的有效惩治。其实,关于增加单位为有组织犯罪主体的问题,《联合国打击跨国有组织犯罪公约》已经有所主张。该公约第10条规定:"1. 各缔约国应采取符合其法律原则的必要措施,确定法人参与涉及有组织犯罪集团的严重犯罪和实施本公约第5条、第6条、第8条、第23条确立的犯罪时应承担的责任。2. 在不违反缔约国法律原则的情况下,法人责任可包括刑事、民事或行政责任。3. 法人责任不影响实施此种犯罪的自然人的刑事责任。4. 各缔约国均应特别确保使根据本条负有责任的法人受到有效、适度和劝阻性的刑事或非刑事制裁,包括金钱制裁。"我国作为《联合国打击跨国有组织犯罪公约》的缔约国之一,可以遵照公约的规定,对有组织犯罪的主体作出有针对性的适当完善。

第二,将资助有组织犯罪的行为犯罪化。有组织犯罪在本质上属于牟利性犯罪,经济性特征不仅影响有组织犯罪组织结构的形成、行为模式的改变及其活动范围的扩张,而且也左右着有组织犯罪的发展趋势。为了牟取巨额非法利润,有组织犯罪必然要向着企业化方向发展;而有组织犯罪的生存和发展,又需要雄厚的经济基础作为支撑。从现实看,有组织犯罪牟取经济利益有多种途径:一是通过自身的"努力",依靠暴力掠夺或者向非法的乃至合法的经济领域渗透,获取巨额经济利益;二是接受外部的资金支持以维持组织的发展和促进犯罪行为的开展。因此,现实中存在着某些单位或者个人基于牟利或者其他目的,明知对方是有组织犯罪组织或集团,仍然在其成立、延续过程中提供物质、资金帮助,使得有组织犯罪组织得以顺利成立和壮大的情况。这种行为的社会危害性不容小觑,但在司法实践中却很难打击。正是认识到资助有组织犯罪行为的危害,在我国相关规范性文件中特别强调对此类资助财产行为予以规制。例如,在2018年最高人民法院、最高人民检察院、公安部、司法部颁布的《关于办理黑恶势力犯罪案件若干问题的指导意见》中指出:"在组织的形成、发展过程中通过以下方式获取经济利益的,应当认定为'有组织地通过违法犯罪活动或者其他手段获取经济利益':(1)有组织地通过违法犯罪活动或其他不正当手段聚敛;(2)有组织地以投资、控股、参股、合伙等方式通过合法的生产、经营活动获取;(3)由组织成员提供或通过其他单位、组织、个人资助取得。"在2019年4月9日最高人民法院、最高人民检察院、公安部、司法部颁布的《关于办理黑恶势力刑事案件中财产处置若干问题的意见》指出,对于其他单位、组织、个人为支持黑恶势力组织活动资助或者主动提供的财产,应当依法追缴、没收。追缴、没收体现了对资助有组织犯罪财产的处理,但是对于资助行为本身则欠缺刑法的评价,不利于遏制和惩罚此类行为的发生。尽管有学者主张,"对于黑社会组织的资助行为,行为人与黑社会组织具有明显的主观联系,根据资助行为具体情节的不同,可以将其视为黑社会组织犯罪的组织行为或帮助行为,不必进行单独规制"[1],但是很多时候行为人是对有组织犯罪集团的一种概括性资助,并不是针对某一明确的犯罪行为,有时也很难界定为组织行为,因而刑法对这类行为无法给予准确的法律评价。在我国刑法中,规定了资助恐怖活动罪;在我国台湾地区1996年通过的《组织犯罪防制条例》中也规定了为"黑社会"提供资助者的处罚;我国澳门地区《有组织犯罪法》规定了支持黑社会罪;意大利《刑法》第418条规定了帮助集团成员罪。借鉴这些国家和地区的立法例,以及我国对于恐怖组织犯罪的立法经验,可以将资助有组织犯罪的行为犯罪化。只有通过规范市场行为,反制市场因素的供给面及需求面,将资助此类犯罪的人或组织、单位绳之以法,才能有效截断有组织犯罪的经济来源,斩断有组织犯罪企业化发展的资金链条。

第三,进一步完善洗钱罪的规定。洗钱与有组织犯罪的关系甚为密切,

---

[1] 于志刚:《我国刑法中有组织犯罪的制裁体系及其完善》,《中州学刊》2010年第5期。

现代意义上的洗钱，就产生于有组织犯罪。① 洗钱行为对于有组织犯罪的企业化发展起着巨大的作用，其危害性也就在于它帮助和促进了有组织犯罪的发展。通过各种各样的洗钱方式，使得有组织犯罪组织通过违法犯罪手段获得的大量非法所得和犯罪收益等不义之财进入合法行业。可见，洗钱是有组织犯罪组织赖以存在的重要途径，反洗钱正是预防和遏制有组织犯罪企业化发展的重要手段。1997年修订的刑法首次专门规定了洗钱罪，后经过《刑法修正案（三）》和《刑法修正案（六）》的修改，扩大了洗钱罪上游犯罪的范围，即包括毒品犯罪、黑社会性质组织犯罪、恐怖活动犯罪、走私犯罪、贪污贿赂犯罪、破坏金融管理秩序犯罪和金融诈骗犯罪等七种犯罪类型。2006年，我国制定并通过了统一的《中华人民共和国反洗钱法》。但是相比较于美国、英国、德国等域外主要国家反洗钱的刑法规定，我国反洗钱罪在立法上的限制几乎最多，也即洗钱罪上游犯罪的范围最小。鉴于防范和惩治有组织犯罪企业化发展的需要，应当在立法上扩大洗钱罪的上游犯罪范围，虽然不能扩大到绝大多数犯罪类型，但至少需要扩大到一些比较严重的犯罪，如危害公共安全罪、破坏社会主义市场经济秩序罪、渎职罪等。同时，可以继续加大对洗钱犯罪的处罚力度，最大限度地切断有组织犯罪生存、发展的生命线。

（三）设置特殊处罚原则，促进刑事责任体系的协调与完善

由于有组织犯罪具有不同于一般共同犯罪的特殊性，对其从严处罚是世界绝大多数国家和地区的刑法通例。从具体规定方式看，分为两种立法模式：第一种立法模式是总则规定和分则规定相结合，分别在总则中规定对有组织犯罪从重处罚的一般罚则，并在分则中将有组织犯罪组织实施的犯罪规定较重的法定刑。② 第二种立法模式是仅在分则中对有

---

① 高一飞：《有组织犯罪问题专论》，中国政法大学出版社2000年版，第194页。
② 例如，俄罗斯1996年刑法典第35条第7款规定："对团伙犯罪、有预谋的团伙犯罪、有组织的团伙犯罪或犯罪团体（犯罪组织）犯罪，应依照本法典并在本法典规定的限度内从重处罚。"俄罗斯1996年刑法典第174条规定，对普通的洗钱行为，处数额为最低劳动报酬500倍至700倍或被判刑人5个月至7个月的工资或其他收入的罚金，或处4年以下的剥夺自由，并处或不并处数额为最低劳动报酬100倍以下会被判刑人1个月以下的工资或其他收入的罚金。对事先通谋的团伙实施的洗钱行为，处4年以上8年以下的剥夺自由，并处或不并处没收财产；而对有组织的犯罪团伙实施的洗钱行为，处7年以上10年以下的剥夺自由，并处或不并处没收财产。参见卢建平主编《有组织犯罪研究》，法律出版社2004年版，第84—85页。

组织犯罪直接规定较重的法定刑。第二种立法方式为德国①、瑞士、法国、意大利以及我国香港地区、澳门地区等多数国家和地区的刑法所采用。② 在我国刑法中，采取的是第二种立法方式，即在分则中规定了有组织犯罪的刑罚。在刑法修订时，《刑法修正案（八）》也适当加重了对有组织犯罪的处罚力度，体现出了从严处罚原则。但是，有组织犯罪是一个系统性、整体性犯罪，除了组织、领导和参加犯罪组织的犯罪之外，其他诸如洗钱罪等关联犯罪以及由犯罪组织组织、策划、实施的犯罪也是有组织犯罪的一部分，都应体现从严处罚的基本思想。举例来说，接受犯罪组织的受贿行为、犯罪组织实施的妨害司法行为、贩毒行为、制假售假、贩卖人口、组织偷渡、走私、贩运武器等犯罪行为均应规定特殊罚则，予以严惩。但是从我国目前的刑法规定看，从严的思想并没有充分体现。因此，我国立法可以采取以下两种方式实现对有组织犯罪的从严处罚：其一，可以在总则中作出对有组织犯罪从严处罚的一般规定以及从严处罚的幅度、标准；其二，可以在分则所有涉及有组织犯罪的罪名中规定对由犯罪组织实施的从重处罚及重罚的标准。综合比较起来，我们认为第一种立法方式更为可取、经济，符合立法技术性要求。当然，在对有组织犯罪追究刑事责任时，"宽"的一面也应当在刑法中有所反映，应有"从宽"处罚的制度设计，这样才有利于贯彻落实"宽严相济"刑事政策，使刑罚与犯罪行为的社会危害性以及犯罪人的人身危险性相适应，最终有利于对犯罪组织的预防、分化和瓦解，预防和阻止有组织犯罪的企业化发展趋势。

除了对有组织犯罪统一规定特殊的处罚原则之外，还应有针对性地设置特殊的刑罚方式，健全和完善有组织犯罪的刑事责任体系。其一，完善有组织犯罪的没收财产刑。有组织犯罪滋生、发展和演变的最大内在驱动力在于图利，因此财产刑对于预防和遏制有组织犯罪企业化发展具有不可忽视和不可替代的作用。从我国刑法立法来看，对于黑社会性质组织的组织者和领导者，并处没收财产；对于积极参加者，可以并处没收财产或者罚金；对于其他参加者，只有罚金刑，没有没收财产刑。

---

① 德国1998年刑法典第261条规定，犯普通洗钱罪的，处3个月以上5年以下自由刑；情节严重的，处6个月以上10年以下自由刑。这里的情节严重一般是指行为人以此为常业，或作为为继续实施洗钱犯罪而成立的犯罪集团成员实施该罪的。

② 卢建平主编：《有组织犯罪研究》，法律出版社2004年版，第85—86页。

由此可以看出，没收财产刑并非黑社会性质组织犯罪的标准配置，没有涵盖所有组织成员。同时，没收财产刑只适用于组织、领导、参加黑社会性质组织罪，其他形态的有组织犯罪并没有必然配置没收财产等财产刑，从而不利于"打早打小"和"打财断血"的目的，使得预防和遏制有组织犯罪企业化发展的效果大打折扣。其二，增加有组织犯罪的资格刑。我国刑法上对于有组织犯罪没有资格刑的设置。资格刑包括从轻到重的各种类型，是兼具行政责任、民法责任性质的一些责任承担方式。其中对单位而言，有停业整顿、限制营业范围、解散单位、禁止从事一定的活动、强制进行一定的社会公益活动、将单位的犯罪行为向全社会或者相关行业公告等具体方式；对自然人而言，有剥夺政治权利、职业禁止等。鉴于有组织犯罪的特点及其企业化的发展路径，建立健全和有针对性地适用宽严有别、种类齐全的资格刑体系，有助于有效预防和打击有组织犯罪企业化的发展演变。

三　完善治理有组织犯罪的刑事程序法体系

有组织犯罪的特殊性确实对我国当前的刑事程序法制度提出了挑战，例如，有组织犯罪的特殊侦查制度、特殊的审判制度、特殊的证据制度和证明规则；等等。对于这些一般性问题，学界已经有了较多讨论，本部分不予赘述。在此，仅针对有组织犯罪企业化的发展趋势，需要在刑事程序法体系方面予以完善的地方进行探讨。

（一）建立健全有组织犯罪涉案财产的认定和处置程序

在本课题的调研中，司法实务界普遍提出一个程序上的难题，即如何对有组织犯罪的涉案财产进行调查、认定和处置。这是一个涉及对有组织犯罪"打财断血"、摧毁其经济基础的重要问题，对于预防和遏制有组织犯罪的企业化发展具有重要意义。

我国刑法第64条规定了涉案财物的特别没收制度，同时刑法第294条第1款规定了对组织、领导、参加黑社会性质组织罪组织者、领导者和积极参加者的没收财产刑。但是，这些规定都较为抽象，没有对普通刑事犯罪和有组织犯罪在涉案财产处理上加以区别，在程序上没有作出详细的规定，因而不能满足处理有组织犯罪涉案财产的需要。企业化发展使得对有组织犯罪涉案财产的处置要比普通刑事犯罪涉案财产的处置复杂得多，且涉及范围广，财产的性质和范围不容易查清和区分，一旦处理不当，不仅造成有组织犯罪经济基础无法摧毁，有组织犯罪会死灰复燃且进一步向更高级阶段演化发展，而且容易损害第三方合法权利，甚至触发群体事件，影响社会稳定。正是基于有组织犯罪涉案财产处置的疑难和司法实践的需求，在 2019 年 4 月 9 日最高人民法院、最高人民检察院、公安部、司法部颁布的《关于办理黑恶势力刑事案件中财产处置若干问题的意见》中，对涉案资产的处置工作提出了总体要求，同时对证据收集、资产处置及追缴、没收其他等值财产等问题作出了具体规定。应该肯定的是，该"意见"是我国第一个专门针对有组织犯罪的特殊性而作出的规范性文件，对具体司法实践具有指导作用。但正如前文所言，规范性文件并非法律规定，因而其实施效果会受到很大制约，同时法律上的地位决定了其不能同现行法律相抵触，更不能修改现有规定，因此不能很好地应对有组织犯罪企业化发展带来的挑战。

有鉴于我国刑事立法现状及实践需求，我们认为应当在将来制定的专门法律中设置专章规定"有组织犯罪涉案财产的认定和处置"。其中，明确规定公安机关、人民检察院、人民法院在办理有组织犯罪案件中应当全面调查涉案财产，依照法定程序与标准对涉案财产采取查询、查封、扣押、冻结等措施，并及时返还合法财产；完善涉案财产保管机构与信息管理平台建设、涉案财物先行处置程序与涉案财产移送制度，并对涉案财产处置过程依法进行监督，以保证涉案财产处置的有效性、及时性与透明性；强化涉案财产处置在司法审判中的重要地位，明确规定人民法院在法庭审理过程中应当对查封、扣押、冻结的涉案财物的权属情况进行法庭调查；人民法院裁判涉及财产部分的内容应当明确、具体，列明相关财产的具体名称、特征、数量、金额、处置情况等。同时，还应对涉案财物的证明标准、第三人权利保护、合法财产返还、特别程序、追缴、没收其他等值财产等机制进行明确规定。

（二）创新有组织犯罪涉案财产的证明制度

有组织犯罪的企业化发展使得其犯罪形式多样化，进而造成涉案财产认定和处置的复杂化。一方面，企业化发展使得有组织犯罪既可能通过违法犯罪行为获取非法利益，也可能在合法经济领域从事合法经营行为获得营业收入，而且这些收益不一定都会用于维系犯罪组织的发展或者支持有组织犯罪活动的实施，从而出现合法收益与犯罪所得的混同现象；另一方面，即使是犯罪组织通过暴力掠夺手段积累而来的财富，或者在非法经济领域通过非法商品交易和提供非法服务的方式获取的不法经济利益，犯罪组织也会绞尽脑汁、尽其所能地通过金融渠道或者将资金再投入合法经营之中进行洗钱，将违法所得"清洗""漂白"，或者将非法与合法资金、财产予以混同。特别是还有一种像前文所述袁诚家企业涉黑的情况，当合法企业在生产经营过程中逐渐涉黑而出现有组织犯罪化时，企业的性质发生了转变：黑社会性质组织成立之前是合法企业，之后是有组织犯罪集团。这时从纵向发展观察，企业化的有组织犯罪所获取的经济利益也会出现性质上的转变，之前是合法财产，应该予以保护；之后是非法财产，应当予以追缴或没收。但是，司法机关难以发现这个嬗变的初始点，非法经济利益与合法经济利益之间的界限难以厘清。如果没有充分、扎实的证据予以证明时，就只能依靠犯罪人的供述。但是，有组织犯罪与其他普通刑事犯罪不同，企业化发展使其更具隐蔽性和掩饰性，犯罪手段和活动方式更趋"非暴力化"与"合法化"，这一变化为司法机关侦查、调查和认定有组织犯罪及其犯罪所得与非法收益带来极大的挑战，通过充分的证据来证明和判断财产来源以及属性将会极为艰难。

有组织犯罪在涉案财产认定和处置上的这一难题，为一些国家和地区以及联合国公约所关注。例如，《联合国打击跨国有组织犯罪公约》第 12 条第 7 款规定，缔约国可考虑要求由犯罪的人证明应予以没收的涉嫌犯罪所得或其他财产的合法来源；《联合国反腐败公约》第 31 条第 8 款规定，缔约国可以考虑要求由罪犯证明这类所指称的犯罪所得或者其他应当予以没收的财产的合法来源；[①] 意大利刑法规定，一旦发现某人实施与黑手党有关的犯罪且他本人未能证明自己所获财产的合法性，那么他的财产将被没收；我国台湾地区《组织犯罪防制条例》第 7 条规定，除应返还被害人外，不能确定其财产来源是否合法，抑或不能提供证据证明其财产来源合法的犯罪行为人，则应予以追缴、没收，如全部或一部不能没收者，追征其价额。相关公约和这些国家或地区所作的上述规定，实际上是刑事诉讼证明制度中的举证责任倒置制度。

考虑到我国有组织犯罪企业化发展带给刑事司法认定方面的挑战与

---

① 陈光中主编：《联合国打击跨国有组织犯罪公约和反腐败公约程序问题研究》，中国政法大学出版社 2007 年版，第 18—19 页。

困难，可以借鉴联合国公约以及相关国家和地区的成熟经验，在处理有组织犯罪的涉案财产认定与处置时，创新适用举证责任倒置，可要求由犯罪嫌疑人、被告人承担证明涉嫌犯罪所得或其他财产合法来源的责任，不能证明其合法来源的即可推定为犯罪所得或者非法收益而予以追缴、没收。当然，创设这一制度有一定的风险，可能会出现打击犯罪和保障人权的失衡问题。我国目前的刑事诉讼法中对合法财产来源的举证责任倒置问题并无规定，刑法中仅有巨额财产来源不明罪适用举证责任倒置，且惩罚偏轻。出于打击严重特殊犯罪的需要，可在刑事诉讼法以及刑法中规定举证责任倒置，但是严格限制其适用范围及程序，把负面影响降到最小程度，从而实现各种利益间的平衡。

四 完善治理有组织犯罪的关联法体系

有组织犯罪企业化发展的规律告诉我们，企业化的形成不是一朝一夕地陡然产生，而是通过实施多种形式的犯罪行为、一般违法行为甚至是合法行为积累经济实力和犯罪能量，逐步壮大组织的规模和影响力，一步一步地由低级阶段向高级阶段演变而来的。因此，有组织犯罪的企业化发展必然与诸多领域法律制度的缺陷以及不衔接、不协调等因素有关。而域内外多年的经验也表明，预防和遏制有组织犯罪的企业化发展，仅仅依靠单一法律的努力是很难奏效的，必须建立完善协调的治理有组织犯罪关联法体系，不断地加强各领域法律制度的协调与合作。

仅以反洗钱为例，有效地预防和控制有组织犯罪洗钱活动是金融机构、政法机关和商业部门的共同任务，打击洗钱需要各部门法律制度的协调配合。比如，反洗钱就要求银行实行储蓄实名制，但为防止实名制名存实亡，公安部门还要加强对身份证的管理；同时，银行不能一味吸纳储蓄，也应要求客户说明大额存款的来源，因而在出台《反洗钱法》的同时，必须完善"税法""银行法""海关法""公司法"等相邻立法，完善"巨额财产来源不明罪""隐瞒境外存款罪"等周边罪名，才能形成对洗钱犯罪在立法上的围堵。

同时，有组织犯罪及其企业化发展与腐败现象密不可分，有组织犯罪一般都会利用腐败作为维系其生存和发展的基本战略和主要手段，以实现逃避打击并牟取巨额非法利益的企业化目的。因而，预防和遏制有组织犯罪企业化发展，除了要求制定完善的反洗钱法律体系外，还要建立完备的反腐败法律制度体系。另外，有组织犯罪的企业化发展与市场体制不健全、相应的规章制度不完善有很大关联，而且在企业化过程中犯罪组织也会充分利用行业监管漏洞、权力管控薄弱或者法律制度间的不衔接之处大肆从事违法犯罪行为，积极谋取市场垄断进行不正当竞争以牟取非法利润。因此，必须以有组织犯罪的有效治理为中心，完善"反不正当竞争法""反垄断法"等经济法律法规、行政法律法规以及各项行业法规，建立协调、完善的治理有组织犯罪的关联法体系。

第四节 调适契合有组织犯罪企业化发展规律的刑事司法机制

在前文所述有组织犯罪企业化发展带来的刑事司法问题中，大多数是由于在司法中对刑事政策观念理解、贯彻不到位以及刑事立法存在缺陷所致，但也有一些确实是司法中出现的问题，需要调适刑事司法观念和体制。同时，科学、依法的刑事司法活动又有利于预防和遏制有组织犯罪的企业化发展。

一 深刻把握有组织犯罪的发展规律，贯彻科学司法

（一）准确认识有组织犯罪的经济属性，坚持"治安与经济并重"的科学司法

考察世界各国和地区有组织犯罪的生成、发展和壮大过程，我们基本上可以得出这样的判断：有组织犯罪是一种经济性犯罪，是一种企业性的组织犯罪，是一种暴力色彩较强的犯罪，是一种具有垄断和寡头双重属性的"企业犯罪"，是一种与政治腐败紧密相伴的犯罪，是一种对象广泛、危害性相对较大的犯罪。[1] 所以，有组织犯罪不仅是一种法律现象和社会现象，而且也是一种经济现象和文化现象。首先，从其产生的目的、存在的原因上看，有组织犯罪滋生、发展的根本原因是经济上的。有组织犯罪是基于经济上的原因而产生，又因以追求非法经济利益而发展、壮大。竭力争取更多的非法或者合法的市场份额和最大的利润是有组织犯罪所实施的违法行为的核心：为了市场份额和最大的利润，它们不择手段，采取暴力、恐吓、贿赂等一切手段进行暴力掠夺、提供

---

[1] 张彩凤主编：《有组织犯罪的经济学研究》，哈尔滨出版社2004年版，第22—35页。

非法商品和非法服务；为了能够安全地牟取更大的超额利润，它们不惜向政治领域发展，并向合法经济领域渗透。其次，从行为动机上看，有组织犯罪的动机中几乎没有强烈的政治的或意识形态意图的目标，寻求政治保护伞或者向政治领域渗透，无非是为了寻求保护以便掩饰和隐瞒犯罪，或者为了争取势力范围以便形成垄断地位，追求的仍是更大的生存空间和最大限度地获取经济利益。再次，从主要从事的活动及手段上看，也是经济性的。它们通过提供非法商品或非法服务，或者进行所谓的"合法经营"，最大限度地捞取巨额利润。究其所涉足的有关经济领域和经济现象而言，十分广泛，可谓集多种犯罪活动于一身：逃避财政税收，行政和政治腐败，黑市和非法市场进入，商业和金融欺诈，违反反不正当竞争法和其他制定法，在劳务市场上操纵公益扶助计划，有组织偷漏税；等等。最后，从其犯罪形态即组织结构和规模上看，也是经济上的考虑，严密科层的组织结构可以减少交易成本，而扁平型的结构可以在特殊情况下回避官方的重点盯防和打击。

有组织犯罪的经济属性决定了其必然向着企业化发展。然而，从域内外各个国家和地区打击有组织犯罪的实践来看，有组织犯罪的经济属性往往受到忽视。人们只是看到了有组织犯罪所带来的严重社会危害性，以及因其特殊的组织结构和行为模式所造成司法打击的难度，将"治安"观念放在首要地位，从而矢志不渝地进行"严打"或专项行动，并把"严打"和专项斗争的矛头主要指向或者仅仅指向暴力色彩较强的有组织犯罪，即使效果不佳但也乐此不疲。我国屡次开展的"打黑除恶"专项行动也是坚持"治安"司法观念的结果。

不言而喻，治安秩序、商业经济秩序是现代社会"和平、自由地共同生活"不可或缺的基石。所以，在对严重侵犯社会治安的刑事犯罪进行严厉打击的同时，对违反和破坏社会经济秩序的严重犯罪也应当予以严厉打击，做到"治安与经济并重"的平衡保护。当前，在暴力和非暴力有组织犯罪"二元"视野中，司法机关将有限的司法资源过多地投入对暴力色彩强的有组织犯罪的打击中，例如在历次"严打"和"打黑除恶"专项斗争中，都将打击的矛头主要对准严重的暴力性犯罪，而对暴力色彩较弱甚至是"非暴力"的有组织犯罪投入力量不够。基于"破窗效应"和"羊群效应"，这一"二元"差别必然导致企业家们热衷于与有组织犯罪势力相勾连来牟取非法利益，同时也进一步推进了传统有组织犯罪加速向企业化转型发展，积极向合法经济领域渗透。张远煌教授曾撰文指出，我国现行的有组织犯罪立法不大"明事理"，在事实上帮助了有组织犯罪的发展壮大。[①] 如果借用这种观点，我国当前的刑事司法观念和措施也有点"不明事理"，在司法战略上发生了方向性的错误，客观上间接地加重了我国有组织犯罪企业化的发展趋势。

基于上述考虑，我们应当准确认识有组织犯罪的经济属性，深刻把握有组织犯罪的发展规律，坚持"治安与经济并重"的科学司法，才能有效预防和遏制有组织犯罪的企业化发展。

（二）控制相关犯罪，采取有针对性的措施切断有组织犯罪企业化的经济基础

有组织犯罪以追求经济利益为目的，其向企业化发展无非是为了将非法所得转化为"合法财产"，并追求最大的经济利益。由此，对有组织犯罪有效遏制的根本途径仍在于切断其敛财的途径和阻断其经济上合法化的可能性。从法律经济学分析角度看，犯罪是对犯罪成本及其收益平衡之下的产物，当收益大于成本时犯罪活动就会猖獗；反之，受到严厉打击时，就趋于减少。基于此种认知，在司法活动中，所采取的具体措施应考虑以下两个方面：

其一，着力打击与有组织犯罪具有密切关系的其他犯罪，如走私、贩毒、卖淫、赌博等。在打击的过程中需要各个部门联合行动，如市场监督管理部门审查企业经营的合法性、税务部门审查往来账目的合法性、海关部门审查进出口货物的合法性、公安部门检查经营的合法性等等。

其二，有效控制洗钱现象的发生。有组织犯罪在资本积累过程中，必然存在着将违法犯罪的非法所得予以"合法化"的问题，其不仅仅是通过将现金存入银行、利用证券金融业务转换、离境合法化，还会采取企业化的方式，以"合法"机构为掩护将非法所得投入合法经济领域进行经营的方式合法化，因此，洗钱在本质上是有组织犯罪的下游犯罪，也是促使有组织犯罪发展及其企业化的主要因素之一。通过大力打击洗钱行为，能够有效斩断、清洗犯罪非法收益的通道，削弱有组织犯罪的经济实力，遏制有组织犯罪企业化的进程，从而有利于限制有组织

---

① 张远煌：《不明事理的中国有组织犯罪立法》，《青少年犯罪问题》2011 年第 3 期。

犯罪势力的扩张。

二 规范反有组织犯罪的司法活动，坚持依法司法

（一）加强法治建设，建立反有组织犯罪的长效机制

以"专项斗争"为代表的运动式治理方式不仅是我国治理有组织犯罪的常用手段，在域外国家和地区也经常采取这一治理方式。在当前我国，鉴于有组织犯罪发展形势迅猛，势头逼人，运动式治理有其不可替代性，能够集中力量对重点领域、重点地区、重点行业的重大有组织犯罪案件予以快速打击和处理，对社会治安的稳定和社会秩序的维护有立竿见影的作用。但是，这种治理方式存在的问题也很多，主要在于可能会脱离法治轨道造成打击的扩大化。[①]

有组织犯罪的滋生有其政治、经济、社会、文化等各方面的土壤，也有促成其生成、发展的时代背景和条件。特别是有组织犯罪的企业化发展并非一蹴而就，而是经历一个从小到大、从低级到高级的缓慢发展过程。因此，对于有组织犯罪及其企业化问题，除了开展"打黑除恶"（"扫黑除恶"）专项斗争以外，更重要的是建立长效机制，通过系统治理、综合治理、依法治理、源头治理，实现预防和打击有组织犯罪企业化司法活动的法治化、规范化和专业化。

反有组织犯罪的长效化机制并非排斥运动式治理，而是将二者有机结合起来，实现运动式治理和常态化治理互为补充，同时起到治标与治本的效果。长效化机制的构建要注意如下几个方面问题：第一，开展专项斗争时，必须践行"宽严相济""以严为主"的政策观念，加强对有组织犯罪的打击力度。对于有组织犯罪，应当重视从经济方面进行打击和惩处，彻底铲除其经济基础，最大限度地消除有组织犯罪企业化发展的土壤和空间，对有组织犯罪的财产与犯罪收益进行认定和处置，防止死灰复燃。第二，针对有组织犯罪生成及其企业化发展的深层次原因，在专项斗争中应该做到两个结合，即将专项斗争和加强基层组织建设相结合，有效铲除有组织犯罪滋生的土壤；将专项斗争和反腐败相结合，深挖"保护伞"，加强行业监管和市场管理，解决国家权力软弱和涣散问题。第三，必须遵循依法司法原则，明确政策法律界限，追求质量和

---

① 前文对"运动式"治理方式的缺陷已经作出了分析。

效率的统一。在我国全面推进依法治国的背景下，强调依法司法是其中应有之义。这样做有利于在严厉打击有组织犯罪的同时坚守政策和法律的底线，维护法律秩序的安定性，最终实现有组织犯罪的常态化治理。

当然，构建长效机制还要重点做好以下工作：

第一，建立反有组织犯罪的专门机构和专业执法队伍。晚近以来，为了应对有组织犯罪快速发展的挑战，国际社会纷纷在惩治有组织犯罪时设立专门的执法队伍。在开展"打黑除恶"（"扫黑除恶"）专项斗争过程中，为了工作开展的需要，我国相关部门也建立了临时性的专门执法队伍，但是至今尚未设立全国统一的预防和打击有组织犯罪的专门机构，也没有建立专门的反有组织犯罪的执法队伍，因而无论在业务素质、资金保障还是设施设备等方面，均与预防和打击有组织犯罪的实际需要有很大差距。因此，鉴于我国当前有组织犯罪快速发展演变的状况，以及有组织犯罪企业化发展带来预防和查处难度的增加，迫切需要建立反有组织犯罪的专门机构和专业队伍。从机构职能方面看，这一专门机构不仅仅承担着打击有组织犯罪的使命，更重要的是要承担综合指导、协调和指挥有组织犯罪的预防职责，切实转变我国当前重打击而轻预防的错误观念。

第二，加强各部门间的协同管治。预防有组织犯罪是综合治理的重要组成部分，需要各个政法机关、政府各部门等各司其职、齐抓共管，综合运用治安、行政、经济、政治和法律手段进行协同管治；要严格落实行业监管、市场监管责任，建立责任倒查和问责机制，形成分工负责、协调配合的有组织犯罪治理的联动配合机制。

第三，建立有组织犯罪的信息收集、分析和研判机制。组织的严密性决定了有组织犯罪编织有错综复杂的关系网络和规避查处的活动计划，因此，对这类犯罪实施有效打击和预防，必须获取充分的情报信息，并有透彻的研判分析。特别是有组织犯罪的企业化发展造成合法企业与犯罪组织区分界线模糊，犯罪行为的掩饰性更强，经济实力的增强也导致其犯罪线索更加难以挖掘、收集和判断，因此信息共享、分析研判在预防和遏制有组织犯罪企业化发展时至关重要。信息联通共享机制的建立，有助于反有组织犯罪长效机制的建立和完善。在构建信息联通共享机制时，一是要打破政法部门信息壁垒，将公检法司信息化系统进行全面整合，将现有各部门内部建立的相互独立的信息平台整合为一个整体，实现信息的共建、联通、共享；二是要健全完善情报信息收集、分析、研判、共享机制，将市场监管、税务、海关、金融、证监等各个部门以及社会层面的信息①收纳、结合起来，通过研判及时反馈本区域内有组织犯罪的苗头和动向，分析、预测有组织犯罪信息情况，并适时发出预警和预防建议。

（二）加强规范诠释，坚持对有组织犯罪依法司法

刑法的良好适用是预防有组织犯罪生成、发展的法律对策之一，因此，依法司法既要对法律的规定作出合理诠释和适用，又要注重解决司法实践中的诸多问题。

我国有关预防和惩治有组织犯罪的制度规范体现在多个层面上，如刑法、立法解释、司法解释、司法性文件、政策性文件，等等。但从法律效力上看，只有刑法及立法解释的规定具有立法上的效力，其他仅具有在司法适用过程中阐明法律规定的价值。因此，依法司法必须根据法律效力的不同有所取舍，绝不能出现下位法僭越上位法、司法侵犯立法的嫌疑。当前，我国有组织犯罪刑法立法的规定比较简约抽象，除了刑法总则中共同犯罪和犯罪集团的规定外，直接规定有组织犯罪的就是刑法第294条的规定。因此，面临司法实践中有组织犯罪出现的各种各样的情况，在适用刑法规定时就需要准确诠释刑法规范的含义。对黑社会性质组织犯罪规定的适用，主要涉及对黑社会性质组织的组织特征、行为特征、经济特征和社会危害性特征的解释阐明。前文所述企业化的有组织犯罪与公司企业犯罪的界分、犯罪组织中参加者与企业员工的区分等司法认定疑难问题，都是对黑社会性质组织四个特征诠释不清晰造成的。加强对刑法规范的解释阐明，有利于准确认定企业化有组织犯罪与公司企业犯罪的界限，对于精准打击和遏制有组织犯罪的企业化发展大有帮助。

对于那些尚未达到黑社会性质组织成立条件的犯罪组织，如恶势力团伙和恶势力犯罪集团，其依托暴力、威胁进行资本的原始积累，或者从事非法经济行为，只能依据我国刑法规定的集团犯罪或者共同犯罪的规定予以惩治。在刑事司法过程中，绝不能仅因为打击的需要将这些犯

---

① 除传统的社区、街道和娱乐场所的情况外，要将情报的触角延伸到建筑、建材、矿业、交通、金融、食品等有组织犯罪易于染指、涉足的行业和市场，及时、全面地搜集信息。

罪形态拔高认定为黑社会性质组织，当然也不能将黑社会性质组织降格认定为犯罪团伙或犯罪集团。尽管这样处理可能无法有效惩治有组织犯罪的所有参加者，也无法对犯罪组织及其成员的涉案财产和犯罪收益进行处置，但依法司法本身就对预防和惩罚犯罪具有强烈的警示作用，也具有依法治理的意义。当然，司法上的这些缺陷可以通过立法的修订予以弥补。

三 科学预测有组织犯罪的发展趋势，加强国际司法合作

有组织犯罪随着全球政治、经济、文化、科技等的一体化而不断表现出跨国性和跨地区性的特点，仅靠一国、一地区的力量已经不可能对付这些跨国、跨地区的有组织犯罪。尤其是近些年来，有组织犯罪以公司企业的一般结构从事犯罪活动，在世界范围内扩大活动领域，在本国国内和国外建立自己的犯罪网络，力图开拓合法和非法市场牟取更大利益。从当前世界各国和地区有组织犯罪发展形势看，一些国家和地区的有组织犯罪已经能够渗透到世界各国的金融、经济和政治系统；它们甚至采用尖端的犯罪技术，包括雇佣具有高技能的人例如律师和会计师，使执法人员穷于应付层出不穷的新犯罪形式。[1] 面对有组织犯罪全球化趋势愈来愈严重的状况，加强国际和地区合作以图遏制已经成为国际公认的最有效办法。目前，预防和打击有组织犯罪的国际合作正在不同的范围和层次下进行，包括全球性的合作、区域性的合作以及双边的合作。其中，在全球性的合作中，联合国作为世界上最具普遍性的政府间国际组织、国家间交流的最主要场所，越来越明显地发挥着不可替代的作用。在近几十年来，联合国大会以及联合国的其他有关部门，对有组织犯罪问题进行了持续地研究和分析，就有组织犯罪的性质、特点以及预防与打击策略提出了一揽子观点、意见和规则，形成了大量文件，为反有组织犯罪的国际合作提供了重要的法律依据，如专门针对有组织犯罪的预防和控制而形成的《联合国打击跨国有组织犯罪公约》。

相较于域外主要国家和地区，虽然我国有组织犯罪滋生较晚、发展速度快，但是从本课题组搜集整理的材料看，本土生成并向境外渗透发

---

[1] 参见第十届联合国预防犯罪和罪犯待遇大会秘书长在其题为《全世界犯罪和刑事司法状况》报告中的第 29 段。

展的有组织犯罪并不多见，只有诸如 2011 年判决的江苏省常州市丁国柱黑社会性质组织犯罪案等少数几个犯罪组织具有跨国、跨境犯罪的倾向。然而，从域外国家和地区有组织犯罪发展的历史看，跨国有组织犯罪将会成为一种犯罪趋势，值得予以警惕。特别是随着有组织犯罪企业化趋势的加快，以全球化的经济活动为载体，域内外犯罪组织相互勾连进行跨国际、跨区域的犯罪活动，共同谋取非法利益，必然成为我国有组织犯罪发展的重要趋势。因此，加强国际司法合作，与国际社会或其他国家和地区一起共同预防和打击有组织犯罪，就成为以后司法的方向之一。

具体而言，在国际合作方面采取以下措施，构建防控体系：其一，强化我国大陆及港澳台地区的地域间合作。自 20 世纪 80 年代以来，我国的香港、澳门和台湾地区有组织犯罪不断向内地渗透，从事投资经营、提供非法商品和服务等经济性活动，加快并加重了我国有组织犯罪企业化的速度和程度。面对这种情势，有必要加强我国不同法域之间的合作与交流，尤其在联合执法、加强情报交流、促进人员遣返、便利调查取证、优化文书送达等方面展开合作，形成合作机制共同预防和打击有组织犯罪活动。其二，加强国际合作。一方面我国需要与国际社会共享犯罪情报信息；另一方面我国应加强与别国间的司法协助，在引渡、调查取证、移转管辖、文书送到、财产扣押、判决裁定的承认与执行等方面达成合作；协调我国与其他国家法律、司法制度的差异与冲突，制定相关国际司法协助条款。其三，加强反有组织犯罪的磋商，在平等互利的基础上制定反有组织犯罪国际条约，创设国际合作法律体系，建立一套预防和遏制有组织犯罪企业化发展的高效、互信的合作网络与合作机制，有效控制跨国有组织犯罪。

第五节　健全协同应对有组织犯罪企业化趋势的综合治理机制

根据犯罪学基本原理，关于有组织犯罪的形成原因，不论学术上如何争论[1]，也不外乎个人的内部原因和社会的外部原因两个方面。特别

---

[1] 我国学术界对有组织犯罪形成原因有两大学说，即综合原因说和具体原因说。国外有关有组织犯罪形成的代表理论有理性选择理论、暴力帮伙理论、社会控制理论、犯罪亚文化群理论和体制理论。参见郭子贤《黑社会（性质）组织形成研究》，知识产权出版社 2006 年版，第 64—84 页。

就有组织犯罪企业化发展的原因而言,除了个人及组织本身的内部因素以外,社会外部因素的影响也很重要。受我国社会转型时期市场经济体制不够健全、公权力管控弱化、某些政策与法律制度不够完善和文化建设不到位等诸多因素共同作用,有组织犯罪正向着企业化方向发展演进。正因如此,对于有组织犯罪企业化趋势的刑事治理,需要建立公权治理、市场治理和社会治理三位一体、协调配合的综合治理体制。

一 有效应对有组织犯罪企业化趋势的公权治理

公权即公共权力,是指在人类社会群体生活中被用于处理公共性事务的权力。公权的基本特征在于它的强制性,对全社会都具有约束力。[①] 治理是对一定社会共同体的公共事务的处理,是为了共同体的利益而作出的决策,并将其付诸实施的行动。在有组织犯罪企业化趋势的治理中,公权治理是主导力量。首先,公权治理能够通过对人员进行管理和控制,以及通过一定的法律责任形式给予组织成员法律制裁,实现对作为有组织犯罪发展要素之一的人力资源的遏制。人员管控和法律制裁增加了有组织犯罪成员的风险成本,而通过加强对各种社团、组织的监管,如企业登记、税收控制、社团审批、重大活动的报告制度等,则遏制了犯罪组织的规模扩张和非法渗透。其次,公权治理通过对作为有组织犯罪发展的两个最基本的物质要素——资源和资本的流通控制,起到对有组织犯罪企业化发展的预防和遏制作用。例如,通过反洗钱措施就能有效地切断支撑有组织犯罪发展的经济来源。最后,公权治理通过加强黑市管控,实现对有组织犯罪活动和发展空间的挤压,阻隔其牟取经济利益的渠道。有组织犯罪对黑市依赖严重,因为通过在黑市提供非法商品和非法服务,能够获得巨额非法利润。从有组织犯罪企业化的进程来看,"黑色经济"是其犯罪经济的主要组成部分,即使实现了"合法化"转型,它们也会对非法经济不离不弃,贯穿组织发展的始终。公共权力通过建立有效的市场规则,包括市场进出规则、市场竞争规则、市场交易规则等,就能有效地打压黑市及"黑色经济"的存在和发展。

作为公共权力对有组织犯罪企业化治理的重要内容之一,公共政策在其治理中也发挥着基础作用。所谓公共政策,不仅包括政府机关制定

---

① 赵智明:《论公权价值含量》,《学术界》1995年第2期。

第六章 我国应对有组织犯罪企业化趋势的刑事治理对策完善

的政令,而且还包括法律、法规以及政府、政治团体的计划、报告、会议决议、措施、方法等。公共政策在社会治理中发挥着导向、调控、分配和象征的功能。好的公共政策能够起到治理有组织犯罪的作用,但是政策一旦制定失败,也会促成有组织犯罪的发展。例如,20世纪20年代美国颁布禁酒令,极大地促进了有组织犯罪的发展。在禁酒令期间,美国黑手党大肆从事地下经济活动,因而积累了大量资本,为其后来的企业化发展奠定了雄厚经济基础。因此,要有效应对有组织犯罪的企业化发展,公共政策的制定必须遵循经济规律,而且制度的安排把握好"度",既不能设置过多的干预环节困扰合法经济的健康发展,又不能放纵了有组织犯罪的犯罪经济。在我国历史上,也多次出现过"一管就死,一放就乱"的局面。这就要求在治理的强度上把握"宽"和"严"的界限,贯彻综合治理的理念,坚持打防结合、综合施策,切实做到政策制定的针对性和实操性。

我国公权治理的行政组织体系有纵向和横向两种结构。纵向结构实行从中央到地方的层级制,横向结构是同级行政机关和每级行政机关内部各组成部门之间的组合方式。当前,在我国有组织犯罪的公权治理上存在诸多问题,间接促成了有组织犯罪及其企业化的发展。首先,治理结构内部不协调,部门职能配置上存在矛盾:出现重复管理、多头管理;权力交叉、权限冲突;政企不分、政事不分。其次,政府失灵和公权治理的缺失。强大的政府管理和严格的公权治理能够有效地预防和遏制有组织犯罪的企业化发展,而近几十年来我国有组织犯罪的快速发展,反映出我国在一定领域出现公权管理的弱化甚至失灵现象。公共权力在治理上的缺失有以下表现:消极放任、不尽职责;袒护包庇、徇私枉法;避重就轻、主动搪塞;通风报信、提供方便;滥施影响、扯亲拉戚;鼓励放纵、推波助澜。[1] 公权治理的减弱,使得有组织犯罪可以通过合法手段举办经济实体,并以此为掩护,通过合法手段或非法的乃至犯罪手段攫取财富,发展组织。

公权治理的缺失或者失灵既有社会转型期的时代背景原因,也有制度不健全、不完善的原因。我国处于社会的重大转型期,新旧体制在转轨交替之中,常常会因管理上的空隙而出现"权力真空",也会出现管

---

[1] 张向达:《地下经济与收入分配的关系探析》,《统计研究》2002年第11期。

理上的交叉重叠。不论是"真空"还是交叉重叠，都会导致公权社会控制力的明显减弱，从而使有组织犯罪乘虚而入，借机发展。同时，公权治理的缺失或者失灵还有"权力寻租"的原因。犯罪组织通过贿赂、腐蚀等手段，实现"政黑"勾结，进而权力滥用或者权力虚置，包庇、纵容有组织犯罪的发展。因此，一是要通过健全法律制度和市场经济制度来理顺公权治理结构，以责、权、利的合理配置为基础，建立统一领导、各部门分工负责、协调配合的工作机制。二是要加强基层政权组织建设。改革开放以后，传统的社会整合模式受到冲击，国家管控纽带松懈，一些地方基层政权组织涣散，出现了公权力的真空地带，因此，必须加强国家政权特别是基层政权建设，落实国家法律法令，规范各项行政管理，充分履行职责，发挥社会管理作用。三是要加强权力的监管，建设公开透明的服务型政府，从源头上消除寻租活动赖以生存的土壤。

二 精准应对有组织犯罪企业化趋势的市场治理

实现企业化发展的犯罪组织在"合法企业"的掩饰下从事违法犯罪活动，导致犯罪组织与合法企业、有组织犯罪活动与合法的商业行为具有极强的相似性，因此，形成于美国20世纪70年代的"企业模式论"才会认为有组织犯罪如同一面"合法商业世界的镜子"，合法的商业行为和非法的商业行为共同存在于一个经济活动统一体中，二者具有相似性并适用于相同的经济和组织原则。其实，企业化的犯罪组织并不是一个真正的企业，它从不遵从任何市场规则，即使在它向合法经济渗透的时候，也是蔑视一切市场规则而只是凭借非法权力牟取最大的利润。尽管如此，由于谋求经济利益的最大化是有组织犯罪滋生、发展的内在动力，而市场经济体制的不完善又为有组织犯罪企业化发展提供了可乘之机，因此，有组织犯罪企业化发展是离不开市场支持的：一方面，有组织犯罪"企业化"经营所需要的原材料来自市场，其所生产的特殊商品和非法服务的销售需要市场；另一方面，有组织犯罪需要借助类似市场主体的组织结构、管理模式和经营模式，掩饰隐瞒犯罪行为和犯罪所得，逃避打击惩罚。有组织犯罪的企业化发展对市场经济的健康发展带来了巨大隐患，给国家的宏观调控也带来了巨大挑战。有鉴如此，预防和遏制有组织犯罪企业化趋势必须考虑市场经济的各种负面因素的影响，从市场的角度分析有组织犯罪企业化发生、发展状况，然后利用市场这个有力武器对有组织犯罪企业化发展现象实施治理。

（一）加强市场选择机制建设，将有组织犯罪驱逐出经济市场

在市场条件下，优胜劣汰是市场选择的基本规则。即符合市场经济发展需求、满足人类进步的经济实体，将会被选择留在经济社会中；而那些不符合社会发展需要的、违背市场规律的经济实体，将会被市场所淘汰。然而，在实践中会由于信息不对称而出现"逆向选择"，即低质量的产品淘汰了高质量的产品，即所谓的"劣币驱良币"现象。有组织犯罪经常违反正常的市场经营规则，通过低成本的假冒伪劣产品或者采取暴力、贿赂手段降低产品的流通成本、提供差异化服务等形式，造成"劣币驱良币"效果，进而侵占和垄断市场，获取巨额经济利益。

为此，应当加强市场选择的优胜劣汰机制，将有组织犯罪经济驱逐出合法经济市场领域。第一，加大对非法信息的披露。合法经济由于正规经营，成本较高，当面对有组织犯罪经济的时候难以正常竞争。为了维护整个市场经济的秩序，避免"劣币驱良币"现象，恢复市场的正常选择机制，政府和行业组织应当采取一切办法加大对非法经济的披露力度，让人们对非法经济和合法经济作出有效的辨别。第二，加强市场监管，维护市场秩序。为了牟取最大非法利润，有组织犯罪会采取包括合法的和违法犯罪的一切手段去谋求占领市场。避免这种情况的办法就是政府部门应当加强对市场的监管，查找根源，堵塞监管和制度漏洞，执法机关和行业监管、市场监管部门协调一致对有组织犯罪的违法经济围追堵截，让市场恢复正常的经济经营秩序，使非法经济无所藏身、无所获利。比如，税收部门加大所得税的征缴力度，竭力避免偷税漏税行为；打击腐败行为，从严治吏，避免有组织犯罪通过腐蚀手段借助"保护伞"获取牟利空间；加大对垄断、不正当竞争等行为的查处力度，避免有组织犯罪通过不正当竞争获取垄断地位。

（二）加强市场管控机制建设，摧毁有组织犯罪企业化的市场基础

有组织犯罪的企业化发展主要需要四个要素，即生产要素、市场需求、相关产业的发展程度和组织领导者的才能。其中，对于有组织犯罪而言，生产要素主要是原材料和资金，市场需求是组织产生和维系的基础，而有组织犯罪经济的发展经常依赖于相关产业的支持，如当夜总会、歌舞厅等娱乐行业发展较快时，毒品的需求量就相对较大。当然，除了这几个要素之外，机会和政府在有组织犯罪企业化发展过程中也可

能会起到关键作用。例如，美国20世纪20年代的禁酒令时期，一个有利的机会和政府的政策结合促成了美国有组织犯罪非法经济快速发展的黄金时期。

基于上述认识，要有效遏制有组织犯罪的企业化发展，就要加强市场管控机制建设，有针对性地摧毁其发展的市场基础，从生产要素、市场需求、相关产业发展等方面"对症下药"，阻截其企业化发展。

第一，遏制对有组织犯罪企业化发展的生产要素供给。有组织犯罪企业化发展的最重要的生产要素是原材料和资金，要想有效预防和遏制有组织犯罪的企业化发展，首先，必须从源头上消除有组织犯罪企业化发展所需的原材料，掐断其资金链，阻断其资金流通。有组织犯罪组织从事非法经济的主要商品是毒品、走私物品等，政府部门可以加大对毒品、走私物品等原材料的查处力度，采取严厉手段查禁这些非法商品的转运。由于受到政府和法律的管控，有组织犯罪组织所从事的非法商品交易获得原材料的渠道非常单一，加强政府管控能够有效遏制原材料供给，进而有效治理有组织犯罪组织的非法经济活动。其次，资金链对于任何牟利性活动而言都是非常重要的，资金链的断裂往往会对企业经营带来致命的打击。同理，对于有组织犯罪企业化发展而言，资金链的重要性不言而喻。有组织犯罪组织通过暴力的原始积累和从事非法经济活动获得的犯罪收益，由于不能通过正常渠道进行流通、流转和使用，必须要将其清洗"合法化"后才能投入正常经济领域或进行消费。所以，反洗钱是切断有组织犯罪资金流转的重要措施之一。虽然掐断资金链非常困难，但是它确实是目前有效遏制有组织犯罪企业化发展的主要方法。因此，执法部门、行业机构应该协调一致，通力合作，加强管控，共同遏制、切断有组织犯罪的资金链条。

第二，遏制对非法商品和非法服务的需求。不可否认，在当前社会中客观上仍存在着巨大的非法需求，比如对毒品、非法性服务的需求，对利用非法权力来满足合法需要的需求；等等。这些非法需要能够产生巨大利润，由此促生了规模庞大的非法市场和地下经济。对有组织犯罪的发生机制进行分析可以发现，通过提供非法商品和非法服务所攫取的巨额经济利益，是促进有组织犯罪发展、维系犯罪组织生存的关键因素。受市场规律支配，需求刺激供给，非法需求扩大了犯罪市场。为了有效治理有组织犯罪企业化发展趋势，遏制对非法商品、非法服务的需求是一个比较可行的办法。遏制需求有两种途径：一是加强宣传教育，积极劝诫人们放弃这种不当需求，引导人们转向对正常合法产品的需求或者从合法渠道满足需求；二是积极寻找、生产替代产品，提供更加优质化的健康服务和及时的法律保护，从而减少人们对非法商品和非法服务的需求。

第三，遏制、管控与有组织犯罪企业化密切相关行业领域的发展。任何一个经济领域的发展都不是孤立存在的，需要相关行业领域的支撑和支持。有组织犯罪企业化发展离不开相关的上游行业和下游行业的发展。例如，制毒行业的发展为有组织犯罪从事非法商品交易提供原材料；房地产业的兴旺促生了有组织犯罪积极介入建筑工程、拆迁、采砂、建材等领域；宾馆娱乐业的发展进一步推动了卖淫业、吸毒、洗钱等猖獗泛滥；运输业发展和各种集贸市场的出现促进了有组织犯罪积极进入这些需要资金少、技术含量不高的行业领域。因此，在有组织犯罪企业化治理的过程中，要把握有组织犯罪的发展规律，追根溯源，做到眼光长远，调整打击策略，严打、严控上游"黄赌毒"，严追、严防有组织犯罪向下游领域、行业延伸渗透，斩头去尾，全面遏制、管控相关行业的发展，使有组织犯罪失去企业化发展的依托。

（三）健全市场机制，积极培植合法经济市场主体的竞争力

有组织犯罪渗入合法经济领域后，将会和合法市场主体产生竞争。作为有组织犯罪的企业往往会利用暴力或贿赂等不正当手段参与竞争，在交易成本方面低于合法经济主体，致使在市场竞争中合法经济主体竞争不过有组织犯罪的企业。如果这种局面不改变，合法经济主体由于看到有组织犯罪的企业交易成本更低，可能转而"黑化"，也通过违法犯罪手段获取竞争的优势地位，由此，整个市场经济的交易秩序将会遭到严重的破坏。所以，要遏制有组织犯罪企业化发展，必须健全市场体制和运行机制，让合法经济主体在市场竞争中处于优势地位。

首先，完善市场准入相关制度建设，严防有组织犯罪自由进入合法经济领域。市场准入制度是指"有关国家和政府准许公民和法人进入市场，从事商品生产经济活动的条件和程序规则的各种制度和规范的总称"[①]。可以说，市场准入制度是保障市场主体权利、降低市场活动风

---

① 李昌麒主编：《经济法学》，中国政法大学出版社1999年版，第185页。

险，维护市场运行安全的首道关口。随着市场经济体制改革的深入，我国对市场准入的条件也日渐降低。2004年我国确立了以形式审查为主的市场准入审查制度，一般的市场准入更多地表现为工商登记，只需材料齐全、符合法定形式即可。这无疑大大提高了登记效率，方便市场准入，符合市场经济鼓励自由竞争的要求。特别是2013年我国《公司法》对公司资本制度做了重要修订，大大放松了对市场主体准入的管制，降低了准入门槛，这有利于促进市场主体的加快发展。但是，我国现行的市场准入制度是由过去的计划经济时期向市场经济时期转化发展而来的，不可避免地留存着计划经济时代的烙印。例如，由于市场准入实际上是政府对市场进行干预，导致实践中政府对市场准入干预过多，存在市场主体的所有制歧视现象，对特殊行业设置高门槛或者只准国有企业进入；政府对市场主体进入市场的管理过宽过严，限制较多，容易滋生腐败现象；相关部门的多头管理，导致准入秩序混乱、层次重叠等弊病，造成准入管理上的漏洞。这些在准入制度上的缺陷，为有组织犯罪利用制度漏洞取得合法经济主体身份提供了条件。市场准入制度是政府对市场实行有效管理的基本手段，其目的在于为市场主体创造公平、自由、有序、规范的市场环境，而有组织犯罪以合法公司身份进入市场经济，无论是非法经济控制型还是合法经济垄断型，都极大地破坏了市场经济的公平竞争秩序。因此，在降低市场准入时，应当加强相关制度建设，以实现市场经济持续健康发展：其一，依照《公司法》及相关法律法规规定，严格资格审查，重点查清资金来源。对于有关注册资本、经营场所、人数限制等法定条件的申请材料，必须查清其真实性和合法性，防止犯罪组织轻易获得公司企业身份。对于有组织犯罪主要涉及的如建筑、运输、餐饮、娱乐等行业，重点查清资金来源，如系有组织犯罪的非法所得，应限制其进行工商登记取得公司身份。其二，加强准入后的市场监管，加快市场诚信制度和重点行业信息上报制度建设。降低准入门槛之后，更应该加强市场监管，确保和维护自由、公平竞争的市场秩序。市场监督管理等部门收集、分析并向社会公布公司企业的不良信息，尤其是违法记录；建筑、运输、餐饮、娱乐等有组织犯罪容易染指的重点行业，应建立不良信息上报制度。通过该手段，可以有效遏制"企业化"的犯罪组织继续以开分公司、子公司等形式拓展自己的犯罪领域。

其次,加强市场监管,规范行政管理,维护市场秩序,促使所有市场主体按市场的竞争法则行事,有效抑制有组织犯罪企业化的发展空间。市场经济并不必然产生犯罪,但是当市场主体地位未能完全保障、市场运行机制不健全、市场管理机制不规范时,再加上计划经济时代的某些传统因素没有完全退出市场等消极因素影响,有组织犯罪就会乘虚而入,占领市场。因此,一方面要确立和完善市场法律规则,确认市场主体的合法地位并保护合法产权,提供公共产品,及时纠正市场失灵;另一方面以确立并完善市场竞争的法律规则为重点,规范行政管理行为,加强市场监管,维护市场秩序。只有逐步建立一套规范化、法制化且高度完善的市场经济体制和市场监管制度,才能不断抑制和减少有组织犯罪在经济领域的发展空间和犯罪机会,从而预防和遏制有组织犯罪向经济领域渗透发展。

再次,合法市场主体应从内部进行优化,建立自我保护机制。在我国企业化发展的犯罪组织中,有相当一部分是由合法企业逐渐有组织犯罪化而来。从前文数据统计分析看出,我国的民营企业有相当严重的有组织犯罪化倾向,而国有企业则寥寥无几。这些情况都意味着我国民营企业内部治理结构有相当严重的问题,亟待优化。从历史上看,我国民营企业往往都是从家庭作坊式企业发展而来,因此大多具有家族企业的性质。即使随着市场经济的发展,逐渐过渡到现代企业的管理形式,但也普遍存在一个或者数个大股东。大股东既是实施内部治理的重要条件和力量,也是内部治理机制需要着重防范的对象。由于企业内部治理存在缺陷,往往出现对大股东失去控制的情况。"在民营企业中,不管是以黑护商、以犯罪组织的反应替代国家反应不足的涉黑犯罪行为,还是以商养黑、企业完全混同于有关犯罪组织的情况,都存在大股东失控的情况。"[①] 因此,在有组织犯罪企业化的治理中,应当优化企业自身结构,加强对民营企业大股东抑或董事的控制,完善自我保护的三大机制,即法律规制、市场约束和社会道德。其中,法律规制居于首位,包括建立健全董事义务、董事会结构(如独立董事制度)、股东诉讼、信息披露、公司监管制度等等。

[①] 周建军、蔡鑫韵:《民营企业涉黑犯罪治理的政策问题——以"制度洼地"现象为视角》,《法治研究》2014年第12期。

最后，加大对合法经济主体的保护力度，及时保障和救济市场主体的合法权利。合法企业涉黑或与有组织犯罪相勾结而出现有组织犯罪化的现象，很多情况下是由于其市场主体的合法权利没有受到保障和及时救济所致，因此应当加强对合法经济组织的保护力度。具体而言，可以从以下方面着手：其一，应当贯彻市场主体地位平等政策，消除国有企业和民营企业在市场竞争中的地位不平等问题，打破民营企业进入市场经济的壁垒。不论是民营企业还是国有企业，在市场准入、融资、商业经营、权益保护等方面一律平等对待，让不同性质的企业在公平的市场环境中享有平等的竞争发展机会。其二，继续强化合法经济主体权利的保障，确保其请求司法救济的渠道畅通和参加诉讼的权利。"对于合法经营的企业家来讲，他们要么接受现行政府提供的虚弱的产权保护服务并承担产权遭到侵害的风险和成本，要么向黑社会性质组织寻求更高效率和质量的私有保护并支付'保护费'。"① 这表明，现行法律和制度对市场主体特别是民营企业的保护和救济力度不够，是部分企业有组织犯罪化发展的原因之一。因此，国家应加大企业权益保护和受害救济力度，使企业的权益能够在法律的框架内获得正式力量的保护。其三，确立专门的被害人赔偿机制，保障合法经济主体的合法经营权利，确保其在与有组织犯罪非法经济的竞争中受到的损失及时获得赔偿，同时防止其因寻求合法救济不力而向有组织犯罪的非法权力妥协。

三 综合应对有组织犯罪企业化趋势的社会治理

社会是有组织犯罪产生、发展的基础，因此，必须从社会维度对有组织犯罪企业化趋势进行治理，即消灭社会不平等现象，促进社会公平；削弱犯罪亚文化的影响，弘扬主流观念；加强社会控制，压缩有组织犯罪企业化发展的空间。但是，有组织犯罪的治理是一项复杂的系统工程，是一个相互作用的组织、制度和方法体系，所以在具体治理工作中必须将社会综合治理的方针落实到具体措施的层面，切实整合社会资源、协调各种关系并化解社会矛盾，合理调整社会结构，提高治理效率，实现法律效果和社会效果的统一。

---

① 李晓敏：《为什么中国企业家会"不务正业"？——基于新制度经济学的视角》，载王振中、胡家勇编《政治经济学研究》总第14卷，社会科学文献出版社2013年版，第114页。

(一) 促进社会公平，从根本上防止有组织犯罪的生长

社会公平和正义是社会和谐的基础，而丧失公平和正义就会造成社会割裂，为有组织犯罪的发展创造了社会机会、提供了人力基础、生成了不良文化。促进社会公平和正义就要保障社会成员的基本权利，保证全体劳动者通过各种合法途径享有充分的就业机会，促使劳动力资源得到最优化的配置并使其在整个社会运行中的效益得到发挥，保证社会财富逐步积累和正常消费。只有促进社会公平，才能从根本上防止有组织犯罪的企业化发展趋势。

首先，缩小贫富差距，提倡社会公平。在任何实行市场经济体制的国家，不可能达到绝对的财富平等，但是国家可以利用各种财税杠杆和福利政策，积极缩小财富分配上的差距。主要方式有两个：其一，通过积极的税收政策和财政政策调整财富初次分配上的差距，包括对高收入阶层增加税收，对低收入阶层减税并增加社会福利等，缩小贫富差距。其二，因为有些贫富差距是因违法犯罪行为所致，因此还应加大对攫取非法收益及腐败等各种违法犯罪行为的打击力度。对非法收入、非法财富的剥夺不仅可以缓解贫富差距，而且可以缓和社会矛盾。通过这些措施，可以有效降低贫富差距的悬殊，从而从源头上阻截有组织犯罪的人员输送，进而遏制其发展壮大。

其次，建立社会保障制度，减轻边缘群体压力。在对有组织犯罪组织成员的统计中，不论是企业化的有组织犯罪还是传统类型的有组织犯罪，其组织成员绝大多数是社会的边缘群体，即社会结构中在就业和经济上处于劣势的人群，包括下岗工人、失业人员、闲散人员、两劳人员、文化知识较少的人员等。这类人员没有足够的谋生能力，很容易误入歧途，被发展为犯罪组织成员。因此，应当建立完善的社会保障体系，实行合理的社会财富分配制度，完善失业、养老、低保等社会保障，保障低收入群体的生活稳定，从而减小边缘群体加入犯罪组织从事非法经济的动力，防止有组织犯罪企业化的发展。

(二) 加强社会控制，压缩犯罪空间

在我国巨大的社会变革时期，各种社会关系发生了巨大的调整，不可避免地出现社会制约和调控机制相对弱化的现象，出现社会控制的乏力。在新旧体制的转型中，社会控制力的弱化就为有组织犯罪形成和发展提供了可乘之机。因此，加强社会控制能够有力地压缩有组织犯罪生

长、发展的空间，有效地预防和遏制有组织犯罪的企业化发展。

首先，加强社会控制。社会控制就是利用整个社会资源对有组织犯罪企业化活动的人、事、财、物进行全方位的管理和控制。其中，最为关键的是对犯罪场所的控制和对人的控制。对犯罪场所的控制具体包括：其一，时间因素的控制，如对季节因素的控制。各行各业对有组织犯罪渗透本行业的多发季节细致研究，掌握规律，提高工作的应变性、适应性和效应性。其二，空间因素的控制。有组织犯罪企业化的初始阶段主要从事非法生产和非法交易，而这些黑色经济行为往往在特定的场所所为，因而务必对相关场所加以有效控制。例如，娱乐场所是有组织犯罪的重要滋生地，赌博、卖淫、色情服务、毒品等均在这些场所泛滥，因此加强娱乐场所的管理和控制，能够在很大程度上压缩非法经济的发展空间。再比如，城乡接合部是有组织犯罪非常重要的犯罪行为地，加强对城乡接合部流动人口和娱乐、餐饮宾馆、租赁行业的控制，也能极大压缩有组织犯罪企业化发展的空间。对人的控制方面，必须加强对重点人物、重点人群、重点单位的监控，防止其犯罪化。其中，刑满释放人员、具有违法犯罪倾向的社会闲散人员是我国有组织犯罪的主力军，必须对刑满释放人员进行重点帮教，培养谋生技能，稳定他们的生活，减少其重新犯罪的机会。

兼具对场所的控制和对人的控制两个方面的是加强社区控制。社区作为一种地域性的社会生活共同体，具有经济发展、社会保障、社会参与、社会福利等多种功能，是每一个人都生活其中的社会空间。有组织犯罪及其企业化发展，离不开社区环境。因此，加强对社区的控制是预防和遏制有组织犯罪企业化发展的重要手段和关键环节。

具体来说，要做到对社会的严格控制，需要做好以下工作：第一，充分发挥司法机关的职能作用，做到专门机关与群众相结合。专门机关在主要承担控制有组织犯罪发展职责的同时，应主动与其他部门和人民群众进行沟通、合作，真正做到打防结合。第二，广泛动员全社会的力量参与到有组织犯罪企业化治理的工作中来。第三，强化基层组织的管理工作，及时发现有组织犯罪发展的动向，配合司法机关、国家行政管理部门防范有组织犯罪的企业化发展，将其扼杀在萌芽状态。第四，加强对重点人员、重点人群、重点单位、重点地域、重点物品的监督、管理和控制工作，追根溯源，做到源头治理、釜底抽薪。第五，加强市场管理。市场的混乱给有组织犯罪以可乘之机，市场管理的僵化和无序恰恰给了有组织犯罪披上合法外衣的机会。当前有组织犯罪企业化的一个显著特点就是向准入门槛低的低端合法经济领域以及管控力量薄弱的非法经济领域快速渗透发展，因此，整顿规范市场，加强市场管控，特别是对宾馆餐饮业、文化娱乐业、建筑工程业、集贸市场、采矿采砂、码头运输、征地拆迁、批发零售、房地产、金融借贷等有组织犯罪易渗透发展的合法经济行业领域，以及地下市场等非法经济领域和行业予以重点控制和管理，是预防和遏制有组织犯罪企业化发展的重要举措。

其次，抵制有组织的犯罪经济。除了动员全社会力量加强对人员和场所的控制之外，还需要教育、动员全社会抵制有组织犯罪的非法经济，彻底封堵其企业化发展的生存空间。其一，动员全社会抵制假冒伪劣商品、走私商品、赃物等一切违背正常经济秩序的非法经济活动；其二，动员全社会抵制黄、赌、毒；其三，教育动员和培养全社会建立抵制有组织犯罪非法经济的意识，形成与其作斗争的坚强作风。

（三）重塑主流观念，削弱有组织犯罪文化势力的影响

人们为了某种目的组建或者参与某个组织的行为，既是一种文化选择的结果，也是个体间文化相互影响、相互交融的过程。当然，在组织的形成、发展过程中会形成一种相应的文化氛围，这个文化将进一步稳固犯罪组织的结构和行为模式，促进其向着一个方向快速发展。正是由于传统的帮派文化、暴力文化再加上某些企业文化元素的影响，推动着有组织犯罪向着企业化方向发展。现代社会价值的多元化已经不可避免，只有将多元的价值观念纳入主流价值体系中，从文化方面控制犯罪心理以及犯罪亚文化的生成，才能彻底防止不良文化观念外化为犯罪行为，从而预防和遏制犯罪的发生。由此，大力加强精神文明建设，重塑主流价值观念，削弱有组织犯罪亚文化的影响，在有组织犯罪企业化治理中就显得尤为重要。

首先，加强精神文明建设，强化主流文化，提高社会群体对主流文化的信赖度。加强思想道德建设，全社会形成共同的理想和精神支柱；弘扬传统美德教育，抵制不良思想文化的侵蚀；重视社会公德教育、职业教育和家庭伦理教育，发扬艰苦创业、勤俭节约的优良传统；清除和杜绝宣扬色情、暴力、贪婪、不劳而获、拜金主义思想，宣传教育人们树立正确的价值观和行为方式。

其次，加强对文化市场与文化传播的控制和管理。国内外有关黑社会影视作品及其所宣传的黑社会价值观、行为规范、犯罪方式、管理方式等帮派亚文化对有组织犯罪的形成和壮大有一定影响。例如，据广西壮族自治区百色市周寿南、丁旭为首的黑社会性质组织成员供认，他们受到了香港电影《古惑仔》以及美国一些影片的启发，首先组建了武装性质的"洪兴社"，其后依靠"洪兴社"大肆进行违法犯罪活动。①因此，必须加强对文化市场与文化传播的管控，切实做到以下几点：其一，要以社会主义的先进文化作为传播的主要内容，培养正确的人生观和世界观；其二，对传播媒体加以控制，用丰富多彩、健康的文艺作品和娱乐形式引导人们的精神生活。

最后，加强道德建设。市场经济不仅是法治经济，而且也是信用经济、契约经济、伦理经济，因而职业道德和经济信用的经济伦理道德是市场经济良性、健康、持久发展的支撑，是市场经济运行的基石和市场有序化的保证。加强道德建设，能够推动公平正义、诚实信用、安定有序、自由竞争的市场体系的建立，为有组织犯罪企业化的治理洁净了思想空间，能够极大地削弱不良文化势力对人们的影响。

---

① 周伟编：《黑社会调查——当代中国黑恶势力揭秘》，光明日报出版社2001年版，第205—209页。

结　　语

2018年1月，中共中央、国务院发出《关于开展扫黑除恶专项斗争的通知》，标志着我国为期3年的扫黑除恶专项斗争拉开了序幕。《关于开展扫黑除恶专项斗争的通知》明确指出了企业化发展是有组织犯罪发展的一个新动向，并强调如果任由其发展，将会带来严重的危害后果。本研究呼应了有效应对有组织犯罪企业化趋势的刑事治理需求，研究价值和实践意义不言而喻。然而，有组织犯罪企业化发展是受政治、经济、文化、社会、法律、教育等多种因素综合影响所致，而且企业化有组织犯罪的形式多样，涉及领域广泛，从现象上看非常复杂，由此给传统的刑事治理体制带来了巨大挑战。本课题基于对现象的观察与分析，力求准确地把握有组织犯罪企业化的特点、原因、路径及表现，并在借鉴域外主要国家和地区刑事治理经验的基础上，从刑事治理的政策观念、立法与司法体系以及综合治理机制等方面提出了具有针对性的对策建议。由于水平有限，研究中肯定会出现纰漏之处，对有些问题的研究也需要进一步细化和深化。所有这些缺陷和不足，我们将在以后的研究中努力弥补。

参考文献

一　中文专著

蔡军：《中国反有组织犯罪的刑事政策研究》，中国大百科全书出版社2013年版。

蔡曙涛：《企业的非市场环境与非市场战略》，北京大学出版社2013年版。

陈光中主编：《联合国打击跨国有组织犯罪公约和反腐败公约程序问题研究》，中国政法大学出版社2007年版。

陈明华：《有组织犯罪问题对策研究》，中国政法大学出版社2004年版。

陈世伟：《黑社会性质组织犯罪的新型生成及法律对策研究》，法律出版社2013年版。

陈亭楠编：《现代企业文化》，企业管理出版社2003年版。

陈兴良：《刑法哲学》，中国政法大学出版社1997年版。

邓荣霖：《论公司》，中国人民大学出版社2002年版。

风笑天：《社会学导论》，华中理工大学出版社1997年版。

冯殿美、周长军、于改之等：《全球化语境中的有组织犯罪》，中国检察出版社2004年版。

高一飞：《有组织犯罪问题专论》，中国政法大学出版社2000年版。

郭绪印：《旧上海黑社会》，上海人民出版社1998年版。

郭跃进：《管理学》，经济管理出版社2003年版。

郭子贤：《黑社会（性质）组织形成研究》，知识产权出版社2006

年版。

何秉松：《有组织犯罪研究——中国大陆黑社会（性质）犯罪研究》，中国法制出版社 2002 年版。

何秉松：《中国有组织犯罪研究（两卷本）》，群众出版社 2009 年版。

何秉松主编：《黑社会犯罪解读》，中国检察出版社 2003 年版。

何秉松主编：《全球化时代有组织犯罪与对策》，中国民主法制出版社 2010 年版。

洪银兴：《市场秩序和规范》，格致出版社、上海三联书店、上海人民出版社 2015 年版。

贾凌、杨超编：《黑社会性质犯罪专题整理》，中国人民公安大学出版社 2011 年版。

靳高风：《当前中国有组织犯罪现状与对策》，中国人民公安大学出版社 2012 年版。

靳高风：《中国反有组织犯罪法律制度研究》，中国人民公安大学出版社 2016 年版。

康树华、魏新文主编：《有组织犯罪透视》，北京大学出版社 2001 年版。

康树华：《比较犯罪学》，北京大学出版社 1994 年版。

康树华主编：《当代有组织犯罪与防治对策》，中国方正出版社 1998 年版。

李忠信主编：《国外有组织犯罪》，群众出版社 1997 年版。

里一、徐敬善：《中国黑社会》（上、下），时代文艺出版社 1998 年版。

林金钟：《企业组织的经济学分析》，商务印书馆 2006 年版。

凌夫：《中外黑社会解密》（上、中、下），金城出版社 1998 年版。

刘尚煜主编：《黑社会犯罪与对策》，群众出版社 1997 年版。

刘文华主编：《新编经济法学》，高等教育出版社 1993 年版。

刘莹：《有组织犯罪侦查研究》，中国检察出版社 2011 年版。

卢保红：《警惕：中国黑社会势力——当代中国黑帮大扫描》，北岳文艺出版社 1993 年版。

卢建平主编：《有组织犯罪比较研究》，法律出版社 2004 年版。

罗长海：《企业文化学》，中国人民大学出版社 2006 年版。

罗大华：《犯罪心理学》，中国政法大学出版社 1997 年版。

莫洪宪:《犯罪学概论》,中国检察出版社1999年版。
莫洪宪:《有组织犯罪研究》,湖北人民出版社1998年版。
莫洪宪主编:《澳门有组织犯罪研究》,武汉大学出版社2005年版。
莫洪宪主编:《加入〈联合国打击跨国有组织犯罪公约〉对我国的影响》,中国人民公安大学出版社2005年版。
庞海、高明主编:《中外黑社会大观》,中州古籍出版社1994年版。
彭邦富、高向阳:《港澳台黑社会实录》,群众出版社1999年版。
彭邦富:《孤岛黑流——台湾黑帮大透视》,江苏人民出版社1999年版。
秦宝琦、彭邦富:《各国黑社会与反黑行动》,知识出版社1998年版。
秦宝琦:《江湖三百年——从帮会到黑社会》,中国社会科学出版社2011年版。
阮方民、王晓:《有组织犯罪新论》,浙江大学出版社2004年版。
沈湘平编:《当代中国黑社会考察》,金城出版社1998年版。
谭松林、彭邦富:《中国秘密社会》(第七卷),福建人民出版社2002年版。
佟丽华、谢晓梅编著:《企业家犯罪》,兵器工业出版社1999年版。
汪力等编:《有组织犯罪专题研究》,人民出版社2007年版。
王建民:《台湾黑社会内幕》,新华出版社2002年版。
王牧、张凌、赵国玲:《中国有组织犯罪实证研究》,中国检察出版社2011年版。
王文宇:《公司法论》,中国政法大学出版社2004年版。
吴雅杰:《中国转型期市场失灵与政府干预》,知识产权出版社2011年版。
吴雨、梁立成、王道智:《民国黑社会》,江苏古籍出版社1988年版。
吴越:《企业集团法理研究》,法律出版社2004年版。
谢勇、王燕飞主编:《有组织犯罪研究》,中国检察出版社2004年版。
徐跃飞:《黑社会性质组织犯罪研究》,中国人民公安大学出版社2007年版。
许皆清:《台湾地区有组织犯罪与对策研究》,中国检察出版社2006年版。
许久生编著:《德国犯罪学研究探要》,中国人民大学出版社1995年版。

严励：《中国东南沿海地区有组织犯罪实证研究》，中国法制出版社2012年版。

叶高峰、刘德法主编：《集团犯罪对策研究》，中国检察出版社2001年版。

于学敏：《黑社会性质组织犯罪理论与实务问题》，中国检察出版社2010年版。

俞文钊：《管理心理学》，甘肃人民出版社1989年版。

翟中东：《犯罪控制——动态平衡论的见解》，中国政法大学出版社2004年版。

张彩凤主编：《有组织犯罪的经济学研究》，哈尔滨出版社2004年版。

张国琦：《黑社会性质犯罪研究》，中原农民出版社2007年版。

张民安：《公司法的现代化》，中山大学出版社2006年版。

张士元、张瑞、李丹宁：《公司与企业法》，立信会计出版社2015年版。

张爽：《有组织犯罪文化研究》，中国人民大学出版社2012年版。

张远煌：《犯罪研究的新视野：从事实、观念再到规范》，法律出版社2010年版。

章盛：《香港黑社会内幕》，中国华侨出版公司1989年版。

赵秉志、杨诚主编：《〈联合国打击跨国有组织犯罪公约〉与中国的贯彻研究》，北京师范大学出版社2009年版。

赵赤：《中外惩治有组织犯罪比较研究》，中国政法大学出版社2017年版。

赵颖：《当代中国黑社会性质组织犯罪分析》，辽宁人民出版社2009年版。

郑海航：《企业组织论》，经济管理出版社2004年版。

周长康、张应立、钟绿芳：《发展犯罪学——从传统犯罪到现代犯罪》，群众出版社2006年版。

周伟编：《黑社会调查——当代中国黑恶势力揭秘》，光明日报出版社2001年版。

［德］汉斯·约阿希姆·施奈德：《犯罪学》，吴鑫涛、马君玉译，中国人民公安大学出版社1990年版。

［德］克劳斯·罗克辛：《德国刑法学》（总论），王世洲译，法律出版

社 2005 年版。

［俄］伊尔杜丝·萨伊多维奇·纳菲科夫：《大城市中的影子经济与有组织犯罪》，胡明译，中国法制出版社 2017 年版。

［加］布莱恩·R. 柴芬斯：《公司法：理论、结构和运作》，林华伟、魏旻译，法律出版社 2002 年版。

［美］D. 斯坦利·艾兹恩、［美］杜格·A. 蒂默：《犯罪学》，谢正权、邬明安、刘春译，群众出版社 1989 年版。

［美］埃德温·萨瑟兰、［美］唐纳德·克雷西、［美］戴维·卢肯比尔：《犯罪学原理》（第 11 版），吴宗宪等译，中国人民公安大学出版社 2009 年版。

［美］奥利弗·E. 威廉姆森、［美］西德尼·G. 温特：《企业的性质》，姚海鑫、邢源源译，商务印书馆 2010 年版。

［美］保罗·兰德：《有组织犯罪大揭秘》，欧阳柏青译，中国旅游出版社 2005 年版。

［美］伊恩·罗伯逊：《社会学》，黄玉馥译，商务出版社 1990 年版。

［日］菊田幸一：《犯罪学》，海沫、刘铎译，群众出版社 1989 年版。

［意］菲利：《犯罪社会学》，郭建安译，中国人民公安大学出版社 1990 年版。

［英］大卫·索斯韦尔：《有组织犯罪的历史——黑帮的真实故事》，邱颖萍译，文汇出版社 2012 年版。

［英］克里斯·迪登尔迈克·福斯特：《组织管理决策》，罗薇华、罗秋菊译，上海远东出版社 2004 年版。

二 期刊论文

蔡军：《我国惩治有组织犯罪的实践困境与立法对策》，《华东政法大学学报》2013 年第 4 期。

蔡军：《我国反有组织犯罪刑事政策观念的检讨与重塑——基于对〈联合国打击跨国有组织犯罪公约〉立法精神的解读》，《刑法论丛》2012 年第 3 期。

蔡军：《我国有组织犯罪企业化的现状、特点及原因初探》，《河南大学学报》2015 年第 6 期。

蔡军:《我国有组织犯罪刑法立法20年的回顾、反思与展望》,《河南大学学报》2017年第6期。

陈敏、储槐植:《有组织犯罪及其在我国的现状》,《法学杂志》1997年第6期。

陈明华、王政勋:《组织、领导、参加黑社会性质组织罪研究》,《中国刑事法杂志》2000年第4期。

陈世伟:《黑社会性质组织基本特征的实践展开》,《河南大学学报》2012年第1期。

邓又天、李永升:《试论有组织犯罪的概念及其类型》,《法学研究》1997年第6期。

方明:《黑社会性质组织犯罪及司法认定的若干问题》,《现代法学》2003年第6期。

冯树梁:《中国有组织犯罪的状况和趋势》,《犯罪与改造研究》1996年第4期。

龚举文:《论扣押、冻结款物强制性措施的司法控制》,《中国刑事法杂志》2009年第8期。

龚义年:《域外有组织犯罪企业化防控模式及其对我国的启示》,《行政与法》2018年第4期。

顾肖荣、涂龙科:《上海地区有组织犯罪调查报告》,《中国刑事法杂志》2009年第10期。

郭自力:《论有组织犯罪的概念和特征》,《中外法学》1998年第2期。

何秉松:《黑社会犯罪的自组织原因论(上)——一种崭新的黑社会犯罪原因理论》,《政法论坛》2002年第4期。

何秉松:《黑社会性质组织(有组织犯罪集团)的概念与特征》,《中国社会科学》2001年第4期。

侯艳芳:《中国环境资源犯罪的治理模式:当下选择与理性调适》,《法制与社会发展》2016年第5期。

黄京平、石磊:《论黑社会性质组织的法律性质和特征》,《法学家》2001年第6期。

黄京平:《恶势力及其软暴力犯罪探微》,《中国刑事法杂志》2018年第3期。

黄祖毅:《试论组织、领导、参加黑社会性质组织罪的犯罪构成与认定》,《公安大学学报》1999年第6期。

贾宇、舒洪水:《西北地区有组织犯罪实证分析》,《山东警察学院学报》2012年第1期。

贾宇:《黑社会如何"漂白"自己》,《人民论坛》2010年第8期。

江礼华:《黑社会性质组织犯罪认定中的几个问题》,《国家检察官学院学报》2002年第1期。

姜杰、李宝玲:《公司化黑社会性质组织犯罪的特征及认定》,《中国检察官》2014年第5期。

姜涛:《当前我国黑社会性质组织犯罪若干问题研究》,《中国人民公安大学学报》2010年第4期。

蒋廷瑶、何显兵:《俄罗斯有组织犯罪的新特征》,《公安研究》2003年第7期。

靳高风:《当前中国有组织犯罪的现状、特点、类型和发展趋势》,《中国人民公安大学学报》2011年第5期。

康树华:《中国大陆带黑社会性质犯罪现状及其发展趋势》,《法学探索》1997年第1期。

柯耀程:《抗制组织犯罪立法政策的思维》,载何秉松主编:《全球化时代有组织犯罪与对策》,中国民主法制出版社2010年版。

李林:《黑社会性质组织经济特征司法认定实证研究》,《中国刑事法杂志》2013年第4期。

李其平:《从经济学视角考察黑社会性质组织犯罪》,《中南林业科技大学学报》(社会科学版)2008年第3期。

李蓉:《反腐败的国际刑事司法协助——〈联合国打击跨国有组织犯罪公约〉的刑事司法协助体系》,《政法论坛》2005年第2期。

李文燕、田宏杰:《黑社会性质组织特征辨析》,《公安大学学报》2001年第3期。

李锡海:《帮会文化与有组织犯罪》,《法学论坛》2004年第5期。

李小奇:《从一个特大犯罪团伙看黑社会性质犯罪问题》,《北京人民警察学院学报》2000年第4期。

李永升:《黑社会性质组织犯罪的特征和认定》,《江苏警官学院学报》2003年第1期。

梁华仁、王洪林:《黑社会性质犯罪司法疑难问题研究》,《政法论坛》

2002 年第 5 期。

廖莎莎、韦毅嘉：《暴力文化对青少年价值观的影响及其预防措施》，《四川理工学院学报》2005 年第 1 期。

刘传稿、张莎白：《黑社会性质组织的经济模式刍议》，《科技与企业》2012 年第 15 期。

刘南男：《论我国黑社会组织的企业化趋势及对策》，《辽宁警专学报》2006 年第 5 期。

刘守芬、汪明亮：《黑社会（性质）犯罪预防论》，《贵州警官职业学院学报》2002 年第 4 期。

刘宪权、吴允锋：《黑社会性质组织犯罪司法认定中若干疑难问题探讨》，《犯罪研究》2002 年第 1 期。

刘志伟：《包庇、纵容黑社会性质组织罪主体与主观方面疑难问题研析》，《国家检察官学院学报》2002 年第 1 期。

卢建平、郭理蓉：《有组织犯罪刑罚之比较研究》，《政治与法律》2004 年第 2 期。

卢建平、刘鑫：《犯罪与企业的结合——有组织犯罪的发展趋势之一》，载《第四届当代刑法国际论坛——全球化时代有组织犯罪的惩治与防范国际学术研讨会会议论文集》，北京师范大学刑事法律科学研究院 2011 年。

卢建平：《软暴力犯罪的现象、特征与惩治对策》，《中国刑事法杂志》2018 年第 3 期。

卢建平：《中国有组织犯罪相关概念特征的重新审视》，《国家检察官学院学报》2009 年第 6 期。

莫洪宪、刘夏：《我国有组织犯罪发展规律实证研究——以河南、湖南两省为例》，《辽宁大学学报》2013 年第 6 期。

莫洪宪、曾彦：《中部地区有组织犯罪实证研究——对湘、豫、鄂犯罪组织特征的调查分析》，《社会科学家》2010 年第 1 期。

莫洪宪、周娅：《〈巴勒莫公约〉之若干刑事政策解读》，《犯罪研究》2003 年第 6 期。

莫洪宪：《有组织犯罪概念研究》，《法学评论》1998 年第 3 期。

庞冬梅：《俄罗斯有组织犯罪的企业化路径及对策研究》，《上海政法学院学报》2018 年第 5 期。

庞冬梅：《全球化时代俄罗斯有组织犯罪及其法律对策研究》，《俄罗斯东欧中亚研究》2011 年第 2 期。

彭凤莲：《从〈联合国打击跨国有组织犯罪公约〉看我国单位犯罪的立法趋势》，《法学杂志》2008 年第 5 期。

彭文华：《黑社会性质组织犯罪若干问题研究》，《法商研究》2010 年第 4 期。

皮艺军：《再论犯罪市场（上）——犯罪现象的市场机制评说》，《政法论坛》1998 年第 3 期。

邵栋豪：《产业垄断中的黑社会组织及其防控——以重庆王素东涉黑案为例》，《理论探索》2011 年第 2 期。

石经海、李佳：《黑社会性质组织本质特征之系统性理解与认定》，《法律适用》2016 年第 9 期。

史际春：《企业、公司溯源》，载王保树主编：《商事法论集》第 1 卷，法律出版社 1997 年版。

孙国祥：《黑社会性质组织犯罪研究》，《南京大学法律评论》1997 年第 2 期。

唐斌：《江西有组织犯罪实证研究》，《山东警察学院学报》2012 年第 1 期。

王春林：《宽严相济刑事政策的时代意义》，《江苏大学学报》2009 年第 5 期。

王俊彦：《日本为何黑社会合法存在而社会相对稳定》，《中日关系史研究》2013 年第 2 期。

王利荣：《检视"打黑"对策》，《法制与社会发展》2014 年第 3 期。

王利荣：《涉黑犯罪财产之没收与追缴》，《中国刑事法杂志》2011 年第 5 期。

王南玲：《天津市黑社会性质组织犯罪的现状、原因及侦查对策思考》，《公安大学学报》1997 年第 6 期。

王楠高：《有组织犯罪的动向现状及相应对策》，《中国刑警学院学报》2001 年第 2 期。

王秀梅：《黑社会性质的有组织犯罪刍议》，《山东法学》1999 年第 2 期。

吴永和：《黑社会与黑色经济》，《公安研究》2005 年第 3 期。

谢小青、成良文：《港澳两地有组织犯罪之立法比较》，《现代法学》1998 年第 6 期。

谢子传：《试论文化与犯罪》，《中央政法管理干部学院学报》1999 年第 2 期。

许新源：《有组织犯罪成长经济论》，《公安大学学报》1997 年第 4 期。

严励、金碧华：《浙江省黑社会性质组织犯罪实证调查分析》，《山东警察学院学报》2011 年第 6 期。

严励：《有组织犯罪与犯罪文化》，《政法学刊》1997 年第 4 期。

杨宇冠、张凯：《聚合国际司法力量惩治跨国犯罪之全球法律框架——〈联合国打击跨国有组织犯罪公约〉评介》，《信阳师范学院学报》2005 年第 1 期。

于改之：《我国关于有组织犯罪的立法与司法完善》，《法学论坛》2004 年第 5 期。

于化有、刘冬梅、赵宏权：《黑社会性质组织犯罪的特征及司法认定》，《检察实践》2001 年第 6 期。

于文沛：《俄罗斯有组织犯罪及其合法化路径论析》，《俄罗斯东欧中亚研究》2013 年第 4 期。

于志刚：《我国刑法中有组织犯罪的制裁体系及其完善》，《中州学刊》2010 年第 5 期。

余磊、邓小俊：《中日打击有组织犯罪的法律对策之比较》，《法学评论》2010 年第 2 期。

袁林、佘杰新《民营企业家涉黑犯罪风险防范研究——以 20 个民营企业家涉黑案例为样本》，《江海学刊》2016 年第 4 期。

曾祥生、陈放：《黑社会性质组织犯罪的司法认定》，《人民检察》2001 年第 5 期。

曾粤兴、贾凌：《罪刑法定视野中的黑社会性质组织》，《中国刑事法杂志》2011 年第 7 期。

张杰：《俄罗斯有组织犯罪形势综述》，《国际资料信息》2005 年第 3 期。

张凌、孟永恒：《北京地区有组织犯罪实证分析报告》，《山东警察学院学报》2011 年第 5 期。

张普华、邹孝泉：《流氓恶势力的概念及主要特征》，《法学评论》1995

年第 1 期。

张向达：《地下经济与收入分配的关系探析》，《统计研究》2002 年第 11 期。

张旭、顾阳、罗高鹏：《东北地区有组织犯罪特点、成因及预防》，《山东警察学院学报》2011 年第 5 期。

张远煌：《不明事理的中国有组织犯罪立法》，《青少年犯罪问题》2011 年第 3 期。

张远煌：《关于我国有组织犯罪的概念及发展形态的再思考》，《人大法律评论》2009 年卷。

张远煌：《美国惩治有组织犯罪法治实践对我国的借鉴启示》，载赵秉志主编：《刑事司法热点问题研讨》，北京师范大学出版社 2011 年版。

张远煌：《中国涉黑犯罪五大变化趋势》，《人民论坛》2010 年第 8 月下期。

张远煌：《中国有组织犯罪的发展现状及立法完善对策》，《法治研究》2012 年第 2 期。

张远煌：《中国有组织犯罪发展现状及立法完善对策思考》，《第四届当代刑法国际论坛——全球化时代有组织犯罪的惩治与防范国际学术研讨会会议论文集》，北京师范大学刑事法律科学研究院 2011 年。

赵秉志、于志刚：《论我国新刑法典对有组织犯罪的惩治》，《法商研究》1999 年第 1 期。

赵秉志、张伟珂：《中国惩治有组织犯罪的立法演进及其前瞻——兼及与〈联合国打击跨国有组织犯罪公约〉的协调》，《学海》2012 年第 1 期。

赵秉志：《和谐社会构建与宽严相济刑事政策的贯彻》，《吉林大学社会科学学报》2008 年第 1 期。

赵秉志：《宽严相济刑事政策及其贯彻的基本问题》，《人民检察》2009 年第 17 期。

赵长青：《论黑社会性质组织犯罪的认定》，《云南大学学报》（法学版）2002 年第 1 期。

赵国玲、李强：《香港有组织犯罪现状分析》，《中国刑事法杂志》2010 年第 4 期。

赵可：《黑社会性质犯罪的发展趋势》，《山东公安专科学校学报》2000年第4期。

赵可：《有组织犯罪概念探讨》，《公安大学学报》1993年第2期。

赵智明：《论公权价值含量》，《学术界》1995年第2期。

周光权：《黑社会性质组织非法控制特征的认定——兼及黑社会性质组织与恶势力团伙的区分》，《中国刑事法杂志》2018年第3期。

周建军、蔡鑫韵：《民营企业涉黑犯罪治理的政策问题——以"制度洼地"现象为视角》，《法治研究》2014年第12期。

周建军：《中国民营企业犯罪治理的刑事政策研究》，《政治与法律》2012年第7期。

朱本欣、梁健：《论黑社会性质组织的司法认定》，《法学评论》2008年第1期。

［英］詹妮弗·赛兹，秦宗川译：《西班牙的有组织犯罪及其非法活动：原因和促成因素》，《犯罪研究》2013年第3期。

三　外文文献

Alan Wright, *Organised Crime*, Willan Publishing, 2006.

Annelise Graebner Anderson, *The Business of Organized Crime: A Cosa Nostra Family*, Hoover Institution Press, 1979.

Cyrille Fijnaut and Letizia Paoli, *Organised Crime in Europe: Concepts, Patterns and Control Policies in the European Union and Beyond*, Springer, 2006.

Dina Siegel and Hans Nelen, *Organized Crime: Culture, Markets and Policies*, Springer, 2008.

Duyne, P. C. van, Lampe, K. von, Dijck, M. van and J. Newell, *The Organised Crime Economy: Managing Crime Markets in Europe*, Wolf Legal Publishers, 2005.

Felia Allum and Renate Siebert, *Organized Crime and the Challenge to Democracy*, Routledge Taylor & France Group, 2008.

F. Varese, *The Structure of Criminal Connections: The Russian-Italian Mafia Network*, Oxford University Press, 2006.

G. Doumeingts, J. Müller, G. Moreland B. Vallespir, *Enterprise Interoperability*: *New Challenges and Approaches*, Springer Verlag, 2007.

Jay S. Albanese, *Organized Crime in America*, Anderson Publishing Co., 1996.

Joanna Shapland, Paul Ponsaers, *The Informal Economy and Connections with Organised Crime*: *The Impact of National Social and Economic Policies*, BJu Legal Publishers, 2009.

Mark Galeotti, *Global Crime Today*: *The Changing Face of Organised Crime*, Routledge Taylor & France Group, 2006.

Martin R. Haskell and Lewis Yablonsky, *Criminology*: *Crime and Criminality* (*Third Edition*), Houghton Mifflin Company, 1983.

Michael Woodiwiss, *Gangster Capitalism*: *the United States and the Global Rise of Organized Crime*, Carroll & Graf Publishers, 2005.

Petter Gottschalk, *Entrepreneurship and Organized Crime*: *Entrepreneurs in Illegal Business*, Edward Elgar Publishing Limited, 2009.

P. Davidss, *The Entrepreneurship Research Challenge*, Edward Elgar Publishing Limited, 2008.

四 博士学位论文

陈佳佳：《论黑社会性质组织犯罪的司法认定》，西南政法大学，博士学位论文，2011年。

崔熳：《俄罗斯有组织犯罪研究》，中国政法大学，博士学位论文，2009年。

黄少泽：《中国四地理区域有组织犯罪及立法对策比较研究》，北京大学，博士学位论文，2006年。

李仲民：《两岸四地黑社会（性质）组织犯罪比较研究》，西南政法大学，博士学位论文，2015年。

罗高鹏：《中国东北三省黑社会性质组织犯罪实证研究》，吉林大学，博士学位论文，2011年。

任永前：《西北地区黑社会性质组织犯罪研究》，吉林大学，博士学位论文，2015年。

宋洋：《我国黑社会性质组织犯罪若干问题研究》，中国政法大学，博士学位论文，2011年。

杨昌军：《黑色经济及其治理研究》，武汉理工大学，博士学位论文，2007年。

郑士立：《有组织犯罪立法完善研究》，西南政法大学，博士学位论文，2014年。

后　　记

　　本书是我主持的国家社科基金一般项目"我国有组织犯罪的企业化趋势与刑事治理对策研究"（批准号：14BFX045）最终成果。该项目获批于2014年，完成于2019年，在结项鉴定时被评定为"优秀"等级。

　　2009年6月，我进入北京师范大学博士后流动站从事博士后研究工作。受合作导师张远煌教授的影响，我逐渐对有组织犯罪问题产生浓厚的研究兴趣，遂以《中国反有组织犯罪的刑事政策研究》为题撰写了博士后出站报告。自2009年至今的十余年时间里，我先后发表有关有组织犯罪方面的论文20余篇，其中多篇被《新华文摘》《中国社会科学文摘》《高等学校文科学术文摘》和中国人民大学复印报刊资料《刑事法学》等转载。在初期的研究过程中，通过对我国有组织犯罪30余年发展历程的梳理分析，我发现近年来我国有组织犯罪出现了新的发展动向——企业化的发展趋势。正是基于这一朦胧的认知，在初步收集域内外相关研究资料的基础上，于2014年申报了国家社科基金项目，并侥幸获批。随后几年，我就循着拟定的研究思路循序渐进地展开研究，带领研究团队深入各地方的各级司法机关调研，其间发表作为该项目阶段性成果的论文十余篇，成功申报并完成各级各类项目近十项，由此对我国有组织犯罪发展趋势特别是企业化趋势的认识逐渐明朗清晰起来。由于国内学术界对有组织犯罪企业化趋势的关注不多，相关研究几近空白，前期参考文献和资料几乎没有，加之案例搜集整理较为困难，因而课题进展较为缓慢，直到2019年才完成课题最终成果的撰写任务。在本课题研究的艰难时刻，我指导的两名研究生——宋雨楠同学和潘智源同学异常给力，牺牲了节假日时间陪同我调研，帮助收集有组织犯罪案例和整理调研材料，协助梳理、分析研究样本和数据，为课题的顺利完成做了大量有价值的工作。应该说，本书的面世，他们二人功不可没。

后　记

　　尽管在我看来，本书对我国有组织犯罪企业化趋势的描述和分析已经非常细致入微了，所提出的刑事治理对策建议也较为必要可行，具有相当的实操性。但是在出版前我再次仔细修改、校对书稿时，仍发现有很多令人不太满意的地方。例如，本书第二章对我国有组织犯罪企业化趋势的样本梳理还不够精细，对相关数据的分析仍显得较为粗糙；本书第六章我国应对有组织犯罪企业化趋势的刑事治理对策完善部分还有意犹未尽之感。但是，这些不足和缺憾已经极大地激励了我——以更加严谨的学术态度继续拓展并加深对有组织犯罪领域的研究。正是在这种意识的推动下，我非常认真地完成了分别于2019年和2020年承担的两项国家级重要法律草案建议稿的起草任务，而这两项法律草案均与广义上的有组织犯罪相关。特别是2019年中国法学会委托我和武汉大学莫洪宪教授共同作为首席专家完成了重大委托课题"《反有组织犯罪法》立法研究"的研究任务，最终起草并提交了一份《反有组织犯罪法（草案）》的建议稿。这两项法律草案的起草，不仅是对我经年学术积累的考察和检验，也是对本书所提观点是否具有实践应用价值的一次全面验证。从目前来看，本书对我国反有组织犯罪的立法完善尚有一定借鉴意义，这也进一步鼓励了我继续高质量地完成2020年获批的国家社科基金重点项目"恶势力的生成机理及其阻断机制研究"（项目批准号：20AFX013）。

　　值得特别指出的是，在本书的写作过程中得到了许多学界前辈、师友的鼓励、支持和帮助，本书的顺利出版也受益于国家社会科学基金项目的资助和河南大学法学院领导、同事的全方位支持。同时，也衷心感谢中国社会科学出版社田文女士。田文编辑对待工作认真负责、一丝不苟，她的辛勤劳作为本书的顺利出版作出了不可或缺的积极贡献。

蔡　军
2020年11月22日于河南大学明伦校区